Entwicklung der Erst- und Zweitsprache im interkulturellen Kontext

Waxmann Verlag GmbH
Steinfurter Straße 555, 48159 Münster
info@waxmann.com

Edina Caprez-Krompàk

Entwicklung der Erst- und Zweitsprache im interkulturellen Kontext

Eine empirische Untersuchung über
den Einfluss des Unterrichts in heimatlicher
Sprache und Kultur (HSK) auf die Sprachentwicklung

Waxmann 2010
Münster / New York / München / Berlin

Bibliografische Informationen der Deutschen Nationalbibliothek
Die Deutsche Nationalbibliothek verzeichnet diese Publikation in
der Deutschen Nationalbibliografie; detaillierte bibliografische
Daten sind im Internet über http://dnb.d-nb.de abrufbar.

Publiziert mit Unterstützung des Schweizerischen Nationalfonds
zur Förderung der wissenschaftlichen Forschung.

Internationale Hochschulschriften, Bd. 551
Die Reihe für Habilitationen und sehr gute
und ausgezeichnete Dissertationen

ISSN 0932-4763
ISBN 978-3-8309-2426-5

www.waxmann.com
info@waxmann.com

© Waxmann Verlag GmbH, Münster 2010
Postfach 8603, 48046 Münster

Umschlaggestaltung: Christian Averbeck, Münster
Titelbild: Alejandro Miranda: Piedra pintada
Satz: Stoddart Satz- und Layout Service, Münster
Druck: Hubert und Co., Göttingen

Gedruckt auf alterungsbeständigem Papier,
säurefrei gemäß ISO 9706

Für Mandula

Inhalt

Anhang

Vorwort

Mein Interesse an der Sprachentwicklung begleitete sowohl meine Studien als auch meine persönliche Migrationsgeschichte. Demzufolge lag es auf der Hand, die Erforschung von Erst- und Zweitspracherwerb im interkulturellen Kontext in den Mittelpunkt meiner Dissertation zu stellen.

Die vorliegende Arbeit wäre ohne die finanzielle Unterstützung des Schweizerischen Nationalfonds zur Förderung der wissenschaftlichen Forschung nicht zustande gekommen. Der Marie Heim-Vögtlin-Beitrag des Schweizerischen Nationalfonds ermöglichte es mir, mich ganz meinem Forschungsprojekt zu widmen. Für die finanzielle Unterstützung und das Interesse an meiner Arbeit bedanke ich mich an dieser Stelle beim Schweizerischen Nationalfonds. Die reibungslose Betreuung des Projektes von Seiten des Schweizerischen Nationalfonds verdanke ich der engagierten und kompetenten Arbeit von Susanne Matuschek.

Mein besonderer Dank gilt Prof. Dr. Kurt Reusser, der mich schon während meines Studiums an der Universität Zürich auf wichtige Forschungsfelder aufmerksam machte und mich ermutigte, eine wissenschaftliche Laufbahn einzuschlagen. In seiner Person fand ich einen äusserst aufmerksamen Erstbegutachter, der mein Forschungsvorhaben fachlich unterstützte und mit seinen konstruktiven Rückmeldungen massgeblich zum Gelingen der Arbeit beitrug. Die mit ihm geführten anregenden Diskussionen über inhaltliche und methodische Herausforderungen – insbesondere im Bereich der Schul- und Unterrichtsforschung – gaben meiner Arbeit wertvolle Impulse.

Besonders bedanke ich mich bei Prof. Dr. Cristina Allemann-Ghionda von der Universität zu Köln, die ich als Zweitbetreuerin meiner Arbeit gewinnen konnte. Ihrer breiten Erfahrung als internationale Expertin im Bereich interkultureller Pädagogik und vergleichender Erziehungswissenschaft verdanke ich viele relevante Hinweise, die mir bei der Verortung des muttersprachlichen Unterrichts weitergeholfen haben. Die anregenden Fachgespräche mit ihr und die Möglichkeit für Präsentationen an der Universität zu Köln sowie an den von ihr organisierten Tagungen gaben mir wertvolle Anregungen, die meine Arbeit entscheidend positiv beeinflusst haben.

Als grossen Gewinn erlebte ich die zahlreichen Fachgespräche sowie professionelle Hilfe und Beratung bei der Realisierung des Projektes. An dieser Stelle möchte ich mich bei Prof. Dr. Wassilis Kassis, Dr. Basil Schader, Dr. Andrea Haenni Hoti, Markus Truniger, Tamara De Vito, Naxhi Selimi, Dr. Mesut Gönç, Erich Steiner, Dr. Jürg Schwarz, Dr. Urs Grob und Dr. Bernd Kersten sowie bei unserer Peer-Mentoring-Gruppe, namentlich bei Alma Kassis, Dr. Doris Edelmann, Kathrin Futter, Christine Le Pape Racine, Dr. Bruno Leutwyler, Luzia Annen und Annelies Kreis bedanken. Im Weiteren möchte ich Radka Strnadova für ihre Mithilfe bei der

Datenerhebung und Dateneingabe sowie Christina Hartmann und Nadja Breger für die Korrektur der vorliegenden Arbeit meinen Dank aussprechen.

Nicht zuletzt möchte ich allen an der Studie Beteiligten, namentlich den untersuchten Schülerinnen und Schülern, ihren Eltern und den Schweizer und HSK-Lehrpersonen für ihre aktive Mitwirkung am Projekt ein grosses Dankeschön aussprechen.

Die emotionale Unterstützung von meinem Lebenspartner Alejandro Miranda, meiner Schwester, Zsuzsanna Kiss Krompàk und ihrer Familie in Ungarn sowie von meinem Freundeskreis trug dazu bei, dass ich dieses Projekt mit beständiger Motivation und stabilem Engagement durchführen konnte. Die erbrachte Leistung verdanke ich auch meinen wunderbaren Eltern, vor allem meiner Mutter, die stets ein Vorbild für mich war und mich in all meinen Bestrebungen voll unterstützt und durchs Leben begleitet hat. Nicht nur bei ihnen, sondern insbesondere bei meiner Tochter Mandula möchte ich mich an dieser Stelle ganz herzlich bedanken. Diese Arbeit ist Mandula gewidmet, die das Glück hat, in einem sprachlich und kulturell vielfältigen Land sowie in einer sprachlich und kulturell vielfältigen Familie mehrsprachig aufwachsen zu können.

Basel, im Juli 2009

1. Einleitung

Die Migration und das damit verbundene sprachliche Phänomen des zwei- bzw. mehrsprachigen Individuums stellt in unserer plurikulturellen Gesellschaft keine Besonderheit mehr dar. Neben die bisherigen Formen der Migration treten neue Entwicklungen wie die *Transmigration*[1] (vgl. Gogolin & Pries, 2004), die einen Wechsel zwischen verschiedenen Lebensorten bedeutet. Eng mit der Migration ist der Begriff der Integration verbunden. In Abgrenzung zur Assimilation, bei der man die eigene Gruppe charakterisierenden Merkmale mehr oder weniger aufgibt (vgl. Oksaar, 2003), richtet sich die Integration auf der Seite der Zuwanderer auf die Einordnung in das jeweilige gesellschaftliche System bei gleichzeitigem Bewahren der eigenen kulturellen und sprachlichen Identität. *Integration als wechselseitiger Prozess* schliesst aber auch die Bemühungen der Aufnahmegesellschaft ein, das sprachliche und kulturelle Kapital der Einwanderer zu respektieren und rechtliche, wirtschaftliche, kulturelle sowie politische Gleichstellung zu ermöglichen (Krumm, 2007). Die sprachlichen Aspekte der Integration umfassen nicht nur den Erwerb der Landessprache, sondern ebenso das Aufrechterhalten bzw. Vervollkommnen der Erstsprache. Die mit dem Migrationshintergrund verbundene Zwei- und Mehrsprachigkeit zeichnet sich durch bestimmte Merkmale aus, die in einer Zweisprachigkeit ohne Migrationsgeschichte nicht beobachtbar sind. Erstens verliert die Erstsprache ihre allgemein gültige Funktion für soziale Interaktionen und wird auf bestimmte Lebensbereiche wie zum Beispiel das Familienleben beschränkt. Dementsprechend kann eine Stagnation in der Sprachentwicklung oder sogar ein Sprachverlust auftreten, was wiederum die Entwicklung der sozialen und kulturellen Identität beeinträchtigen kann. Zweitens kann eine einseitige Interpretation von Integration dazu führen, dass Familien mit Migrationshintergrund die eigene Sprache aufgeben und selbst zu Hause die Sprache des Aufnahmelandes sprechen. Dahinter kann das niedrige Prestige der Erstsprache stehen sowie die Befürchtung, dass der Zweitspracherwerb der Kinder durch die Pflege der Erstsprache negativ beeinflusst werden kann. Im Idealfall von Integration befindet sich das Individuum in einer Synthese von Kulturen und Sprachen, wobei die Grenzen zwischen diesen Sphären durchlässig sind. Da die Sprache einen zentralen Bestandteil der Integration bildet, sollte ein besonderes Augenmerk auf die gezielte Förderung sowohl der Erstsprache als auch der Zweitsprache gerichtet werden (Caprez-Krompàk, 2007).

Die institutionelle Förderung der Erstsprache von Kindern mit Migrationshintergrund unterscheidet sich von Land zu Land. Ob überhaupt die Förderung der Erstsprache einen Platz im Bildungssystem findet und in welcher Form (integrativ versus separativ) diese Förderung durchgeführt wird, liegt vor allem an bildungspolitischen Entscheidungen des jeweiligen Landes (vgl. Auernheimer, 2003). Obwohl die wissenschaftlichen Forschungsergebnisse die kognitiven Vorteile von

---

1   Nach Gogolin und Pries (2004) stellt die Transmigration eine neue Perspektive der Migration dar, in welcher der Wechsel zwischen verschiedenen Lebensorten keinen abgeschlossenen Vorgang, sondern einen Normalzustand bedeutet.

zwei- und mehrsprachigen Personen untermauern (vgl. Bialystok, 2001; Cenoz, 2003a, 2003b), rückt sich bei diesen Entscheidungen die bestrittene Rolle der Erstsprache beim Erlernen der Zweitsprache immer wieder ins Zentrum der Diskussion. (vgl. Esser, 2006; Hopf, 2005). Der Akzent sollte dabei auf den Wert der *individuellen und gesellschaftlichen Mehrsprachigkeit* gelegt werden, der dem monolingualen Habitus der multilingualen Schule (Gogolin, 1994) gegenübersteht. Im Gegensatz zur Vielsprachigkeit betont die Mehrsprachigkeit *„die Tatsache, dass sich die Spracherfahrung eines Menschen in seinen kulturellen Kontexten erweitert, von der Sprache im Elternhaus über die Sprache der ganzen Gesellschaft bis zu den Sprachen anderer Völker (die er entweder in der Schule oder auf der Universität lernt oder durch direkte Erfahrung erwirbt). Diese Sprachen und Kulturen werden aber nicht in strikt voneinander getrennten mentalen Bereichen gespeichert, sondern bilden vielmehr gemeinsam eine kommunikative Kompetenz, zu der alle Sprachkenntnisse und Spracherfahrungen beitragen und in der die Sprachen miteinander in Beziehung stehen und interagieren"* (Trim, North, Coste & Sheils, 2001, S. 17).

Zweifellos bildet der muttersprachliche Unterricht einen integrativen Bestandteil bei der *Stabilisierung der Mehrsprachigkeit* (Sauer & Saudan, 2008; Hutterli, Stotz & Zappatore, 2009). Ohne die Bedeutung des muttersprachlichen Unterrichts in der Stabilisierung der Mehrsprachigkeit und in der Entwicklung der *sprachlichen und kulturellen Identität* (vgl. King & Koller, 2005; Phinney, Berry, Vedder & Liebkind, 2006; Makarova, 2008) in Frage zu stellen, sollte die Debatte über die Optimierung der Erstsprachenförderung geführt werden. Um die institutionalisierte Form der Erstsprachförderung zu optimieren, bedarf es wissenschaftlicher Forschung über die Auswirkungen sowie über die Rahmenbedingungen der muttersprachlichen Kurse. Mit diesem Ziel entstand das vorliegende Forschungsprojekt, welches empirisch gestützte Erkenntnisse über die Sprachentwicklung von Kindern mit Migrationshintergrund erbringt sowie relevante Aspekte der Kurse in Heimatlichen Sprache und Kultur (HSK) bzw. des HSK-Unterrichts in der Schweiz beleuchtet. Die Sprachentwicklung bzw. das Erlernen der Erst- und Zweitsprache erfolgt im interkulturellen Kontext. Der Begriff *„interkultureller Kontext"* hebt im Gegensatz zum Begriff von „multikulturellem Kontext" die Dynamik und die gegenseitige Beeinflussung der verschiedenen Kulturen und Sprachen hervor. Im konkreten Fall des Forschungsprojektes weist der interkulturelle Kontext einerseits auf die Interaktion von Kulturen und Sprachen des Aufnahmelandes sowie des Herkunftslandes der Kinder mit Migrationshintergrund, andererseits auf das Zusammentreffen der dialektal und kulturell bedingten Unterschiede innerhalb der albanischen und türkischen Sprache hin.

Zielsetzung und Fragestellungen

Dringender Forschungsbedarf besteht in der Erforschung des muttersprachlichen Unterrichts im Allgemeinen und in der Schweiz im Besonderen. Es mangelt in erster Linie an geeigneten *testdiagnostischen Instrumenten*, mit denen der *Sprach-*

stand der Kinder mit Migrationshintergrund sowohl in der Erst- als auch in der Zweitsprache erhoben und analysiert werden könnte. Darüber hinaus gibt es kaum Forschungsresultate über die schweizerischen *HSK-Kurse* sowie fast keine wissenschaftlichen Daten über den *HSK-Unterricht*. Diese Forschungslücken versucht das vorliegende Forschungsprojekt zu schliessen, das sowohl theoretisch als auch empirisch umfassende Erkenntnisse über die muttersprachlichen Kurse vorlegt und diskutiert. Dementsprechend stehen im Zentrum des Forschungsprojektes die Untersuchung der *Sprachentwicklung* bei den Albanisch- und Türkisch sprechenden Kindern, in Abhängigkeit vom Besuch des HSK-Unterrichts sowie das *„state-of-the-art"* der HSK-Kurse bzw. des HSK-Unterrichts in der Schweiz aus der Perspektive der *Schul- und Unterrichtsforschung*. Um die Forschungsfragen beantworten zu können, wurden sowohl quantitative als auch qualitative Methoden angewandt. Dabei dienen die qualitativen Daten zur Ergänzung und zur vertieften Analyse der quantitativen Daten und liefern exemplarisch Erkenntnisse über den HSK-Unterricht. Bei der Durchführung standen primäre und sekundäre Ziele im Vordergrund. Während sich die *primären Ziele* auf die konkreten Forschungsergebnisse und ihre Implikationen richteten, beinhalteten die *sekundären Ziele* die Entwicklung geeigneter sprachdiagnostischer Forschungsinstrumente, welche die Grundlage für Testentwicklung sowie für die gesamte Studie bildeten. Demzufolge konnten folgende *primären Ziele* festgelegt werden:

(a) Aus der quantitativen Längsschnittstudie sollten Erkenntnisse darüber gewonnen werden, inwiefern der Besuch der HSK-Kurse auf die Entwicklung der Erst- und Zweitsprache eine Wirkung ausübt.
(b) Darüber hinaus sollten die Einflussfaktoren der individuellen Lernvoraussetzungen wie Motivation und sprachliches Selbstbild sowie familiäre Unterstützung als Drittvariablen in die Auswertung einbezogen und ihre Wirkung diskutiert werden.
(c) Die quantitative Befragung der HSK-Lehrpersonen in der Deutschschweiz sollte bis anhin fehlende Erkenntnisse über die Rahmenbedingungen der HSK-Kurse liefern. Ferner sollten die Erkenntnisse der Befragung bei der Interpretation der Ergebnisse aus den quantitativen Längsschnittdaten einbezogen werden und Anregungen für bildungspolitische Entscheidungen, z.B. in Bezug auf die Aus- und Weiterbildung der HSK-Lehrpersonen, geben.
(d) Die Befunde der qualitativen Analyse bezüglich des HSK-Unterrichts sollten die Ergebnisse der quantitativen Längsschnittstudie sowie der quantitativen Befragung der HSK-Lehrpersonen ergänzen und vertiefen und erstmals gestützt auf empirische Daten einen Beitrag zur Unterrichtsforschung im Bereich des HSK-Unterrichts leisten.

Die *sekundären Ziele* der Studie bezogen sich auf die Entwicklung von Instrumenten:

(a) Um den Sprachstand bei Albanisch- und Türkisch sprechenden Kindern in der Schweiz zu erheben, wurden Sprachleistungstests (C-Tests) im Albanischen,

Türkischen und Deutschen entwickelt. Die Sprachtests sollten den Testgüte-kriterien entsprechen und den Kriterien der Testdiagnostik genügen.

(b) Die Untersuchung der Einflussvariablen wie motivationale Einstellung und sprachbezogenes Selbstbild erfolgt mit Instrumenten, die teilweise adaptiert, teilweise theoriegestützt entwickelt wurden. Diese Instrumente (vgl. Abbildung 28) sollten die Aufgabe erfüllen, die Verwendbarkeit der adaptierten Items auf die Stichprobe zu überprüfen sowie geprüfte Itembatterien für die weitere Datenerfassung zur Verfügung zu stellen.

(c) Das im Forschungsprojekt entwickelte Instrument zur elterlichen Einstellung zum HSK-Unterricht soll Erkenntnisse über die Rolle der Eltern beim Sprach-erwerb liefern.

Obwohl mit dieser Arbeit keine Theoriebildung angestrebt wurde, wurde als ein Resultat der Untersuchung ein *systemisches Rahmenmodell des HSK-Unterrichts* entwickelt (vgl. Kapitel 4.1), das auf den theoretischen Erkenntnissen und den empirischen Befunden der Studie beruht. Ein indirektes Ziel der Studie bestand darin, nicht nur mit den Ergebnissen, sondern mit dem Design des Projektes bzw. systemischen Rahmenmodell des HSK-Unterrichts neue Impulse für weiter führende Forschung über die Förderung der Erst- und Zweitsprache und über die HSK-Kurse und den HSK-Unterricht zu geben.

Aufbau der Arbeit

Nach der Einleitung wird im zweiten Kapitel der theoretische Hintergrund der vor-liegenden Arbeit aufgespannt. Die Diskussion erfolgt einerseits linear vom Allge-meinen zum Spezifischen, auf der anderen Seite hermeneutisch, wobei der Zusam-menhang zwischen den einzelnen theoretischen Teilen und ihrer Bedeutung für den empirischen Teil deutlich gemacht wird. Der Fokus liegt auf dem muttersprach-lichen Unterricht, der aus verschiedenen theoretischen Perspektiven erläutert wird. Zunächst (Kapitel 2.1) werden die Folgen der Migration auf das Bildungssystem, d.h. die herkunftsbedingten Disparitäten und ihre Erklärungsansätze thematisiert. Insbesondere konzentriert sich die Diskussion auf den Bildungserfolg von Albanisch- und Türkisch sprechenden Kindern und Jugendlichen in der Schweiz, der sowohl aus erziehungswissenschaftlicher wie aus historischer Sicht erklärt wird. Im Weiteren (Kapitel 2.2) rücken die Begriffserklärungen und Theorien des Zweitspracherwerbs in den Vordergrund, die zum Ziel haben, die Besonderheiten des sprachlichen Kapitals der Kinder mit Migrationshintergrund aufzuzeigen. Der Akzent wird dabei auf den Vergleich von Erst- und Zweitsprache sowie auf die Rolle der Erstsprache für den Zweitspracherwerb gesetzt. Die differenzierte Dar-stellung der theoretischen und empirischen Grundlagen der Interdependenz-Hypo-these räumt Missverständnisse bei der Interpretation der Hypothese aus dem Weg. Im folgenden Kapitel (Kapitel 2.3) zeigen die Modelle zur zwei- und mehrsprachi-gen Bildung Möglichkeiten für die Integration von anderen Erstsprachen und spezi-fisch der Migrationssprachen ins Schulsystem. Einen zentralen Teil bildet hier die Diskussion um die Förderung der Erstsprache in der Schweiz. Hier (Kapitel 2.3.4) werden die Entstehungsgeschichte der HSK-Kurse, der Forschungsstand und die momentane bildungspolitische Situation in Bezug auf die HSK-Kurse dargelegt. Ausgehend von den theoretischen Ausführungen über die HSK-Kurse wird in Kapitel 2.4 ein Untersuchungsmodell des HSK-Unterrichts entwickelt, in dem bestimmte Aspekte der Sprachkompetenz, der individuellen Lernvoraussetzungen, der Lernumwelt Familie und Lernumwelt Schule in Hinblick auf die empirische Untersuchung diskutiert werden.

Auf der Basis der theoretischen Ausführungen wird die Methode der Untersuchung festgelegt und das Design der Methodentriangulation beschrieben (Kapitel 3). Die im Kapitel 3.2 formulierten Forschungsfragen und Hypothesen dienen als roter Faden und werden im Ergebnisteil bzw. in der Diskussion wieder aufgenommen. Nach der Darstellung des Settings der Untersuchung teilt sich die Beschreibung der Methode in zwei Bereiche. Während im Zentrum des ersten Bereiches die Entwicklung und Überprüfung der Diagnostik- und Erhebungsinstrumente für die quantitative Analyse stehen (Kapitel 3.3), ist der zweite Bereich dem qualitativen Forschungsdesign und den qualitativen Untersuchungsinstrumenten gewidmet (Kapitel 3.4).

In Kapitel 4 werden die Ergebnisse des Forschungsprojektes den Forschungsfragen entlang dargelegt. Dabei erfolgt noch keine Triangulation der separat aufgeführten quantitativen und qualitativen Befunde. Im Diskussionsteil (Kapitel 5) beziehen sich die triangulierten Ergebnisse auf das systemische Rahmenmodell des HSK-Unterrichts und zeigen die zentralen Befunde aus den Perspektiven des Individuums und der Schule auf. Im systemischen Rahmenmodell des HSK-Unterrichts wird die Theorie mit den empirischen Resultaten der Studie verknüpft und damit eine Synthese angestrebt. Die Arbeit schliesst mit Folgerungen für die pädagogische Praxis und dem Resümee, die Perspektiven für weiter führende Forschung sowie für bildungspolitische Entscheidungen in Bezug des HSK-Unterrichts aufzeigen.

2. Theoretischer Hintergrund – Migration, Sprache. Rund um den muttersprachlichen Unterricht

Migration als gesellschaftliches Phänomen gerät immer wieder in das Blickfeld der erziehungswissenschaftlichen Forschung, vor allem im Zusammenhang mit Sprache. Dabei wird in erster Linie an die Sprache des Aufnahmelandes gedacht, deren Beherrschung eine wichtige Voraussetzung für die Integration der Migrantinnen und Migranten ist. Für einen fruchtbaren Diskurs über Migration und Sprache sollten Aspekte der Erstsprache (Sprache der Migrantinnen und Migranten) in gleichem Masse berücksichtigt werden wie Aspekte der Zweitsprache (Sprache des Aufnahmelandes) (vgl. Caprez-Krompàk, 2007). In diesem Sinne fokussiert das folgende Kapitel das Zusammenspiel von Migration und Erst- und Zweitsprache aus einer sozialwissenschaflichen sowie linguistischen Perspektive. Das Forschungsinteresse gilt dabei den Möglichkeiten der Förderung der Erstsprache, bzw. des muttersprachlichen Unterrichts, welche hier in die Thematik Migration und Sprache eingebettet, theoretisch erläutert wird.

Yaşamak	*Leben*
Yaşamak	*Leben ist*
Bir güvercinin kanat çırpması	*die Bewegung der Vogelflügel,*
Yaşamak bir ağacın boy atması	*Leben ist*
Yaşamak güzel bir dünyada	*das Wachsen des Baumes,*
Kavgasız, savaşsız	*Leben heisst,*
İnsanın insanca yaşaması.	*auf einer schönen Welt*
	ohne Kampf und ohne Streit zu leben.

Gedicht „Leben" von Özlem Usug (Loppacher, 1997, S. 6).

2.1 Migration – Herausforderung für die Schule

Das System Schule sieht sich durch die Migration verschiedener Sprach- und Kulturgruppen seit Jahrzehnten einer besonderen Herausforderung gegenüber gestellt. Einerseits ist sie verpflichtet, beim Übertritt in die Sekundarschule, bei Überweisungen und bei der Berufswahl Chancengleichheit für alle zu gewährleisten (vgl. Kronig, 2000, 2003, 2007). Andererseits sollte die Schule die kulturelle und sprachliche Vielfalt, das migrationsbedingte Potenzial der Kinder und Jugendlichen, in deren Alltag integrieren und die Zwei- bzw. Mehrsprachigkeit wertschätzen (vgl. Allemann-Ghionda, 2002; Gogolin, 2004). Die heutige Integrationsaufgabe der Schule sieht Fend (2006) in der Förderung des Zusammenlebens der Kulturen, durch die die kulturelle Identität verschiedener Bevölkerungsgruppen bewahrt werden soll. Diese Aufgabenbereiche sollten sich ergänzen, wobei sich hier die Frage stellt, inwiefern die Schule als Teil des Bildungssystems die Chancengleichheit überhaupt gewährleisten bzw. dazu beitragen kann. Unter anderem versucht die Zusammenfassung der Erklärungsansätze von herkunftsbedingten Disparitäten eine Antwort auf diese Frage zu finden (Kapitel 2.1.1), indem die Thematik anhand des aktuellen empirischen Forschungsstandes ausführlich diskutiert wird. Vor allem soll dabei auf die Komplexität des Diskurses hingewiesen und die wichtigsten Erkenntnisse sollen hervorgehoben werden. Darüber hinaus konzentriert sich die Diskussion auf die migrationsbedingten Folgen im Bildungssystem der Schweiz. Insbesondere wird dabei auf die vorhandenen empirischen Befunde über den Schulerfolg von Albanisch und Türkisch sprechenden Kindern in der Schweiz eingegangen. Um die empirischen Resultate im Kapitel 4 deuten zu können, erscheint es wichtig, die Hintergründe der albanischen und türkischen Migration darzulegen und die Situation der untersuchten Sprachgruppen aus historischer Perspektive zu betrachten.

2.1.1 Erklärungsansätze von Disparitäten im schulischen Erfolg – Stand der Forschung

Anhand der vorhandenen empirischen Resultate über Bildungserfolg und Bildungschancen von Kindern und Jugendlichen mit Migrationshintergrund sind Erklärungsansätze entwickelt worden, welche die Ursachen des geringeren Bildungserfolgs diskutieren. Eine einheitliche Sichtweise der Problematik gibt es nicht, man kann jedoch eine Tendenz von der Defizitperspektive zur Ressourcenorientierung und zur systemischen Sichtweise (Allemann-Ghionda, 2006) sowie zur Analyse von Disparitäten auf verschiedenen Ebenen feststellen (Stanat, 2006; Diefenbach, 2007). Allemann-Ghionda (2006) unterscheidet in ihrer Arbeit die folgenden Erklärungsansätze: Defizite der Kinder und ihrer Familie (Ansatz A), systembedingte Behandlung der Differenz (Ansatz B), Qualität des Unterrichts (Ansatz C), lückenhafte Kompetenz der Lehrpersonen in den Bereichen Diagnostik und Beurteilung (Ansatz D), selektive Wertschätzung und geringe Förderung der Zweisprachigkeit (Ansatz E) und Bildungserfolg und psychosoziale Ressourcen (Ansatz F). Am überzeugendsten findet Allemann-Ghionda (2006) den systemischen Erklärungsansatz (Ansatz G), welcher eine Kombination der oben genannten Modelle (Ansätze A-E) darstellt. Stanat (2006) diskutiert die Problematik auf den Ebenen der Gesellschaft und des Systems, der Schule und des Kontexts, des Individuums sowie auf den Ebenen des Unterrichts und der gezielten Förderung. Angelehnt an die von Diefenbach (2007)[2] ausgeführten Determinanten wurde das Modell für Erklärung von Disparitäten im schulischen Erfolg entwickelt (Abbildung 1). Ähnlich wie bei Diefenbach (2007) werden die Determinanten auf zwei Ebenen ausgeführt. Während Diefenbach (2007) die Erklärungsansätze auf der individuellen Ebene und auf der Ebene der Schule als Institution diskutiert, werden im von der Autorin dieser Arbeit entwickelten Modell (vgl. Abbildung 1) die *Ebene des Individuums* und *der Gesellschaft* als Teile des Bildungssystems nach Fend (2006) dargestellt. Auf der Ebene der Gesellschaft zeigen sich die gesellschaftlich-kulturellen

---

2   Der Ursprung dieser Ausführung (Diefenbach, 2007) befindet sich in den früheren Arbeiten von Diefenbach (2002, 2004), in denen sie vier solche Ansätze beschreibt: die kulturell-defizitäre und die humankapitaltheoretische Erklärung, die Erklärung durch Merkmale der Schule oder Schulklasse und die Erklärung durch institutionelle Diskriminierung.

Reproduktions- bzw. Innovationsaufgaben des Bildungswesens, welche in einer Wechselbeziehung zu den individuellen Handlungs- und Entwicklungschancen auf der Ebene des Individuums stehen (Fend, 2006). Die Struktur des entwickelten Modells unterscheidet sich von derjenigen des Modells von Diefenbach (2007) auch in der Aufteilung und den Schwerpunkten von Determinanten sowie Erklärungsansätzen. Unter anderem erscheint im vorliegenden Modell die Förderung der Erst- und Zweitsprache neben der institutionellen Diskriminierung als wichtige Determinante im Untersuchungsbereich Schule als System. Darüber hinaus wurden anstatt der defizitorientierten Beschreibungen Begriffe ohne negative Wertung gewählt. Im Folgenden werden *die kulturellen und sozioökonomischen Aspekte* und die *Aspekte der Integration* auf der Ebene des Individuums sowie die *Schule als Organisation* und die *Schule als System* auf der gesellschaftlichen Ebene sowie *ihre Determinanten* anhand empirischer Befunde erläutert.

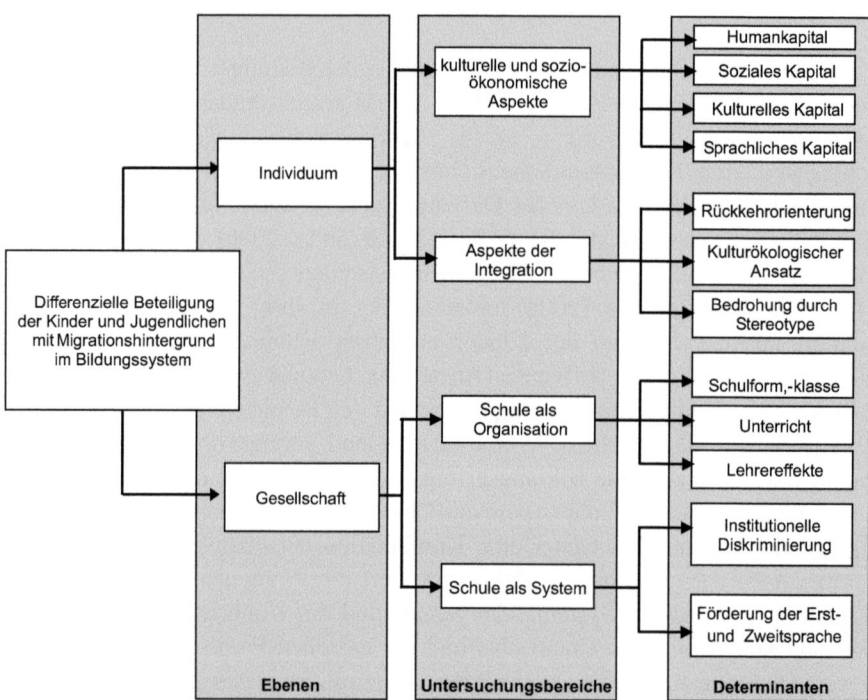

Abbildung 1: Modell zur Erklärung von Disparitäten im schulischen Erfolg (angelehnt an Diefenbach, 2007, S. 88)

Ebene des Individuums

Auf der Ebene des Individuums führt das Modell (vgl. Abbildung 1) die kulturellen und sozioökonomischen Aspekte sowie die Aspekte der Integration auf. Im ersten Untersuchungsbereich, unter den *kulturellen und sozioökonomischen Aspekten* stehen die miteinander eng verbundenen Determinanten *Humankapital, kulturelles, soziales und sprachliches Kapital.*

Zur Beschreibung der ersten Determinante *Humankapital* gehören Erklärungen, die den Bildungserfolg von Schülerinnen und Schülern mit Migrationshintergrund aus defizitorientierter Perspektive betrachten (vgl. Allemann-Ghionda, 2006). Nach dieser Sichtweise ist geringer Schulerfolg auf mangelndes Humankapital zurückzuführen. Als „Humankapital" werden alle Aufwendungen bezeichnet, die in einen Menschen im Verlauf seiner Erziehung und Ausbildung investiert werden und die ihm monetäre und nicht-monetäre Vorteile bringen sollen (Diefenbach, 2004). Als Indikator für das Humankapital der Eltern gelten Schulbildung und Berufsausbildung, die z.B. in den vertiefenden Analysen der PISA-Daten 2000 mit Hilfe der International Standard Classification of Education (ISCED) erfasst wurden (vgl. Baumert & Maaz, 2006). Eine bedeutende Rolle bei der Bildung von Humankapital spielt *das soziale Kapital*, dessen Begriff von Coleman geprägt wurde und das folgendermassen definiert wird: „What I mean by social capital in the raising of children is the norms, the social networks, and the relationships between adults and children that are of value for the child's growing up. Social capital exists within the family, but also outside the family, in the community" (Coleman, 1987, p. 36). Empirische Beweise für die Bedeutung des sozialen Kapitals fanden Coleman, Hoffer und Kilgore (1982) in ihrer Studie über Schulleistung und Schulabbruch von Schülerinnen und Schülern in öffentlichen, privaten und katholischen Schulen in den USA. Die Ergebnisse zeigten, dass die Schülerinnen und Schüler in privaten und katholischen Schulen nicht nur bessere Leistungen erbrachten als die Schülerschaft in den öffentlichen Schulen, sondern dass auch ihre Drop-out-Quote tiefer lag. Insbesondere die Schülerinnen und Schüler in den katholischen Schulen zeichneten sich durch eine signifikant niedrigere Schulabbruchsrate im Vergleich zu den beiden anderen Schultypen aus. Coleman (1987) erklärt diesen Befund mit dem vorhandenen sozialen Kapital in der katholischen Community, welches das Risiko von Drop-out-Schülerinnen und -Schülern verringerte. Weiterhin wies Coleman (1987) auf den Wert des sozialen Kapitals ausserhalb der Familie hin, z.B. in der Verwandtschaft sowie in religiösen oder ethnischen Gruppen.

In engem Zusammenhang mit dem Humankapital und dem sozialen Kapital steht *das kulturelle Kapital*, welches alle einer Person zur Verfügung stehenden Kulturgüter und kulturellen Ressourcen umfasst (Bourdieu, 1992). Bourdieu (1992) unterscheidet drei Formen des kulturellen Kapitals: (1) verinnerlichtes Kapital als „Habitus" des Individuums, (2) objektiviertes Kapital wie Bücher, Bilder oder Instrumente und (3) institutionalisiertes Kapital in Form von Bildungszertifikaten und Diplomen. Mit fehlendem kulturellen Kapital, welches sich in Verhaltensweisen, Kenntnissen und Fähigkeiten manifestiert, argumentiert der defizitäre Erklärungsansatz (vgl. Allemann-Ghionda, 2006; Diefenbach, 2004). Nach diesem Erklärungsansatz kann insbesondere eine traditionelle Orientierung der Familie den Bildungserfolg der Kinder beeinträchtigen. In der Untersuchung von Leenen, Grosch und Kreidt (1990) wurden türkische Jugendliche der zweiten Generation hinsichtlich ihres Bildungserfolgs interviewt. Um im deutschen Bildungssystem Erfolg zu haben, müssen die Kinder und Jugendlichen aus Familien mit Migrationshintergrund besondere Fähigkeiten zur „Selbstplatzierung" entwickeln. Dabei geraten sie in Konflikt mit der traditionellen Auffassung ihrer Eltern über Lernen und Bildung. Obwohl die türkischen Eltern hohe Bildungsaspirationen aufweisen, können sie aufgrund ihrer Erwerbstätigkeit, ihres niedrigen Bildungsniveaus und ihres Unwissens über das deutsche Schulsystem ihren Kindern wenig bis keine Hilfe bei der Bewältigung der schulischen Anforderungen leisten. Die Jugendlichen müssen während ihrer Schullaufbahn nicht nur die fehlende familiäre Unterstützung kompensieren, sondern sie haben überdies mit den Fehleinschätzungen bzw. wenig vorteilhaften Empfehlungen bei Zuweisungen von Seiten der Lehrpersonen zu kämpfen. Obwohl die Autoren selbst keine Schlussfolgerungen zum negativen Einfluss der traditionellen türkischen Lernkultur auf den Bildungserfolg der zweiten Generation ziehen, kritisiert Diefenbach (2007) den niedrigen Informationsgehalt der Studie, der zu ungerechtfertigten Folgerungen über die defizitäre Herkunftskultur führen kann. Wird auf die leistungsorientierten und bildungserfolgreichen Migrantinnen und Migranten fokussiert, berichten die Resultate der Studien einen positiven Einfluss der vorhandenen spezifischen kulturellen Werte und Ressourcen auf den Bildungserfolg (Sue & Okazaki, 1990; Fürstenau, 2004).

Diefenbach (2004) deutet auf die Transfermöglichkeit von im Herkunftsland akkumuliertem sozialem, kulturellem Kapital sowie Humankapital in die Aufnahmegesellschaft hin und hebt dabei einen wichtigen Aspekt hervor: „Für die soziale Platzierung von Migranten und die Chancen ihrer Kinder im Schulsystem des Aufnahmelandes ist also nicht nur von Bedeutung, wie viel oder welche Art von Humankapital sie mitbringen; ebenso wichtig ist, ob es in der Aufnahmegesellschaft direkt einsetzbar ist oder in eine Form transferiert werden kann, die in der Aufnahmegesellschaft nutzbar gemacht werden kann" (Diefenbach, 2004, S. 237). Verantwortlich für die Stabilität ethnischer Ungleichheit im deutschen Schulsystem sehen Steinbach und Nauck (2004) neben der geringeren Kapitalausstattung auch die wenig gelungene intergenerationale Transmission von (kulturellem) Kapital. Aufgrund der speziellen Bedingungen in der Migrationssituation ist es Migrantinnen und Migranten weniger möglich, ihre Kapitalien auf die nächste Generation zu transferieren. Angesichts der vorhandenen empirischen Ergebnisse stellt Diefenbach (2007) fest, dass es trotz der Popularität des Ansatzes wenig Befunde gibt und die Analysen darüber hinaus unbefriedigende Ergebnisse erbringen. Diefenbach (2007) folgert, dass dieser Ansatz zwar eine Rolle bei der Erklärung von Schulerfolg von Kindern und Jugendlichen mit Migrationshintergrund spielt, aber häufig als alleinige Ursache der Bildungsdisparitäten behandelt wird.

Sowohl in der Forschung als auch in der Bildungspolitik ist die These verbreitet, dass mangelnder Bildungserfolg mit sprachlichen Defiziten bzw. dem unzureichenden *sprachlichen Kapital* der Kinder mit Migrationshintergrund und ihrer Eltern erklärt werden kann. Allemann-Ghionda (2006) bezeichnet diesen defizitären Ansatz als Erbe der so genannten Ausländerpädagogik und bezeichnet ihn als partielle und deshalb unzureichende Erklärung. Die defizitäre Betrachtung der Sprachkenntnisse kann zu falschen Folgerungen über das Potenzial oder die Motivation der Schülerinnen und Schüler mit Migrationshintergrund führen. Wegen unzureichender Sprachkenntnisse können diese Schülerinnen und Schüler einer Schulform zugewiesen werden, in der die Anforderungen unter ihrem intellektuellen Potenzial liegen (Gomolla & Radtke, 2002). Wird der Einfluss der Sprachkenntnisse auf den Bildungserfolg anhand von SOEP-Daten bezüglich der Selbsteinschätzung deutscher Sprachkenntnisse untersucht, zeigt sich in den empirischen Befunden kein einheitliches Bild (vgl. Stanat, 2006). Die Ergebnisse von Alba, Handl und Müller (1994) weisen auf einen negativen Einfluss der Sprachkenntnisse der Eltern auf die Bildungsbenachteiligung ihrer Kinder hin. Dagegen konnten die Analysen von Büchel und Wagner (1996) mit den gleichen SOEP-Daten diesen Zusammenhang nicht bestätigen. Die im Rahmen der PISA-Studie von Baumert und Schümer durchgeführte Studie (2001) berichtete, dass die geringe Lesekompetenz der Schülerinnen und Schüler mit Migrationshintergrund ein Indikator für den Besuch der Schulen mit niedrigen Anforderungen war. Wie das sprachliche Kapital bzw. die Multi-Kompetenz (Cook, 1992, 1995) von mehrsprachigen Migrantinnen und Migranten erfolgreich umgesetzt werden kann, zeigt die qualitative Studie von Fürstenau (2004), in der sie Jugendliche portugiesischer Herkunft befragte. Bildungsorientierte und bildungserfolgreiche Jugendliche bewegen sich beruflich transnational und zeigen Bestrebungen, ihre migrationsbedingten Ressourcen, insbesondere ihr sprachliches Kapital, im Rahmen der Transmigration sowohl in der Einwanderungsgesellschaft als auch im Herkunftsland anzuwenden.

Im zweiten Untersuchungsbereich werden die *Aspekte der Integration* und ihre möglichen Determinanten für den Schulerfolg aufgeführt (vgl. Abbildung 1). Diesem Aspekt gelten Untersuchungen, welche die Bildungsbenachteiligung von Migrantenkindern mit der *Rückkehrorientierung*, mit dem *kulturökologischen Ansatz* sowie mit der Theorie des *„stereotype threat"* erklären.

Die *Rückkehrorientierung* als Determinante von Schulerfolg hat Einfluss auf das Investitionsverhalten in die Bildung bei den Migrantenfamilien (vgl. Diefenbach, 2007). Diefenbach (2007) bezieht sich dabei auf die qualitativen Studien von Korte (1990) und Schiffauer (1991), die das geringe Interesse türkischer Eltern an Bildungsabschlüssen ihrer Kinder auf den eigenen unsicheren Aufenthaltsstatus zurückführen. Weil türkische Eltern Rückkehrabsichten hegen, sehen sie keinen Sinn darin, zuviel in die Bildung ihrer Kinder im Aufnahmeland zu investieren. Stattdessen gehen ihre Bemühungen dahin, die Kinder frühest möglich an der Erwerbstätigkeit der Familie zu beteiligen. Dagegen konnte Diefenbach (2002) unter Verwendung der Daten des sozioökonomischen Panels keinen signifikanten Effekt zwischen den Rückkehrabsichten der Migrantenfamilien und dem Besuch der Kinder von Haupt- und Realschule oder Gymnasium aufzeigen. Aufgrund ihrer Ergebnisse stellt Diefenbach (2007) fest: „Migrantenfamilien müssen nicht unbedingt eine Rückkehrabsicht haben, um zur Einschätzung zu kommen, dass sich Bildung für ihre Kinder im deutschen Schulsystem nicht lohne. Eine Unterinvestition in Bildung könnte dadurch erklärt werden, dass Migrantenfamilien lebensweltlich erfahren haben, dass sich Bildung für sie nicht lohnt oder nicht in demselben Masse lohnt wie für Deutsche" (Diefenbach, 2007, S. 111). Im Gegensatz zu diesen Befunden stehen die Ergebnisse des internationalen Vergleichs in Bezug auf schulbezogene Motivation und Bildungsaspiration. Stanat & Christensen (2006) konnten nachweisen, dass Schülerinnen und Schüler mit Migrationshintergrund in fast allen untersuchten OECD-Staaten genauso motiviert sind, in der Schule erfolgreich zu sein, wie ihre Mitschülerinnen und Mitschüler ohne Migrationshintergrund (vgl. Stanat, 2006). Die von Stanat und Christensen (2006) dargestellten Ergebnisse stehen mit der *„immigrant optimism hypothesis"* (Kao & Tienda, 1995) im Einklang, wonach die aus wirtschaftlichen Gründen erfolgte Migration mit der Hoffnung auf ein besseres Leben verbunden sei und dadurch ein hohes Mass an Erfolgsmotivation aufweise (vgl. Stanat, 2006). Diefenbach (2007) bezog sich auf weitere Studien, die von einer hohen Bildungsaspiration in türkischen Migrantenfamilien berichteten (vgl. Holtbrügge, 1975; Mehrländer, Hofmann, König & Krause, 1981; Wilpert, 1980). Demzufolge kann die Rückkehrorientierung als wenig aussagekräftige Determinante für die Erklärung der Leistungsdisparitäten betrachtet werden.

Die *kulturökologische Erklärung* von John U. Ogbu, welche bei Schofield (2006) und Diefenbach (2007) ausführlich diskutiert wird, erläutert die Auswirkungen des Zuwandererstatus auf die Chancen im Bildungserfolg. Ogbu (1992) betrachtet die bestehenden Differenzen zwischen den Kulturen der ethnischen Minderheit und der autochthonen Mehrheit aus historischer und struktureller Perspektive. Demzufolge sei der mangelnde Schulerfolg von schwarzen amerikanischen Kindern auf die bewusste und unbewusste Anpassung an den herrschenden historischen und strukturellen Kontext zurückzuführen (Diefenbach, 2007). „Schwarze amerikanische Kinder lernen also nicht nur, dass es sich nicht lohnt, sich in der Schule um gute Leistungen zu bemühen, sondern erlernen darüber hinaus Handlungsstrategien, die mit schulischem Erfolg eher schwierig zu vereinbaren sind, wenn nicht ihm entgegenstehen. Sie entwickeln einen kulturellen Bezugsrahmen, der definiert, was richtiges Verhalten für einen Angehörigen dieser Minderheit ist und was nicht" (Diefenbach, 2007, S. 115-116). Kritisiert wurde der Ansatz wegen seiner allgemein gültigen Aussage über den Schulerfolg von schwarzen amerikanischen Kindern und wegen der geringen Übertragbarkeit auf andere ethnische Minderheiten (vgl. Foster, 2004, zitiert nach Diefenbach, 2007). Als Antwort auf die Kritik definierte Ogbu (2003) drei Typen von Minderheiten, die autonome, die freiwillige und die unfreiwillige Minderheit. Zu den autonomen Minderheiten gehören diejenigen, die sich von der Mehrheit lediglich durch die Religion, die Sprache oder ihr ethnisches Zugehörigkeitsgefühl unterscheiden, wie z.B. die Mormonen in den USA. Freiwillige Minderheiten immigrierten aufgrund eigener Entscheidung aus wirtschaftlichen oder politischen Gründen, mit dem Ziel, ihre Lebenschancen im Aufnahmeland zu verbessern. Dagegen sind unfreiwillige Minderheiten durch Kolonialisation und Sklaverei ins Land gekommen. Zu dieser Gruppe zählen die Schwarzamerikaner und die Urbewohner Nordamerikas. Entsprechend der Typenzugehörigkeit zeigen Angehörige autonomer und freiwilliger Minderheiten gute Schulleistungen und positive Einstellungen zur Mehrheitsgesellschaft, während Angehörige unfreiwilliger Minderheiten (wie z.B. die Schwarzamerikaner oder die Indianer Nordamerikas) niedrigen Erfolg im Bildungssystem aufweisen. Schofield (2006) bezieht sich auf eine spätere Arbeit von Ogbu (2003) und diskutiert den Zusammenhang von Bildungserfolg mit der Zugehörigkeit zu unfreiwilligen oder freiwilligen Minoritäten. Danach weisen unfreiwillige Minoritäten geringeren Bildungserfolg auf, weil sie davon überzeugt sind, dass Bildung ihnen weniger wirtschaftliche Vorteile in der Gesellschaft erbringt als den anderen. Um die eigene kulturelle Identität zu wahren, wehren sie sich dagegen, sich die Kultur des neuen Landes anzueignen. Stellen Angehörige der freiwilligen Minoritäten fest, dass sich ihre Bemühungen um Bildungserfolg nicht im gleichen Masse auszahlen wie diejenigen der Majoritäten, oder erleben sie eine Gefährdung ihrer kulturellen Identität, nähert sich die Situation der freiwilligen Minoritäten hinsichtlich Bildungserfolg jener der unfreiwilligen Minoritäten an. Diefenbach (2007) fasst die Ergebnisse von qualitativen Studien zusammen, welche die zentralen Thesen des kulturökonomischen Ansatzes falsifiziert haben. Danach schätzen schwarze amerikanische Schülerinnen und Schüler Bildung nicht weniger wichtig ein als ihre weissen Mitschülerinnen und Mitschüler und ebenso wie ihre weissen Klassenkameradinnen und -kameraden bemühen sie sich darum, schulisch erfolgreich zu sein. Die Resultate dieser Studien verdeutlichten auch, dass der kulturökonomische Ansatz nicht auf alle schwarzen amerikanischen Kinder anwendbar ist, sondern lediglich für eine Gruppe unter ihnen gilt. Die Frage, warum schwarze amerikanische Kinder insgesamt schlechtere Schulleistungen erbringen als ihre weissen Schulkameradinnen und -kameraden, bleibt dennoch unbeantwortet. Eine Möglichkeit der Anwendung dieses Ansatzes auf Deutschland sieht Diefenbach (2007) darin, die Kinder zugewanderter Familien ebenfalls als Angehörige unfreiwilliger Minderheiten aufzufassen. Sie sind nicht aufgrund ihrer eigenen Entscheidung immigriert, sondern aufgrund der Entscheidung ihrer Eltern. Obwohl eine in Deutschland durchgeführte Studie von Faist (1994) bestätigt, dass türkische Jugendliche in Duisburg bzw. mexikanisch-amerikanische Jugendliche in Chicago eine ungebrochene Lern- und Arbeitsmotivation aufweisen, betrachtet Diefenbach (2007) die hohe Bildungsaspiration nicht als hinreichende Falsifizierung des kulturökonomischen Ansatzes. Schofield (2006) hebt die Bedeutung von Ogbus Arbeiten hervor, indem sie auf die Befunde der Stigmaforschung hinweist, dass „… die Erfahrung, einzigartig bzw. anders als die anderen zu sein, soziale Interaktionen und auch die Wahrnehmung der eigenen Leistung durch andere nachhaltig prägt" (Schofield, 2006, S. 7).

Als eine weitere mögliche Erklärung für Schulversagen wird die Bedrohung durch Stereotype (*stereotype threat*) in der neueren wissenschaftlichen Diskussion aufgeführt (vgl. Schofield, 2006; Diefenbach, 2007). Demzufolge können negative Stereotype, die eine geringe intellektuelle Leistungsfähigkeit mit der Zugehörigkeit zu einer bestimmten Gruppe verknüpfen, negative Auswirkungen auf die Leistungen der stereotypisierten Individuen haben (Schofield, 2006). Diefenbach (2007) bezieht sich dabei auf die Arbeiten von Steel und Aronson (1995), die mit der Existenz von Stereotypen über verschiedene soziale Gruppen argumentieren. „(Stereotype Threat) kann in der betroffenen Person einen Druck erzeugen, das eigene Selbstkonzept derart zu definieren bzw. umzudefinieren, dass schulischer Erfolg weder eine Grundlage der Selbstbewertung noch für die eigene Identität bedeutsam ist. Auf diesem Weg schützt sich die Person vor Bedrohungen des Selbstwerts durch Stereotype" (Steele & Aronson, 1995, S. 797). Zur Untersuchung des *stereotype threat* führte Steele experimentelle Studien durch, in denen die Effekte der Art des angekündigten Tests und der Salienz des Stereotyps variiert wurden (Steele, 1997, zitiert nach Diefenbach, 2007). Wurde der Test als nicht-diagnostischer Test eingeführt, schnitten die schwarzen Studenten genauso gut ab wie die weissen. Beim als diagnostisch eingeführten Test ergab sich das Gegenteil. Wurden die schwarzen Studierenden aufgefordert, ihre Rassenzugehörigkeit anzugeben, erbrachten sie schlechtere Leistungen als die weissen Probanden. Bei der anderen Gruppe, in der die Angabe der Rassenzugehörigkeit nicht verlangt wurde, waren die Ergebnisse geringfügig besser. Diefenbach (2007) und Schofield (2006) deuten auf die fehlende Rezipierung von *stereotype threat* bezüglich der Schulleistung von Schülerinnen und Schülern mit Migrationshintergrund in Deutschland hin. Schofield (2006) bezieht sich jedoch auf deutschsprachige Studien (Keller, 2002 sowie Keller & Dauenheimer, 2003), in denen die Wirkung von *stereotype threat* auf Frauen untersucht wurde. Dass *stereotype threat* ein kulturunabhängiges Phänomen ist, belegt eine grosse Zahl von Studien aus den USA und Europa (vgl. Schofield, 2006).

Ebene der Gesellschaft

Auf der *Ebene der Gesellschaft* wird auf die Untersuchungsbereiche *Schule als Organisation* und *Schule als System* näher eingegangen (vgl. Abbildung 1). Im Mittelpunkt von Schule als Organisation stehen die Determinanten *Schulform und Schulklasse* sowie die *Lehrereffekte*, welche die Bildungsungleichheiten begünstigen oder erschweren können. Der Schwerpunkt des zweiten Untersuchungsbereichs Schule als System liegt auf der *institutionellen Diskriminierung* und der *Förderung der Erst- und Zweitsprache*.

Die erste Determinante, welche die Aspekte der Effekte von *Schulformen*, *Klassengrössen* und *-zusammensetzungen* beinhaltet, bezieht sich auf die hierarchische Struktur des Schulsystems, die eine Benachteiligung beim Besuch von bestimmten Schultypen nach sich zieht. Diefenbach (2003) konnte nachweisen, dass ein bedeutender Zusammenhang zwischen dem besuchten Schultyp und dem erreichbaren Schulabschluss besteht. Schülerinnen und Schüler mit Migrationshintergrund erreichen in integrierten Gesamtschulen höhere Bildungsabschlüsse als in den Sekundarschulen des dreigliedrigen Schulsystems (bestehend aus Hauptschulen, Realschulen und Gymnasien). Neben dem Kontextmerkmal Schultyp wurden in diesem Erklärungsansatz ebenfalls die Zusammensetzung der Schülerschaft sowie deren Auswirkungen auf die Schulleistung analysiert. Dieser Problematik auf der Ebene der Schule und des Kontexts geht auch Stanat (2006) nach und diskutiert die Hypothese, wonach Schülerinnen und Schüler in Klassen und Schulen mit hohem Migrantenanteil geringere Leistungen erzielen als diejenigen, die Schulen mit niedrigerem Migrantenanteil besuchen. Dabei zitieren Diefenbach (2007) und Stanat (2006) die Untersuchung von Kristen (2002), die in 151 Schulklassen an sechs Grundschulen mit hohem Migrantenanteil in Baden-Württemberg durchgeführt wurde. Die Ergebnisse zeigen, dass türkische und (besonders) italienische Kinder umso geringere Chancen haben, von der Grundschule auf eine Realschule oder ein Gymnasium zu wechseln, je mehr ausländische Kinder in ihrer Grundschulklasse sind (Kristen, 2002, S. 548). Der Befund von Kristen konnte in der Studie von Tiedemann und Billmann-Mahecha (2007) nicht bestätigt werden. Bei einer Stichprobe von 620 Schülerinnen und Schülern der vierten Klasse der Hannoverschen Grundschulstudie untersuchten die Autoren mittels Schulleistungstest- und Fragebogendaten den Einfluss der ethnischen Kriterien auf die Übergangsempfehlungen für weiterführende Schulen. Sie fanden keinen negativen Effekt des Anteils an Schülerinnen und Schülern mit Migrationshintergrund in der Klasse. Kinder mit Migrationshintergrund wurden bei der Übergangsempfehlung nicht benachteiligt. Hingegen zeigte sich ein Referenzgruppeneffekt (Big-fish-little-pond-Effekt): „Schülerinnen und Schüler in Klassen mit *höheren* Testleistungen und einer *höheren* Bildungsorientierung der Eltern haben eine *geringere* Chance auf eine Empfehlung zur Realschule oder zum Gymnasium als Kinder mit vergleichbaren Voraussetzungen in weniger leistungsstarken Klassen" (Tiedemann & Billmann-Mahecha, 2007, S. 117). Kritisch äussert sich das Autorenpaar (Tiedemann & Billmann-Mahecha, 2007) gegenüber der Studie von Kristen (2002) und sieht eine methodische Schwäche in der Operationalisierung der Vorkenntnisse über bezugsgruppenabhängige Noten anstatt über Testwerte, die unabhängig vom Urteil der Lehrerschaft sind. Die Befunde der PISA-2000-E-Studie, die Schulen mit hohem Migrantenanteil untersuchte, sind nicht eindeutig. Es wurde festgestellt, dass in Schulen mit 20 Prozent Migrantenanteil in der Schülerschaft schwächere Leistungen im Lesen erbracht wurden, es gab aber keine Verschlechterung der erzielten Leistungen mit einer Erhöhung des Migrantenanteils (Stanat, 2003). In einer weiteren Analyse der PISA-2000-Daten von Stanat (2006) wurden die kognitiven Grundfähigkeiten der Jugendlichen untersucht. Die Resultate der Mehrebenenmodelle bestätigten, dass in Hauptschulen mit höherem Anteil von Jugendlichen, die in der Familie nicht Deutsch sprechen, geringere Leistungen erzielt werden (Stanat, 2006). Diefenbach (2004) kommt zum Schluss, dass ethnische Zusammensetzung und Schulerfolg nicht ohne weiteres im Sinne eines Kausalzusammenhangs zu interpretieren sind. Der Leistungsnachteil liegt nach Stanat (2006) nicht spezifisch am Migrantenanteil, sondern an einer mehrfachen Benachteiligung der Schülerschaft.

Als zweite Determinante auf der *Ebene der Schule als Organisation* wird die Wirkung der *Lehrereffekte* diskutiert. Allemann-Ghionda, Auernheimer, Grabbe und Krämer (2006) weisen dabei auf die lückenhafte Kompetenz der Lehrpersonen in den Bereichen *Diagnostik und Beurteilung* hin. Die Ergebnisse der im Grossraum Köln durchgeführten explorativen Studie zeigten auf, dass die Lehrpersonen schon zu Beginn der dritten Klasse über die Zuteilung zu den weiterführenden Schultypen ihre Meinung gebildet hatten. Dabei schätzten sie nicht alleine die bisherigen schulischen Leistungen der Schülerinnen und Schüler ein, sondern das Unterstützungspotenzial der Eltern. Begründet wurden die Entscheidungen mit Migrationshintergrund, unzureichenden Sprachkenntnissen, mangelnder elterlicher Unterstützung und Anzahl der Geschwister (Allemann-Ghionda et al., 2006). Im niederländischen Schulsystem verglich Jungbluth (1994) die Einschätzungen und Beurteilungen von Schülerinnen und Schülern mit den Ergebnissen ihres nonverbalen Intelligenztests und fand eine herkunftsbedingte Differenz. Die überdurchschnittlich intelligenten Schülerinnen und Schüler mit türkischer und marokkanischer Herkunft wurden nicht als solche erkannt und nicht entsprechend beurteilt im Vergleich zu ihren einheimischen Mitschülerinnen und Mitschülern. In der Längsschnittuntersuchung von Kronig, Haeberlin und Eckhart (2000) konnten auch Unterschiede in der Erwartungshaltung von Lehrpersonen nachgewiesen werden. Trotz vergleichbarer Lernleistung und Intelligenz wurden die Kinder mit Migrationshintergrund von Lehrpersonen aus 111 Schulklassen im Durchschnitt signifikant tiefer eingeschätzt als ihre Schweizer Mitschülerinnen und Mitschüler. Die Unterschiede in der Diagnostik und Beurteilung deuten auf Lehrererwartungseffekte hin, welche die schulischen Leistungen massgeblich beeinflussen (vgl. Schofield, 2006). Eine mögliche Erklärung der Erwartungseffekte bieten die Erkenntnisse der Studie von Rosenthal und Fode (1963), wonach sich die Erwartungen der Studierenden an die Laborratten als „sich selbst erfüllende Prophezeiung" in der Leistung der Tiere widerspiegelten. Zahlreiche Studien aus den letzten 35 Jahren bestätigen die Existenz von Erwartungseffekten auch im schulischen Kontext (vgl. Schofield, 2006). Darüber hinaus konnte in der Metaanalyse von Baron, Tom und Cooper (1985) nachgewiesen werden, dass die Lehrpersonen gegenüber den Schülerinnen und Schülern der gesellschaftlichen Mehrheit höhere Leistungserwartungen zeigten als gegenüber den Angehörigen stigmatisierter Gruppen. Gehören aber Lehrpersonen der ethnischen Minderheit an, richten sie häufig höhere Leistungserwartungen an Schülerinnen und Schüler, die ihrer eigenen sozialen oder ethnischen Gruppe zugehören (vgl. Ehrenberg, Goldhaber und Brewer, 1995). Zusammenfassend stellt Schofield (2006) fest, dass bei Schülerinnen und Schülern, die schlechte Leistungen erbringen und zu einer stigmatisierten Gruppe gehören, der Einfluss der Lehrererwartungen deutlicher ist als bei denjenigen, welche gute schulische Leistungen zeigen. Beachtet werden muss dabei der nationale Kontext, der die Wirkung der Erwartungseffekte beeinflussen kann.

Institutionelle Diskriminierung als erste Determinante auf der gesellschaftlichen Ebene im Untersuchungsbereich *Schule als System* (vgl. Abbildung 1) erklärt Schulerfolg nicht nur mit den Leistungen der Schülerinnen und Schüler, sondern auch mit den institutionellen und organisatorischen Strukturen des jeweiligen Bildungssystems (Gomolla & Radtke, 2002). Allemann-Ghionda (2002) konnte in ihrer vergleichenden Studie über sechs europäische Schulsysteme nachweisen, dass der Umgang mit sprachlich und soziokulturell heterogenen Klassen durch die integrativen oder separierenden Strukturen des Bildungswesens beeinflusst wird. Auf Meritokratie als leistungsbasierte Verteilung von Bildungschancen bezieht sich Esser (2001), indem er die gleichen Daten wie Kristen (2000, 2002) analysiert und die Diskriminierung von Kindern mit Migrationshintergrund beim Übergang von der Grundschule in die weiterführenden Schulen verneint: „Der Übergang zu den weiterführenden Schulen folgt vielmehr strikt nach meritokratischen Gesichtspunkten. Die empirisch beobachtbaren Unterschiede sind vielmehr eine *indirekte* Folge der *ethnischen Konzentration* in der Schule. Die Kausalkette sieht danach etwa so aus: Starke ethnische Konzentrationen in den Schulklassen behindern das Lernen der Kinder, nicht nur im Fach Deutsch. Aufgrund der schlechten Lernleistungen erhalten sie schlechte Noten und aufgrund dieser Noten weniger

Empfehlungen für den Besuch einer weiterführenden Schule. Einen besonderen „Malus" als Angehörige bestimmter ethnischer Gruppen bekommen sie nicht. Die Schulen funktionieren ganz offenbar als „moderne", strikt nach Leistung operierende Institution" (Esser, 2001, S. 63). Wie das meritokratische Prinzip im Bildungssystem verletzt wird, diskutiert Kronig (2007) ausführlich in seiner Arbeit über die systematische Zufälligkeit des Bildungserfolgs. Eine Voraussetzung für den universalistischen Anspruch des meritokratischen Prinzips besteht darin, dass eine bestimmte Leistung überall gleich bewertet und honoriert wird. Aufgrund von empirischen Daten kommt Kronig (2007) zum Schluss, dass Leistung und Gratifikation vom regional unterschiedlichen Angebot des Bildungssystems abhängig sind. Ob eine Schülerin oder ein Schüler an eine Sonderklasse überwiesen wird, wird zum Beispiel in den Schweizer Kantonen unterschiedlich entschieden. Die Kinder und Jugendlichen mit Migrationshintergrund werden von diesen Überweisungen stärker betroffen als ihre Schweizer Mitschülerinnen und -schüler. Neben der „Regionalisierung des Leistungsprinzips" sieht Kronig (2007, S. 217) die Problematik in der Unklarheit der Definitionen: „Dabei ist völlig unklar, was ein guter und was ein schlechter Schüler ist. Eine Lernbehinderung ist nicht eine wissenschaftliche fundierte Klassifikation, sondern eine Frage der Umstände" (Kronig, 2007, S. 218). Weil ausserindividuelle Faktoren einen entscheidenden Einfluss auf die Überweisungsentscheidung haben (vgl. Kronig, 2003), erachtet er das strikte Auseinanderhalten inhaltlicher (Schulleistung) und formaler Qualifikationen (Überweisungsquoten) sowohl bei bildungspolitischen als auch bei praktischen Entscheidungen als wichtig. Seine Diskussion über Bildungserfolg schliesst er mit folgendem Satz: „Für unabsehbare Zeit wird der Bildungserfolg ein schwer durchschaubares und ungleich verteiltes Produkt von Verdienst, Privileg und Zufall bleiben" (Kronig, 2007, S. 227).

Die nächste Determinante im Untersuchungsbereich *Schule als System* bezieht sich auf die Bedeutung der *Förderung der Erst- und Zweitsprache*. Da diese Thematik in den Kapiteln 2.3 und 2.3.3 ausführlich dargestellt wird, wird hier lediglich auf die wichtigsten Aspekte der kontroversen Diskussion eingegangen. Auf der einen Seite wird die unzureichende Förderung des Deutschen als Hauptgrund der Benachteilung gesehen: „Allgemein weist das Befundmuster der Schulleistungsstudien darauf hin, dass die Diskriminierung von Schülerinnen und Schülern mit Migrationshintergrund in Deutschland vor allem darin besteht, dass die Massnahmen der Förderung von Kompetenzen in der Instruktionssprache unzureichend sind" (Stanat, 2006, S. 116). Die gleiche Meinung wird von dem Autorenteam Bade, Esser, Heitmeyer, Mummendey, Neidhardt, Schönwälder & Söhn (2006) vertreten, die der Förderung des Erwerbs der Landessprache eine Schlüsselrolle für Bildungserfolg und Arbeitschancen zusprechen. Die Förderung der Erstsprache hat dabei eine untergeordnete Funktion wie bei Hopf (2005), der empfiehlt, die Herkunftssprache erst dann zu fördern, wenn die Schülerinnen und Schüler mit Migrationshintergrund die Verkehrssprache auf dem Niveau ihrer Mitschülerinnen und Mitschüler beherrschen. „Denn die Beherrschung zunächst der Schulsprache, dann der Verkehrssprache allgemein ist der Schlüssel zum Schulerfolg, und Lesekompetenz die wichtigste Voraussetzung für den Erfolg in zentralen Schulfächern" (Hopf, 2005, S. 245). Trotz der verbreiteten Annahme über den Zusammenhang von Deutschkenntnissen und Schulerfolg gibt es hierzu kaum empirische Forschung (Diefenbach, 2007, S. 141). Ferner deutet Diefenbach (2007) auf die eingeschränkte Sicht, welche lediglich die Deutschkenntnisse berücksichtigt und keine Reflexion der Nachteile von fehlender Anerkennung der Herkunftssprache der Kinder und Jugendlichen mit Migrationshintergrund erlaubt. Dieser Gedanke stellt eine Brücke zu den Ansätzen dar, die für die Förderung der Erstsprache *neben* der Förderung der Zweitsprache plädieren (vgl. Allemann-Ghionda, 2002; Reich, 2002b; Reich & Roth, 2002; Gogolin, 2004; Brizić, 2006). „Rather, a fortification of the children's linguistic self-confidence in the L2 *and* L1 and an intensive involvement of the parents *and* their languages in everyday school matter can be regarded as highly promising factors for successful L2 acquistion" (Brizić, 2006, p. 358). Argumentiert wird dabei unter anderem mit den empirischen Befunden über die kognitiven Vorteile von mehrsprachigen Kindern (vgl. Bialystok, 1991, 2001) sowie über den positiven Einfluss der Erstsprache auf die Zweitsprache, auch wenn die entsprechenden Befunde der Interdependenz-Hypothese immer wieder in Frage gestellt werden (siehe Kapitel 1.4.6). Gegenüber der Diversität bietet offene Bildung „Wissen, analytisches Werkzeug, um den soziokulturellen Horizont jeder Person zu öffnen und ihre kommunikativen Kompetenzen zu fördern. Die Integration von Migranten und von Differenzen ist Teil dieser Bildungsidee." (Allemann-Ghionda, 2008, S. 24).

Fazit

Mit Blick auf die Frage, welche Determinanten den Schulerfolg beeinflussen, kann aufgrund der vorliegenden empirischen Befunde keine eindeutige Antwort gegeben werden. Im Modell für die Erklärung von Disparitäten im schulischen Erfolg (vgl. Abbildung 1) wurde ein Geflecht von Determinanten sichtbar, das eine teilweise kontroverse empirische Befundlage aufzeigt. In den meisten Fällen handelt es sich um eine kumulative Wirkung von Determinanten (vgl. Helmke und Weinert, 1997). Dieses Zusammenspiel von Determinanten kann auf der Ebene des Individuums und auf der gesellschaftlichen Ebene stark variieren. Wichtig scheint es aber, sich von einer reduktionistischen Sichtweise der Problematik zu verabschieden. Anstatt eine Determinante übermässig zu betonen, sollte zwischen primären und sekundären Benachteiligungen unterschieden werden. Die Fokussierung der Forschung auf die Ressourcen der Kinder und Jugendlichen mit Migrationshintergrund kann weitere Ergebnisse für die Erklärung der Disparitäten im Schulerfolg liefern. Zweifellos besteht Handlungsbedarf für die Bildungspolitik, die Pädagogik und die wissenschaftliche Forschung bezüglich des Bildungserfolgs von Kindern und Jugendlichen mit Migrationshintergrund (vgl. Diefenbach, 2007, Allemann-Ghionda, 2006, Stanat, 2006). Obwohl sich Diefenbach (2007) bezüglich der Implikationen der empirischen Befunde auf die pädagogische Praxis sowie hinsichtlich ihres Wirkungsbereichs skeptisch äussert, sollten den Bestrebungen von Bildungsinstitutionen, die vor allem in der Sensibilisierung für die Problematik und in der methodisch-didaktischen Ausbildung der Lehrpersonen im Bereich Deutsch als Zweitsprache besteht, mehr Aufmerksamkeit geschenkt werden.

2.1.2 Hintergründe der albanischen und türkischen Migration in die Schweiz

Das Vorwissen über die Migrationshintergründe einer Sprachgruppe sollte nicht nur für das alltägliche Zusammenleben von sprachlicher Mehrheit und Minderheit Früchte tragen, sondern helfen, die sprachlichen und gesellschaftlichen Barrieren zwischen den einheimischen und den eingewanderten Kindern in der erzieherischen Arbeit zu überwinden (vgl. Müller & Furrer, 1992). Im Besonderen soll in der pädagogischen Praxis eine Differenzierung nach Migrationsgeschichte und Nationalität erfolgen, welche individuelle Fördermassnahmen erfordert (Diefenbach, 2007). In diesem Sinne werden hier die Hintergründe der albanischen und türkischen Migration in die Schweiz diskutiert, deren Kenntnis meines Erachtens eine wichtige Voraussetzung für die Interpretation der empirischen Resultate über den Schulerfolg bzw. Sprachentwicklung der Albanisch und Türkisch sprechenden Kinder und Jugendlichen darstellt. Insbesondere setzt die Sensibilität gegenüber der Kultur und Sprache der Migrantinnen und Migranten im Bildungswesen umfangreiches Hintergrundwissen voraus, um die Integrationsbestrebungen von beiden Seiten unterstützen zu können.

Die albanische Migration

Die albanische Migration in die Schweiz ist von drei wichtigen Migrationswellen[3] geprägt, die durch dramatische Veränderungen in der Geschichte Ex-Jugoslawiens hervorgerufen wurden (von Aarburg, 2003; Schader, 2006). In der *Arbeitsmigration (1960-80)* wurden aufgrund des wirtschaftlichen Aufschwungs der Schweiz in den 1960er Jahren sowie der zunehmenden politischen Spannungen im Kosovo[4] und im ehemaligen Jugoslawien hauptsächlich männliche Arbeitskräfte angeworben. Mit der Öffnung der Grenzen hoffte die Regierung Ex-Jugoslawiens durch die Geldüberweisungen der immigrierten Arbeitskräfte die lokale Wirtschaft zu fördern. Zuerst verliessen vor allem hoch qualifizierte Arbeitskräfte das Land, die sich bessere Lebensbedingungen in der Schweiz erarbeiten konnten. Dieser Migration folgten die „Gastarbeiter", deren Gruppe hauptsächlich unqualifizierte

---

3   Schader (2006), auf den ich mich hier beziehe, unterteilt die albanische Migration in drei Phasen: Arbeitsmigration, Familiennachzug und politische Vertriebene. Çobani (1997, zitiert nach Schader 2006, S. 19) unterscheidet vier Phasen: 1. 1960-1970: vereinzelte Albanerinnen und Albaner in der Schweiz. 2. 1971-1980: Zunahme der Arbeitsmigration, auch dank Mund-zu-Mund-Propaganda. 3. 1981-1990: verschärfte Arbeitsmigration, auch aufgrund der politischen Lage. 4. 1991-1995: Zunahme der Diaspora durch Familiennachzug. Ibrahimi (1998a) beschreibt ebenfalls vier Migrationswellen aber in einer anderen zeitlichen Abfolge: 1. 1945-1960: Emigration als Folge des Zweiten Weltkrieges. 2. 1961-1970: Emigration aus wirtschaftlichen Gründen. 3. 1981-1989: Emigration als Resultat der albanischen Befreiungsbewegung. 4. 1989 bis heute: „tragische" Emigration als Resultat des Zusammenbruchs des politischen Systems und des Krieges im Balkan.

4   Im Gegensatz zu Ibrahimi (1998a; 1998b), Schader (2006) und von Aarburg (2003) verwende ich in meiner Arbeit statt der albanischsprachigen Bezeichnung Kosova die Bezeichnung Kosovo, unter welchem Namen die Schweiz am 27.02.2008 die Republik Kosovo als autonomen Staat anerkannt hat.

Albanisch sprechende Männer aus Mazedonien und Kosovo bildeten. Ihr Ziel war es, mit der Arbeit in der Schweiz die Existenz ihrer Familien im Herkunftsland zu sichern und nach sparsamen Jahren in die Heimat zurückzukehren (von Aarburg, 2003). Da die italienische Migration in dieser Zeit zurückgegangen war, wurden Arbeitsplätze in wenig bezahlten Berufsfeldern wie Landwirtschaft, Bau- und Gastgewerbe frei (Schader, 2006). Çobani (1997, zitiert nach Schader, 2006) deutet auf die Auswirkungen der Mund-zu-Mund-Propaganda hin, welche heute in der demografischen Verteilung der Albanisch sprechenden Bevölkerung sichtbar wird. Aufgrund der Inflation im Laufe der 1980er Jahre wurden die wirtschaftlichen und politischen Probleme in Ex-Jugoslawien immer grösser. Von Aarburg (2003) deutet auf die Folgen des wirtschaftlichen Zusammenbruchs des Landes hin, welche sich in nationalistischen Bewegungen äusserten. Unter diesen Bedingungen litt insbesondere die Albanisch sprechende Bevölkerung Kosovos, die polizeilich verfolgt wurde und deren Existenz sowohl politisch als auch wirtschaftlich bedroht war. Bis zu dieser Zeit haben die Albanisch sprechenden „Gastarbeiter" auf eine Zukunft in der Heimat ausgerichtet gelebt, jetzt mussten sie unter dem Druck der schwierigen Situation in Ex-Jugoslawien mit dem Recht auf Familiennachzug leben. So kam die zweite Migrationswelle, der *Familiennachzug (1980-1990),* für die Familien wie für das Schweizer Sozial- und Bildungswesen völlig unerwartet (von Aarburg, 2003; Schader, 2006). Die nachgekommenen Ehefrauen mit ihren Kindern fanden sich in einer ökonomisch äusserst bedrängten Situation wieder, weil die Arbeiterlöhne in der Rezession der 1990er Jahre nicht mehr für eine Grossfamilie ausreichten. Oder sie entschieden sich – wie die Eltern von Kalterina (geboren 1984) (Burkard & Russo, 2004) – ihre Kinder für eine bestimmte Zeit bei den Grosseltern oder bei Verwandten in Kosovo zurückzulassen, bis sie in der Schweiz finanziell Fuss fassen konnten.

> *Ich bin 1984 in Pristina geboren. Meine Mutter ist in die Schweiz gegangen, als ich drei Jahre alt war, mein Vater ging schon vorher. Ich bin bei meinen Grosseltern geblieben. Ich wusste, dass meine Eltern in der Schweiz sind, und manchmal ist mein Onkel mit mir in die Schweiz geflogen, um sie zu besuchen. Ich habe auch versucht, Deutsch zu lernen, zum Beispiel konnte ich „Gute Nacht" sagen. (…) Als meine Mutter mich dann nach Adelboden holte, war ich fünf Jahre alt. Ich erinnere mich, dass mir meine Eltern zuerst ein bisschen fremd waren. (…) Mein Vater hat sich in Kosova politisch engagiert und wurde deswegen geprügelt und ins Gefängnis gesteckt. Auch meine Mutter war im Gefängnis, immer wieder ein paar Monate, ohne dass sie etwas getan hatte. Nur weil sie meinen Vater kannte, und ausserdem war sie eine Frau, die sagte, was sie dachte.* (Burkard & Russo, 2004, S. 102-103)

Einerseits wurden die Albanisch sprechenden Familien mit einer schwierigen ökonomischen Lage, fehlenden Lehrstellen für ihre Kinder, fremder Kultur und Sprache konfrontiert. Andererseits waren sie wenig willkommen, was unter den gegebenen wirtschaftlichen Verhältnissen verständlich war (von Aarburg, 2003). Weiterhin beschreibt von Aarburg (2003) die Folgen des Familiennachzuges, die sich u.a. in verspäteten Massnahmen zur schulischen Integration schweizerischerseits äusserten. Da viele Nachgezogene aus ländlichen und bildungsfernen Regionen stammten, bedurfte es besonderer Integrationsleistungen im Sozial- und Bildungsbereich, deren Aufgaben nach Schader (2006) immer noch nicht erfüllt sind und sich im schwachen Schulerfolg Albanisch sprechender Kinder und Jugendlichen in der Schweiz widerspiegeln.

Mit dem Verlust der Autonomie des Kosovo 1989 setzte die *kriegsbedingte Migration* ein. Ibrahimi (1998a) nennt diese Welle der Migration „tragisch", weil 25 Prozent der Gesamtbevölkerung (etwa 500 000 Menschen) unter dem Druck der serbischen Politik und des Balkankrieges das Land verliessen. Ibrahimi (1998a) unterschiedet zwei grosse Hauptgruppen: die erste Gruppe besteht aus jungen Männern von 16 bis 25 Jahren, die sich mit dem Krieg nicht identifizieren konnten, die zweite Gruppe umfasst Familien mit Kindern. Diese grosse Migrationswelle wurde von der serbischen Regierung als Erfolg ihrer Politik gefeiert, von den Albanervereinen im Ausland und von der Schweizer Regierung als unerwartete Folge des Kriegsgeschehens wahrgenommen. Zwischen Januar 1998 und August 1999 erhielten gegen 60 000 Flüchtlinge aus Kosovo in der Schweiz Asyl. Die meisten Asylsuchenden waren gut bis sehr gut qualifizierte Personen, die aus politischen Gründen vertrieben wurden und durch Gewalt stark traumatisiert waren (Schader, 2006). Eindrücklich berichtet ein albanischer Schriftsteller unter dem Pseudonym Alban Krasniqi über die Erlebnisse eines Flüchtlings.

> *Es dauert eine Ewigkeit, bis der Zug nach Basel einfährt. Einsteigen, einen Platz suchen. Beobachtet ihn jemand? Folgt ihm jemand ins Abteil? Er setzt sich. (…) Die Grenze zur Schweiz unkontrolliert, wie durch ein Wunder, passieren. – Ja, das Leben geht weiter. Sein Leben. Ein Leben, um Brücken zu bauen. Brücken über Flüsse in zerrissenen Städten. (Oh, Mostar, oh, Mitrovice!) Brücken in zerissenen Herzen. Brücken zwischen den Kulturen. Brücken aus einer dunkler Vergangenheit hinüber in eine hellere Zukunft.* (Krasniqi, 2004, S. 58)

Die oben geschilderten Migrationswellen weisen auf eine äusserst heterogene albanische Migrantengruppe hin, die mit verschiedensten Absichten und Hintergründen eine Bleibe in der Schweiz suchte. Die Palette reicht von den hoch geschätzten Arbeitnehmenden der 1980er Jahre über die nachgezogenen Familienmitglieder aus ländlichen Gebieten bis zu den politisch verfolgten gebildeten Akademikerinnen und Akademikern sowie Lehrerinnen und Lehrern. Nach der letzten Volkszählung im Jahr 2006 leben ca. 170 000-190 000 Menschen mit albanischer Muttersprache in der Schweiz, davon sind 25 000-35 000 Kinder und Jugendliche im schulpflichtigen Alter (Schader, 2006). Über die sozialgeschichtliche und politische Entwicklung der albanischen Migration berichtet das umfassende Werk von von Aarburg und Gretler (2008), dessen integralen Bestandteil die Einzel- und Familienporträts bilden.

Die türkische Migration

Während die albanische Migration in der Schweiz erst vor wenigen Jahren in das wissenschaftliche Interesse gerückt ist (vgl. von Aarburg, 2003; Dahinden, 2005; Schader, 2006, von Aarburg & Gretler, 2008), existiert zwar eine umfangreiche Literatur über die Muslime in der Schweiz, aber es gibt nur wenig Publikationen über die Hintergründe der türkischen Migration[5]. Nach Elibal (1991) kann die türkische Migration in drei Phasen unterteilt werden. Die *erste Phase*[6] erstreckt sich von *1965 bis 1971*. In dieser Zeit nimmt die Nachfrage nach Arbeitskräften in der Schweiz zu. Im Gegensatz zu Deutschland, wo ab 1961 sehr viele türkische Gastarbeiter rekrutiert wurden, kamen in dieser ersten Phase vergleichsweise wenige türkische Einwanderer in die Schweiz. Diese Gastarbeiter waren gut qualifizierte Arbeitskräfte aus städtischen Verhältnissen, die in der Maschinen-, Textil- oder chemischen Industrie arbeiteten. Den Gastarbeitern folgten die als Touristen eingereisten Verwandten und Bekannten, die anfänglich illegal, dann aufgrund der Hochkonjunktur legalisiert auf dem Schweizer Arbeitsmarkt arbeiteten. Von *1971 bis 1983* erfolgte *die zweite Migrationswelle*, die von einer politischen Auseinandersetzung hervorgerufen wurde. In Folge des Militärputsches in der Türkei kamen 1971 politische Flüchtlinge türkischer und kurdischer Abstammung aus verschiedenen sozialen Schichten in die Schweiz. Nach der Amnestie im Jahre 1974 kehrten aber viele von ihnen in die Türkei zurück. *Die dritte Phase* der türkischen Migration setzte nach Elibal (1991) *1983-84* ein, in jenen Jahren, in denen die kurdische Bevölkerung in der Türkei harten Repressionen ausgesetzt war. In dieser Zeit erhielten unter anderem viele Kurdinnen und Kurden Asyl in der Schweiz. Nach und nach wurden die Familienmitglieder nachgeholt, wie die Kurdin Elif (geboren 1983), deren Eltern in der Schweiz Asyl erlangt hatten:

Die Reise in die Schweiz war für mich das Ende meiner Kindheit. Ich habe nicht gewusst, dass ich Eltern in der Schweiz habe. Ich bin in der Türkei geboren und habe die ersten fünf Jahre dort verbracht. Bei meiner Tante und ihrer Familie bin ich aufgewachsen, sie war meine Mutter für mich. (…) Eines Tages haben sie mich zum Bus gebracht. Alle standen um mich herum und weinten. Mein Onkel hat mich zum Flughafen begleitet, und mit zwei, drei Leuten aus meinem Dorf bin ich dann in die Schweiz geflogen. Niemand hatte mir vorher etwas gesagt. Das war im Jahr 1988. Plötzlich war ich in einer anderen Welt. So viele Autos, und Häuser, alles so modern. Es war ein Schock. Als ich ankam, umarmte mich ein Mann. Das war mein Vater. Und zu Hause umarmte mich eine fremde Frau, das war meine Mutter. (Burkard & Russo, 2004, S. 82)

---

5 Siehe unter: http://www.islamwissenschaft.unibe.ch/lenya/islamwissenschaft/live/forschung/kongress-1/Forschungsliteratur_Islam-_Muslime_in_der_Schweiz.pdf (Zugriff am 04.12. 2007).

6 Furrer (1992) unterscheidet zwei grosse Wellen der türkischen Arbeitsmigration. Während die ersten türkischen Migrantinnen und Migranten Ende der 1960er und in den 1970er Jahren aus städtischen, westlich orientierten Gebieten der Türkei in die Schweiz kamen, wanderten in der zweiten Welle in den frühen 1970er Jahren „Gastarbeiter" aus den ländlichen Gebieten ein.

Da in der letzten Etappe der Nachkriegsmigration (1990-2002) die Auswanderung aus den traditionellen Migrationsländern wie Italien und Spanien nachliess, aber immer noch eine Nachfrage nach Arbeitskräften bestand, kamen Migrationsströme aus Ex-Jugoslawien und der Türkei (Wanner & Fibbi, 2002). Die Autoren deuten auf ein Charakteristikum dieser neuen Bewegung hin, welche durch Arbeits- und Asylsuche geprägt war (Wanner & Fibbi, 2002). Im Jahr 2006 betrug die Zahl der in der Schweiz lebenden Migrantinnen und Migranten türkischer Staatsbürgerschaft 74 342 (vgl. Bericht des Bundesamts für Statistik vom 2006)[7]. Müller und Furrer (1992) weisen auf die Bedeutung des soziokulturellen, religiösen und politischen Migrationshintergrundes im Klassenzimmer hin und zeigen die breite Palette der türkischen Minderheitengruppen in der Schweiz auf. Unter diesen Minderheiten befinden sich Kurden[8], Alevis[9], Yezidis[10], Süryani[11] und Armenier[12]. Da die Türkei eine Tradition des Zusammenlebens von verschiedenen Kulturen pflegt, sollte es zwischen den Kindern der türkischen Minderheitengruppen keine Spannungen geben. Diese Hintergrundinformationen liefern in jedem Fall wichtige Anhaltspunkte im Umgang mit den Kindern und ihren Eltern.

Fazit

Vergleicht man die albanische und türkische Migration, lässt sich feststellen, dass sie ähnliche Beweggründe aufweisen. Neben den wirtschaftlichen und politischen Hintergründen kommt den familiären Entscheidungen eine bedeutende Rolle zu. Wanner und Fibbi (2002) sehen dies z.B. in der Auswahl des Einwanderungslandes, die beispielsweise durch eine eingewanderte Person aus der Familie be-

---

7   Vgl. www.bfs.admin.ch (Zugriff am 23.05.2008).
8   Die Kurden bilden die grösste ethnische Minderheit in der Türkei. Ihr hauptsächliches Siedlungsgebiet sind die südöstlichen Provinzen der Türkei, daneben aber auch Teile von Iran, Irak, Syrien und der ehemaligen Sowjetunion. (...) Da die Kurden in der Türkei aber seit Jahrzehnten einem starken Assimilierungsdruck ausgesetzt sind – es gibt keine Schulen und, zumindest bis in die allerjüngste Zeit, auch keine Bücher und keine Zeitungen in Kurdisch! – können viele Kurden aus der Türkei kaum noch Kurdisch. Es lässt sich aber die Tendenz feststellen, dass sich viele von ihnen in der Emigration neu auf ihre Herkunft besinnen, sich ihrer Identität versichern wollen und beginnen, das Kurdische zu pflegen oder gar erst zu lernen (Müller & Furrer, 1992, S. 39-40).
9   Die Alevis sind die grösste religiöse Minderheit innerhalb des türkischen Islams. (...) Ihre Lehren werden mündlich überliefert. Sie neigen einer verinnerlichten, individualistischen Religionsauffassung zu und haben ihre eigenen Fastenbräuche und Riten, die in privaten Hausgottesdiensten ausgeübt werden (Müller & Furrer, 1992, S. 40).
10 Die Yezidis sind eine kleine, kurdischsprachige Religionsgemeinschaft. In ihren Glaubensvorstellungen und Riten sind kurdische und islamische Elemente mit solchen des Judentums, des Christentums, des Zoroastrismus und des Manichäismus verschmolzen (Müller & Furrer, 1992, S. 40).
11 Als Assyrer, Aramäer oder Süryani bezeichnet sich die aramäischsprachige, syrisch-orthodoxe christliche Minderheit mit Kerngebiet im Mardin, im Südosten der Türkei (Müller & Furrer, 1992, S. 40).
12 In der Türkei gibt es heute nur noch eine kleine Minderheit von Armeniern, von denen die meisten in Istanbul leben und nur noch zum Teil Armenisch sprechen. Die Mehrheit gehört der Armenischen (Gregorianischen) Kirche an; es gibt aber auch eine armenisch-katholische Gemeinschaft (Müller & Furrer, 1992, S. 40).

einflusst werden kann. Aufgrund der dargestellten historischen Ereignisse ergibt sich eine äusserst heterogene albanische und türkische Migrationsgruppe aus verschiedenen sozialen Schichten und geographischen Verhältnissen (vgl. Furrer, 1992; von Aarburg, 2003; Schader, 2006). Verbreitet sind neben dem Islam vor allem das Christentum – ca. 15 Prozent der Albanerinnen und Albaner sind katholisch (Ibrahimi, 1998b) – und das Alevitentum (eine islamische Glaubensrichtung). Während in der heutigen Türkei Bestrebungen zu beobachten sind, sich an die traditionellen Werte und an die Denkweise einer modernen europäischen Gesellschaft anzupassen, zeigt sich bei den Migrantenfamilien eine Tendenz hin zur Bewahrung der traditionellen Werte bis zur Verweigerung der Herkunftskultur (vgl. Furrer, 1992). Beide Migrantengruppen weisen eine niedrige Rückkehrrate auf, weil sie aus ökonomischem und politischem Zwang oder aus freier Entscheidung in der Schweiz bleiben und sich einbürgern möchten (Wanner & Fibbi, 2002). Im Vergleich zur ersten Generation, die einen starken Bezug zum Herkunftsland pflegte und auf eine Rückkehr ins Heimatland ausgerichtet war, findet bei der zweiten und dritten Generation allmählich ein Umdenken statt (vgl. Furrer, 1992, Schader, 2006). Diese Tendenz, die sich europaweit beobachten lässt, fordert die Bildungsforschung auf, vermehrt auf die Problematik des Bildungserfolgs von Kindern und Jugendlichen aufmerksam zu werden. Die zu dieser Thematik durchgeführten Studien beschäftigen sich vor allem mit der Untersuchung der Ursachen der Disparitäten im Bildungswesen (vgl. Kapitel 2.1.1). Welche empirischen Befunde zum Schulerfolg von Kindern und Jugendlichen mit Migrationshintergrund im schweizerischen Bildungssystem vorliegen, thematisiert das folgende Kapitel, dessen Mittelpunkt die Ergebnisse von Studien über die Bildungserfolge der Albanisch und Türkisch sprechenden Schülerinnen und Schüler bilden.

2.1.3 Bildungserfolg von Albanisch und Türkisch sprechenden Kindern und Jugendlichen in der Schweiz

Die Benachteilung von Kindern und Jugendlichen mit Migrationshintergrund im Schweizer Bildungssystem zeigt sich vor allem in ihrer *Überrepräsentation in niedrig qualifizierenden* bzw. *Unterrepräsentation in höher qualifizierenden Schulen* (vgl. Lischer, 1997; Kronig, 2003). Darüber hinaus werden sie häufig als lernbehindert eingestuft und in Sonderklassen überwiesen (Kronig, 2003). Bei solchen Entscheidungen kritisiert Kronig (2003) die unklare Definition von Lernbehinderung, welche weder die sozialen Erwartungshaltungen noch Zuschreibungsprozesse berücksichtigt, welche in schulischen Leistungsschwächen resultieren können. Einen weiteren Stolperstein sieht Müller (1996, 1998a) im *bildungssoziologischen Reduktionismus*, welcher den schulischen Misserfolg von Kindern und Jugendlichen mit Migrationshintergrund im Wesentlichen mit deren niedrigem sozioökonomischen Status erklärt. Im monolingual-assimilativen Schweizer Schulsystem müssen die zweisprachigen Schülerinnen und Schüler mit Migrationshintergrund über ihre soziale Schicht hinaus auch ihre sprachliche Zugehörigkeit überwinden (Müller, 1998a).

Spezifisch zum schulischen Erfolg von Albanisch und Türkisch sprechenden Kindern und Jugendlichen mit Migrationshintergrund existiert eine sehr beschränkte Anzahl von Studien. Hier wird insbesondere auf diejenigen Studien detailliert eingegangen, deren Stichprobe mehrheitlich aus albanischen bzw. türkischen Kindern und Jugendlichen bestand. Die Ergebnisse der Studie von Müller (1998a), die mit 162 monolingualen (Deutsch) und 185 zweisprachigen (Italienisch-Deutsch, Türkisch-Deutsch und andere Zweitsprachen) Schülerinnen und Schülern aus der 6., 7. und 10. Klasse durchgeführt wurde, konnten den bildungspolitischen Reduktionismus widerlegen. In der Mathematik war der Einfluss der ethnolinguistischen Zugehörigkeit auf die Sprachkompetenzen im Deutschen und in der Fremdsprache grösser als der Einfluss der sozialen Schicht. Aufgrund der Resultate folgerte Müller (1998a), dass beim schulischen Erfolg sowohl die ethnolinguistische Zugehörigkeit als auch die Schicht mitentscheidende Variablen sind. Ein weiterer Befund bestand darin, dass monolinguale und bilinguale Schülerinnen und Schüler nach der Zuweisung zu einem Schultyp heterogene Leistungen in den Bereichen Mathematik, Deutsch und Fremdsprache aufzeigten. Betrachtet man die gemessenen Leistungen in der Zweitsprache in der Sekundarstufe I (Ober- und Sekundarschule), zeigen sich signifikante Unterschiede zu ungunsten der zweisprachigen Schülerinnen und Schüler. Im Gegensatz dazu waren die Mathematik- und Fremdsprachennoten bei den Zweisprachigen signifikant besser als bei den Monolingualen. Müller (1998a) kam zum Schluss: „Vielmehr ist anzunehmen, dass die zweisprachigen Schülerinnen und Schüler in den Fächern Mathematik und Fremdsprache unterfordert sind und möglicherweise auch den Anforderungen des Schultypus auf dem jeweiligen höheren Anspruchsniveau zu folgen vermöchten" (Müller, 1998a, S. 55). Zum Bildungserfolg und zur sprachlichen Orientierung sowie zu den *Sprachkompetenzen Albanisch sprechender Kinder und Jugendliche* lieferte das Forschungsprojekt der Pädagogischen Hochschule Zürich wertvolle Befunde (Schader & Haenni Hoti, 2004; Schader, 2006; Haenni Hoti, 2006; Haenni Hoti & Schader, 2005/2006). Untersucht wurden 1 084 Albanisch sprechende Schülerinnen und Schüler aus der 5. bis 10. Klasse und deren 275 Lehrpersonen (250 Regelklassen- und 25 albanische HSK-Lehpersonen). Die Sprachkompetenzen der Probandinnen und Probanden in der Erst- und Zweitsprache wurden mit Hilfe von Selbsteinschätzung erhoben. Im durchgeführten ersten Vier-Faktoren-Modell erwies sich die eingeschätzte Albanischkompetenz als stärkste Prädiktorvariable zur Vorhersage der Deutschkompetenzen. Gefolgt wurde diese erste Variable von den Variablen „Sprachkompetenz in der Erst- und Zweitsprache", „wöchentliche Lesedauer in Deutsch" und „Anzahl albanischer Bücher zu Hause". Aus dem zweiten Modell wurden die ersten drei Einflussvariablen ausgeschlossen, wodurch die Variable „Anzahl albanischer Bücher zu Hause" an die erste Stelle rückte. Einen Einfluss auf die eingeschätzte Deutschkompetenz übten auch das Bildungsniveau der Mutter, der sozioökonomische Status des Vaters und der Besuch des albanischen HSK-Unterrichts aus. Der Besuch des HSK-Unterrichts wirkt sich offenbar positiv auf die eingeschätzten Deutschkenntnisse aus, wenngleich der Einfluss dieser Variable im Verhältnis zu den anderen Faktoren gering ist (Schader & Haenni Hoti, 2004; Haenni Hoti, 2006). Darüber hinaus hing dieses Ergebnis damit zusammen, dass die Schülerinnen und Schüler, die am HSK-Unterricht teilnahmen, ihre Albanischkompetenz signifikant besser einschätzten, als solche, die den Unterricht nicht besuchten (Schader & Haenni Hoti, 2004). Auf der Sekundarstufe erwies sich die Lehrerbeurteilung der psychosozialen Situation der Albanisch sprechenden Schülerinnen und Schüler als stärkster Prädiktor für die Beurteilung der Leistung und fachlichen Kompetenz. Dieser Faktor war bedeutender als das Bildungsniveau des Vaters und der Besuch des HSK-Unterrichts (Haenni Hoti, 2006). Angesichts der Hauptergebnisse wies Haenni Hotti (2006) auf das Zusammenspiel diverser Faktoren bei der Erklärung des Schulerfolgs von Albanisch sprechenden Kindern und Jugendlichen hin. Günstig wirkt sich auf die Deutschkompetenz die eingeschätzte Sprachkompetenz in der Erstsprache sowie die Bildung und Literalität der Eltern aus. Der zweite wichtige Befund war die Abhängigkeit der Leistungsbeurteilung durch die Lehrpersonen vom sozialen Verhalten der jeweiligen Schülerin oder des jeweiligen Schülers. Je besser die psychosoziale Situation eingeschätzt wurde, desto höher bewerteten die Lehrpersonen die Leistung und fachliche Kompetenz der Schülerinnen und Schüler.

Die im Rahmen des Nationalen Forschungsprogramms „Migration und interkulturelle Beziehungen" (NFP 39) durchgeführte Studie über die *Bedeutung der familienergänzenden Betreuungsformen im Vorschulbereich* lieferte Ergebnisse zu einem bis jetzt wenig erforschten Untersuchungsgebiet (Lanfranchi, 2002; Lanfranchi, Gruber & Gay, 2003). Ausgegangen wurde von den transitorischen Räumen, die in Form von familienergänzenden Betreuungsangeboten (Kinderkrippe, Spielgruppe, Hort, Tagesmutter) eine Verbindung zwischen unterschiedlich strukturierten Systemen wie Familie und Schule darstellen und indirekt einen Einfluss auf den schulischen Erfolg ausüben. In der Studie wurden sowohl quantitative als auch qualitative Daten zu 876 vier- und sechsjährigen Kindern und deren Eltern aus den Städten Winterthur, Neuchâtel und Locarno erhoben und ausgewertet. Die Stichprobe bestand aus Schweizer Familien und Familien albanischer, türkischer, portugiesischer und italienischer Herkunft. In einem ersten Schritt wurde die Nutzung der familienergänzenden Betreuungseinrichtungen von den Schweizer Familien und Familien mit Migrationshintergrund verglichen. Die Ergebnisse bestätigten, dass Kinder mit Migrationshintergrund im Vorschulalter bedeutend seltener die institutionell oder privat angebotenen familienergänzenden Betreuungsangebote in Anspruch nehmen (Lanfranchi, 2002; Lanfranchi et al., 2003). Ein deutlicher Zusammenhang zeigte sich zwischen der Einstellung und Werteorientierung der Eltern und der Teilnahme ihrer Kinder an familienergänzenden Betreuungsformen. Während progressiv-orientierte[13] Eltern ihre Kinder häufiger betreuen liessen, verzichteten traditional-orientierte Familien auf diese Angebote. Zudem begründeten die progressiv-orientierten Eltern ihre Entscheidung damit, dass die Betreuungsangebote einerseits eine Förderung für die Kinder darstellen, sie andererseits entlasten. In einem zweiten Schritt wurden die Beobachtungen und die mit den Kindergärtnerinnen und Lehrkräften durchgeführten Experteninterviews

---

13 Die progressiv-orientierten Eltern plädieren für gleichmässige Aufteilung von Erwerbs- und Familienarbeit. Dagegen herrscht bei den traditional-orientierten Eltern eine klare geschlechtsspezifische Aufgabenteilung (Lanfranchi, 2003).

analysiert. Die qualitativen Analysen zeigten auf, dass Kinder, die im Vorschulalter ab dem 3. Lebensjahr Kinderkrippe, Hort, Spielgruppe oder Kindergarten besuchten, von ihren Lehrpersonen in ihren kognitiven, sprachlichen und sozialen Fähigkeiten besser beurteilt wurden als Kinder, die an solchen familienergänzenden Betreuungsangeboten nicht teilgenommen hatten (Lanfranchi, 2002; Lanfranchi et al., 2003). Im Weiteren deuten Lanfranchi et al. (2003) auf die wichtige moderierende Funktion von Lehrpersonen, die zum Ziel hat, zwischen familiären Deutungsmustern und Anforderungen der Schule zu vermitteln. Die Ergebnisse der Studie von Lanfranchi et al. (2003) stimmen mit den Erkenntnissen von Becker und Tremel (2006) teilweise überein. Aufgrund der Analyse der Längsschnittdaten (1984-2003) aus dem deutschen sozioökonomischen Panel konnten Becker und Tremel (2006) eine positive Auswirkung vorschulischer Kinderbetreuung nachweisen. Diese verbesserten Bildungschancen reichen aber immer noch nicht aus, die Bildungsbenachteiligung zu kompensieren. „So realisieren Migrantenkinder mit vorschulischer Bildung solche Bildungschancen wie deutsche Schulkinder ohne Besuch vorschulischer Kinderbetreuung oder wie deutsche Arbeiterkinder" (Becker & Tremel, 2006, S. 414). Die Autoren (Becker & Tremel, 2006) räumen auch gewisse Einschränkungen der Studie ein, die u.a. keine genauen Aussagen über die Betreuungsangebote von Tagesmüttern oder über die schulische Leistung der Kinder und die Qualität der besuchten Betreuungseinrichtungen erlaubte. Zusammenfassend kann festgehalten werden, dass auf Seiten der Familien bestimmte Mechanismen vorhanden sein müssen, um überhaupt an vorschulischen Betreuungseinrichtungen zu partizipieren. Eine positive Einstellung gegenüber familienergänzenden Angeboten und die progressive Wertorientierung (vgl. Lanfranchi et al., 2003) sowie die berufliche Integration, die kulturelle Assimilation und verfügbares Human- und Kulturkapital (Becker & Tremel, 2006) stellen solche Voraussetzungen dar. Obwohl das Wahrnehmen vorschulischer Betreuungsangebote eklatante Bildungsdisparitäten nicht aufhebt, darf ihre direkte positive Wirkung auf die Entwicklung der Sprachkompetenzen und ihre indirekte positive Wirkung auf die Bildungschancen der Kinder mit Migrationshintergrund nicht unterschätzt werden.

Fazit

Aufgrund der vorhandenen wenigen Studien über den Schulerfolg von Albanisch und Türkisch sprechenden Kindern und Jugendlichen ist es nicht möglich, sprach- und kulturspezifische Faktoren festzustellen. Allerdings sollte auf die Befunde der Studie von Lanfranchi et al. (2003) hingewiesen werden, welche die Rolle des kulturspezifischen familiären Deutungsmusters und Wertesystems in wichtigen Entscheidungen wie z.B. Nutzung von familienergänzenden Betreuungsangeboten unterstrichen. Die in Kapitel 2.1.1 beschriebenen Determinanten der Disparitäten wie z.B. institutionelle Diskriminierung bei Selektionsentscheidungen (Müller, 1998a), Bedeutung der Förderung der Erstsprache (Schader & Haenni Hoti, 2004; Schader 2006) sowie kulturelles Kapital in Form von kulturspezifischem familiärem Wertesystem (Lanfranchi, 2002; Lanfranchi et al., 2003) wurden in den Erkenntnissen der Studien sichtbar. Die oben dargestellten Studien betonen den Aspekt der Integration der Herkunftssprachen und -kulturen bei den Interventionen. Bei Müller (1998a) zeigt sich das assimilative Prinzip der Schweizer Schule u.a. in der Nichtbeachtung und Nichtförderung der Erstsprache der Einwandererkinder in der Ausbildung. Dabei bleibt das vorhandene Humankapital von zweisprachigen Kindern mit Migrationshintergrund ungenutzt, was wirtschaftliche Folgen mit sich bringen kann (vgl. Müller, 1998a). Haenni Hoti und Schader (2005/2006) betonen den positiven Effekt der HSK-Kurse auf die eingeschätzten Deutschkenntnisse:

> *The impact of supplementary Albanian native language and culture courses on school success seems to be minor at the moment. But taking into account the very difficult circumstances under which they take place, it is still surprising that a positive effect can be measured.* (Haenni Hoti & Schader, 2005/2006, p. 293)

Unter den Bedingungen des Schulerfolgs auf der Ebene der Schulklasse (Unterricht) führen Lanfranchi et al. (2003) die Integration der Herkunftssprachen und Kulturen als erlebbaren Teil des Schulalltags auf. Obwohl die Untersuchung der HSK-Kurse nicht im Mittelpunkt der Studien stand, liefern ihre Ergebnisse indirekt wertvolle Hinweise zu der in Kapitel 2.3.4 behandelten Thematik „Förderung der Erstsprache in der Schweiz".

> *Die bewusste und absichtliche Aneignung einer Fremdsprache stützt sich ganz offensichtlich auf ein gewisses Entwicklungsniveau der Muttersprache. Das Kind eignet sich die Fremdsprache an, wenn es das Bedeutungssystem in der Muttersprache bereits beherrscht, und überträgt es in die Sphäre der anderen Sprache. Und umgekehrt: Die Aneignung der Fremdsprache bahnt den Weg für die Beherrschung der höheren Formen der Muttersprache.* (Vygotskij, 2002, S. 351)

2.2 Erst- und Zweitspracherwerb

Für das Verständnis der weiteren theoretischen sowie empirischen Befunde ist es unabdingbar, die Begriffe der Erst- und Zweitsprache sowie des Bilingualismus am Anfang dieses Kapitels zu klären bzw. eine differenzierte Betrachtungsweise der Definitionen zu geben. Unter anderem ist es von Bedeutung, nach welchen Kriterien zwischen Erst- und Zweitspracherwerb unterschieden wird. Ferner fokussiert die Diskussion auf die positiven Auswirkungen der Zweisprachigkeit auf die kognitive Entwicklung des Kindes und auf die Einflussfaktoren des Zweitspracherwerbs. Unter den wichtigsten Theorien des Zweitspracherwerbs wird auf die Interlanguagehypothese näher eingegangen, die auch bei der Sprachentwicklung der untersuchten Kinder mit Migrationshintergrund eine Rolle spielt. Zum Schluss richtet sich das Interesse auf die kontrovers diskutierte Schwellenniveau- und

Interdependenz-Hypothese. Im Fokus stehen die Entstehung der Hypothesen, ihre empirische Basis und die meist genannten Kritikpunkte.

2.2.1 Begriffsklärung: Erstsprache vs. Zweitsprache

Der Begriff *Erstsprache* (*L1 – language one*) bezieht sich auf die Erwerbsreihenfolge sowie die Wichtigkeit der Sprachen und bezeichnet diejenige Sprache, die zuerst erworben wird und dementsprechend eine bedeutende Rolle bei der Sprachentwicklung spielt (Klein, 1992). Im Alltagsverständnis wird Erstsprache mit *Muttersprache* gleichgesetzt. Weil die Muttersprache emotionale Konnotationen aufweist und eine von der Mutter erlernte Sprache bezeichnet, wird im wissenschaftlichen Diskurs auf diesen Begriff verzichtet (vgl. Siebert-Ott, 2006a). Bei Oksaar (2003) werden die Definitionen *Muttersprache, Erstsprache, Primärsprache* und *Herkunftssprache* als Synonyme verwendet mit der Begründung, dass die Problematik der Begriffsbildung mit der Reduktion auf einen einzigen Begriff nicht eliminiert werden kann. Auch die jeweiligen Definitionen wie Erstsprache, Primärsprache und Herkunftssprache bringen gewisse Konnotationen mit sich. Weiterhin kritisiert Oksaar (2003) die künstlich und willkürlich gezogenen Grenzen beim gleichzeitigen Erlernen von zwei Sprachen. Vom *simultanen Erwerb* von zwei Sprachen spricht McLaughlin (1984), wenn das Kind von Anfang an zwei Sprachen lernt. *Sukzessiver Spracherwerb* liegt vor, wenn die zweite Sprache nach dem dritten Lebensjahr erworben wird. Klein (1992) unterscheidet zwischen *monolingualem* und *bilingualem Erstspracherwerb*, was auf die Zahl gleichzeitig erworbener Sprachen hindeutet. Um eine klare Grenze zwischen bilingualem Erstspracherwerb und Zweitspracherwerb zu setzen, empfiehlt er, den Begriff Zweitspracherwerb zu verwenden, „wenn er im Alter von drei bis vier Jahren beginnt, also zu einem Zeitpunkt, zu dem der Erstspracherwerb auf keinen Fall abgeschlossen ist" (Klein, 1992, S. 27). Wird die Zweitsprache nach diesem Alter erlernt, spricht man von der „Zweitsprache des Kindes" bzw. „Zweitsprache des Erwachsenen". Im Falle einer Migration wird die Sprache des Aufnahmelandes als *Zweitsprache* definiert. Saville-Troike (2006) unterstreicht die dominierende Funktion der Zweitsprache: „*A second language is typically an official or societally dominant language needed for education, employment, and other basic purposes*" (Saville-Troike, 2006, p. 4). Es gibt unterschiedliche Auffassungen darüber, ob *Zweitsprache* mit *Fremdsprache* gleichzusetzen ist. Nach Ellis (1997) werden alle Sprachen, die nach der Erstsprache erworben wurden, unabhängig von ihrer Anwendung als Zweitsprache bezeichnet: „*'L2 acquisition', then, can be defined as the way in which people learn a language other than their mother tongue, inside or outside of a classroom …*" (Ellis, 1997, p. 3). Die gleiche Meinung vertritt Oksaar (2003), die bei der Unterscheidung auch die Erwerbsfolge berücksichtigt. Betrachtet man die Verwendungsbereiche der Sprache, versteht man unter *Zweitsprache* (*L2 – language two*) im Allgemeinen diejenige Sprache, die nach der Erstsprache hauptsächlich *ungesteuert* (in der realen Sprachumgebung) erworben wird und neben der Erstsprache zur alltäglichen Kommunikation verwendet wird. Von Fremdsprache wird in der Regel dann gesprochen, wenn die Sprache *gesteuert* (im

Unterricht) erworben und meistens in künstlichen Situationen (im Unterricht) verwendet wird (vgl. Klein, 1992; Siebert-Ott, 2006a). Ungesteuerte und gesteuerte Aneignungsprozesse können sich überschneiden, wenn man zum Beispiel die Zweitsprache in einem Sprachkurs vertieft lernt oder die Fremdsprache während eines längeren Sprachaufenthalts in der jeweiligen sozialen Umgebung benutzt wird. Oksaar (2003) bestreitet dabei, dass ein gänzlich ungesteuerter Spracherwerb überhaupt vorkommen kann und weist auf die problematischen Dichotomien des *Lernens* und *Erwerbs* in der Monitor-Theorie von Krashen (1981, vgl. Kapitel 2.2.6) hin. Offen ist, ob es sich beim „Lernen" (second language learning) und „Erwerben" (second language acquisition) um zwei grundlegend verschiedene Prozesse handelt oder nicht, weshalb Klein (1992) für keine Unterscheidung der beiden Begriffe plädiert.

In der vorliegenden Arbeit bezeichnet *Erstsprache (L1)* konsequent die zuerst erworbene Sprache der Kinder mit Migrationshintergrund, die meistens die Familiensprache bzw. die Migrationssprache darstellt. Der Begriff *Sprachen der Migration* bezieht sich auf die unterschiedlichen Erstsprachen der Migrantinnen und Migranten sowie ihrer Kinder. Die *Zweitsprache (L2)*, welche nach der Erstsprache bzw. parallel zur Erstsprache erworben wird, steht für die Sprache des Aufnahmelandes, in diesem Fall für das Deutsche. Die Begriffe „*Erwerben*" und „*Lernen*" sowie *Zweisprachigkeit* und *Bilingualismus* werden synonym verwendet.

2.2.2 Definition und Formen des Bilingualismus

Bilingualismus bzw. Zweisprachigkeit zu definieren, ist verbunden mit der Komplexität des Begriffes, deshalb kritisiert Baker (1993) einseitige Definitionen wie z.B. diejenige von Bloomfield (1933) als „native-like control of two languages". Einerseits unterscheidet Baker (1993) zwischen *individuellem* (Zweisprachigkeit einer einzelnen Person) und *gesellschaftlichem Bilingualismus* (Zweisprachigkeit der Gesellschaft). Andererseits deutet Baker (1993) auf die beiden Dimensionen des individuellen Bilingualismus, *die bilinguale Kompetenz* und *die bilinguale Funktion* hin (vgl. Fthenakis, Sonner, Thrul & Walbiner, 1985). Während der erste Ansatz auf die linguistische Kompetenz in den vier basalen Fähigkeiten Sprechen, Schreiben, Lesen und Hören fokussiert, stehen psycholinguistische Definitionen im Zentrum des zweiten Ansatzes und suchen Antworten auf die Fragen, wie und zu welchen Zwecken die Sprache verwendet wird. (vgl. Skutnabb-Kangas, 1975, 1981; Fthenakis et al., 1985; Baker, 1993). Die Definitionen, die sich auf die Sprachkompetenz beschränken, zeigen eine äusserst grosse Bandbreite der Beschreibungen von Bilingualismus. Sie reichen von der muttersprachlichen Kompetenz in zwei Sprachen „*native-like control of two languages*" von Bloomfield (1933) bis zur geringen Kompetenz in einer Sprache wie es MacNamara (1967) formuliert: „*I shall consider as bilingual a person who, for example, is an educated native speaker of English and who can also read a little French*" (MacNamara, 1967, p. 80). Angesichts der Tatsache, dass die bilinguale Kompetenz verschiedene Dimensionen umfasst, wurde der absolute Begriff von Bilingualismus kritisiert (vgl. Baker, 1993). Einige Zweisprachige verfügen über hohe Kompetenz in beiden Sprachen, andere dagegen zeigen niedrigere Sprachkompetenz, verwenden aber die Sprachen regelmässig in verschiedenen Kontexten. Um eine multidimensionale, elaborierte Struktur der bilingualen Sprachkompetenz zu entwickeln, braucht es Sensitivität und Präzision (Baker, 1993).

Mackey (1956, zitiert nach Fthenakis et al., 1985) schlägt vor, Bilingualismus nicht als einen absoluten, sondern einen relativen Begriff zu betrachten und dementsprechend anstatt „Ist jemand bilingual?" eher zu fragen „Wie bilingual ist er?". Nach den Kriterien der bilingualen Funktion differenziert Skutnabb-Kangas (1981) die Zweisprachigkeit nach *Herkunft (origin), Kompetenz (competence, mastery, level of proficiency), Funktion (function, use)* und *Einstellung (attitudes)*. Nach dem ersten Kriterium der Herkunft ist jemand bilingual, wenn er von Anfang an in der Familie zwei Sprachen von native speakers gelernt oder von Anfang an zwei Sprachen gleichzeitig als Kommunikationsmittel verwendet hat. Sechs Stufen beinhaltet das Kriterium der Kompetenz, die von „zwei Sprachen vollständig beherrschen" bis „mit einer zweiten (anderen) Sprache in Kontakt geraten" reichen. Betrachtet man die Funktion der Sprache, ist eine Person bilingual, wenn sie in der Lage ist, zwei Sprachen entsprechend den eigenen Bedürfnissen und den Anforderungen der Gesellschaft zu verwenden. Unter Einstellung versteht Skutnabb-Kangas (1981) die Identifikation mit der Sprache oder den Sprachen. Hier spielen das eigene Empfinden einerseits und die Wahrnehmung der Gesellschaft andererseits eine Rolle. Wenn man sich mit der Zweisprachigkeit und zwei Kulturen (oder mit Teilen davon) identifiziert und von anderen als zweisprachig erkannt wird, liegt nach diesem Kriterium Bilingualismus vor. Bei der neueren Definition eines *bilingualen Prototyps* von Tracy & Gawlitzek-Maiwald (2000) tritt Sprachmischung bzw. *code-switching* als zusätzlicher Faktor auf:

> *Ein bilinguales Individuum beherrscht zwei sprachliche Kenntnissysteme in einem Ausmass, das es ihm gestattet, mit monolingualen Sprechern der einen oder anderen Sprache in einem „monolingualen Modus", d.h. in der Sprache des Gesprächspartners zu kommunizieren. Bei Bedarf, d.h. im Umgang mit mehrsprachigen Kommunikationspartnern, kann sich ein bilinguales Individuum der Ressourcen des „bilingualen" Modus bedienen, d.h. ein beide Sprachen umfassendes Repertoire ausschöpfen, wobei es zu intensiven Formen des Mischens oder Code-switching kommen kann.* (Tracy & Gawlitzek-Maiwald, 2000, S. 497)

Bilingualismus sollte nach Cummins und Swain (1992) als ein *dynamisches Konzept* betrachtet werden, das den sozialen, kulturellen und bildungspolitischen Kontexten entsprechend immer wieder eine Veränderung durchläuft. Dieser Aspekt steht auch im *dynamic model of multilingualism* (DMM) von Herdina und Jessner (2000) im Vordergrund. Dabei wird Bilingualismus als eine mögliche Form von *Multilingualismus* beschrieben. Der Erwerb einer Drittsprache bzw. Viertsprache weist im Vergleich zum Zweitspracherwerb hohe Komplexität auf, die aus einer Interaktion von linguistischen, sozialen und individuellen Faktoren resultiert.

Wegen der rekursiven Beziehung zwischen den Faktoren entwickelt sich das Modell autodynamisch. Ihr dynamisches Modell von Multilingualismus bricht die Tradition der Interpretation des Spracherwerbs als einen linearen Prozess.

In Abhängigkeit vom *Kontext*, in dem Bilingualismus stattfindet, unterscheidet Lambert (1974) zwischen zwei Formen von Bilingualismus: dem *additiven* und *subtraktiven Bilingualismus*. Liegt additiver Bilingualismus vor, kommen die positiven Auswirkungen von Bilingualismus zum Vorschein. In diesem Fall besitzt sowohl die Erst- als auch die Zweitsprache ein hohes soziales Prestige. Im Gegensatz dazu werden im subtraktiven Bilingualismus die negativen affektiven und kognitiven Effekte von Bilingualismus sichtbar. Wird eine Sprache durch eine dominante andere ersetzt, wie es bei den Migrantensprachen oft der Fall ist, tritt das Phänomen des subtraktiven Bilingualismus auf. Cenoz (2003a) hebt die Bedeutung der Anerkennung der Minoritätensprachen sowie der Sprachkompetenz in L1 für Bilingualismus hervor:

> The sociolinguistic context and the level of bilingual proficiency can explain why learners with a minority language as their first language have advantages when their L1 is valued in society and they have acquired literacy skills in their L1 as it is reported in most of the studies on the general effects of bilingualism. (Cenoz, 2003a, p. 82)

Gogolin und Krüger-Potratz (2006, S. 178) verwenden den Terminus „*lebensweltliche Zweisprachigkeit*", um die Besonderheit des Zweitspracherwerbs von Kindern mit Migrationshintergrund zum Ausdruck zu bringen. Sowohl die Entwicklung der Erst- als auch die der Zweitsprache weisen im migrationsbedingten Kontext spezifische Merkmale auf. Auf der einen Seite vollzieht sich der Erstspracherwerb in der Migration anders als im Herkunftsland. Ein Beispiel dafür ist die Lebendigkeit der Sprache, die verschiedene sprachliche Varietäten einer Sprache in Abhängigkeit vom Aufnahmeland wie z.B. Türkisch in Deutschland, Türkisch in der Schweiz hervorbringt. Diese Veränderungen reichen sogar in die syntaktische Struktur der Sprache. Andererseits unterscheiden sich zweisprachige Kinder mit Migrationshintergrund in ihrem Zweitspracherwerb von den Monolingualen. Die Herausforderung, die zweisprachige Kinder erleben, besteht darin, dass sie lernen müssen, mit zwei oder mehreren Sprachen zu leben. Deswegen sind sie stärker als monolinguale Kinder gefordert, z.B. metasprachliche Fähigkeiten zu entwickeln (Gogolin & Krüger-Potratz, 2006, S. 180). Dass Zweisprachigkeit durchhaus positive Wirkung auf die kognitive Entwicklung eines Individuums haben kann, beschreibt das folgende Kapitel.

2.2.3 Zweisprachig und erfolgreich?

Dieses Kapitel dient dazu, die Kehrseite der Medaille aufzuzeigen, genauer gesagt, zu diskutieren, über welche kognitiven Vorteile zwei- und mehrsprachige Personen (mit oder ohne Migrationshintergrund) verfügen. Unbeantwortet bleibt dabei die

Frage, ob diese Vorteile bei den Kindern und Jugendlichen mit Migrationshintergrund die im Kapitel 2.1.1 dargestellte Bildungsbenachteiligung zu kompensieren vermögen. Während die sprachlichen und kognitiven Vorteile der zwei- und mehrsprachigen Personen z.B. mit englischer oder französischer Zweitsprache nicht in Frage gestellt werden, verschwindet dieser „Bonus" oft bei Kindern mit Migrationshintergrund. Vor allem in der pädagogischen Praxis ist es aber von Bedeutung, die Zwei- und Mehrsprachigkeit bei den Kindern und Jugendlichen mit Migrationshintergrund aus ressourcenorientierter Sicht zu betrachten und ihre Ressourcen im Rahmen individueller Fördermassnahmen zu nutzen.

Franceschini (2002) berichtet über die Befunde eines interdisziplinären Projektes der Universität Basel, die neuere Erkenntnisse über die Organisation von Mehrsprachigkeit im Gehirn liefert. Untersucht wurden die Sprachfähigkeiten von mehrsprachigen Personen in ihrer Erst,- Zweit- und Drittsprache (L1, L2, L3) mittels Sprachaufgaben, welche mit dem Verfahren der Magnetresonanz festgehalten wurden. Zusätzlich zu diesen Angaben erhob man qualitative Daten zur Sprachbiografie. Die Probanden bildeten zwei Untersuchungsgruppen, die Frühmehrsprachigen, die ihre L1 und L2 vor dem dritten Lebensjahr, die dritte Sprache nach dem zehnten Lebensjahr erwarben und die Spätmehrsprachigen, bei denen der Erwerb von L2 bzw. L3 erst nach dem zehnten Lebensjahr einsetzte. Als Erstes konnten die Forscherinnen und Forscher einen deutlichen Unterschied zwischen spät und früh erworbenen Sprachen nachweisen. Bei den Frühmehrsprachigen waren L1 und L2 im Broca-Areal, welches für Sprachproduktionsprozesse verantwortlich ist, überlappend und kompakter repräsentiert als bei Spätmehrsprachigen. In der Aktivierung von L1 und L2 zeigte sich bei den Spätmehrsprachigen ein diffuses Muster, d.h. sie mussten bei L2-Produktion auf benachbarte Gebiete des Gehirns zurückgreifen. Ferner zeigten sich Unterschiede zwischen den beiden Gruppen bezüglich der L3. Bei den Frühmehrsprachigen wird bei der L3-Produktion auf weniger neuronales Substrat zurückgegriffen, ähnlich wie bei der L1 und L2-Produktion. Hingegen brauchen Spätmehrsprachige mehr neuronales Substrat im Broca-Areal bei der Aktivierung ihrer L3, ähnlich wie bei ihrer L2. Ausserdem liess sich bei den Spätmehrsprachigen ein diffuseres Aktivierungsmuster bei allen Sprachen erkennen. Diese Ergebnisse bestätigen, dass bei der Sprachproduktion nicht über separierte oder gemischte Sprachsysteme bei Zwei- und Mehrsprachigen gesprochen werden kann. Frühe Mehrsprachigkeit, d. h. das Erlernen einer weiteren Sprache vor dem dritten Lebensjahr bildet ein Netzwerk im Gehirn (im Broca-Areal), das sich adaptiv bei der Integration einer dritten Sprache verhält. Im Zusammenhang mit der Erstsprache kann sogar eine gut beherrschte L2 in ihrem Aktivierungsmuster der L1 ähnlich sein. So folgert Franceschini (2002), dass der frühkindliche Erwerb zweier Sprachen bessere Anschlussmöglichkeiten für andere Sprachen bietet. Die Befunde des Forschungsteams stehen im Einklang mit der Aussage von Paradis (2004), der in seinem Werk die neurolinguistischen Aspekte des Bilingualismus analysiert und die Unterschiede des monolingualen und bilingualen Gehirns folgendermassen formuliert:

*There is no mechanism at work in the bilingual speaker's brain that is not also operative, at least to some extent, in the unilingual brain. All speakers rely on the same cerebral substrates, albeit to different extents. There may be qualitative differences at the level of **what** is represented but there are only quantitative differences with regard to **how** it is represented and processed.*
(Paradis, 2004, p. 229)

Im Rahmen der kognitiven Vorteile von zwei- und mehrsprachigen Personen wird hier die Erforschung der *metalinguistischen Kompetenz* sowie des *Erwerbs einer dritten bzw. vierten Sprache* ausführlicher diskutiert. (vgl. Baker & Prys Jones, 1998; Bialystok, 2001; Cenoz, 2003a, 2003b). Bialystok (2001) unterscheidet innerhalb der metalinguistischen Kompetenz *metalinguistisches Wissen* (meta-linguistic knowledge), *metalinguistische Fähigkeit* (metalinguistic ability) und *metalinguistisches Bewusstsein* (metalinguistic awareness). Nach Bialystok (2001) stellt metalinguistisches Wissen die abstrakten Aspekte der sprachlichen Strukturen dar, welche durch Erlernen einer bestimmten Sprache zugänglich sind. Kinder, die über metalinguistisches Wissen verfügen, zeigen ein Wissen über die Sprache im Allgemeinen. Sie verstehen zum Beispiel, dass die Wortstellung die Bedeutung des Satzes ändern kann oder die Verbformen auf die Zeit hinweisen können. Die meta-linguistische Fähigkeit beschreibt die Kompetenz, Wissen über die Sprache anzu-wenden in Abgrenzung zur Kompetenz des Sprachgebrauchs. Einerseits unter-scheidet sich die metalinguistische Fähigkeit genügend von den sprachlichen Fähigkeiten, andererseits kann sie nicht unabhängig davon definiert werden. Des-halb betont Bialystok (2001), bei der Beschreibung der metalinguistischen Fähig-keit, die Vereinbarkeit mit der Definition und Theorie von linguistischen Fähig-keiten in Betracht zu ziehen. Unter metalinguistischem Bewusstsein versteht Bialystok (2001) ein vorübergehendes Phänomen, das zu einem bestimmten Zeit-punkt erreicht wird, weil die Aufmerksamkeit auf bestimmte mentale Repräsen-tationen fokussiert. Einen Überblick über die zahlreichen Studien zur Untersuchung von metakognitiver Kompetenz zu geben, würde den Rahmen dieses Kapitels sprengen, deshalb werden hier nur exemplarisch einige wichtige Ergebnisse dar-gestellt (vgl. García, Jiménez & Pearson, 1998; Baker & Prys Jones, 1998; Bialystok, 1991, 2001). Die Studie von Ben-Zeev (1977, zitiert nach Bialystok, 2001) untersuchte die berühmte Sonne-Mond-Problematik von Piaget (1929), in-dem sie den Kindern die Frage stellte: Wenn die Namen von Sonne und Mond vertauscht wären, wie wäre der Himmel in der Nacht? Obwohl viele Kinder den Namenswechsel akzeptierten und sagten, dass in diesem Fall die Sonne in der Nacht scheinen würde, war die Mehrheit trotzdem davon überzeugt, dass der Him-mel hell bleibt. Um das Bewusstsein für die formalen Eigenschaften der Wörter zu untersuchen, folgten die monolingualen und bilingualen Vorschulkinder in der Studie von Ben-Zeev (1977) auf der Basis der Sonne-Mond-Problematik von Piaget den folgenden Spielregeln: „In diesem Spiel sagt man anstatt *wir*, *Spaghetti*. Wie sagst du dann, *Wir sind gute Kinder*? Erwartet wurde die Antwort: *Spaghetti sind gute Kinder*." Aufgrund der Ergebnisse, die die Überlegenheit der bilingualen Kinder bestätigten, folgerte Ben-Zeev, dass die bilingualen Kinder eher in der Lage sind zu akzeptieren, dass die Bedeutung des Wortes mehr als eine Konvention ist.

Über die Komplexität und die nicht überall vorhandenen positiven Effekte des Bilingualismus berichtet die longitudinale Studie von Galambos und Hakuta (1988), in der monolinguale mit bilingualen Kindern bezüglich ihrer metakognitiven Kompetenz verglichen wurden. Alle bilingualen Kinder zeigten bessere Ergebnisse bei der Aufgabe, einen Syntaxfehler zu finden und zu korrigieren. Aber nur ältere bilinguale Kinder konnten bessere Resultate als monolinguale erreichen, wenn es um das Erraten der Doppelbedeutung des Satzes ging. In der qualitativen Studie von García et al. (1998) wurde zwischen erfolgreichen und weniger erfolgreichen Bilingualen unterschieden. Während die erfolgreichen Bilingualen metakognitive Strategien wie Fragestellung, Evaluation und Monitoring von einer Sprache (Spanisch) in eine andere Sprache (Englisch) transferieren können, wenden weniger erfolgreiche Bilinguale diese Strategien nicht an. Deshalb folgern die Autoren, dass Bilingualismus nicht automatisch hohes metakognitives Bewusstsein mit sich bringt. In Bezug auf den Migrationshintergrund werden zwei Problemfelder erwähnt. Erstens erwartet man vom Unterricht in der Sprache der Minorität gleiche Effekte wie vom Unterricht in der Sprache der Majorität sowie den Transfer dieser Sprachkenntnisse. Zweitens wird selten ein inhaltsreiches Curriculum angeboten, das den Zugang zu höheren Schulstufen ermöglicht. Verschärft werden diese Probleme dadurch, dass Sprachkenntnisse im Spanischen ausserhalb des Schulzimmers nicht unterstützt oder anerkannt werden. Bialystok (2001) fasst die Ergebnisse der Forschung über Metakognition zusammen, indem sie feststellt, dass monolinguale und bilinguale Kinder mit dem gleichen metakognitiven Niveau starten, aber die Bilingualen ein höheres Niveau von Metakognition erreichen können. Dabei muss beachtet werden, dass nicht alle bilingualen Kinder biliteral sind (vgl. Siebert-Ott, 2003). Die biliteralen bilingualen Kinder zeigen bessere Resultate in den metalinguistischen Kompetenzen als die monolingualen. Bei den nicht biliteralen Bilingualen hängt dies von der Analyse der Kenntnisse ab. Ausserdem weist Bialystok (2001) darauf hin, dass die bilingualen Kinder eine stärkere und eine schwächere Sprache haben. Die Wahl der getesteten Sprache hat einen zwangsläufigen Einfluss auf die Leistung. Bewiesen ist, dass Bilingualismus die metakognitiven und linguistischen Prozesse beeinflusst, was ein unterschiedliches Entwicklungsschema bei monolingualen und bilingualen Kindern verursacht.

Eine Reihe von Studien berichten über die *positiven Auswirkungen des Bilingualismus auf den Erwerb einer Dritt- oder Viertsprache* (vgl. Cenoz, Hufeisen & Jessner, 2001; Cenoz & Jessner, 2000; Cenoz, 2003a; Sagasta Errasti, 2003). Der Hauptunterschied zwischen Zweit- und Drittspracherwerb besteht darin, dass der Drittspracherwerb von den allgemeinen kognitiven Auswirkungen des Bilingualismus beeinflusst wird (Cenoz, 2003a). Beim Erlernen einer dritten Sprache fungieren die schon erworbenen beiden Sprachen als Basis im Vergleich zum Zweitspracherwerb, in dem nur eine basale Sprache vorhanden sei (Cenoz, Hufeisen & Jessner, 2001). In der Studie von Cenoz (1991, zitiert nach Cenoz, 2003a) wurden 321 Bilinguale (Baskisch-Spanisch) und Monolinguale (Spanisch) in ihrem Drittspracherwerb (Englisch) verglichen. Dabei erreichten die bilingualen Schülerinnen und Schüler bessere Leistungen in den untersuchten Sprachfähigkeiten im

Englischen als die monolingualen. Hier zeigte sich aber, dass neben dem Einfluss des Bilingualismus die Intelligenz und die Motivation eine entscheidende Rolle spielen. Über ähnliche Befunde berichtet Sagasta Errasti (2003), die die Sprachfähigkeiten und den Sprachgebrauch von 155 bilingualen Jugendlichen in Baskisch, Spanisch und Englisch untersuchte. Dabei stellte Baskisch als Minoritätensprache die Instruktionssprache in der Schule dar, während Spanisch und Englisch als Schulfach 3-4 Stunden pro Woche unterrichtet wurden. Je höhere Sprachkompetenz die Jugendlichen in Baskisch und Spanisch aufwiesen, desto bessere Resultate zeigten sie im Englischen. Diejenigen Schülerinnen und Schüler, die in ihrem sozialen Umfeld hauptsächlich Baskisch verwendeten, erreichten bessere Resultate im schriftlichen Test in Englisch. Aufgrund der Ergebnisse folgerte Sagasta Errasti (2003):

> ... *education through the medium of the minority language contributes to fostering high levels of additive bilingualismus in the majority and the minority language.* (Sagasta Errasti, 2003, p. 39)

Sie sah in den Befunden die Bestätigung der Interdependenz-Hypothese von Cummins (1979) (vgl. Kapitel 2.2.7). Diese Erkenntnisse führen zu den Folgerungen von Cenoz (2003a), welche die widersprüchlichen Ergebnisse über die Vorteile des Bilingualismus bei Kindern mit Migrationshintergrund diskutiert und dabei auf die Bedeutung der Akzeptanz der Minoritätensprache in der Gesellschaft sowie der erworbenen literalen Fähigkeiten in der Erstsprache beim Bilingualismus hinweist:

> *The sociolinguistic context and the level of bilingual proficiency can explain why learners with a minority language as their first language have advantages when their L1 is valued in society and they have acquired literacy skills in their L1 as it is reported in most of the studies on the general effects of bilingualismus.* (Cenoz, 2003a, p. 82)

Fazit

Dieses Unterkapitel setzte einen Schwerpunkt auf die neueren neurolinguistischen Forschungsergebnisse über Zwei- und Mehrsprachigkeit sowie auf die kognitiven Vorteile des Bilingualen in metalinguistischen Fähigkeiten und beim Erlernen einer Dritt- und Viertsprache. Dabei wurde auf weitere positive Auswirkungen des Bilingualismus wie *divergentes und kreatives Denken* (Baker, 2001; Ricciardelli, 1992) sowie *kommunikative Sensitivität und Strategien* (Genesee, Tucker & Lambert, 1975; Thomas, 1992) nicht näher eingegangen. Zusammenfassend zeigen die Befunde, dass die bilingualen bzw. mehrsprachigen Personen tendenziell über mehr kognitive Vorteile als die monolingualen verfügen. Wichtig ist es dabei, auf andere Faktoren wie z.B. Intelligenz, Motivation, Prestige der Sprache hinzuweisen, die den Zweit- bzw. Drittspracherwerb beeinflussen können. Im Hinblick auf den empirischen Teil dieser Arbeit soll hier nochmals die Aussage von Cenoz (2003a) hervorgehoben werden, wonach der erfolgreiche Spracherwerb bei Minoritäten

stark abhängig vom soziolinguistischen Kontext und dem Niveau der Sprachbeherrschung sei. Der positive Effekt von Bilingualismus wird sichtbar, wenn die
Sprachen der Migration in der Gesellschaft akzeptiert und geschätzt werden und die
literalen Sprachfähigkeiten in der Erstsprache altersgemäss gut entwickelt sind.

2.2.4 Erst- und Zweitspracherwerb – Ein Vergleich

Die Frage nach Ähnlichkeit und Unterschieden zwischen Erst- und Zweitsprach-
erwerb beschäftigt Forscherinnen und Forscher nach wie vor: Oksaar (2003) zitiert
Cook (1977), die die Bedingungen eines Vergleiches hervorhebt: die Gewichtung
von unterschiedlichen Faktoren wie Erwerbssituation und Alter, psychologischen
Faktoren wie das Gedächtnis sowie die kognitive Entwicklung und emotionale
Aspekte. Cook (1977) stellt ausserdem fest, dass je grösser die Rolle kognitiver
Prozesse beim Lernen sei, desto grösser auch der Unterschied zwischen Erst- und
Zweitspracherwerb sei. Saville-Troike (2006) unterteilt die Unterschiede in drei
Entwicklungsstadien: Anfangsstadium, Zwischenstadium und Endstadium (vgl.
Tabelle 1).

Tabelle 1:   Entwicklung der Erst- und Zweitsprache (nach Saville-Troike, 2006, p. 17)

Stadien	L1	L2
Anfangsstadium	angeborene Fähigkeiten	angeborene Fähigkeiten Kenntnisse in L1 Weltwissen Interaktionsfähigkeiten
Zwischenstadium •Basisprozesse •Notwendige Bedingungen •Zusätzliche Bedingungen	Grammatik des Kindes Reifung Input und reziproke Interaktionen -	Lernersprache Transfer Input Feedback, Einstellung, Motivation, Instruktion
Endstadium	„native" Kompetenz	multilinguale Kompetenz

Das Modell von Saville-Troike (2006) berücksichtigt die prinzipielle Unterschied-
lichkeit der L1 und L2 und geht dabei nicht auf den Einfluss der von Cook (1977)
ausgeführten Faktoren ein. Im Anfangsstadium wird die Erstsprache aufgrund
angeborener Fähigkeiten erworben. Unbeantwortet bleibt aber die Frage, ob Zweitspracherwerb ebenfalls angeborene Fähigkeiten voraussetzt. Eine wichtige Unterscheidung zwischen L1 und L2 im Anfangsstadium besteht darin, dass das Erlernen
der L2 durch die bestehenden Kenntnisse in der L1 und durch das in der L1 erworbene Weltwissen und die Interaktionsfähigkeiten begünstigt wird. Im Zwischenstadium verfolgt man die Entwicklung der Grammatik des Kindes und der Lernersprache aus der Perspektive des *wie* (Basisprozesse) und *warum* (notwendige und
zusätzliche Voraussetzung). Die Grammatikkenntnisse des Kindes entwickeln sich

im Basisprozess durch Reifung in Abhängigkeit von seiner kognitiven Entwicklung. Im Gegensatz dazu setzt nach Saville-Troike (2006) die Lernersprache (oder Interlanguage) ein bestimmtes kognitives, nicht sprachspezifisches Niveau voraus und wird durch Transfer beeinflusst (vgl. Kapitel 2.2.6). Eine notwendige Bedingung zum L1- und L2-Erwerb bildet der sprachliche Input. Ferner führt Saville-Troike (2006) aus, dass für das Erlernen der L1 soziale Interaktionen nötig sind, während L2 ohne solche z.B. autodidaktisch durch Radio, Fernsehen erworben werden kann. Bei dieser Aussage ist Vorsicht geboten, da die Entwicklung von produktiven Sprachfähigkeiten wie Sprechen durchaus soziale Interaktionen oder zumindest monologisches Sprechen verlangt. Die Faktoren wie Einstellung, Motivation und Instruktion beeinflussen die Effektivität des Sprachenlernens und geben eine Antwort auf die Frage, warum einige L2-Lernende erfolgreicher sind als die anderen. Das Endstadium bezieht sich auf das Endergebnis des L1- und L2-Erwerbs. Im ersten Fall wird eine „native" Kompetenz erreicht, der zweite Fall führt zu mehrsprachigen Kompetenzen. Saville-Troike (2006) betont, dass das Niveau der erreichten L2-Kompetenz, das individuell unterschiedlich ist, nie zur „native" Kompetenz führt: „… the final state of L2 development – again by definition – can never be totally native linguistic competence, and the level of proficiency which learners reach is highly variable" (Saville-Troike, 2006, p. 21). Ihre Aussage steht im Gegensatz zur Ansicht, dass Zweisprachigkeit durchaus ein „native speaker"-Niveau erreichen kann: „Manche Bilinguale sind in beiden Sprachen in der Tat kaum von monolingualen L1-Sprechern zu unterscheiden …" (Wode, 1995, S. 36). Betrachtet man die Sprachbeherrschung als die Beherrschung der vier Fähigkeiten, Hören, Sprechen, Lesen und Schreiben, wird es nachvollziehbar, dass sogar die Definition des „native speaker"-Niveau eine Differenzierung braucht. Selbst Monolinguale zeigen verschiedene Fähigkeiten in diesen verschiedenen Bereichen. Kann man bei Monolingualen mit beschränkten schriftlichen Fähigkeiten von einer globalen „native linguistic"-Kompetenz sprechen? Oksaar (2003) sieht den Hauptunterschied zwischen dem Erst- und Zweitspracherwerb darin, dass die Zweitsprache auf die grundlegenden, durch die Erstsprache erworbenen Erfahrungen und Fähigkeiten baut. Auf dieser These basierend fasst sie die Hauptargumente zusammen, welche hier in tabellarischer Form dargestellt werden (vgl. Tabelle 2).

Tabelle 2: Unterschiede beim Erst- und Zweitspracherwerb (nach Oksaar, 2003, S. 109)

	L1-Erwerb	L2-Erwerb
Gegenstand	das komplexe Phänomen „Sprache" und die Sprechfähigkeit	eine bestimmte Sprache
Zweck	existentielle Notwendigkeit	verschiedene Gründe
Aneignung	nur durch Bezugspersonen und soziale Kontakte	auch durch Selbststudium
Reihenfolge	immer zuerst die gesprochene Sprache	unterschiedlich
Sprachspezifität	keine Beeinträchtigung des Erwerbs	mögliche Beeinträchtigung

Oksaar (2003) gruppiert die Unterschiede thematisch, anders als Saville-Troike (2006), die die Abweichungen des Zweitspracherwerbs vom Erstspracherwerb in ihrer Entwicklung analysierte. Während das komplexe Phänomen „Sprache" und die Sprechfähigkeit den Gegenstand des L1-Erwerbs bilden, konzentriert sich der L2-Erwerb auf eine bestimmte Sprache. Die „*warum*"-Frage stellt sich beim L1-Erwerb gar nicht, da es sich hier um eine existenzielle Notwendigkeit handelt. Ganz anders sieht es im Falle des L2-Erwerbs aus, wo die Gründe bzw. der Zweck des Spracherwerbs ganz unterschiedlich sein können. Eine wichtige Rolle bei der Aneignung der L1 spielen die Bezugspersonen und die sozialen Kontakte, während L2-Erwerb auch durch Selbststudium möglich ist. Demzufolge erlernt man beim L1-Erwerb immer zuerst die gesprochene Sprache, was beim L2-Erwerb keine Voraussetzung ist. Da der L2-Erwerb auf die Bausteine der L1 baut, wird der L2-Erwerb durch die Charakteristiken der L1 stark beeinflusst. Oksaar (2003) sieht keine Beeinträchtigung beim Erstspracherwerb, während beim Zweitspracherwerb mögliche Beeinträchtigungen auftreten können. Bei dieser Auffassung werden allerdings körperliche und geistige Behinderungen nicht berücksichtigt, die den Erwerb der Erstsprache beeinträchtigen können. Hier muss auf die gehörlose Zwei-sprachigkeit hingewiesen werden, welche die Gebärdensprache als Erstsprache und die schriftliche Repräsentation einer Lautsprache als Zweitsprache definiert (Krausneker, 2006). Bei Zuordnung der Definitionen argumentiert Krausneker (2006) mit der Erwerbsfolge hörender Kinder, die von ihren gehörlosen Eltern die Gebärdensprache als Erstsprache vor der Lautsprache erwerben.

Wesentliche Unterschiede zwischen Erst- und Zweitspracherwerb sieht Klein (1992) in der *kognitiven* und *sozialen* Entwicklung (vgl. Gogolin & Krüger-Potratz, 2006, S. 176). Im Erstspracherwerb werden bedeutende Elemente der Sprache erworben, die in engem Zusammenhang mit der kognitiven Entwicklung stehen. So lernen Kinder zum Beispiel den Gebrauch deiktischer Ausdrücke, wie das drei-stufige System der Ortsdeixis im Deutschen „hier – da – dort". Wird dieses System in L1 gelernt, steht es auch beim Zweitspracherwerb zur Verfügung. Allerdings können neue kognitive Konzepte durch die Zweitsprache entwickelt oder schon vorhandene modifiziert werden. Insgesamt, folgert Klein (1992), zeichnet sich der Zweitspracherwerb durch ein höheres Mass an kognitiven Voraussetzungen als der Erstspracherwerb aus. Mit der Sprache wird nicht nur kommuniziert, sondern es werden auch Emotionen, Vorstellungen und Verhaltensweisen in sozial normierter Form ausgedrückt. Der Erstspracherwerb steht aber in engerem Zusammenhang mit der Entwicklung der sozialen Identität als der Zweitspracherwerb. Die Rolle der *sozialen Umwelt* in der Sprachentwicklung sieht Hoff-Ginsberg (2000) darin, dass die soziale Umwelt einerseits ein Modell der zwischenmenschlichen Kommunika-tion darbietet und dass sie andererseits den Kindern ermöglicht, durch aktive sprachliche Äusserungen dieses linguistische System zu erwerben. Demzufolge beinhaltet der Spracherwerb sowohl eine soziale, kommunikative als auch eine kognitive, linguistische Komponente. Nach Vygotskij (2002) vollzieht sich die Entwicklung der Sprache in Interaktion mit der sozialen Umwelt, indem das sprachliche Denken keine natürliche, sondern eine gesellschaftlich-historische Form des Verhaltens darstellt. Die individuellen Unterschiede in den Sprachfähigkeiten liegen nach Hoff-Ginsberg (2000) in den unterschiedlichen sozialen Umwelten, den kommunikativen Modellen sowie den zur Verfügung stehenden sprachlichen Lernressourcen begründet.

Fazit

Beim Erwerb der Zweitsprache verfügt das Individuum über andere kognitive Voraussetzungen als beim Erwerb der Erstsprache (vgl. Klein, 1992; Gogolin & Krüger-Potratz, 2006, S. 177). Ferner können die Sprachen in unterschiedlichen sozialen Umwelten erworben werden (vgl. Hoff-Ginsberg, 2000; Vygotskij, 2002), was sich wiederum auf die Sprachentwicklung auswirkt. Andere Verläufe zeigen sich dagegen beim simultanen Spracherwerb (McLaughlin, 1984) bzw. bilingualen Erstspracherwerb (Klein, 1992), wobei zwei Sprachen gleichzeitig gelernt werden. Die Modelle von Saville-Troike (2006) und von Oksaar (2003) vergleichen den Erst- und Zweitspracherwerb anhand bestimmter Kriterien und liefern wertvolle Hinweise bei ihrer Unterscheidung. Als Kritikpunkt wurde bei Saville-Troike (2006) die wenig differenzierte Bezeichnung von „Native"-Kompetenz angebracht, die im Endstadium des Erstspracherwerbs im Gegensatz zur multilingualen Kompetenz im Zweitspracherwerb auftritt. Beim Vergleich der Sprachspezifität betont Oksaar (2003) die mögliche Beeinträchtigung beim Zweitspracherwerb im Gegensatz zum Erstspracherwerb, bei dem keine Beeinträchtigungen vorzufinden sind. Dabei geht Oksaar (2003) auf die physischen und psychischen Beeinträchtigungen nicht ein, die den Erstspracherwerb negativ beeinflussen bzw. verzögern können. Aufgrund der obigen Ausführungen kann festgehalten werden, dass beim L1- und L2-Erwerb grundlegende Unterschiede auftreten, die durch inter- und intrapersonale Faktoren beeinflusst werden. Um die Ergebnisse des empirischen Teils zu interpretieren, erscheint es wichtig, auf bedeutende individuumbezogene Faktoren einzugehen.

2.2.5 Faktoren des Zweitspracherwerbs – Individual Differences (ID)

Unbestritten ist, dass der Erwerb der Zweitsprache von verschiedenen Faktoren beeinflusst wird. Inwieweit diese Faktoren im Spracherwerb eine mehr oder weniger bedeutungsvolle Rolle spielen, kann aufgrund der vorliegenden zahlreichen Forschungsresultate nicht eindeutig beantwortet werden. Dies liegt einerseits an den verschiedenen methodischen Zugängen und Zielsetzungen der Untersuchungen (vgl. Cenoz, 2000). Auf der anderen Seite sind die Zusammenhänge z.B. zwischen den Faktoren der Persönlichkeit und denjenigen der sprachlichen Leistung nicht direkt und linear sondern indirekt und situationsspezifisch (Dörnyei, 2006). Die Variabilität der Gruppierung von Einflussfaktoren deutet auch auf die unterschiedliche Wahrnehmung der Relevanz von Variablen hin. Cenoz (2000) unterscheidet zwischen *individuellen* und *kontextuellen Faktoren*. Unter den individuellen Faktoren führt Cenoz (2000) Intelligenz, Sprachlerneignung (aptitude), kognitive Stile, Strategien, Attitüde und Motivation, Persönlichkeit und Alter aus. Zu den kontextuellen Faktoren gehören das naturelle versus formale Setting, die ethno-linguistische Vitalität (L1 als Minoritäten- oder als Majoritätensprache), der sozio-ökonomische Status und der Bildungskontext. Bilingualismus resultiert nach Cenoz (2000) in Kreativität, weit entwickelten metalinguistischen Fähigkeiten und in kommunikativer Sensitivität. Eine ähnliche Aufteilung findet man bei Kniffka & Siebert-Ott (2007), die den Zweitspracherwerb beeinflussenden Lernervariablen in drei Hauptgruppen zusammenfassten, nämlich in die Kategorie der *kognitiven Variablen* (die Sprachlerneignung, Intelligenz, Sprachlernstile und Sprachlern-erfahrung), in die Kategorie der *affektiven und attitudinalen Faktoren* wie Ein-stellung zur L2, Motivation, Ängste und Persönlichkeitsmerkmale sowie in die *sozialen Faktoren*, die sich auf die soziokulturelle Erfahrung der Lernenden beziehen. Ellis (1997) und Dörnyei (2006) stellen die *individuellen Unterschiede (individual differences – ID)* im Zweitspracherwerb in den Mittelpunkt. Die Be-deutung dieses Aspektes liegt einerseits daran, dass die Erforschung der Einzig-artigkeit des Individuums in der Psychologie auch innerhalb einer Subdisziplin der differenziellen Psychologie erfolgt. Andererseits wurden die individuellen Unter-schiede in der Zweitspracherwerbsforschung als konsistenter Prädiktor für Lern-erfolg gefunden (Dörnyei, 2006). Demzufolge konzentriert sich dieses Kapitel auf die Beschreibung der individuellen Faktoren, darunter auf die Motivation, die einen wichtigen theoretischen Aspekt des empirischen Teils der vorliegenden Arbeit dar-stellt. Nach Dörnyei (2006) können fünf relevante individuelle Faktoren wie Per-sönlichkeit, *language aptitude* (Sprachlerneignung), Motivation, Lernstile und Lernstrategien im Zweitspracherwerb unterschieden werden. Obwohl Persönlich-keit einen Bestandteil des Individuums darstellt, nimmt sie im Zweitspracherwerb neben der *language aptitude* und der Motivation eine weniger bedeutsame Stelle ein. Dies liegt an der Diversität ihrer Definitionen. Am meisten wurde der Einfluss der extravertierten vs. introvertierten Dimension der Persönlichkeit auf den Sprach-erwerb untersucht. Anhand der Ergebnisse von Dewaele (2004) und Skehan (1989) folgert Dörnyei (2006), dass extrovertierte Persönlichkeiten bessere Leistungen in komplexen verbalen Aufgaben als die Introvertierten erreichen. Dagegen zeigen die introvertierten Persönlichkeiten Vorteile beim Vokabellernen oder bei schriftlichen Aufgaben (vgl. Kniffka & Siebert-Ott, 2007). Unter *language aptitude* wird ein Komplex von grundlegenden kognitiven Fähigkeiten zusammengefasst, deren Zusammenspiel für einen erfolgreichen und schnellen Spracherwerb verantwortlich ist (vgl. Ellis, 1997; Dörnyei, 2006). Das theoretische Konstrukt von language aptitude umfasst nach Carroll (1981) vier Fähigkeiten: (1) Die *„phonetic coding ability"* bezeichnet die Fähigkeit, Laute voneinander zu unterscheiden und zu iden-tifizieren. (2) Die *„grammatical sensitivity"* beschreibt die Fähigkeit, die gramma-tikalische Funktion der linguistischen Einheiten in der Satzstruktur zu erkennen. (3) Die *„rote learning ability"* ermöglicht das schnelle und effektive Assoziations-lernen zwischen den Lauten und deren Bedeutung. (4) Die *„inductive language learning ability"* wirkt beim Erschliessen von linguistischen Regeln aus einzelnen Beispielen. Die *Motivation* spielt zweifellos eine Schlüsselrolle im Zweitsprach-erwerb. Dörnyei (2006) hebt das Spezifikum der Motivation für den Zweitsprach-erwerb hervor, welches einen facettenreichen, situationsspezifischen und dynami-schen Charakter sowie zeitliche Variationen aufweist. Die Erforschung der Motivation für die Zweitsprache begann mit den Untersuchungen von Gardner und seinen Mitarbeitern in Kanada (vgl. Gardner & Lambert, 1972; Trembley & Gardner, 1995), die die Zweitsprache nach sozialpsychologischen Aspekten als einen vermittelnden Faktor zwischen ethnolinguistischen Gemeinschaften definierten. Die soziopsychologische Betrachtung stellte die *integrativen Aspekte* der Motivation für die Zweitsprache in den Mittelpunkt, welche eine positive Einstellung gegenüber der Zweitsprache sowie Offenheit und Respekt gegenüber anderen kulturellen Gruppen voraussetzte. Im Extremfall kann die integrative Motivation zu Identifikation mit der jeweiligen sprachlichen Gemeinschaft führen. In späteren Forschungsarbeiten tauchten neue relevante Aspekte der Motivation auf, wie der Einfluss der schulischen Umgebung, z.B. die Rolle der Lehrperson und der Lernergruppe (Oxford & Shearin, 1994). Dörnyei (2000, 2001) zeigte Ende der 1990er Jahre ein bisher vernachlässigtes Charakteristikum der Motivation, nämlich ihre *Dynamik*, auf. Der prozessorientierte Zugang bezeichnet den dynamischen, mit der Zeit veränderlichen Charakter der Motivation und unterscheidet drei Phasen in diesem Prozess: (1) die präaktionale Phase, welche der Selektion von Zielen dient, (2) die aktionale Phase, die auf die Lernsituation bezogene exekutive Motive beinhaltet, (3) die postaktionale Phase, in der die Lernenden eine retrospektive Evaluation durchführen. Im Gegensatz zu Dörnyei (2006), der die Motivation als einen veränderbaren Prozess beschreibt, diskutiert Ellis (1997) die vier Typen der Motivation für L2, welche als attitudinale und affektive Variable den Zweitspracherwerb beeinflussen. Während bei der *instrumentellen Motivation* das Nutzen der Zweitsprache im Vordergrund steht (z.B. bessere Chancen auf dem Arbeitsmarkt), spielt das Interesse an Sprache und Kultur bei der *integrativen Motivation* eine entscheidende Rolle. Erfolg beim Zweitspracherwerb kann motivierend auf die Lernenden wirken. In diesem Fall erfolgt Motivation als ein Resultat des Lernens, welches Ellis (1997) unter dem Begriff der *resultativen Motivation* ausführt. Die *intrinsische Motivation* deutet auf die autotelische Wirkung des Sprachenlernens. Die Zweitsprache wird gelernt, weil es Spass macht. In der Selbstbestimmungstheorie von Deci und Ryan (1985) werden zum ersten Mal die intrinsische und die *extrinsische Motivation* nicht als gegensätzliches, sondern als sich ergänzendes Motivationspaar dargestellt[14]. Die Motivationstypen bei Ellis (1997) ergänzen einander und können sogar gleichzeitig auftreten. Darüber hinaus betont Ellis (1997) wie Dörnyei (2006) die Komplexität und den dynamischen Charakter der Motivation. Im Hinblick auf die *Lernstile* verweist Dörnyei (2006) auf die Problematik ihrer Erforschung, die vor allem in der unterschiedlichen Begrifflichkeit, der geringen Anzahl von validen und reliablen Instrumenten sowie in der konfusen theoretischen Basis besteht. Nach Reid (1995) zeigen Lernstile die vom Individuum präferierten Lernwege, um neue Informationen zu erlangen und Fähigkeiten zu erwerben. Die Erforschung der Lernstile wird dadurch erschwert, dass die Definitionen von Lernstilen und Lernstrategien thematisch eng verbunden sind. Darüber hinaus treten psychologische Konstrukte wie Extrovertiertheit-Introvertiertheit mal

---

14 Der empirische Teil dieser Arbeit nimmt die Selbstbestimmungstheorie von Deci und Ryan (1985) als Basis zur Untersuchung der Motivation für Zweitsprache, deren theoretischer Hintergrund im Kapitel 2.4.2 ausführlich erläutert wird.

Persönlichkeitsmerkmale, mal Lernstile auf. Kniffka und Siebert-Ott (2007) führen fünf Dimensionen von Lernstilen auf, von denen einige in engem Zusammenhang mit Persönlichkeitskonstrukten stehen. Die erste Dimension bezeichnet den *analytischen vs. globalen Stil*. Während Lernende mit analytischem Lernstil eher von Einzelheiten ausgehen, legen Lernende mit globalem Stil den Fokus beim Sprachenlernen auf das Ganze. Unter den Dimensionen *Reflexivität vs. Impulsivität* beschreiben Kniffka und Siebert-Ott (2007) die Art und Weise, wie Lernende sprachliche Probleme lösen. Im Gegensatz zum impulsiven Lernstil reagieren reflexive L2-Lernende langsamer auf sprachliche Probleme und versuchen dabei möglichst wenig Fehler zu begehen. Reflexiver Lernstil könnte in bestimmten sprachlichen Situationen wie in der Kommunikation als Nachteil empfunden werden. In Abhängigkeit von der Bereitschaft, unvollständige Informationen zu verarbeiten, wird die dritte Dimension, *Ambiguitätstoleranz vs. Ambiguitätsintoleranz* aufgeführt. Hohe Ambiguitätstoleranz zeigen L2-Lernende, die ohne jedes einzelne Wort zu kennen, einen Text erschliessen wollen und können. Im Weiteren unterscheiden die Autorinnen in Abhängigkeit vom bevorzugten Wahrnehmungskanal zwischen *visuellen, auditiven und kinästhetisch-haptischen* Lernstilen (Kniffka & Siebert-Ott, 2007). Als fünfte Dimension fungieren die *kulturspezifischen interindividuellen Unterschiede*, obwohl hier auf die widersprüchlichen Forschungsergebnisse hingewiesen werden muss. Da die Lernstile sich auf die vom Individuum bevorzugten Lernwege beziehen, sollte hier anstelle der Kulturabhängigkeit der Einfluss der unterschiedlichen sozialen Umwelten, kommunikativen Modelle und der zur Verfügung gestellten sprachlichen Ressourcen betont werden (vgl. Hoff-Ginsberg, 2000). Als fünften relevanten Faktor im Zweitspracherwerb führt Dörnyei (2006) die *Lernstrategien* auf. Ellis (1997) definiert die Lernstrategien als bestimmte Annäherungsversuche oder Techniken, welche von Lernenden beim L2-Lernen problemorientiert angewendet werden. Dabei unterscheidet Ellis (1997) die *kognitiven* (z.B. Analysieren), *metakognitiven* (z.B. Planen, Monitoring und Evaluation) und *sozial-affektiven* Strategien (z.B. Techniken bei Interaktion mit Anderen). Demzufolge wenden erfolgreiche L2-Lernende ihre Lernstrategien nicht nur flexibel und adäquat ihre Lernstrategien an, sondern sie berücksichtigen sowohl Form und Inhalt der sprachlichen Äusserungen. Darüber hinaus stehen ihnen mehr Lernstrategien zur Verfügung, die sie differenziert, in Abhängigkeit von ihrem sprachlichen Niveau im Lernprozess einsetzen. In der Forschung über Lernstrategien berichtet Dörnyei (2006) von einem Paradigmenwechsel, der den Fokus vom Produkt (Lernstrategien) auf den Prozess (Selbstregulation) verlegte, der eine breitere Perspektive der Betrachtung bietet.

Fazit

Die individuellen Differenzen umfassen eine Vielfalt von Faktoren, die einen Einfluss auf den Zweitspracherwerb ausüben. Gleichzeitig kann die Frage nach der Tiefe der Effekte aufgrund der vorhandenen empirischen Resultate nicht eindeutig beantwortet werden. Dies liegt einerseits an den unterschiedlichen methodischen Zugängen (vgl. Cenoz, 2000), andererseits an der indirekten Wirkung von Faktoren auf die sprachlichen Leistungen (vgl. Dörnyei, 2006). Es empfiehlt sich, diese Faktoren als ein komplexes theoretisches Paradigma zu betrachten und zu untersuchen, anstatt von linearen Zusammenhängen auszugehen (Dörnyei, 2006). Um den Kreis zu schliessen, sollte auf die sozialen Umwelten, die kommunikativen Modelle und sprachlichen Ressourcen hingewiesen werden, welche für die individuellen Unterschiede in den sprachlichen Fähigkeiten verantwortlich sind (vgl. Hoff-Ginsberg, 2000, siehe Kapitel 2.2.4).

2.2.6 Modelle des Zweitspracherwerbs

Zur Erklärung des Zweitspracherwerbs, sind Hypothesen und Modelle entstanden, welche den Erwerbsprozess aus verschiedenen Perspektiven darstellen. Während Oksaar (2003) die Ansätze auf das Sprachsystem (Kontrastivhypothese, Identitätshypothese und Monitor-Modell) und das Individuum (Interlanguagehypothese, Fossilisierung und Pidginisierung) bezogen diskutiert, beschreibt Saville-Troike (2006) die Entwicklung der Zweitspracherwerbsforschung aus linguistischen, psychologischen und sozialen Perspektiven auf der Zeitachse. Dieses Kapitel nimmt bestimmte Theorien des Zweitspracherwerbs in den Blick, nämlich auf die *Kontrastivhypothese,* die *Identitätshypothese,* die *Monitor-Theorie,* die *Interlanguagehypothese* sowie auf *Fossilisierung und Pidginisierung,* um relevante Aspekte für die Sprachentwicklung von Kindern mit Migrationshintergrund hervorzuheben.

Kontrastivhypothese

Oksaar (2003) führt die Kontrastivhypothese auf die Annahme von Lado (1957) zurück, wonach Ähnlichkeit und Verschiedenheit in den sprachlichen Strukturen das Erlernen einer weiteren Sprache fördern bzw. beeinträchtigen können. Nach der starken Variante der Hypothese kommt es zum *positiven Transfer*, wenn die Strukturen der Sprachen übereinstimmen. Strukturunterschiede führen dagegen zu *negativem Transfer* oder zu *Interferenzen*, welche sich in Lernschwierigkeiten und in Fehlern zeigen. Mit Hilfe von empirischen Untersuchungen konnte bewiesen werden, dass nicht nur Kontraste zwischen der Erst- und der Zweitsprache, sondern auch Kontrastmangel zu fehlerhaften Äusserungen führen können. Aufgrund der Kritik an der starken Variante der Hypothese entwickelte sich ihre schwache Version, welche nicht auf die Voraussage von Fehlern eingeht, sondern sich auf ihre Erklärung durch inter- und intralingualen Transfer und Interferenzen konzentriert. Kritisiert wurde an der schwachen Version vor allem die Reduktion von Lernproblemen auf den Einfluss der Erstsprache. „Es besteht aber kein Anlass zwischen negativem und positivem Transfer zu unterscheiden und Interferenz als ein Negativum zu sehen" (Oksaar, 2003, S. 100). Ein wichtiger Verdienst der Kontrastivhypothese besteht darin, dass verschiedene Beziehungen zwischen der Erst- und Zweitsprache im Lernprozess analysiert wurden. Die kontrastiven Analysen lieferten für die Zweitspracherwerbsforschung methodisch relevante Erkenntnisse. Sie führten auch zu einer Perspektivenerweiterung: zur *Fehleranalyse*, deren Untersuchungsgegenstand die sprachliche Leistung der Lernenden, genauer gesagt, deren sprachliche Abweichungen bildeten (vgl. Oksaar, 2003).

Identitätshypothese und Monitor-Modell

Im Gegensatz zur Kontrastivhypothese besagt die starke Version der *Identitätshypothese*, dass der Erwerb der Zweitsprache den gleichen Gesetzmässigkeiten wie der Erwerb der Erstsprache folgt (Klein, 1992). Ihren theoretischen Hintergrund bildet der *Nativismus*, der den Spracherwerb als Entfaltung angeborener sprachlicher Fähigkeiten betrachtet. Dies kommt in Chomskys *Universaler Grammatik* (UG) zum Ausdruck, welche angeborene grammatische Basisregeln in der Sprachentwicklung voraussetzt (vgl. Chomsky, 1981). Die Annahme universaler Spracherwerbsprozesse und die empirische Basis der Identitätshypothese wurden stark kritisiert. Auf der Basis der Kritik wurde eine schwache Version der Hypothese entwickelt (Oksaar, 2003). Im Rahmen der schwachen Version der Identitätshypothese formulierte Krashen (1981) das *Monitor-Modell*, dessen zentrale These in der Unterscheidung zwischen *Erwerben* und *Lernen* besteht. Während der Erwerb einer Sprache ungesteuert bzw. unbewusst in festen invarianten Entwicklungssequenzen erfolgt, wird Lernen als gesteuerter und bewusster Prozess dargestellt. Demzufolge werden beim Sprachlernen explizit formulierte Regeln durch einen *Monitor* internalisiert, der die Funktion eines Informations- und Kontrollmechanismus hat. In diesem Sinne bezeichnet der Monitor die Fähigkeiten der Lernenden, ihre Sprachproduktion zu überwachen und bewusst zu kontrollieren. Wie in Kapitel 2.2.7 ausgeführt, wurde unter anderem die Dichotomie der Begriffe Erwerben und Lernen (vgl. McLaughlin, 1987) kritisiert und geschlossen, dass sich das Monitor-Modell nicht zur Erklärung des Zweitspracherwerbs eigne (vgl. Klein, 1992; Oksaar, 2003).

Interlanguagehypothese

Während in den sprachsystemzentrierten Ansätzen eine Produktbezogenheit zu beobachten ist, werden die prozessbezogenen Bedingungsfaktoren des Sprachenlernens mit den individuumszentrierten Ansätzen erklärt. Im Mittelpunkt stehen die Lernenden bzw. ihre Entwicklungstendenzen beim Sprachenlernen (vgl. Oksaar, 2003). Es entsteht eine *Lernersprache,* eine *Interlanguage* oder *Interimsprache,* die sich zwischen der Ausgangs- und Zielsprache entwickelt. Unter den verschiedenen Lernervarietäten-Theorien übte die *Interlanguagehypothese* von Selinker (1972) einen grossen Einfluss auf die Erforschung der Zweitsprache aus. Gemäss der Hypothese wird die *Interlanguage* als eine eigenständige und dynamisch sich entwickelnde Übergangssprache definiert, welche Eigenschaften der Erst- und der Zweitsprache und gegebenenfalls auch von weiteren Sprachen aufweist. Ausserdem zeichnet sie sich durch unabhängige sprachliche Elemente aus, welche sowohl korrekt als auch abweichend von der Form der Zielsprache sein können. Ellis (1997) beschreibt das Konzept der Interlanguage aus der Sicht der Lernenden. Die Lernenden konstruieren ein System von abstrakten linguistischen Regeln, welche dem Verstehen und der Produktion der Zweitsprache zu Grunde liegen. Diese Grammatik ist sowohl von innen als auch von aussen durchlässig. Die Lernenden verändern ihre Grammatik von Zeit zu Zeit, indem sie Regeln hinzufügen oder löschen und das ganze System neu konstruieren. Um die Interlanguage zu entwickeln, setzen Lernende verschiedene Lernstrategien in Abhängigkeit von ihren Fehlern ein. Darüber hinaus kann die Grammatik der Lernenden *fossilisiert*[15] werden. Die Fossilisierung stellt ein Spezifikum des Zweitspracherwerbs dar und tritt im Erstspracherwerb nicht auf.

Fossilisierung und Pidginisierung

Die Ansätze der *Fossilisierung* und *Pidginisierung* untersuchen das Verhältnis von Lernersprache und Zielsprache sowie das Charakteristikum des erfolgreichen Lernens. Beide Begriffe beziehen sich auf eine Abweichung von der Zielsprache. Fossilisierung oder nach der Definition von Daniels (2000) *Stabilisierung* beschreibt eine Art von Entwicklungsstillstand im Zweitspracherwerb, indem über eine längere Zeit verfestigte, von der Zielsprache abweichende Formen verwendet werden, z.B. fehlende Konjugation des Verbs: *ich fahren, du machen*. Fossilisierungen können in den Bereichen der Lexik, Syntax sowie Phonetik und Phonologie auftreten (vgl. Oksaar, 2003). Nach Long (2000) entsteht Stabilisierung im Falle von komplexen zielsprachlichen Formen sowie bei Ähnlichkeiten mit der Erstsprache, welche von den Lernenden nicht wahrgenommen werden. Weiterhin diskutiert Oksaar (2003) die Ursachen des fremden Akzentes und zitiert dabei Lindner (1977), der das Phänomen nicht mit mangelhafter Sprachbeherrschung sondern mit Artikulationsgewohnheiten erklärte, welche von der Erstsprache übernommen und nicht mehr überwunden werden können. Oksaar (2003) nennt psychologische Gründe für den bleibenden fremden Akzent welche den Akzent als *Idential*, als Element der persönlichen und sozialen Identität erklären. Es handelt sich nicht um ein Nicht-Können, sondern um ein bewusstes oder unbewusstes Nicht-Wollen. „Akzent ist eines der primären Signale der Herkunft und der Fixierung auf der Skala *wir – nicht wir, das Eigene – das Fremde, …*" (Oksaar, 2003, S. 65). Fossilisierung sollte man nach Oksaar (2003) nicht mit einem vorübergehenden Rückfall (blacksliding) auf ein früheres Niveau der Lernersprache verwechseln, welcher durch psychische Beeinträchtigungen oder Konzentrationsmangel entstehen kann. Fossilisierung kann aus mangelndem Bedürfnis nach Akkulturation sowie sozialer Distanz in der Gesellschaft entstehen. Begünstigt wird die Fossilisierung auch dadurch, dass die hinreichenden Fähigkeiten zur Kommunikation erreicht worden sind und keine Weiterentwicklung erwünscht bzw. nötig ist. Dieser Fall tritt oft bei Gastarbeitern auf, die ein be-

---

15 Fossilisierung bezeichnet die von der Zielsprache abweichenden sprachlichen Formen, die auf einen gewissen Entwicklungsstillstand in der Entwicklung der Zweitsprache hinweisen.

stimmtes Niveau für die Kommunikation anstreben, das ihren Zwecken genügt. Es herrscht keine Einigkeit darüber, ob Gastarbeiter/Fremdarbeiterdeutsch als *Pidgin-Sprache* zu bezeichnen ist. Obwohl Pidgins einen beschränkten Wortschatz, reduzierte linguistische Strukturen haben, können sie nicht als „Mischmaschsprachen" ohne eigene Strukturen erklärt werden. Pidgins als Behelfssprachen entwickeln sich durch Kolonialisation und wirtschaftliche Beziehungen, in denen die dominante Sprache zu bestimmten Zwecken erworben werden muss. Klein (1992) betrachtet Pidgins und ihre weitere Entwicklung zu Kreolsprachen[16] als Sonderfall des ungesteuerten Zweitspracherwerbs.

Fazit

Wie oben angedeutet, erscheinen bestimmte Aspekte der dargestellten Modelle und Hypothesen insbesondere in der Förderung der Zweitsprache von Kindern mit Migrationshintergrund relevant, worauf hier kurz eingegangen wird. Der Aspekt der *Interferenzen*, welche aus der Kontrastivhypothese abgeleitet wurde, erscheint als Lernziel im Rahmenlehrplan der HSK-Kurse: „Die Kinder und Jugendlichen erweitern ihr sprachliches Verständnis, indem sie – ihrer Stufe gemäss – die HSK-Sprache mit dem Deutschen vergleichen. Sie begreifen wichtige *Interferenzen* bzw. Analogien zwischen der HSK-Sprache und dem Deutschen" (Bildungsdirektion des Kantons Zürich, 2003, S. 15). Dabei wird die Beziehung zwischen Erst- und Zweitsprache (vgl. Oksaar, 2003), und damit indirekt die Förderung der metalinguistischen Fähigkeiten, in den Mittelpunkt gesetzt. Im Gegensatz zum Monitor-Modell, in dem zwischen ungesteuertem Erwerb und gesteuertem Lernen einer Sprache unterschieden wird, erfolgt nach der heutigen Auffassung der Zweitspracherwerb sowohl *ungesteuert* als auch *gesteuert,* obwohl die ungesteuerten Lernprozesse in den meisten Fällen überwiegen können. Die Begriffe Spracherwerb und Sprachlernen erscheinen dabei als äquivalente Prozesse (vgl. Klein, 1992, Kapitel 2.2.1). Nach der Interlanguagehypothese stellt die *Interimsprache* eine sich dynamisch entwickelnde Sprache dar, welche Merkmale der Erst- und Zweitsprache umfasst (vgl. Ellis, 1997). Dieses Spezifikum kommt in der Sprachentwicklung von Kindern mit Migrationshintergrund häufig zum Vorschein. Zieht man dabei in Betracht, dass es sich um ein Sprachsystem handelt, das von Individuum zu Individuum verschieden ist, und sich immer mehr dem korrekten Gebrauch der Zielsprache nähert, wird deutlich, welche Bedeutung dem *Input*, der für die Weiterentwicklung der Interlanguage verantwortlich ist, zukommt. Das für den Zweitspracherwerb charekteristische Phänomen der *Fossilisierung* erscheint in bestimmten Zwischenstufen der Interlanguage. Im Gegensatz zur Fossilisierung, die sich auf unveränderbare „versteinerte" sprachliche Abweichungen bezieht, deutet der Begriff der *Stabilisierung* (vgl. Daniels, 2000) auf die nächste Entwicklungsstufe der Interlanguage hin, in der eine mögliche Modifizierung stattfinden kann.

---

16 Wenn Pidgin als Erstsprache in einer Gesellschaft angewendet wird, spricht man von Kreolsprache (vgl. Oksaar, 2003).

2.2.7 Die Rolle der Erstsprache beim Zweitspracherwerb

Im Zentrum dieses Kapitels stehen zwei Hypothesen: die Interdependenz- und die Schwellenniveau-Hypothese, die in der wissenschaftlichen Diskussion über Zweisprachigkeit bzw. über den Einfluss der Erstsprache auf die Zweitsprache immer wieder herangezogen werden. Die von Cummins (1979, 1981, 1984) entwickelten und auf der Forschung von Skutnabb-Kangas und Toukomaa (1976) basierenden Hypothesen sollen aus linguistischer Sicht erklären, warum die schulischen Leistungen von Kindern mit Migrationshintergrund in L1 und L2 sowie in den kognitiven Fächern wie z.B. Mathematik oftmals zurückbleiben. Beide Hypothesen liefern eine wertvolle theoretische Annäherung an die Problematik, ihre empirische Überprüfbarkeit ist aber begrenzt. Da sich der empirische Teil dieser Arbeit auf die Wirkung des muttersprachlichen Unterrichts auf die Erst- und Zweitsprache konzentriert, bildet die Interdependenz-Hypothese eine wichtige, wenn auch nicht explizit zentrale Grundlage der Untersuchung. Dieses Kapitel zeichnet die Entstehung beider Hypothesen und ihre konzeptuelle Entwicklung auf und gibt einen Überblick über die wichtigsten empirischen Untersuchungen, in deren Mittelpunkt die Überprüfung der Interdependenz-Hypothese stand. Ein besonderes Augenmerk soll dabei auf die Missinterpretationen der Hypothesen sowie ihre Kritik gerichtet werden.

Die Schwellenniveau- und die Interdependenz-Hypothese

Die Basis beider Hypothesen bilden die Erkenntnisse der UNESCO-Studie von Skutnabb-Kangas & Toukomaa (1976), welche die kognitiven Leistungsfähigkeiten von 351 finnischen Kindern in schwedischen Schulen ohne muttersprachlichen Unterricht in L1 (Finnisch) und L2 (Schwedisch) über sechs Schuljahre hinweg untersuchte. Es zeigte sich, dass diejenigen Kinder, die mindestens drei Jahre lang die Schule in Finnland besucht hatten, mit der Zeit das sprachliche Niveau eines schwedischen Schülers erreichen konnten. Lag das Einwanderungsalter bei etwa 10 Jahren, konnte man bei diesen Schülerinnen und Schülern gute Kenntnisse sowohl in der L1 als auch in der L2 feststellen. Dagegen traten bei jüngeren Kindern, deren L1-Kompetenzen aufgrund der Migration stagnierten, auch beim Erwerb der L2 Schwierigkeiten auf. Begründet wurde dieses Ergebnis mit der Entwicklung der sprachlichen Fähigkeiten in der L1 bis zu einem Niveau, welches sich auf die Entwicklung der L2 sowie auf das abstrakte Denken positiv auswirkte.

> *In der Oberstufe scheint Finnisch für die Leistungen in Mathematik wichtiger zu sein als Schwedisch – und dies obwohl auch Mathematik in Schwedisch unterrichtet wird. Diese Beobachtung stützt die Annahme, dass das Vorhandensein eines Abstraktionsvermögens in der Muttersprache für die Bewältigung der in Mathematik erforderlichen logischen Operationen besonders wichtig ist. ... (Skutnabb-Kangas & Toukomaa, 1976, zitiert nach Cummins, 1984, S. 195)*

Aufgrund der Ergebnisse der UNESCO-Studie beschrieb das Forschungsteam die verschiedenen Typen von Bilingualismus sowie ihre Auswirkungen auf die kognitive Entwicklung (Skutnabb-Kangas & Toukomaa, 1976). Diese Erkenntnisse wurden von Cummins (1979) in der *Schwellenniveau-Hypothese (threshold hypothesis)* zusammengefasst. Cummins' Ziel bestand darin, mit der Schwellenniveau-Hypothese den theoretischen Rahmen zu schaffen, um die widersprüchlichen Ergebnisse über den Schulerfolg von zweisprachigen Kindern zu erklären (Cummins, 1984). Eine Voraussetzung für den Schulerfolg sieht Cummins in einer gut entwickelten L1-Kompetenz, welche sich wiederum positiv auf den Zweitspracherwerb auswirkt.

> *In der Schwellenniveau-Annahme wird davon ausgegangen, dass zunächst eine ausreichende Kompetenz in der L1 erreicht sein muss, bevor der Zweitspracherwerb einen positiven Einfluss auf die intellektuelle Entwicklung des Kindes haben kann. Denn solange ein zweisprachiges Kind nur über geringe Kenntnisse in beiden Sprachen verfügt, wird seine rezeptive wie produktive Interaktion mit der Umwelt verarmt sein.* (Cummins, 1984, S. 193)

In der Schwellenniveau-Hypothese werden drei Schwellen festgelegt. Die Kompetenzstufe unterhalb der untersten Schwelle, der *Semilingualismus*[17] deutet auf niedrige Sprachkompetenzen in beiden Sprachen hin und führt zu negativen kognitiven Auswirkungen. Auf der nächstfolgenden Stufe des *dominanten Bilingualismus* wird eine der beiden Sprachen auf hohem Niveau beherrscht. In diesem Fall kann man daraus weder positive noch negative Wirkungen auf die kognitive Entwicklung ableiten. Das oberste Schwellenniveau des *additiven Bilingualismus* wirkt sich positiv auf die kognitive Entwicklung aus. Beim additiven Bilingualismus verfügt die Person in beiden Sprachen über ein hohes Niveau. Nach Cummins (1984) muss die unterste Schwelle überwunden werden, um Fortschritte in der jeweiligen Sprache zu erzielen und die Retardierung der kognitiven Entwicklung zu vermeiden.

Baker und Prys Jones (1998) heben zwei wichtige Kritikpunkte der Schwellenniveau-Hypothese hervor. Erstens werden die Schwellen der Sprachkompetenz in der Hypothese nicht definiert. Unklar bleibt, welches Niveau in den verschiedenen Bereichen der Sprachkompetenz (Sprechen, Hören, Lesen und Schreiben) zu erreichen ist, um eine bestimmte Schwelle zu überwinden. Darüber hinaus betonen die Autoren, dass die Sprachentwicklung eher ein gradueller Prozess ist und sich nicht durch eine ruckartige Bewegung von einer Schwelle zur nächsten beschreiben lässt. Zweitens wird der Zusammenhang zwischen kognitiven und sprachlichen Leistungen in der Hypothese nicht berücksichtigt. Der Grund, warum ein Kind auf dem untersten Schwellenniveau geringe kognitive Leistungen erbringt, liege nicht an seinem kognitiven Defizit sondern an seinen beschränkten sprachlichen Fähigkeiten. Cummins (2000a) selber bezeichnet in einem seiner späteren Artikel die Schwellenniveau-Hypothese als vage und spekulativ, was den Zusammenhang

---

17 Semilingualismus oder „doppelseitige Halbsprachigkeit" liegt vor, wenn keine der beiden Sprachen altersgemäss ausgebildet ist.

zwischen sprachlicher und kognitiver Entwicklung betrifft. „*The threshold hypothesis went further than this, however. It speculated about the conditions under which language as an intervening variable might affect cognitive and linguistic growth*" (Cummins, 2000a, p. 175). Ausserdem weist er auf den hoch problematischen Begriff des *Semilingualismus* hin. Baker (1993) beschreibt die Hauptproblematik der Begriffsdefinition von Semilingualismus. Da der Begriff als negative Etikette für die Migrantengruppen angewendet wurde, initiiert er Erwartungen und kann als sich selbst erfüllende Prophezeiung wirken. Eine ähnliche Kritik bringt Romaine (1999), in dem sie den politischen Aspekt des Begriffes hervorhebt:

> *The term semilingualism, as I have argued elsewhere, is a politically loaded concept based on questionable assumptions about language proficiency and how it is measured (see Martin-Jones and Romaine, 1985). It is no accident that the term has emerged in the discussion of populations which are disadvantaged to begin with.* (Romaine, 1999, p. 69)

Ferner sieht Baker (1993) die Gründe der unterentwickelten Sprachfähigkeiten nicht im Bilingualismus selber, sondern in den ökonomischen, politischen und sozialen Verhältnissen. Darüber hinaus verwenden bilinguale Individuen ihre Sprachen für verschiedene Zwecke. Abhängig von einem spezifischen Kontext kann die Person in der Sprache kompetent sein oder nicht. Um negative Kategorisierungen von Semilingualismus zu vermeiden, kann man auf den Begriff der „*Multi-Kompetenz*" von Cook (1995) zurückgreifen, welcher die Sprachkompetenzen in L1 und L2 nicht einzeln, sondern als ein einziges System definiert und eine klare Unterscheidung zwischen den monolingualen sprachlichen Kompetenzen und den bilingualen Multi-Kompetenzen sieht.

Um die wechselseitige Beziehung von L1 und L2 zu erläutern, entstand die *Interdependenz-Hypothese* oder *common underlying proficiency (CUP) hypothesis* (vgl. Cummins, 2000a), eine weiter entwickelte Form der Schwellenniveau-Hypothese. Die von Cummins (1979, 1981, 1984) formulierte Interdependenz-Hypothese besagt in ihrem Kern, dass es einen positiven Zusammenhang in der Entwicklung der Erst- und Zweitsprache gibt. Vorausgesetzt werden in dieser wechselseitigen Beziehung die *Förderung beider Sprachen* sowie die *adäquate Motivation*.

> *To the extent that instruction in Lx is effective in promoting proficiency in Lx, transfer of this proficiency to Ly will occur provided there is adequate exposure to Ly (either in school or environment) and adequate motivation to learn Ly.* (Cummins, 1981, p. 29)

Cummins (2000a) sieht die Wichtigkeit der Hypothese darin, dass sie einen theoretischen Rahmen bildet, um die schulische Entwicklung von zweisprachigen Kindern zu verstehen sowie, um adäquate zweisprachige Programme für Kinder mit und ohne Migrationshintergrund zu planen. Die Kritik an der Interdependenz-Hypothese beinhaltet die fehlende Berücksichtigung der individuellen und soziokulturellen Faktoren (vgl. Troike, 1984; Sagasta Errasti, 2003). Esser (2006) bemängelt die empirische Grundlage der vorhandenen Untersuchungen, und als weiterer Kritikpunkt nennt er die sehr speziellen Bedingungen der Hypothese, welche Cummins (1981) selber als Voraussetzung der Hypothese bezeichnet: Motivation und Förderung von beiden Sprachen. Bevor auf die empirischen Untersuchungen zu den beiden Hypothesen eingegangen wird, möchte ich die *zwei wichtigsten Missverständnisse* im Zusammenhang mit der Schwellenniveau- und der Interdependenz-Hypothesen diskutieren.

Missverständnis 1 – Ein anspruchsvolles Niveau in der Zweitsprache kann nur dann erreicht werden, wenn die Erstsprache entsprechend gut entwickelt ist.

Hier bezeichnet Cummins (2000a) als Hauptproblem die *Verschmelzung der Interpretation von beiden Hypothesen*. Diese falsche Interpretation führte dazu, dass man behauptete, zuerst sollte L1 bis zum ersten Schwellenniveau entwickelt werden, bevor L2 eingeführt werden kann. Allemann-Ghionda (2006) veranschaulicht dieses Missverständnis mit dem Beispiel von vielen Bilingualen, die von Geburt an mit zwei Sprachen aufgewachsen sind, ohne zuerst in einer bestimmten Sprache das erste Schwellenniveau erreicht zu haben. Die Verschmelzung von beiden Hypothesen resultierte in Missinterpretationen sowie falschen Ableitungen für bilinguale Programme. Cummins (2000a) betont: „It is certainly *not*[18] the case that instruction in the majority language should be delayed until a certain ‚threshold' level of L1 literacy has been attained" (Cummins, 2000a, p. 198).

Missverständnis 2 – Alphabetisierung sollte in L1 erfolgen.

Beim zweiten Missverständnis sorgte die *Verwechslung der Schwellenniveau-Hypothese mit der ähnlichen short-circuit-Hypothese* für Verwirrung (Cummins, 2000a). Das erste Phänomen, welches von Cummins (2000a) mit der Schwellenniveau-Hypothese beschrieben wurde, konzentriert sich auf die Konsequenzen des Bilingualismus in kognitiven, linguistischen und akademischen Bereichen. Dagegen bezieht sich die short-circuit-Hypothese auf die sprachliche Literalisierung in L1 und L2 und besagt, dass ein direkter Transfer von Lesefähigkeiten in L1 auf L2 nur dann möglich ist, wenn schon ein bestimmtes Niveau in L2 erreicht wurde: „A lack of second language linguistic knowledge ultimately ‚short-circuited' the first language reading knowledge" (Bernhard & Kamil, 1995, zitiert nach Cummins, 2000a, p. 177). Cummins (2000a) weist darauf hin, dass sich aufgrund dieser Definition die short-circuit-Hypothese eher der Interdependenz-Hypothese nähert. In welcher Sprache die Alphabetisierung erfolgen soll, darauf gibt weder die Schwellenniveau- noch die Interdependenz-Hypothese einen Hinweis:

---

18 Hervorgehoben auch im Original.

Neither hypothesis says anything about the appropriate language to begin reading instruction within a bilingual program nor about when reading instruction in the majority language should be introduced. (Cummins, 2000a, p. 176)[19]

Die falsche Interpretation der Interdependenz-Hypothese ist mittlerweile so verankert, dass sie folgendermassen zitiert wird: „Dabei dominierte die von Cummins (1979a, 1979b, 1981) entwickelte Interdependenzhypothese, nach der ein anspruchsvolles Niveau in der Zweitsprache nur dann erreicht werden kann, wenn die Erstsprache entsprechend gut beherrscht wird" (Stanat, 2006, S. 114-115). Eine Vermischung von Inderdependenz- und Schwellenniveau-Hypothese zeigt sich bei Esser (2006), wenn er schreibt: „Es muss immer auch eine gezielte Förderung in der (L1-)Muttersprache geben, bevor überhaupt an Fortschritte in der L2 zu denken ist, weil ansonsten alle Bemühungen vor diesen Schwellen hängen bleiben, und die Fortschritte darin helfen nicht nur die Schwellen zu überwinden, sondern beschleunigen dann das Lernen der L2" (Esser, 2006, S. 264).

Empirische Untersuchung der Schwellenniveau-Hypothese

Dass die Schwellenniveau- und die Interdependenz-Hypothese eine grosse Bedeutung in der theoretischen Begründung der Sprachentwicklung von bilingualen Kindern in den 1990er Jahren spielten, zeigt eine Reihe von empirischen Studien, deren Hintergrund explizit oder implizit diese Hypothesen bildeten. Ohne Anspruch auf Vollständigkeit oder eine Metaanalyse werden hier die Hauptergebnisse einiger Studien aufgrund der Sekundärliteratur beschrieben (Cummins, 2000a, pp. 177-182). Cummins (2000a) fasst die Studien zusammen, die in Australien und Italien (Ricciardelli, 1992, 1993) sowie in Indien (Mohanty, 1994) zur *Überprüfung der Schwellenniveau-Hypothese* durchgeführt wurden. Die Resultate der oben genannten Studien zeigen einen positiven Zusammenhang zwischen Bilingualismus und den kognitiven Fähigkeiten. Relevant sind die Erkenntnisse der Studien von Bialystok (1987a, 1987b, 1988), welche den positiven Einfluss des Bilingualismus auf die metalinguistischen Fähigkeiten bestätigen. Je höher das in beiden Sprachen erreichte Niveau wird, desto grösser werden diese Vorteile. Zu ähnlichen Resultaten kamen Galambos und Hakuta (1988) sowie Lasagabaster (1998). Weitere Studien von Bild und Swain (1989), von Swain und Lapkin (1991) sowie Swain, Lapkin, Rowen und Hart (1991), gingen der Frage nach, ob die kognitiv-akademischen Fähigkeiten in L1 positiven Einfluss auf das Erlernen weiterer Sprachen haben. Die letzten zwei Studien weisen darauf hin, dass Trilingualismus ein realisierbares Lernziel ist und dass das Beherrschen einer Zweitsprache, welche zu Hause gesprochen wird, das Erlernen einer dritten Sprache in der Schule erleichtert. Der Zusammenhang zwischen Bilingualismus und kognitiver Entwicklung im mathematischen Bereich wurde in den Studien von Clarkson, 1992; Clarkson & Galbraith, 1992; Dawe, 1983, Li, Nuttall & Zhao, 1999) untersucht. Zusammen-

---

19 Hervorgehoben im Original.

gefasst stellt Cummins (2000a) fest, dass die Schwellenniveau-Hypothese wertvolle Hinweise für die Operationalisierung von Sprachkompetenz liefern kann. Für die Praxis schlägt er die Förderung der Erstsprache vor:

> ... schools should attempt to encourage minority students to develop their L1 abilities to as great an extent as possible both to stimulate transfer to L2 and to reap the significant personal and more subtle educational benefits of additive bilingualism. (Cummins, 1991a, p. 86)

Empirische Untersuchung der Interdependenz-Hypothese

Cummins (1991b) fasst die Studien aus den USA zusammen, deren Ergebnisse bestätigen, dass sich eine gut entwickelte Erstsprache auf die Zweitsprache positiv auswirkt (Ramírez, 1985; Hakuta & Diaz, 1985; González, 1986; Cummins & Nakajima, 1987). Wegen ihrer methodischen Stärken wird die Studie von Verhoeven (1994) in diesem Zusammenhang oft zitiert. Zur Überprüfung der Interdependenz-Hypothese wählte Verhoeven (1994) ein Längsschnittdesign und untersuchte die Entwicklung der Sprachfähigkeiten in L1 (Türkisch) und L2 (Niederländisch) bei 98 sechsjährigen türkischen Kindern in verschiedenen Bereichen (Wortschatz, Syntax, pragmatische, phonologische und literale Fähigkeiten) zu drei Messzeitpunkten. Die Ergebnisse zeigten keine Interdependenz auf den lexikalischen und syntaktischen Ebenen. Diesen Befund erklärt Verhoeven (1994) damit, dass die Entwicklung von lexikalen und morphosyntaktischen Fähigkeiten in der L1 und L2 mehr oder weniger autonome Prozesse darstellen. In den Bereichen der phonologischen und insbesondere der pragmatischen und literalen Fähigkeiten gab es aber Hinweise auf eine Interdependenz. Die hohe Interdependenz bezüglich der pragmatischen Fähigkeiten in der L1 und L2 erklärt Verhoeven (1994) damit, dass die Entwicklung von pragmatischen Kompetenzen von mehr oder weniger stabilen Persönlichkeitsmerkmalen abhängt. Im Längsschnitt gezeigte weniger hohe Interdependenz deutete darauf hin, dass sich diese pragmatischen Fähigkeiten mit der Zeit verändern. Dagegen betont Verhoeven, dass „literacy skills developed in one language strongly predict corresponding skills in the other language" (Verhoeven, 1994, p. 408). Es bestand nicht nur eine hohe Interdependenz in den literalen Fähigkeiten sowohl auf der Wort- als auch auf der Textebene, sondern es fand ein Transfer dieser Fähigkeiten in die entgegengesetzte Richtung statt. Verhoeven (1994) vermutet aber, dass der Transfer der literalen Fähigkeiten eher im Zusammenhang mit der metalinguistischen als mit der linguistischen Kompetenz steht.

> In general, the development of literacy skills in L1/L2 showed evidence of transfer in two directions, depending on the order of instruction. ... However, the transfer of skills may be not so much at a linguistic, but rather at a metalinguistic level of competence. Literacy skills in whatever language involve a high level of metalinguistic awareness. (Verhoeven, 1994, p. 409)

Weitere Belege zur Interdependenz-Hypothese liefert die Längsschnittstudie von Dufva und Voeten (1999), in der im Gegensatz zu den vorherigen Studien die Sprachfähigkeiten von monolingualen Kindern ohne Migrationshintergrund in der Erst- und in der Fremdsprache untersucht wurden. Zum Ziel setzten Dufva und Voeten (1999) die Erforschung des phonologischen Gedächtnisses und des Erwerbs von literalen Fähigkeiten in der L1 (Finnisch) sowie ihren Einfluss auf die Sprachentwicklung in der Fremdsprache (Englisch). Der Hauptbefund der Studie war, dass die Literalität in der L1 (Worterkennung und Lese- und Hörverstehen) sowie das phonologische Gedächtnis einen positiven Einfluss auf das Erlernen des Englischen ausübten. Diese drei Fähigkeiten erklärten 58 Prozent der Varianz der Sprachkompetenz im Englischen. Demzufolge heben Dufva und Voeten (1999) die Bedeutung der Förderung der Literalität in der L1 während der Grundschule hervor.

Fazit

Die vorliegende Darstellung der zwei Längsschnittstudien zur Interdependenz-Hypothese erhebt keinen Anspruch auf eine vollständige Dokumentation des Forschungsstandes. Nicht eingegangen wurde dabei auf kontroverse Ergebnisse von Untersuchungen in Bezug auf die Interdependenz-Hypothese. Wegen ihres methodischen Zugangs und der differenzierten Messung der Sprachkompetenzen wurden die obigen Studien exemplarisch beschrieben. Als Fazit des Kapitels über die Rolle der Erstsprache beim Zweitspracherwerb können folgende Erkenntnisse aus der Theorie und Empirie abgeleitet werden: Die Interdependenz-Hypothese besagt, dass eine wechselseitige positive Beziehung zwischen Erst- und Zweitsprache besteht. Voraussetzungen sind die (institutionelle oder familiäre) Förderung und die ausreichende Motivation der Lernenden in beiden Sprachen. Für die erfolgreiche Entwicklung der Zweitsprache ist es nicht erforderlich, zuerst ein bestimmtes Niveau in der Erstsprache zu erreichen. Darüber hinaus stellt die Alphabetisierung in der Erstsprache keine Voraussetzung für den Zweitspracherwerb dar. Diese Ausklammerungen bedeuten aber auch nicht, dass die frühzeitige Förderung der Erstsprache den Zweitspracherwerb beeinträchtigt. Im Gegenteil hat die Förderung der Erstsprache im Einklang mit der Hypothese positive Auswirkungen auf die Zweitsprache. Die Aspekte des sozialen Umfeldes, welche eine grosse Rolle in der Sprachentwicklung spielen, sowie die differenzierte Betrachtung der Sprachkompetenzen wurden in der Interdependenz-Hypothese nicht berücksichtigt. Trotzdem zeigen die vorhandenen empirischen Studien eine Tendenz zur positiven Wirkung der Erstsprache auf die Zweitsprache. Vernachlässigt wurden in den empirischen Untersuchungen der Transfer von der umgekehrten Richtung, nämlich von L2 auf L1, sowie der Einbezug von wichtigen Drittvariablen wie Motivation, sozioökonomischer Status oder Qualität und Quantität der Sprachförderung. Die von Cummins (1981) formulierten Voraussetzungen für die Interdependenz-Hypothese wie die Motivation und die gleichzeitige Förderung von L1 und L2 sowie der Einbezug der erwähnten Drittvariablen erschweren − wenn diese sie nicht gänzlich verunmöglichen − die empirische Untersuchung der Hypothese. Ein grosser Verdienst der Interdependenz-Hypothese besteht darin, dass die Entwicklung der Sprachkompetenzen von Kindern mit Migrationshintergrund in den Mittelpunkt der Forschung gerückt wurde und der differenzierten Erfassung von Sprachkompetenzen in der L1 und L2 vermehrte Aufmerksamkeit zuteil wurde.

> *Die monolinguale Schale der europäischen Bildungssysteme bekommt Risse, und die Sprachen der Migranten haben zur Relativierung der herkömmlichen Sprachenordnung beigetragen. Diese Sprachen haben nach und nach an Boden gewonnen, aber gleichzeitig auch verloren, weil die Konkurrenz der grossen, wirtschaftlich starken Sprachen sie verdrängt.* (Allemann-Ghionda, 2002, S. 430)

2.3 Institutionelle Förderung der Erst- und Zweitsprache

Das folgende Kapitel gibt einen Überblick über die Formen der institutionellen Förderung der Zweitsprache (Deutsch) sowie der Erstsprache (Sprachen der Migration) im Allgemeinen und in der Schweiz im Besonderen. In den Blickpunkt des Interesses rückt das Zürcher Schulentwicklungsprojekt „Qualität in multikulturellen Schulen" (QUIMS), welches neben der Förderung der Zweitsprache einen Schwerpunkt auf die Förderung der Erstsprache legt. Bei der Darstellung der geschichtlichen Entwicklung der Förderung von Erstsprachen in den USA, in Kanada sowie in Europa wird die Situation in der Schweiz genauer betrachtet. Der vorhandene geringe Forschungsstand über den muttersprachlichen Unterricht (HSK) zeigt die Potenziale und die Herausforderungen der Förderung der Erstsprache aus wissenschaftlichen und bildungspolitischen Perspektiven sowie relevante Fragestellungen im Bereich des HSK-Unterrichts auf.

2.3.1 Modelle der zweisprachigen Bildung

Im Mittelpunkt der zweisprachigen Bildung stehen Modelle, welche eine breite Palette der Gewichtung von Erst- und Zweitsprache bzw. Zweisprachigkeit aufweisen. Inwieweit in diesen Modellen die Förderung der Erstsprache eine Rolle spielt, diskutiert die folgende Zusammenfassung, die die Modelle trichotomisch nach der *Berücksichtigung der Minderheitensprachen* darstellt. Drei Grundpositionen werden dabei festgehalten: das *Assimilations-*, das *Bereicherungs-* und das *Emanzipationsmodell* (vgl. Fthenakis, Sonner, Truhl & Walbinger, 1985; Horn, 1990; Rüesch, 1999). Es wird kein Konsens der in der Literatur beschriebenen Förderungsprogramme angestrebt, weil die Berücksichtigung bestimmter Kriterien selbstverständlich zu verschiedenen Typologien führt (vgl. Fthenakis et al., 1985; Baker & Prys Jones, 1998; Le Pape Racine, 2000; Siebert-Ott, 2001; Reich & Roth, 2002; Cummins, 2003; Limbird & Stanat, 2006). Eine Übersicht über in der früheren Literatur aufgeführte Typologien nach Kriterienraster findet man bei

Fthenakis et al. (1985). Baker & Prys Jones (1998) unterscheiden zwischen einsprachigen und zweisprachigen Modellen, obwohl bestimmte Formen einsprachiger Modelle wie Submersion und Immersion durchaus zweisprachige Charakterzüge haben können. Deshalb werden hier Submersion und Immersion als zweisprachige Modelle aufgeführt und nur im engeren Sinne als einsprachige Modelle bezeichnet.

Assimilationsmodelle

Horn (1990) sieht das Ziel des Assimilationsmodells im Erhalt des Monolingualismus in der Zweitsprache und unterscheidet die folgenden Formen von *Submersion*:

- Völlige Submersion nach dem „sink-or-swim"-Prinzip: Bei dieser Form wird die L1 der Lernenden nicht berücksichtigt und kein Zusatzunterricht in L2 angeboten.
- Völlige Submersion mit speziellem Fremdsprachenunterricht in L2
- Submersion mit speziellem Fremdsprachenunterricht in L2
- Submersion mit oder ohne speziellen Fremdsprachenunterricht und mit L1 als Schulfach.

Die *Übergangsmodelle* (transitorische Modelle) ermöglichen einen sukzessiven Aufbau der L2. Die sprachlich homogenen Klassen werden zuerst in L1 unterrichtet und zunehmend in L2. Bei frühen (*early exit*) Übergangsmodellen wird anfänglich bis zu einem Drittel des Unterrichts in L1 erteilt. Die späten Übergangsmodelle (*late exit*) streben am Anfang einen 40- und 90-Prozent-L1-Anteil des Unterrichts an (Limbird & Stanat, 2006).

Bereicherungsmodelle

Immersion stellt den typischen Programmtyp für Bereichungsmodelle dar. Ähnlich wie bei den submersiven Modellen wird der Unterricht am Anfang in L2 erteilt. Da das Erziehungsziel die Zweisprachigkeit ist, gewinnt die L1 im Laufe der Zeit zunehmend an Bedeutung. Klapper (1996) hebt die Unterschiede zwischen Immersion und Submersion am Beispiel der englischsprachigen Kinder in Kanada hervor. Erstens betont er, dass die Lernenden freiwillig an Immersionsprogrammen teilnehmen. Ausserdem geniessen diese Programme eine erhebliche Unterstützung von Seiten der Eltern. Zweitens verfügen die englischsprachigen Kinder am Anfang des Programms über keine Französischkenntnisse, im Gegensatz zu den submersiven Programmen, in denen die Kinder mit Minoritätensprachen in ihrer L1 eine sprachlich überaus heterogene Gruppe darstellen. Drittens beherrschen die Lehrpersonen in immersiven Programmen beide Sprachen auf hohem Niveau, nicht selten sind sie selber zweisprachig. Dies befähigt sie zuletzt auf die besonderen sprachlichen Bedürfnisse der Lernenden einzugehen, was bei den submersiven Programmen nicht der Fall ist.

Der Begriff *Immersion* (lat. immersio: „Eintauchen", „Einbetten") deutet auf ein schulisches „Sprachbad" hin, in dem anstatt der Sprache und deren Struktur der Inhalt des Sachfaches im Vordergrund steht. Der Unterricht wird den sprachlichen Kompetenzen in der Erstsprache angepasst. Vorausgesetzt wird die gut ausgebildete Erstsprache der Schülerinnen und Schüler, die mit der Landessprache oder mit der Unterrichtssprache identisch sein kann (z.B. das Kunstgymnasium Liceo Artistico in Zürich, wo die Fächer auf Deutsch und Italienisch unterrichtet werden[20]). Die Lehrpersonen sind im Idealfall zweisprachig und verfügen nicht nur über eine Ausbildung im Fach sondern auch in der Sprache. Berücksichtigt man den *Anteil der Sprachen* im Unterrichtsgeschehen, wird zwischen totaler und partieller Immersion unterschieden (Le Pape Racine, 2000, S. 149).

- *Totale Immersion* (total immersion) findet statt, wenn der ganze Unterricht in allen Fächern in L2 (die durchaus L1 für einige Schülerinnen und Schüler sein kann) durchgeführt wird.
- *Partielle Immersion* (partial immersion) nennt man diejenige Form der Immersion, in der der Unterricht zu einem Drittel oder zur Hälfte der Unterrichtszeit in L2 stattfindet.

Bei der Immersion, unabhängig davon, ob es sich um totale oder partielle Immersion handelt, wird der Unterricht während einer Lektion nur in L2 erteilt. Im Gegensatz dazu setzt man im *bilingualen Sachunterricht* bewusst die L1 ein. Der bilinguale Sachunterricht kann als Vorstufe oder Vorbereitung zur Immersion aufgefasst werden (Le Pape Racine, 2000). Die *Anzahl der Sprachen*, die durch Immersion gefördert werden, teilt die Modelltypen wiederum in zwei Gruppen (Wode, 1995):

- *Doppelte Immersion* ermöglicht den Lernenden zwei ihnen fremde Sprachen zu lernen. Die Schülerschaft ist sprachlich homogen, d.h. dass sie dieselbe L1 spricht. Wode (1995) bringt das Beispiel von Montreal, wo in einer jüdischen Gemeinde Englisch als L1, Französisch und Hebräisch als Immersionssprachen unterrichtet wurden.
- Bei *reziproker Immersion* (two-way immersion, reverse immersion, structured immersion) handelt es sich um eine gemischtsprachige Schülerschaft, welche in zwei Gruppen geteilt ist. Die eine Gruppe lernt die L1 der anderen Gruppe als L2 und umgekehrt. Reziproke Immersion führte man in den USA in Schulen ein, wo Kinder der Spanisch sprechenden Minorität zusammen mit Kindern der anglophonen Majorität in beiden Sprachen unterrichtet wurden. Das Ziel war die Förderung der L1 sowie der L2 bei den Minoritätenkindern und die Vermittlung des Spanischen als L2 für monolinguale anglophone Kinder.

Werden die *Minderheitensprachen* in das Immersionsprogramm einbezogen, spricht man von *strukturierter Immersion* (structured immersion).

---

20 www.liceo.ch/Website/2.SeiteDe.html (Zugriff am 16.01.2008).

- *Strukturierte Immersion* (structured immersion) liegt vor, wenn in L1 sprachlich homogene Schülerinnen und Schüler über begrenzte Kenntnisse in L2 verfügen. Der Unterricht wird von zweisprachigen Lehrpersonen erteilt, die das Unterrichtsniveau den Sprachkenntnissen der Lernenden anpassen. In den USA bezeichnet man dieses Modell als *sheltered English* (vgl. Reich & Roth, 2002; Limbird & Stanat, 2006).

Betrachtet man den *zeitlichen Einsatz der Sprachen*, wird zwischen „*früher*" („*early*"), „*verzögerter*" („*delayed*") und „*später*" („*late*") Immersion unterschieden. Nach Le Pape Racine (2000) liegt *frühe totale Immersion* vor, wenn die ersten zwei Kindergarten- und Schuljahre ganz in der Zweitsprache stattfinden. Dagegen werden bei der *frühen partiellen Immersion* mit Beginn der Schulzeit nur einige Fächer in der L2 erteilt. Wird zuerst traditioneller Fremdsprachenunterricht erteilt und ab 3./4. bis 7./8. Schuljahr ein Teil der Fächer immersiv unterrichtet, spricht man von *mittlerer Immersion*. Beginnt die Immersion erst ab dem 8./9. Schuljahr, wird diese Form als *späte (partielle) Immersion* bezeichnet.

Emanzipationsmodelle

Im Zentrum der Emanzipationsmodelle steht die Förderung der bilingualen Kompetenz in der Erst- und Zweitsprache. Fthenakis et al. (1985) teilen die Emanzipationsmodelle in zwei Gruppen auf: in *Spracherhaltungsprogramme (language maintenance* oder *language shelter)* und in *bilinguale Programme*. In Spracherhaltungsprogrammen erfolgt der Unterricht von Schülerinnen und Schülern mit zwei unterschiedlichen Erstsprachen mehrheitlich in der Erstsprache, mit dem Ziel hohe Kompetenzen in beiden Sprachen zu erreichen (Limbird & Stanat, 2006). Rüesch (1999) beschreibt eine andere Variante des Spracherhaltungsprogramms, in dem der Unterricht während der ersten Schuljahre nur in der Erstsprache angeboten wird. Die Einführung der Zweitsprache erfolgt erst ab dem dritten oder vierten Schuljahr. Im Gegensatz dazu werden in bilingualen Programmen beide Sprachen (L1 und L2) von Anfang an gleichzeitig berücksichtigt und gefördert (Rüesch, 1999). Reich und Roth (2002) bezeichnen den Unterricht als *one-way bilingual education*, falls dieser nicht nur für Schülerinnen und Schüler einer Sprachminderheit angeboten wird.

Fazit

Beim Vergleich der oben beschriebenen zweisprachigen Modelle lässt sich feststellen, dass neben den Assimilationsprogrammen sowohl das Bereicherungsmodell als auch das Emanzipationsmodell die bilingualen Kompetenzen in der Erst- und Zweitsprache zum Ziel hatten. Dagegen wird im Assimilationsmodell die Erstsprache gar nicht berücksichtigt (Submersion) oder ihr Stellenwert mit einem Übergangsprogramm sukzessive zugunsten der Zweitsprache abgebaut (Rüesch, 1999). Müller (1995) teilt die zweisprachige Erziehung in der Deutschschweiz

unter das assimilatorische Submersions-Modell ein, bei dem der Unterricht von Anfang an in der Zweitsprache (Deutsch) stattfindet und mangelnde Sprachkenntnisse
im Deutschen im Rahmen eines Zusatzunterrichts ausserhalb des regulären Unterrichts kompensiert werden. Ebenfalls ausserhalb des regulären Stundenplans
werden die muttersprachlichen (HSK) Kurse erteilt. Aus diesem Grunde bezeichnet
Rüesch (1999) den Monolingualismus in der Zweitsprache als Erziehungsziel in
der Deutschschweiz. Nicht eingegangen wurde bei der Darstellung der zweisprachigen Modelle auf die Diskussion über ihre Wirksamkeit, die alles andere als
eindeutig ist (vgl. Graf, 1987; Cummins, 2000a, 2003; Söhn, 2005; Hopf, 2005;
Limbird & Stanat, 2006). Limbird und Stanat (2006) begründen die Notwendigkeit
der monolingualen Modelle unabhängig von ihrer Wirksamkeit damit, dass die bilingualen Modelle kaum flächendeckend anzubieten sind. „Aufgrund der grossen
Sprachenvielfalt, die in vielen Schulen besteht, ist es in solchen Situationen
unrealistisch, für jede Sprachgruppe einen bilingualen, mit dem allgemeinen Curriculum verzahnten Unterricht umsetzen zu wollen" (Limbird & Stanat, 2006, S.
292). Die Autorinnen legen mehr Wert auf die Erforschung von einsprachigen
Massnahmen (Deutsch) für Kinder mit Migrationshintergrund, ohne den
intrinsischen Wert der Erstsprache auszuschliessen und lassen die Frage nach
geeigneten Unterrichtsangeboten für die Förderung der L1 offen (Limbird &
Stanat, 2006). In diesem Sinne zeigt das folgende Kapitel (vgl. Kapitel 2.3.2)
vereinzelte aber durchaus erwähnenswerte Bestrebungen zur Förderung der Mehrsprachigkeit in der Schweiz, in der entweder die Landessprachen oder auch die
Erstsprache der Migrantinnen und Migranten als Medium oder Unterrichtsfach
einen relevanten Platz im Schulwesen finden.

2.3.2 Mehrsprachige Erziehung in der Schweiz

Die Schweiz ist ein mehrsprachiges Land, in dem die vier nicht gleichmässig ver-
teilten Sprachen Deutsch, Französisch, Italienisch und Rätoromanisch als Landessprachen in der heute geltenden Bundesverfassung (Art. 4) aufgeführt sind[21]. Von
den 26 Schweizer Kantonen gelten 22 Kantone als monolingual, d.h. in diesen
Kantonen wird nur eine Amtssprache offiziell anerkannt. In 17 Kantonen wird
Deutsch (Aargau, Appenzell Ausserrhoden, Appenzell Innerrhoden, Basel-Stadt,
Basel-Land, Glarus, Luzern, Nidwalden, Obwalden, Schaffhausen, Schwyz, Solo-
thurn, St. Gallen, Thurgau, Uri, Zug, Zürich), in 4 Kantonen Französisch (Genf,
Jura, Neuenburg, Waadt) und im Kanton Tessin Italienisch gesprochen. Drei Kantone kann man aufgrund der Amtssprache als bilingual bezeichnen: Bern (deutsch,
französisch), Freiburg (französisch, deutsch) und Wallis (französisch, deutsch).
Graubünden ist der einzige Kanton, in dem drei Landessprachen (deutsch, italienisch und rätoromanisch) amtlich vertreten sind. Werlen (2006) deutet auf den
monolingualen Charakter des schweizerischen Bildungssystems hin, der sich darin
manifestiert, dass alle Schulen einsprachig sind, da die Kantone die Schulsprache
aufgrund ihrer Amtssprache bestimmen. Dies betrifft auch die mehrsprachigen

---

21 http://www.admin.ch/ch/d/sr/101/a4.html (Zugriff am 16.01.2008).

Kantone, die über zwei bzw. drei getrennte einsprachige Schulsysteme verfügen. Eine Ausnahme bilden die romanischsprachigen Schulen im Kanton Graubünden, in denen ein Spracherhaltungsprogramm genannt wurde. In den ersten Klassen wird Romanisch und in der Oberstufe werden Romanisch und Deutsch unterrichtet. Mehrsprachige Unterrichtsmodelle auf Kindergarten- und Primarschulebene von privaten Anbietern existieren in mehreren Kantonen (Werlen, 2006), wie z.B. die Ecole Moser in Genf und Nyon sowie die deutsch-englischen zweisprachigen Schulen im Kanton Zürich (Terra Nova und Lakeside School in Küsnacht). Auch in einigen staatlichen Schulen wird zweisprachig unterrichtet. Als Beispiele können die zweisprachigen Kindergärten der Stadt Biel-Bienne und das Projekt des deutsch-französischen zweisprachigen Kindergartens in Magglingen im Kanton Bern (Hügi, Gaucher, Allaf, 2006), die romanische Schule mit Romanisch als Unterrichtssprache sowie zweisprachige Schulen mit immersiven Zügen (deutsch-italienisch, deutsch-rätoromanisch) im Kanton Graubünden aufgeführt werden. Das Sprachenkonzept des Kantons Wallis sieht explizit zweisprachige Schulen vor. In den Walliser Städten Sierre (Siders), Sion (Sitten) und Monthey werden Schülerinnen und Schüler in mehreren Klassen zweisprachig unterrichtet, teilweise ab Kindergarten. Im französisch-deutschsprachigen Kanton Freiburg gibt es vereinzelte Gemeinden, die zweisprachige Schulen ab Kindergarten anbieten (Jaun, Jeuss/Lurtigen, Belfaux, Corminboeuf, Rue). Dieses Angebot beschränkt sich aber auf etwa 90 Minuten Unterricht in L2 pro Woche. Seit 1995 ist es möglich, eine zweisprachige Matura nicht nur in privaten Gymnasien sondern auch in öffentlichen Schulen abzulegen. Für die zweisprachige Matura wird vorausgesetzt, dass eine Schweizer Landessprache und eine zweite Sprache, meistens Englisch, gewählt werden. Auf der tertiären Stufe wurden in den letzten Jahren zunehmend mehrsprachige Modelle eingeführt, wie z.B. in den Kantonen Graubünden, Freiburg, Wallis und Tessin. Werlen (2006) stellt das Beispiel der Walliser Pädagogischen Hochschule vor, welche über zwei Standorte, St. Maurice und Brig-Glis verfügt. In St. Maurice wird der Unterricht in Französisch angeboten, in Brig-Glis dagegen in Deutsch. Die Studierenden sind verpflichtet, zwei von sechs Studiensemestern sowie ein Praktikum in einem der beiden Standorte der Pädagogischen Hochschule zu absolvieren. Eine Evaluation dieses Projektes zeigte am Anfang eine niedrige Akzeptanz des Modells, welche sich mit der Zeit jedoch stark verbesserte (Tunger & Werlen, 2003). Als problematisch wurde von den Studierenden nicht nur der Wechsel der Sprache und des Wohnortes bezeichnet, sondern auch die unterschiedliche Unterrichtskultur. Während die deutschsprachigen Lehrpersonen die Formen des Gruppenunterrichts bevorzugen und problemlösungsorientiert arbeiten, wird im französischsprachigen Raum hauptsächlich frontal unterrichtet und mehr Wert auf deklaratives Wissen gelegt.

Wenn man die zwei- und mehrsprachigen Schulmodelle in der Schweiz betrachtet, ist es unabdingbar, das Augenmerk auch auf die Sprachen der Migration zu richten. In der Schweizer Volksschule beträgt der Anteil von zwei- und mehrsprachigen Schülerinnen und Schülern im Durchschnitt 30-40 Prozent (vgl. Schweizerische Koordinationsstelle für Bildungsforschung [SKB], 2006). Die Schülerinnen und Schüler mit Migrationshintergrund, die erst im Schulalter in die Schweiz kommen, lernen die Zweitsprache in Form von Submersion (vgl. Müller, 1995). Zwar gibt es so genannte Stützkurse „Deutsch als Zweitsprache", für welche es jedoch keine flächendeckend wirksame Lösung gibt (vgl. Werlen, 2006). Für die in der Schweiz geborenen Kinder mit Migrationshintergrund existiert auch ein Zusatzunterricht „Deutsch als Zweitsprache", der meistens ausserhalb des regulären Unterrichts stattfindet. Weil diese Kinder Deutsch im mündlichen Bereich auf einem vergleichbaren Niveau wie ihre monolingualen Mitschülerinnen und Mitschüler beherrschen, wird oft ausser Acht gelassen, dass sie mit der geschriebenen Sprache bzw. der in der Schule verlangten kontextbezogenen Sprache oft beträchtliche Schwierigkeiten haben (vgl. Cummins, 1979, 1981, 2000a). Dieser Nachteil wird durch das Charakteristikum der schweizerdeutschen Sprache verschärft. Die in der Schweiz gesprochene deutsche Sprache (Schweizerdeutsch) teilt sich in dialektale Varietäten auf, welche sich voneinander in Phonetik, Semantik und Lexik stark unterscheiden. Die auf das Medium der Kommunikation bezogene *mediale Diglossie*[22] (Kolde, 1981) ist auch im Schulalltag verbreitet. Obwohl in der Schule das Hochdeutsche als Unterrichtssprache definiert wurde, wird insbesondere in den unteren Klassen oft das von den Lehrpersonen als familiärer empfundene Schweizerdeutsch verwendet. In der Untersuchung von Lüdi und Werlen (2005) zeigte sich, dass die Schülerinnen und Schüler mit Migrationshintergrund angaben, in der Schule fast zu 45 Prozent Dialekt sprechen, Schülerinnen und Schüler ohne Migrationshintergrund hingegen nur zu 39 Prozent. Auf die Problematik der sprachlich und sozio-kulturell heterogenen Schulen geht das Projekt QUIMS (Qualität in multikulturellen Schulen), ein Schulentwicklungsprojekt des Kantons Zürich, ein. Die Notwendigkeit der Qualitätssicherung in solchen Schulen wurde mit integrationspolitischen, ökonomischen, schulpolitischen und pädagogischen Argumenten begründet (vgl. QUIMS, 2001; Bildungsrat des Kantons Zürich, 2001; Gomolla, 2005). Welche Ziele das Projekt leiten und wie die Erst- und die Zweitsprache in QUIMS-Schulen gefördert werden, wird im folgenden Kapitel dargestellt.

Das Zürcher Schulentwicklungsprojekt QUIMS: Qualität in multikulturellen Schulen

Entstehung und Entwicklung des Projektes

Das Schulentwicklungsprojekt QUIMS (Qualität in multikulturellen Schulen) wurde von der Zürcher Bildungsdirektion im Jahre 1996 mit dem Ziel initiiert, die Benachteiligungen an Schulen mit hohem Migrationsanteil zu überwinden und die multikulturellen Schulen bei ihren Bestrebungen bezüglich Förderung des Schulerfolgs, der Sprache und der Integration finanziell und fachlich zu unterstützen. Da die Einschulung der Kinder in der Schweiz nach dem Wohnort erfolgt, kann in

---

22 Im Falle der Schweiz äussert sich die mediale Diglossie dadurch, dass Schweizerdeutsch für die Mündlichkeit (alltägliche Kommunikation) und Hochdeutsch für die Schriftlichkeit angewendet wird.

Gebieten mit hohem Migrationsanteil ein Wegzug von sozioökonomisch besser gestellten Familien beobachtet werden, um diese multikulturellen Schulen zu vermeiden (vgl. Rüesch, 1999; Edelmann, 2007). Mit den neuen Massnahmen war auch die Hoffnung verbunden, dass die Attraktivität dieser Schulen auch bei bildungsnahen Schweizer Familien erhalten bleibt. Das QUIMS Projekt, welches im Jahr 2005 den Schweizer Integrationspreis für „herausragende Leistung für die Integration von Migrantinnen und Migranten" erhielt, befindet sich nach drei Projektphasen (Projektphase 1: 1996-1998, Projektphase 2: 1999-2001 und Projektphase 3: 2002-2005) in der Phase der Institutionalisierung (2006-2010), in der lokale Schulprogramme mit QUIMS-Schwerpunkten erarbeitet werden[23].

Phase 1 (1996-1998)

Die theoretischen Grundlagen des Projektes bilden die Erkenntnisse über Unterrichtsqualität im multikulturellen Umfeld von Rüesch (1999) und der Fallstudie über fünf QUIMS-Schulen von Häusler (1999)[24], die im Auftrag der Bildungsdirektion des Kantons Zürich durchgeführt wurde. Basierend auf den „Feldern der Schulqualität" von Steffens und Bargel (1993) formulierte Rüesch (1999) drei Interventionsbereiche (Schulklasse, Schule und Schulumfeld) des Projektes, die nicht isoliert, sondern als Teile eines Gesamtsystems zu betrachten sind. Ausgehend von den drei Interventionsbereichen formulierte Rüesch (1999) die Ziele des Projektes[25], die in einer späteren Publikation zu folgenden Leitzielen präzisiert wurden (vgl. Bildungsdirektion des Kantons Zürich, 2006, S. 6-7):

1. Erreichen eines guten *Leistungsniveaus* der QUIMS-Schulen, das dem kantonalen Durchschnitt entspricht.
2. Gewährleisten von gleichen *Bildungschancen* für alle Schülerinnen und Schüler, unabhängig von ihrer sozialen und sprachlichen Herkunft und ihres Geschlechts.
3. Ermöglichen der *Integration* aller Schülerinnen und Schüler, die das Wohlbefinden und die Zufriedenheit aller Beteiligten, d.h. Kinder, Eltern und Lehrpersonen, einschliesst.

Die am Projekt beteiligten Schulen setzten im ersten Schritt in ihrem Schulprogramm einen Schwerpunkt zu einem der drei Leitziele und wählten in einem zweiten Schritt ein bis zwei Module, die sie in zwei- bis dreijährigen Projektphasen bearbeiten (vgl. Gomolla, 2005). Aus den folgenden Modulen konnte eine Auswahl getroffen werden (QUIMS, 2001a):

---

23 www.volksschulamt.ch (Zugriff am 16.01.2008)
24 Siehe detailliert in Kapitel 2.3.4.
25 Die von Rüesch (1999) formulierten Ziele umfassen die *gute Qualifikation* aller Kinder im Bereich der Fachleistungen sowie die Förderung der *Zufriedenheit* von Kindern, Eltern, Lehrkräften und Schulbehörden, die Sicherstellung der *Chancengleichheit* und die Verbesserung des Lernerfolgs von Kindern mit Migrationshintergrund (Rüesch, 1999, S. 22). (Hervorgehoben auch im Original).

Modul 1: Verstärkung der Leistungsförderung
Modul 2: Verstärkung der Sprachförderung
Modul 3: Angepasste Lernbeurteilung und Förderplanung
Modul 4: Einbezug und Mitwirkung der Eltern
Modul 5: Schul- und familienergänzende Lernanregungen
Modul 6: Schulkultur der Anerkennung.

Um die Module erfolgreich in der Schulpraxis umsetzen zu können, erhielten die beteiligten Schulen nicht nur umfangreiches Material für die didaktische Aufbereitung des jeweiligen Moduls und Projektbegleitung durch die QUIMS-Projektgruppe, sondern auch einen finanziellen Beitrag, der in der ersten Projektphase rund 70 000 CHF betrug (QUIMS, 1999a). Ferner wurden die Schulen bei der Durchführung der Module durch externe Fachleute begleitet.

Phase 2 (1999-2001)

Während in der ersten Projektphase von 1996 bis 1998 zwei Pionierschulen am QUIMS-Projekt teilnahmen, stieg die Zahl der QUIMS-Schulen auf 14 in der zweiten Projektphase von 1999 bis 2001. Die Schulen entschieden sich für jeweils zwei Module, welche sie während einer zwei- bis dreijährigen Projektphase bearbeiteten (Edelmann, 2007). Nach 1999 wurde eine differenziertere Finanzierung eingeführt, bei der auch die Grösse der Schule eine Rolle spielte. Mit einem Jahresbudget von 40 600 CHF konnten die Schulen Steuerungsaufgaben, Durchführung einzelner Projekte und Fachberatung durch externe Expertinnen und Experten finanzieren (Bildungsdirektion des Kantons Zürich, 2006). Im Rahmen des QUIMS-Projektes entstanden wissenschaftliche Arbeiten bzw. Evaluationen, die wichtige Erkenntnisse für die Weiterentwicklung des Projektes lieferten. Theoriebegleitete praxisorientierte Beispiele über die QUIMS-Module lieferte das „Ideenbuch zur Schulentwicklung" (Mächler, Blickenstorfer, Luginbühl, Rüesch, Sträuli, Truniger, Schoop, 2000). Weitere Informationen über das Projekt sowie relevante Links enthalten die QUIMS-Nachrichten, die im Internet abrufbar sind.[26] Eine insgesamt positive Bilanz zog die externe begleitende Evaluation, die in zwei Evaluationsphasen durchgeführt wurde (Binder, Tuggener, Trachsler, Schaller, 2000, 2002). Die methodische Basis der Evaluation bildeten die Fallstudien, für die das Evaluationsteam sechs Projekte in verschiedenen Schulhäusern und in einem Kindergarten untersuchte. Als Erhebungsinstrumente wurden leitfadengestützte Gruppeninterviews, Dokumentenanalyse, Telefoninterview und Fragebogenerhebung eingesetzt. Die Evaluation hob eine der Stärken des Projektes hervor, die in der Verbindung von Schulpraxis und inhaltlicher Ausrichtung besteht. Des Weiteren stellten Binder et al. (2002) fest, dass die QUIMS-Projekte den Aspekt der Heterogenität unabhängig von der kulturellen und sprachlichen Herkunft wahrnehmen. Demzufolge fokussieren diese Projekte keineswegs alleine Kinder mit Migrationshintergrund. Das QUIMS-Projekt beurteilten die befragten Lehrpersonen

---

26 www.volksschulamt.ch (Zugriff am 16.01.2008)

und Vertreterinnen und Vertreter der Schulbehörden sowie zum Teil auch Eltern als „zielgerichtet, wirkungsorientiert, situationsgerecht und weitgehend unbürokratisch" (Binder et al., 2002, S. 150). Bei der Umsetzung traten einige Probleme auf der Schulebene auf, die sich auf mangelnde inhaltliche Kongruenz einzelner Schulprojekte mit den Handlungsfeldern der QUIMS-Module bezogen. Es bestand auch die Gefahr, dass die Schulen mehrere inhaltlich nicht zusammenhängende Projekte gleichzeitig zu realisieren versuchten. Um die Projekte effizient durchführen zu können, benötigen die Schulen Ressourcen wie Zeit und genügendes Know-how, die oft nicht zur Verfügung stehen. Für die Lehrpersonen stellt die Bewältigung des Schulalltages parallel zum Projektmanagement eine grosse Herausforderung dar.

Phase 3 (2002-2005)

Aufgrund des Schlussberichtes von Binder et al. (2002) beschloss der Bildungsrat wie schon im Jahr 2001 die Weiterführung des QUIMS-Projektes in den Jahren 2002 bis 2005. Gleichzeitig wurde die wissenschaftliche Evaluation der integrierten HSK-Kurse im Oberstufenschulhaus Limmat A in Zürich von der Bildungsdirektion in Auftrag gegeben (Schuler, 2002)[27]. In der dritten Projektphase beteiligten sich bereits 21 Schulen mit rund 4500 Schülerinnen und Schülern in der Stadt Zürich (Edelmann, 2007). Mit dem Volksschulgesetz von 2006 wurde ein neuer Handlungsrahmen für das QUIMS-Projekt entwickelt, in dem anstatt der bisherigen sechs Module drei Handlungsfelder (QUIMS-Bausteine) für die Schulen zur Auswahl stehen (Bildungsdirektion des Kantons Zürich, 2006):

1. Sprachförderung
2. individuelle und integrative Förderung
3. Förderung der Integration.

Die Handlungsfelder, auch QUIMS-Bausteine genannt, stellen Elemente von Weiterbildung, Praxisberatung und Umsetzung im Unterricht dar (Bildungsdirektion des Kantons Zürich, 2006; Sempert & Maag Merki, 2005). Erwartet wird, dass diese Bausteine zu einer Verbesserung der Förderung der Schülerinnen und Schüler sowie einer nachhaltigen Entwicklung führen (Sempert & Maag Merki, 2005). Die Evaluation der QUIMS-Bausteine von Sempert und Maag Merki (2005), die die Wirkung des Prinzips untersuchte, berichtete über die positive Erfahrung mit den Bausteinen. Bei den Schülerinnen und Schülern stellen die Lehrpersonen Fortschritte in den geförderten Bereichen fest. Weiterhin berichteten Sempert und Maag Merki (2005), dass die Zielerreichung trotz der gemeinsamen QUIMS-Bausteine von den einzelnen Lehrpersonen abhängt. Dies kann man auf die unterschiedliche Arbeitskapazität der einzelnen Lehrpersonen sowie ihre methodischen Freiheiten mit dem Arbeitsinstrument zurückführen.

---

27 Siehe detailliert in Kapitel 2.3.4.

Phase der Institutionalisierung (2006-2010)

In der Phase der Institutionalisierung (2006-2010) werden lokale Schulprogramme mit QUIMS-Schwerpunkten erarbeitet. Diese Schwerpunkte liegen in den zentralen Handlungsfeldern von Sprachförderung, Schulerfolg und Integration. Die Grundlagen für die Neuerungen bilden die Volksschulgesetze §25 und §62 des Kantons Zürich, die einerseits zusätzliche Angebote für Schulen mit einem Migrationsanteil ab 40 Prozent zusprechen (§25 und §20), andererseits den Kanton verpflichten, die betroffenen Schulen finanziell und fachlich zu unterstützen (§62) (Bildungsdirektion des Kantons Zürich, 2006). Die Fachstelle für Interkulturelle Pädagogik der kantonalen Bildungsdirektion, die das Projekt seit der Entstehung leitet, beschloss, ab Schuljahr 2008/09 einen Mischindex von 40 Prozent aus Fremdsprachigen – und aus dem Ausländeranteil einzuführen. Als Folge dieses Mischindexes können nun rund zwanzig zusätzliche Schulen am QUIMS-Projekt teilnehmen. Nach den aktuellen Daten wird das Projekt in 90 Schulen im Kanton Zürich umgesetzt. Im Schlussbericht von Roos und Bossard (2008) schätzten die befragten QUIMS-Beauftragten die drei Handlungsfelder positiv ein. Die ersten zwei Handlungsfelder sah man als Voraussetzung für das dritte, dessen praktische Umsetzung wegen seiner Komplexität erschwert ist. Weitere Ergebnisse der internationalen Vergleichsstudie von Gomolla (2005) zeigen ein hohes Potenzial des QUIMS-Projektes in Hinsicht auf die Unterstützung von Schulerfolg auf. Das QUIMS-Projekt setzt nicht nur ein bedeutsames politisches Signal für die Integration, sondern trägt auch dazu bei, das Image der beteiligten Schulen bei den Eltern und in der Öffentlichkeit deutlich zu verbessern (vgl. Gomolla, 2005).

Förderung der Erst- und Zweitsprache im Rahmen des QUIMS-Projektes

Im Rahmen des QUIMS-Projektes wird grosser Wert auf die Sprachförderung gelegt, welche die Basis weiterer Handlungsfelder bildet (vgl. Roos & Bossard, 2008). Unterteilt ist die Sprachförderung in zwei Bereiche: in die Förderung der Literalität für alle Kinder und eine spezifische Förderung für zweisprachige Kinder. Auf der Webseite des Volksschulamtes sind zahlreiche Lehr- und Lernmaterialien zu diesem Thema zu finden[28]. Die QUIMS-Schulen setzen Schwerpunkte in den Bereichen Lesen, Schreiben und Wortschatz und sorgen für qualifizierten Unterricht für Deutsch als Zweitsprache. Mit dem innovativen Projekt „Das Schulhaus als Lesewelt" wurde zum Beispiel eine fixe Tageszeit in der Schulbibliothek zum Lesen eingerichtet. Nach Absprache mit den Lehrpersonen konnten die Schülerinnen und Schüler beliebige Bücher auswählen und lesen bzw. einen freien Aufsatz darüber schreiben (Sträuli, 2000). Die Kinder übten dabei Lesestrategien, die sie beim Einstieg in das Projekt gemeinsam erarbeiteten. Neben der Zweitsprache Deutsch wurde auch die Erstsprache gefördert, indem die Kinder auch in ihrer Erstsprache Bücher lesen und zusammenfassen konnten. Ihre Lektüre liessen sie dann durch die HSK-Lehrpersonen beglaubigen (vgl. Sträuli, 2000). Des Weiteren be-

---

28 www.volksschulamt.ch (Zugriff am 16.01.2008)

richtet Sträuli (2003) über Bestrebungen von drei QUIMS-Schulen, die Erstsprachen und die HSK-Lehrpersonen ins Curriculum zu integrieren. Mit dem Projekt EASY (Erstsprachen als Ausgangspunkt der Sprachförderung, yee!) startete das Schulhaus Gutenberg in Winterthur ein Programm, bei dem mit den Schülerinnen und Schülern jeden Montag Morgen in vier Sprachgruppen (Italienisch, Albanisch, Türkisch, Schweizerdeutsch und Internationale Sprachgruppe für weitere Sprachen) unter Einbezug ihrer Erstsprachen gelernt wurde. Das Ziel dabei war die Förderung der deutschen Sprache durch Vergleich mit der Erstsprache. Durch das Projekt stieg das Selbstvertrauen der Kinder im Gebrauch der eigenen Erstsprache. Darüber hinaus konnte die Kooperation mit HSK-Lehrpersonen in Form einer „Sprachpatenschaft" intensiviert werden. Neue Kenntnisse über Mehrsprachigkeit und Sensibilität für Erstsprache konnten gewonnen werden. Die Studien von Häusler (1999) und Schuler (2002), welche im Auftrag der Bildungsdirektion des Kantons Zürich im Rahmen des QUIMS-Projektes durchgeführt wurden, zeigen Bestrebungen von einzelnen Schulhäusern, die HSK-Kurse in den regulären Schulplan zu integrieren. Da diese Modelle einen innovativen Charakter haben und den aktuellen Stand der integrativen Formen der HSK-Kurse kennzeichnen, werden sie in Kapitel 2.3.4 zum Thema HSK-Kurse in der Deutschschweiz ausführlich dargestellt.

Fazit

Vergleicht man die Förderung der Landessprachen und des Englischen mit der Förderung der Migrationssprachen in der Schweiz, kann ein Ungleichgewicht festgestellt werden. Während sich die bildungspolitischen Entscheidungen auf die Stärkung des Englischen als *lingua franca* und der Landessprachen als Zeichen des nationalen Zusammenhalts konzentrieren, bleibt die Förderung der Erstsprachen der Migration im Hintergrund (vgl. Müller, 1998a; Werlen, 2006). Im Vergleich mit den zahlreichen erfolgreich laufenden zweisprachigen Modellen gibt es wenige innovative Projekte wie z.B. QUIMS, in die die Erstsprachen der Kinder mit Migrationshintergrund einbezogen werden. Die Erfahrungen mit QUIMS zeigen aber, dass es durchaus möglich ist, beide Formen der Mehrsprachigkeit, die individuelle und die gesellschaftliche, zu vereinbaren und dabei den Stellenwert der Erstsprache der Migration zu erhöhen. In welcher Form die institutionalisierte Förderung der Erstsprachen der Migration in anderen Ländern realisiert wird, zeigt das folgende Kapitel mit den Beispielen aus Übersee und Europa sowie darunter spezifisch aus der Schweiz.

2.3.3   Förderung der Erstsprache: Der muttersprachliche Unterricht

Die Förderung der Sprachen der Migration durch den muttersprachlichen Unterricht hängt von den migrations- und bildungspolitischen Entscheidungen des jeweiligen Landes ab. Auernheimer (2003) weist auf gewisse Parallelen in den verschiedenen europäischen Ländern hin, die sich in den Zielsetzungen und den bildungspolitischen Massnahmen zur Einschulung äussern. In den 1960er und frühen 1970er Jahren zielte der muttersprachliche Unterricht auf die Erhaltung der Erstsprache und damit die Erleichterung einer Rückkehr ins Heimatland. Bei der Einschulung gab es neben den Vorbereitungsklassen auf den Regelunterricht Förderkurse oder bilinguale Klassen, deren Ziel einerseits in der schulischen Integration und andererseits in der Aufrechterhaltung der Bindung zum Heimatland bestand. Die Reaktionen der Bildungsinstitutionen auf die Migration zeigt Auernheimer (2003) in drei Etappen auf. In der Anfangsphase zeichneten sich die Bildungsinstitutionen durch Neuorientierung aus. Da die Migrationswelle die Bildungsinstitutionen unvorbereitet getroffen hatte, beschränkten sie ihre Aufgaben auf die Behebung der sprachlichen Defizite, in der Hoffnung, Chancengleichheit herstellen zu können. Des Weiteren suchte man die Erklärung für Integrationsschwierigkeiten in den kulturellen Unterschieden. In einem dritten Schritt erfolgte eine Sensibilisierung für die Problematik der Minderheiten, die sich in der Thematisierung von interkulturellen Beziehungen und des strukturellen Rassismus äusserte. Eine nähere Betrachtung der bildungspolitischen Situation und der Rahmenbedingungen des muttersprachlichen Unterrichts zeigt Unterschiede zwischen den USA, Kanada und Europa sowie zwischen den einzelnen europäischen Ländern, die in folgenden Kapiteln dargestellt werden.

USA und Kanada

In den USA gab die Bürgerrechtsbewegung der 1960er Jahre gegen Rassismus und Diskriminierung den Anstoss, auf die kulturellen Unterschiede und kulturellen Minderheiten im Schulsystem einzugehen und sie zu würdigen. Es zeigt sich eine breite Palette von Massnahmen zur Regelung des bilingualen Unterrichts. Die schulischen Massnahmen reichen von Immersions-Programmen, in denen die Minderheitensprachen vorübergehend bis zum Erwerb des Englischen berücksichtigt werden, bis zu Programmen, in denen die Minderheitensprache eine dominante Rolle hat (Auernheimer, 2003). Ursprünglich wurden diese bilingualen Programme auf Kinder mit Migrationshintergrund ausgerichtet, die die englische Sprache nicht beherrschten (Cohen, 1985). Nach Cummins (2003) wird die *„transitional bilingual education"*, in deren Mittelpunkt weniger die Sprachförderung der beiden Sprachen als viel mehr der Erwerb und die Förderung des Englischen steht, am häufigsten in den USA vertreten.

> *When it is assumed that students have attained sufficient proficiency in the school language to follow instruction in that language, home-language instruction is discontinued and students are transferred into mainstream classes taught exclusively in English."* (Cummins, 2003, p. 5)

Viele bilinguale Programme werden mit Spanisch-Englisch-Immersion angeboten, da die Spanisch sprechenden zu einer der grössten Minderheiten in den USA zählen. Aufgrund der Untersuchung von 51 Schulen, in denen Spanisch sprechende Schülerinnen und Schüler aus Latein-Amerika lernen, unterschied Ramírez (1992) drei Typen der bilingualen Programme: Englischsprachiges Förderprogramm (*structured English immersion*), bei dem während der Primarschule ausschliesslich in Englisch unterrichtet und das *early-exit transitional* bilinguale Programm, bei dem ein Drittel der Unterrichtszeit im Kindergarten und in der Klasse für die Sprachförderung des Spanischen verwendet wird. Im *late-exit* bilingualen Programm nimmt der Anteil des Gebrauchs des Spanischen sukzessive ab. Die late-exit Programme, die in den USA als *developmental programmes* bezeichnet werden, sehen eine Trennung nach der L1 der Schülerinnen und Schüler erst am Ende der Primarschule vor. Von der intensiven Förderung beider Sprachen wird ein Lernzuwachs sowohl in der L1 als auch in der L2 erwartet (Cummins, 2003). Ähnlich wie in den USA nehmen die bilingualen Programme in der Sprachförderung auch in Kanada eine zentrale Rolle ein. Die Definition von Immersion wurde nach dem erfolgreichen französisch-englischen Immersionsprogramm in den 1960er Jahren weltweit verbreitet. Die Eltern anglophoner Kinder forderten radikale Erneuerungen der Unterrichtsmethoden, damit ihre Kinder eine möglichst gute, kommunikative Kompetenz in L2-Französisch erreichen. Der Ausgangspunkt war eine Klasse in St. Lambert, einem Vorort von Montreal, die erstmals immersiv unterrichtet wurde (Wode, 1995). Wie schon im Kapitel 2.3.1 ausgeführt, werden in den immersiven Programmen Schülerinnen und Schüler in beiden Sprachen durch bilinguale Lehrpersonen unterrichtet, mit dem Ziel ein hohes Niveau im Bilingualismus und in Biliteralität zu erreichen. Zusammenfassend lässt sich feststellen, dass die Erstsprache der Schülerinnen und Schüler mit Migrationshintergrund in den USA und in Kanada vorwiegend in den verschiedenen Formen von bilingualen Programmen gefördert wird. Dagegen zeigt sich in Europa ein äusserst heterogenes Bild, was die Förderung der Erstsprache anbelangt.

Europa

Aufgrund der Expertise der Europäischen Kommission (Eurydice, 2004) werden zwei Hauptformen der Integration von Kindern mit Migrationshintergrund in das jeweilige EU-Schulsystem unterschieden. Nach den Kriterien der Expertise wird in den *integrativen Modellen* die Erstsprache auf individueller Basis *innerhalb oder ausserhalb der Schulklasse* gefördert. Im Gegensatz dazu bieten *die separierenden Modelle* entweder *transitionale Angebote* (*transitional support*) oder *langfristige Unterstützung* (*long-term measures*). In den transitionalen Angeboten lernen die Kinder für eine bestimmte Zeit ihre Erstsprache getrennt von ihren Schulkameradinnen und Schulkameraden, während sie einige Lektionen in der Hauptklasse besuchen können. Die langfristige Unterstützung bezieht sich auf Spezialklassen, die innerhalb der Schule gebildet werden mit dem Ziel, während mehrerer Schuljahre die Sprachkompetenzen der Kinder ihrem Sprachniveau entsprechend zu fördern. Als Spezialform der Integration führt die Expertise *die schulexternen Angebote* auf (*extracurricular tuition*), welche ausserhalb der Schulzeit aber auf Schulgebiet stattfinden und vom Herkunftsland organisiert werden (Eurydice, 2004, S. 41-53). Um die Thematik der Förderung der Erstsprache in der Schweiz (siehe Kapitel 2.3.4) in den deutschsprachigen und europäischen Kontext einzubetten, wurden zwei deutschsprachige Nachbarländer (Deutschland und Österreich) sowie zwei weitere Länder (Niederlande und Schweden) ausgewählt[29]. Die dargestellten vier europäischen Länder zeigen verschiedene Modelle der Integration der Migrantensprachen. Nach der Expertise von Eurydice (2004) wird die Erstsprache der Migration in Deutschland ausschliesslich in separierenden Modellen angeboten. In Österreich existieren in der Förderung der Erstsprache sowohl integrative Modelle als auch schulexterne Angebote. Die Niederlande und Schweden bieten einerseits direkte Integration innerhalb des Schulzimmers wie auch transitionale Unterstützung. In den folgenden Unterkapiteln beschränkt sich die Diskussion auf den muttersprachlichen Unterricht in diesen vier Ländern, die verschiedene Formen der Integration in Bezug auf die Kinder mit Migrationshintergrund praktizieren.

Deutschland

In Deutschland wird die institutionalisierte Förderung der Erstsprache als *muttersprachlicher (Ergänzungs-)Unterricht* oder *Herkunftssprachenunterricht* bezeichnet. Thürmann (2003) beschreibt die geschichtliche Entwicklung des muttersprachlichen Unterrichts in Deutschland und hebt dabei drei wichtige Perioden hervor. Während die Förderung der Erstsprache in den 1960er Jahren auf die Vorbereitung auf eine mögliche *Rückkehr ins Heimatland* ausgerichtet war, trat die *schulische und gesellschaftliche Integration* in den späten 1970er und frühen 1980er Jahren in den Vordergrund. In den 1990er Jahren begann die Modernisierung des muttersprachlichen Unterrichts im Sinne der *Mehrsprachigkeit* und es wurde die Förderung der Zweisprachigkeit und der bikulturellen Identität zum Ziel gesetzt. Die international vergleichende Fallstudie von Allemann-Ghionda (2002) geht auf die Organisation und Integration des muttersprachlichen Ergänzungsunterrichts im deutschen Schulsystem ein. Die Organisation des muttersprachlichen Unterrichts wird von Bundesland zu Bundesland unterschiedlich gehandhabt. In einigen Bundesländern wie Bayern, Hessen, Niedersachsen, Nordrhein-Westfalen und Rheinland-Pfalz haben die Schulverwaltungen die Trägerschaft des muttersprachlichen Unterrichts inne und dementsprechend gehört auch die Finanzierung zu ihren Aufgaben. In anderen Bundesländern wie Baden-Württemberg, Berlin, Hamburg, Saarland, Bremen und teilweise in Schleswig-Holstein wird der muttersprachliche Unterricht von den Konsulaten der Herkunftsstaaten erteilt. In einem Umfang von zwei bis fünf Wochenstunden können die Schülerinnen und Schüler ihre Erstsprache von der ersten Primarschule bis zur Sekundarstufe I lernen (vgl. Thürmann, 2003). Eine Ausnahme bildet der Herkunftssprachenunterricht in Nordrhein-Westfalen, wo auch Kinder und Jugendliche mit deutscher Staatsangehörigkeit am Unterricht teilnehmen können, wenn sie infolge eines längeren Aufenthalts im Ausland die jeweiligen Sprachkenntnisse mitbringen. Darüber hinaus werden in

---

29 Über die gängigen Formen der Sprachförderung in weiteren EU-Ländern gibt die Expertise der Europäischen Kommission (Eurydice, 2004) einen Überblick. Ferner findet man detaillierte Angaben zum muttersprachlichen Unterricht in England, Frankreich und Schweden in den Publikationen von Reich (1995a, 1995b, 1996, 2002a) sowie in der Publikation von de Cillia (1998).

diesem Bundesland Türkisch und Griechisch anstelle einer Fremdsprache angeboten und können als Abiturfach gewählt werden. Weiterhin führte diese Entwicklung dazu, dass in Nordrhein-Westfalen eine Lehrerausbildung für den Türkischunterricht angeboten wurde (Reich, 1994; Thürmann, 2003). Der Besuch des Unterrichts erfolgt vorwiegend auf freiwilliger Basis, obwohl das Bundesland Hessen den muttersprachlichen Unterricht für acht Sprachen für obligatorisch erklärte und den Unterricht wie Nordrhein-Westfalen auch deutschsprachigen Schülerinnen und Schülern geöffnet hat (Allemann-Ghionda, 2002). Unter den Problembereichen führt Allemann-Ghionda (2002, S. 72) die organisatorische Schwierigkeit an, den Unterricht in das Regelpensum zu integrieren. Auf der inhaltlichen Ebene weist sie auf die manchmal nicht optimale Ausbildung der eingewanderten Lehrpersonen, auf die Unterschiede in didaktischen Konzepten von deutschen und muttersprachlichen Lehrpersonen sowie auf die fehlende thematische Koordination zwischen dem deutschen und dem muttersprachlichen Unterricht hin. Thürmann (2003) zieht Bilanz und erklärt die fehlende Akzeptanz des muttersprachlichen Unterrichts damit, „… dass der Herkunftssprachenunterricht trotz seiner quantitativen Dimension in der deutschsprachigen Schulöffentlichkeit noch immer wenig Beachtung und Anerkennung findet. Vielmehr noch, dieses Unterrichtsangebot steht ständig unter Rechtfertigungsdruck" (Thürmann, 2003, S. 167).

Österreich

Ähnlich wie in Deutschland vollzog die Entwicklung des muttersprachlichen Unterrichts in Österreich einen Paradigmenwechsel. Çınar und Davy (1998) beschrieben die Entwicklungsphasen, welche *von der Rückkehrförderung bis zum Interkulturellen Lernen* reichen. Während in den frühen 1970er Jahren das *Prinzip der Rückkehrvorbereitung* im Mittelpunkt stand, verschwand die Hoffnung auf eine Rückkehr der Migrantinnen und Migranten ins Herkunftsland ab den späten 1980er Jahren. Als Antwort darauf erfolgte in den 1990er Jahren eine Reform des muttersprachlichen Zusatzunterrichts, die dessen *Integration in den regulären Lehrplan* beinhaltete. Ab einer Mindestzahl von Anmeldungen, die sich in Abhängigkeit vom jeweiligen Bundesland ändern kann, wurde der muttersprachliche Zusatzunterricht als unverbindliche Übung am Nachmittag nach dem regulären Unterricht angeboten (Çınar, 1998). Mit dieser Entscheidung veränderte sich die Situation des muttersprachlichen Zusatzunterrichts grundlegend: Es wurden erhöhte Anforderungen an den Unterricht und an die muttersprachlichen Lehrpersonen gestellt. In der Folge dieser Veränderung stellte das österreichische Bundesministerium für Unterricht und kulturelle Angelegenheiten einen Forschungsantrag an das Europäische Zentrum für Wohlfahrtspolitik und Sozialforschung, die Situation des muttersprachlichen Zusatzunterrichts zu untersuchen (Çınar, 1998). Die Ergebnisse der gross angelegten Studie gaben ein umfassendes Bild über die Rahmenbedingungen, den Stellenwert und die gesellschaftspolitischen Zielsetzungen des muttersprachlichen Zusatzunterrichts. Eine im Rahmen der Studie durchgeführte Befragung von 254 muttersprachlichen Lehrpersonen zeigte auf, dass die Lehrpersonen eine stark in Österreich verwurzelte Gruppe darstellen. Ferner verfügten rund 90 Prozent über eine pädagogische Ausbildung und eine Berufserfahrung von durchschnittlich 17 Jahren (Waldrauch, 1998). Im Weiteren kam die Studie zur Erkenntnis, dass die Arbeitssituation von muttersprachlichen Lehrpersonen durch Marginalisierung und Unsicherheit gekennzeichnet ist (vgl. Çınar, 1998; Waldrauch 1998). Die Marginalisierung des muttersprachlichen Unterrichts wirkte sich auf die Stellung der Lehrpersonen innerhalb des Lehrerkollegiums negativ aus. Da die Durchführung des Unterrichts von den Anmeldungen abhing, erlebten die Lehrpersonen eine grosse Arbeitsplatzunsicherheit. Im Mittelpunkt der explorativen Studie des Ludwig-Boltzmann-Instituts für Schulentwicklung und international-vergleichende Schulforschung standen die muttersprachlichen Bildungseinrichtungen in Wien (Hartel, Khan-Svik & Janousek, 2005). Die Studie zeigte nicht nur eine Momentaufnahme von 12 muttersprachlichen Ergänzungsschulen mit Hilfe von Schulporträts, sondern befragte deren Schülerinnen und Schüler in Bezug auf ihre Mehrsprachigkeit. Aus den Ergebnissen wurde insbesondere der gemischte Sprachgebrauch sowie die positive Einstellung der befragten 107 Schülerinnen und Schüler gegenüber ihrer Mehrsprachigkeit von Hartel und Szepannek (2005) hervorgehoben.

Niederlande

Das Angebot an muttersprachlichem Unterricht wurde in den Niederlanden stark von migrations- und bildungspolitischen Entscheidungen beeinflusst. Nach der Ausführung von Driessen (2005) über Entstehung und Absturz der bilingualen Programme (im Original: From cure to curse: The rise and fall of bilingual education programs in the Netherlands) kann die geschichtliche Entwicklung des „Unterrichts der eigenen Sprache und Kultur" (*Onderwijs in Eigen Taal en Cultuur*) in vier Phasen aufgeteilt werden. In die erste Phase fällt die Entstehung des muttersprachlichen Unterrichts im Jahr 1974, als der Unterricht an den öffentlichen Schulen eingeführt wurde (vgl. Reich, 2002a; Kroon & Vallen, 1997; Driessen, 2005). Wie der Name auch zeigt, zielte das Curriculum des muttersprachlichen Unterrichts nicht nur auf die sprachliche Förderung, sondern auch auf den Erwerb der kulturellen Aspekte des Heimatlandes. In der zweiten Phase, die sich über die 1980er Jahre erstreckt, reagierte die Bildungspolitik auf die veränderte Situation der Migrantinnen und Migranten, die nicht mehr die Rückkehr ins Heimatland vor Augen hatten. Während dieser Periode wurde vor allem mit dem positiven Einfluss der Erstsprache auf die Zweitsprache sowie mit der Akzeptanz und Förderung der kulturellen Identitäten argumentiert. In der zweiten Hälfte der 1990er Jahre, welche die dritte Phase in der Entwicklung des muttersprachlichen Unterrichts darstellt, zeigte sich deutlich, dass sich die Bildungsbenachteiligung von Kindern und Jugendlichen mit Migrationshintergrund verringerte, statt zu erhöhen. Das Bildungsministerium führte drei Punkte auf, die für eine Fortsetzung des muttersprachlichen Unterrichts (MU) sprachen: 1. MU fördert die Emanzipation und Partizipation der Minoritäten in der niederländischen Gesellschaft, 2. MU kann förderlich für die niederländische Wirtschaft sein, 3. MU kann zur Interkulturalisation der niederländischen Gesellschaft beitragen (Driessen, 2005, S. 81). Ausserdem stand der Unterricht nicht mehr in Verbindung mit dem regulären Curriculum und wurde ausserschulisch angeboten, unter der Trägerschaft von lokalen Behörden. Die Auswirkung von „9/11" sah Driessen (2005) in der sichtbaren politischen Wende in den Niederlanden, welche die Migration und Integration nun vor allem aus der Sicht der Defizit-perspektive betrachtete. In der Folge entschied das Bildungsministerium im Jahr 2004, dass die Förderung des Niederländischen vor der Förderung der Migranten-sprachen Vorrang hat. Der muttersprachliche Unterricht kann maximal 2,5 Stunden pro Woche während der Schule und 2,5 Stunden nach der Schule besucht werden. Während Driessen (2005) auf die Debatte von Linguisten und Soziologen über die Wirksamkeit der bilingualen Programme hinweist, deutet Auernheimer (2003) auf die Bedeutung der bildungspolitischen Entscheidungen hin: „Das Beispiel Nieder-lande zeigt sehr gut, von wie vielen Rahmenbedingungen der Erfolg interkultureller Erziehung abhängig ist und welche Widersprüche sich selbst bei einer solch einwandererfreundlichen Politik ergeben können" (Auernheimer, 2003, S. 31).

Schweden

Auernheimer (2003, S. 32) beschreibt die Migrationspolitik von Schweden als eine klare, auf die multikulturelle Transformation der Gesellschaft ausgerichtete Migra-tionspolitik. Im Gegensatz zur konsequenten Politik der Integration ist eine stark defensive Flüchtlingspolitik zu beobachten, wie auch in den anderen skandinavi-schen Ländern (vgl. Driessen, 2005). Der Anfang der Geschichte des mutter-sprachlichen Unterrichts kann auf die 1970er Jahre zurückgeführt werden, als 1977 die „Hemspråksreform" das Recht auf Migranten- und Minoritätensprachen im Schulwesen verankerte (de Cillia, 1998; Axelsson, 2005). Der muttersprachliche Unterricht fand in verschiedenen Sprachen ein bis zweimal in der Woche statt und genoss staatliche Unterstützung (Skutnabb-Kangas, 1997). Die staatliche Sub-ventionierung änderte sich mit der Zeit, wie Axelsson (2005) beschreibt. Während in den späten 1970er Jahren die Zahl bilingualer Schülerinnen und Schüler sowie bilingualer Lehrpersonen wuchs, zeigte sich in den 1980er Jahren ein Rückgang, der aber keine Auswirkungen auf die staatlichen Subventionen hatte. Erst 1990, als die Aspekte des Lehrens und der Organisation bezüglich des muttersprachlichen Unterrichts kritisiert wurden, entschied sich das Parlament, den muttersprachlichen Unterricht ab einer Mindestteilnehmerzahl von fünf Kindern zu subventionieren. Darüber hinaus betrafen die neuen Reformen auch die Finanzierung der Schule. Dies hatte zur Folge, dass das Angebot an muttersprachlichem Unterricht kein finanzieller Vorteil für die Schulen mehr war. Gleichzeitig verlor der mutter-sprachliche Unterricht an seiner Wichtigkeit, was sich auch in der Teilnehmerzahl äusserte. 1980 erhielten 64 Prozent der Kinder mit einer anderen L1 als Schwedisch muttersprachlichen Unterricht, 2000 sank die Zahl auf 13 Prozent (Axelsson, 2005). Seit 2000 zeigen sich nach Axelsson (2005) zwei Haupttendenzen im Umgang mit dem muttersprachlichen Unterricht. Einerseits entstehen private bi-linguale Schulen, die von verschiedenen Minoritätengruppen organisiert werden. Andererseits bieten Schulen in Gemeinden 40 Minuten muttersprachlichen Unter-richt ausserhalb des regulären Schulplans an. Erwähnenswert ist die Lehreraus-bildung, in der seit 1988/89 der muttersprachliche Unterricht als Fach gewählt werden kann (Luchtenberg, 1994). Des Weiteren deutet Luchtenberg (1994) auf die Voraussetzungen einer Ausbildung zur muttersprachlichen Lehrperson hin, die aus einer Hochschulausbildung oder einer Ausbildung im Herkunftsland, ergänzt mit drei Semestern Praxis in Schweden, besteht. Die dritte Möglichkeit beinhaltet die Anerkennung als geprüfte muttersprachliche Lehrperson bei 9 Jahren Praxis, auch ohne Ausbildung.

Fazit

Aus den obigen Ausführungen wurde ersichtlich, dass das Angebot am mutter-sprachlichen Unterricht hauptsächlich von der Migrations- und Integrationspolitik des jeweiligen Aufnahmelandes abhängt. Wird die Förderung der Erstsprache der Migration vom Aufnahmeland institutionell unterstützt, zeigen sich positive Aus-wirkungen auf die Breite und Tiefe des Angebotes sowie auf die Lehrerbildung. Gerät der muttersprachliche Unterricht jedoch in eine Randposition, verliert er nicht nur an gesellschaftlicher Akzeptanz, sondern wegen der erschwerten Rah-menbedingungen auch an Qualität. Die politischen Entscheidungen orientieren sich weniger an wissenschaftlichen Befunden über die Wirkung des muttersprachlichen Unterrichts, als vielmehr an ökonomischen Gründen. Innovative Projekte sowie vereinzelte bilinguale Angebote zeigen auf, dass die Förderung der Erstsprache unabhängig von ihrer (von vielen bestrittenen) Wirkung auf den Bildungserfolg ein Gewinn für alle Beteiligten sein kann.

2.3.4 Förderung der Erstsprache in der Schweiz

Das folgende Kapitel konzentriert sich auf die Situation der Kurse in Heimatlicher Sprache und Kultur (HSK) in der Schweiz, indem deren historische Entwicklung, der Forschungsstand sowie exemplarisch die HSK-Kurse im Kanton Zürich dar-gestellt werden. Im indirekten Zusammenhang mit den Forschungsergebnissen über die HSK-Kurse steht der Exkurs, in dessen Mittelpunkt ein Forschungsprojekt steht, welches die Untersuchung des ökonomischen Wertes der Migrantensprachen in der Schweiz zum Ziel hatte. Angestrebt wird mit der Darstellung der histori-schen, bildungspolitischen und empirischen Erkenntnisse ein umfassendes und dif-ferenziertes Bild der kaum erforschten HSK-Kurse.

Geschichte und Entwicklung der Kurse in heimatlicher Sprache und Kultur (HSK)

Die ersten HSK-Kurse entstanden in den 1930er Jahren, als italienische politische Flüchtlinge, welche unter dem Regime von Mussolini verfolgt wurden, in die Schweiz kamen. Engagierte Eltern bildeten die Freie Italienische Schule, wo die Kinder ihre Muttersprache lernen konnten (vgl. Serra, 1991; Magnani, 1990). Franca Magnani, die selber die Tochter von Flüchtlingen war, schilderte in ihrem

Buch „Eine italienische Familie" unter anderem die Entstehung des Lehrbuches der Freien Italienischen Schule: Umanità nuova.

> *Es war eine Anthologie für italienische Kinder im Ausland, die von einer Druckerei in Lugano hergestellt wurde; ein Werk, das sich streng von den Lesebüchern unterscheiden wollte, die vom faschistischen Italien benutzt wurden, und das nicht nur den Schülern der Züricher Freien Schule dienen sollte, sondern auch den anderen Freien Schulen, die in den wichtigsten Zentren der italienischen Emigration bestanden, wie in Frankreich, den beiden Amerikas etc.* (Magnani, 1990, S. 90)

Nach dem zweiten Weltkrieg kam eine neue Welle von Migrantinnen und Migranten aus dem Norden und in den 1960er Jahren aus dem Süden von Italien. Es wurden Arbeiterinnen und Arbeiter in die Schweiz geholt, um den Mangel an Arbeitskräften zu verringern. Dieser Arbeitsmigration folgte der Familiennachzug. In dieser Zeit bestand das Ziel des muttersprachlichen Unterrichts vor allem darin, die Kinder bei einer Rückkehr ins Heimatland auf die Reintegration vorzubereiten (vgl. Auernheimer, 2003). Parallel dazu erlebte der muttersprachliche Unterricht einen Umbruch. Die vorher von den Eltern organisierten Kurse wurden jetzt unter die Obhut des italienischen Staates gestellt, dessen Aussenministerium für die Anstellung der Lehrkräfte sowie die Zulassung von Lehrplänen und Unterrichtsmaterialien verantwortlich war. Neben den italienischen Kursen entstanden in kurzer Zeit auch muttersprachliche Kurse für Griechisch, Türkisch und Portugiesisch sprechende Migrantenkinder, welche erst später vom jeweiligen Staat übernommen wurden: von Griechenland im Jahre 1974, von der Türkei im Jahre 1976 und von Portugal im Jahre 1982 (vgl. Serra, 1991). Auf diese Entwicklung reagierte der Erziehungsrat des Kantons Zürich mit einem Beschluss vom 21. Juni 1966, in dem die Richtlinien über die Durchführung von HSK-Kursen festgehalten wurden. Die Empfehlungen zur Schulung der fremdsprachigen Kinder vom 14. Mai 1976 bedeuteten eine Wende in der Geschichte der HSK-Kurse. Im Vordergrund stand nicht mehr die Anschlussfähigkeit nach einer allfälligen Rückkehr, sondern das Bestreben, das Leben im Aufnahmenland Schweiz zufriedenstellend zu gestalten. Demzufolge betonte man die Rolle der HSK-Kurse für die Persönlichkeitsentwicklung und Integration von Kindern und Jugendlichen mit Migrationshintergrund (vgl. Serra, 1991; Caprez-Krompàk, 2007).

Mit dem Beschluss vom 8. November 1983 trat im Kanton Zürich eine neue Regelung in Kraft, welche sich nicht nur auf die italienischen und spanischen, sondern auch auf die griechischen, portugiesischen, türkischen und jugoslawischen HSK-Kurse erstreckte. Die Neuregelung des Erziehungsrates lässt sich in fünf Punkten zusammenfassen: Genehmigung der teilweisen Integration der HSK-Kurse in die ordentliche Unterrichtszeit, Eintrag der Note „Heimatliche Sprache und Kultur" ins Volksschulzeugnis, Regelung des Anmeldeverfahrens, Benutzung von Schulräumen und Regelung der Aufsicht (Serra, 1991). Dies führte zu einer erhöhten Anerkennung der HSK-Kurse. Zugleich nahm die Anzahl Kurse rasant zu und es begann eine koordinierte Zusammenarbeit zwischen den Anbietern der HSK-Kurse, den Zürcher Behörden und den HSK-Lehrpersonen (Bildungsdirektion des Kantons Zürich, 2003). Die Erkenntnisse der achtjährigen Versuchsphase resultierten im Reglement über die „Durchführung von Kursen in heimatlicher Sprache und Kultur (Beschluss des Erziehungsrates vom 11. Juni 1992)[30], welche eine feste Verankerung der HSK-Kurse im Zürcher Schulsystem ermöglichten. Zum ersten Mal wurden neue, auch nicht staatliche Trägerschaften anerkannt (vgl. Caprez-Krompàk, 2007). Das Reglement definiert den Begriff HSK-Kurs und beschreibt die Rahmenbedingungen.

*§1. In den Kursen in heimatlicher Sprache und Kultur (HSK) erweitern **fremdsprachige**[31] Kinder und Jugendliche die Kenntnisse in ihrer **Muttersprache** und ihrer **Herkunftskultur.** (Beschluss des Erziehungsrates vom 11. Juni 1992)*

Die Teilnahme an HSK-Kursen wird empfohlen, ihr Besuch ist jedoch freiwillig. In allen Klassen der Volksschule – ausser der ersten Klasse der Primarschule – sind die HSK-Kurse zugelassen. Die Möglichkeit einer Einführung der HSK-Kurse bereits im Kindergarten ist der jeweiligen Gemeinde überlassen, wobei die Kurse keinen Erstlese- und Schreibunterricht umfassen dürfen. Die HSK-Kurse beinhalten im Kindergarten höchstens zwei, in der Volksschule maximal vier Lektionen pro Woche (Bildungsdirektion des Kantons Zürich, 2003).

Der Rahmenlehrplan „Kurse in heimatlicher Sprache und Kultur (HSK)", der im Jahre 2003 erschienen ist, stellt einen Meilenstein in der Geschichte der HSK-Kurse dar. Der HSK-Unterricht wurde wie folgt definiert:

In den Kursen in heimatlicher Sprache und Kultur (HSK) erweitern mehrsprachige Kinder und Jugendliche die Kompetenz in ihrer Muttersprache – allenfalls erhalten sie die ersten Grundlagen dazu – und die Kenntnisse über ihre Herkunftskultur oder diejenige ihrer Eltern oder eines Elternteils. Sie setzen sich mit ihrer Situation „zwischen verschiedenen Welten" auseinander und befähigen sich dadurch, sich in die Gesellschaft zu integrieren, sei dies in der Schweiz, in einem weiteren Aufnahmeland oder allenfalls im Herkunftsland, in das sie zurückkehren. Mehrsprachige Schülerinnen und Schüler erhalten in den Kursen HSK Unterstützung in ihrer ganzheitlichen, sprachlich-kognitiven, kulturellen, sozialen, emotionalen Entwicklung. (Bildungsdirektion des Kantons Zürich, 2003, S. 7)

Zum ersten Mal wurden mit Hilfe des Rahmenlehrplans Leitideen, Rahmenbedingungen sowie Richtziele der HSK-Kurse zusammengefasst (Caprez-Krompàk, 2007). Da der HSK-Unterricht seinen ursprünglichen rückkehr-orientierten Charakter verlor, brauchte man Rahmen und Zielsetzungen für einen

---

30 http://www.mba.zh.ch/downloads/mittelschulrecht/rechtGrundlagenFH/05-13_01.pdf (Zugriff am 05.04.2008).
31 Hervorgehoben auch im Original (Beschluss des Erziehungsrates vom 11.06.1992).

HSK-Unterricht, welcher die Integration und die Förderung der Erstsprache in den Mittelpunkt stellt. Die Leitideen beziehen sich auf die „Förderung der Herkunftssprache", „Zweisprachigkeit als zusätzliches Potenzial", „Identitätsentwicklung" sowie auf die „Integration" und „Vorbereitung auf eine eventuelle Rückkehr". Bei der Integration hat der HSK-Unterricht eine Brückenfunktion. Einerseits unterstützen die HSK-Kurse das Zusammenspiel der Systeme Schule und Familie auf schulischer Ebene sowie die Integration der Kinder mit Migrationshintergrund ins jeweilige Schulsystem. Andererseits beschleunigen sie auf gesellschaftlicher Ebene die Integrationsprozesse zwischen der sprachlichen Mehrheit und Minderheit in der Gesellschaft (Bildungsdirektion des Kantons Zürich, 2003). Für die Rahmenbedingungen war das Reglement des Erziehungsrates des Kantons Zürich vom 11. Juni 1992 massgebend. Unter den Rahmenbedingungen wurden didaktische Grundsätze formuliert und die Bedeutung der Zusammenarbeit zwischen Eltern und Lehrpersonen sowie zwischen den Lehrpersonen der HSK- und Regelklassen hervorgehoben. Zu den wichtigsten Zielen der HSK-Kurse gehören die Erweiterung der Kompetenzen in der Erstsprache und Kenntnisse über die Herkunftskultur sowie die ganzheitliche, sprachlich-kognitive, kulturelle, soziale und emotionale Entwicklung (Bildungsdirektion des Kantons Zürich, 2003). Die Unterrichtsbereiche „Heimatliche Sprache" und „Heimatliche Kultur" setzen Akzente auf den Vergleich der HSK- und der deutschen Sprache sowie der Herkunfts- und der Aufnahmelandkultur. Die ständige Auseinandersetzung mit den sprachlichen und kulturellen Besonderheiten wirkt sich positiv auf die Entwicklung von *„language awareness"* (vgl. Luchtenberg, 1995b) sowie auf das Selbstbewusstsein und die Identität der Schülerinnen und Schüler aus. Entwickelt wurde der in verschiedenen Sprachen zugängliche Rahmenlehrplan (Deutsch, Albanisch, Italienisch, Kroatisch, Serbisch, Slowenisch, Spanisch und Türkisch) von der Bildungsdirektion des Kantons Zürich in enger Zusammenarbeit mit den Trägerschaften, angelehnt an den Lehrplan des Kantons Zürich. Mit dem Rahmenlehrplan wurde ein wichtiges Orientierungsmittel für Schweizer und HSK-Lehrpersonen geschaffen, welches auf den Erfahrungen mit HSK-Kursen seit den Dreissigerjahren bis heute basiert (Caprez-Krompàk, 2007). In einigen Kantonen wie im Kanton Thurgau wurde der Rahmenlehrpan übernommen und für alle Trägerschaften als verbindlich eingesetzt. Mit dem Zürcher Volksschulgesetz vom 7. Februar 2005 bzw. der Volksschulverordnung vom 28. Juni 2006[32] traten weitere Regelungen in Kraft, die sich auf die Trägerschaft und Anerkennung sowie die Organisation der HSK-Kurse bezogen. Ausser den Botschaften und Konsulaten der Herkunftsländer kann die Bildungsdirektion auch Kurse anderer Trägerschaften anerkennen, wenn sie politisch und konfessionell neutral sind und die Lernziele und -inhalte dem HSK-Rahmenlehrplan entsprechen. Im Weiteren wurde die Pflicht zur Weiterbildung der HSK-Lehrpersonen festgelegt. Der Paragraph 14 legt die Organisationsstrukturen der HSK-Kurse fest, nach denen die Kurse möglicherweise ausserhalb der Unterrichtszeiten stattfinden sollten. Falls der Kurs integriert im regulären Stundenplan angeboten wird, werden die Schülerinnen und Schüler während höchstens zwei

---

32 Volksschulgesetz siehe unter: http://www.zuepp.ch/VSKZ/INFO_BOERSE/412.101 _VSV.pdf (Zugriff am 26.05.2008).

Lektionen pro Woche freigestellt. Als ein Zeichen der Anerkennung von HSK-Kursen gilt die Regelung über den Eintrag der Kursnote ins Zeugnis. Ungleichgewicht zeigt sich in der Organisation der Kurse. Während die Bildungsdirektion das Anmeldeverfahren regelt, sind die Trägerschaften für die Finanzierung, Auswahl, Anstellung und Beaufsichtigung der Lehrpersonen verantwortlich.

Anstatt der Vorbereitung einer Rückkehr ins Heimatland stehen bei den heutigen HSK-Kursen die Förderung der Kompetenzen in der Erstsprache und die Pflege der Herkunftskultur im Vordergrund. Diese Ziele werden in Hinblick auf die Förderung der Zweisprachigkeit und Integration in die Gesellschaft gesetzt. Damit soll eine der vier Voraussetzungen für das Konzept der „Pädagogik der Vielfalt" erreicht werden, nämlich die subjektive und objektive Stärkung der soziokulturellen Identität der Minderheiten, deren Grundlage der Respekt und die Anerkennung der autochthonen Sprachen bildet (Allemann-Ghionda, 2002, S. 518). Während der letzten fast 80 Jahren erfuhren die HSK-Kurse grundlegende Veränderungen in ihrer Organisation, ihren Zielsetzungen und ihrer Thematik. Ausser Botschaften und Konsulate können andere Trägerschaften wie z.B. Elternvereine HSK-Kurse anbieten. Obwohl die grosse Mehrheit der HSK-Kurse immer noch ausserhalb der ordentlichen Unterrichtszeit stattfindet, zeigen einige Schulhäuser wie z.B. Schulhaus Limmat A in Zürich oder Schulhaus St. Johann in Basel innovative Lösungen für die Integration der HSK-Kurse (vgl. Häusler, 1999; Schuler, 2002; Luginbühl, 2002; Bollhalder, 2004). Insbesondere in den letzten Jahren sind wichtige bildungspolitische Gesetze verabschiedet worden, in denen die Förderung der Erstsprache einen festen Platz bekam. In der Folge wurde die Grundlage für die Förderung der Erstsprache im Rahmen der HSK-Kurse nicht nur im oben erwähnten Volksschulgesetz (vgl. Fussnote 31) sondern auch im Sprachengesetz der Schweiz vom 5. Oktober 2007[33] offiziell verankert. In Artikel 16 des Sprachengesetzes wird neben der territorialen und der institutionellen Mehrsprachigkeit auch Wert auf die individuelle Mehrsprachigkeit als „die Förderung der Kenntnisse Anderssprachiger in ihrer Erstsprache" (vgl. Fussnote 32) gelegt. Im HarmoS-Konkordat[34] vom 14. Juni 2007, welches eine interkantonale Vereinbarung über die Harmonisierung der obligatorischen Schule darstellt, wurde die Unterstützung der HSK-Kurse in Artikel 4 wie folgt zum Ziel gesetzt: „Für Schülerinnen und Schüler mit Migrationshintergrund unterstützen die Kantone durch organisatorische Massnahmen die von den Herkunftsländern und den verschiedenen Sprachgemeinschaften unter Beachtung der religiösen und politischen Neutralität durchgeführten Kurse in heimatlicher Sprache und Kultur (HSK-Kurse)" (vgl. Fussnote 33). Weitere Organisationen wie z.B. der Verein von HSK-Lehrerinnen und -Lehrern des Kantons Zürich[35] oder der neu ins Leben gerufene IGE Interessen Gemeinschaft Erst-

---

33 Sprachengesetz der Schweiz siehe unter http://www.admin.ch/ch/d/ff/2007/6951.pdf (Zugriff am 26.05.2008).
34 HarmoS Konkordat verfügbar unter http://www.edk.ch/PDF_Downloads/Harmos/ HarmoS_dfi.pdf (Zugriff am 26.05.2008).
35 **HSK**-Lehrerinnen- und **Lehrerverein** des Kantos **Z**ürich (HSKLVZH), verfügbar unter www.hsk-lehrpersonen.ch (Zugriff am 05.04.2008).

sprachen[36] setzen ein Zeichen für die Förderung der Erstsprache sowie ihre Integration in das öffentliche Bildungswesen.

Stand der Forschung über die HSK-Kurse

Zur Untersuchung der HSK-Kurse bzw. des HSK-Unterrichts liegen nach wie vor wenige und wenn, auch überwiegend qualitative Querschnittdaten vor. Insbesondere fehlen Resultate von Längsschnittuntersuchungen, welche die Sprachentwicklung der Kinder mit Migrationshintergrund im Zentrum haben. Das Projekt „Entwicklung der Erst- und Zweitsprache im interkulturellen Kontext" von der Autorin dieser Arbeit beabsichtigt diese Forschungslücke zu füllen und Anregungen für weiterführende Forschung zu liefern. Weitere Ergebnisse zu diesem Thema sind von zwei laufenden Forschungsprojekten zu erwarten. Die im Rahmen des nationalen Forschungsprogramms NFP 56 „Sprachenvielfalt und Sprachkompetenz in der Schweiz"[37] angesiedelte Interventionsstudie „Entwicklung der Sprachkompetenzen in der Erst- und Zweitsprache von Migrantenkindern" untersucht u.a. die Wirkung des HSK-Unterrichts unter der Leitung von Urs Moser (Institut für Bildungsevaluation, Assoziiertes Institut der Universität Zürich) in Kooperation mit Iwar Werlen (Institut für Sprachwissenschaften der Universität Bern). Das Forschungsprojekt der Pädagogischen Hochschule Bern „Die Entwicklung schulisch-standard-sprachlicher Kompetenzen bei zweisprachigen und einsprachigen Primar- und Sekundarstufe-I-SchülerInnen im Vergleich" unter der Leitung von Romano Müller untersucht den Einfluss schulischer und familiärer Kontexte auf die Entwicklung der Zweitsprache (Müller & Dittmann-Domenichini, 2007).

Erste Erkenntnisse über die HSK-Kurse in der Schweiz lieferte die international vergleichende Fallstudie von Allemann-Ghionda (2002), in der sie Schulsysteme von Deutschland, Frankreich, Italien und den drei Schweizer Kantonen Basel-Stadt, Neuenburg und Tessin im Hinblick auf den Umgang mit der sprachlichen und soziokulturellen Vielfalt untersuchte.

Analysiert wurden Daten aus 40 Experteninterviews, 27 halbstrukturierten Interviews mit Lehrkräften, Schulleitern und kantonalen Verantwortlichen sowie Daten aus teilnehmender Beobachtung, durchgeführt an insgesamt 16 Schulen. Aufgrund der Daten konnte Allemann-Ghionda (2002) u.a. Schwerpunkte und Tendenzen in Bezug auf den HSK-Unterricht in den oben genannten Kantonen feststellen. Im Kanton Basel-Stadt werden HSK-Kurse angeboten, wenn genügend Kinder und HSK-Lehrpersonen für eine bestimmte Sprache vorhanden sind. Die Finanzierung erfolgt, wie in den übrigen Kantonen, durch die Herkunftsstaaten oder private Organisationen. Obwohl die Integration der HSK-Kurse in das Regelpensum durch die Empfehlungen der Schweizerischen Konferenz der Erziehungsdirektoren

---

36 IGE Interessengemeinschaft Erstsprachen verfügbar unter: http://www.vpod-bildung.ch/ news/news.php?id=55 (Zugriff am 26.05.2008).
37 Nationales Forschungsprogramm NFP 56, http://www.nfp56.ch (Zugriff am 16.06.2008).

(Schweizerische Konferenz der kantonalen Erziehungsdirektoren, 1991) befürwortet wird, finden die Kurse ausserhalb der üblichen Schulzeit statt. Allemann-Ghionda (2002) weist auf den schweizerischen Trend in Bezug auf die HSK-Kurse hin: „Die Schere zwischen den Grundsätzen der Empfehlungen der Schweizerischen Konferenz der Erziehungsdirektoren und dem tatsächlichen Angebot von Unterricht in heimatlicher Sprache und Kultur öffnet sich zunehmend" (Allemann-Ghionda, 2002, S. 316). Im Kanton Neuenburg angebotene LCO-Kurse (Cours de language et culture d'origine) zeichnen sich nach Allemann-Ghionda (2002, S. 357) durch ihre prekäre Situation aus. Während die drei Sprachen der historischen Migration Italienisch, Spanisch und Portugiesisch im Kursangebot bevorzugt werden, treten andere Sprachen in der Richtlinie des Erziehungsdepartements nicht auf. Im Kanton Tessin nimmt die Erhaltung der Migrantensprachen bzw. die institutionalisierte Förderung der Erstsprache keinen zentralen Platz ein und wird als die Aufgabe der Familie angesehen. Dabei bezieht sich Allemann-Ghionda (2002, S. 389) auf Buletti (1994), der das Defizit- und Hindernisdenken von Lehrpersonen hinsichtlich des Nutzens der HSK-Kurse hervorhebt. Von Seite der Lehrpersonen wird befürchtet, dass durch den Besuch der HSK-Kurse für die Kinder eine zusätzliche Belastung entsteht. Insgesamt bezeichnet Allemann-Ghionda (2002) das Verhalten der Schulen im Kanton Tessin bezüglich Migrantensprachen als vorsichtig bis ablehnend. Zusammenfassend hält Allemann-Ghionda (2002) fest, dass die untersuchten Kantone in der Förderung von Mehrsprachigkeit eine klare Trennung zwischen Landessprachen und Migrantensprachen vornehmen. Die Kantone, die sich für die Förderung der Mehrsprachigkeit engagieren, zeigen nicht notwendigerweise Bestrebungen für die Förderung der Migrantensprachen. „Die Offenheit für Mehrsprachigkeit macht Fortschritte, aber sie unterliegt in der Regel einem hierarchisierenden Denkschema" (Allemann-Ghionda, 2002, S. 411).

Weitere Untersuchungen zu den HSK-Kursen entstanden im Auftrag der Bildungsdirektion des Kantons Zürich, im Zusammenhang mit der Qualitätssicherung in sprachlich und kulturell heterogenen QUIMS-Schulen. Eine im Rahmen des QUIMS-Projektes durchgeführte Fallstudie von Häusler (1999) gibt einen Überblick über fünf Schulen mit multikultureller Schülerschaft in der Deutschschweiz bezüglich ihres Modells, ihrer Organisationsstrukturen und ihrer pädagogischen Leitideen (vgl. Kapitel 2.3.2), mit dem Ziel, theoretische und praxisorientierte Grundlagen für das QUIMS-Projekt zu erarbeiten. Da die Fallstudie von Häusler (1999) die Umsetzung der Innovationen und der pädagogischen Leitideen in fünf Schulen untersuchte, richtete sich der Fokus nicht explizit auf den HSK-Unterricht. Dementsprechend lieferte die Studie lediglich Erkenntnisse über die Organisation der HSK-Kurse in den untersuchten fünf Schulen. Aufgrund der Unterrichtsbesuche und der mit den Lehrpersonen geführten Interviews folgert Häusler (1999), dass die untersuchten Schulen einen besonderen Wert auf die Integration der sprachlichen und kulturellen Vielfalt legen. Dies äussert sich in der Sensibilisierung für die interkulturelle Verständigung auf der Ebene der Lehrpersonen und in der Einführung von interkulturellen Themen auf der Ebene des Unterrichts. In den Schulen Limmat A in Zürich und St. Johann in Basel bildet die Sprachförderung einen Schwerpunkt des Schulkonzeptes. Neben den Niveaugruppen für Deutsch als

Zweitsprache integrierten beide Schulhäuser die HSK-Kurse in ihren Stundenplan. Während die Kinder mit Migrationshintergrund den HSK-Kurs besuchten, konnten die Schweizer Kinder ihre Sprachkenntnisse in der Hochsprache und im Dialekt im schweizerdeutschen Kurs vervollkommnen. Die Arbeiten des interkulturellen Unterrichtsprojektes der Schule Limmat A mündeten in einem Gedichtband „Leben ist die Bewegung der Vogelflügel ...", der Gedichte in zehn Sprachen mit deutscher Übersetzung enthält (Loppacher, 1997). Im Schulhaus St. Johann in der Stadt Basel werden HSK-Kurse angeboten, sofern eine Sprachgruppe von mindestens fünf Kindern besteht. Ansonsten bildete sich ein internationaler Kurs, in dem Kinder mit unterschiedlichen Erstsprachen die verschiedenen Kulturkreise durch Märchen und Geschichten in der Zweitsprache kennen lernen. Während der HSK-Stunden konnten die Schweizer Schülerinnen und Schüler ihren Dialekt (Zürcher bzw. Basler Dialekt) im Schweizer Kurs üben.

Ein nächster Evaluationsauftrag der Bildungsdirektion des Kantons Zürich bezog sich auf ein Projekt[38], welches die HSK-Kurse in den bestehenden Schulbetrieb des Oberstufenschulhauses Limmat A in Zürich während 12 Jahren als obligatorisches Fach in den regulären Stundenplan integrierte. Die Datengrundlage des Evaluationsberichtes von Schuler (2002) bildeten Gruppen- und Einzelinterviews, die mit HSK-Lehrpersonen (n = 6), Schweizer Lehrpersonen (n = 6) Schülerinnen und Schülern aus der siebten und achten Klasse (n = 8) sowie ehemaligen Schülerinnen und Schülern (n = 2), Eltern (n = 4), Behördemitgliedern (n = 2) und der Projektbegleitung (n = 1) durchgeführt wurden. Untersucht wurden die Rahmenbedingungen des Projektes, die Zusammenarbeit zwischen den Beteiligten und die Auswirkungen des Projektes. Die Resultate zeigten ein innovatives, integratives bottom-up Schulentwicklungsprojekt, das hohe Akzeptanz bei allen Beteiligten genoss. Durch die Integration in den regulären Stundenplan verbesserten sich die Rahmenbedingungen der HSK-Kurse. Da die Kurse nun obligatorisch waren, verringerten sich die Absenzen. Darüber hinaus konnten sich die HSK-Lehrpersonen aufgrund der Rahmenbedingungen im Lehrerkollegium integrieren. Auch die Schweizer Lehrpersonen empfanden die Zusammenarbeit als fruchtbar. Im Rahmen von Elternabenden erfüllten die HSK-Lehrpersonen nicht nur die Rolle der Übersetzerin oder des Übersetzers, sondern sie vermittelten auch zwischen den Kulturen. Auf der anderen Seite wurde die Kooperation wegen der zum Teil unzureichenden Deutschkenntnisse der HSK-Lehrpersonen erschwert. Die intensive Zusammenarbeit zwischen Schweizer und HSK-Lehrpersonen, die zu Beginn stattfand, reduzierte sich daher mit der Zeit. Obwohl die Eltern angaben, über genügend Informationen zum HSK-Unterricht zu verfügen, blieben der Inhalt und die Zielsetzung des Kurses für sie unklar. Die befragten Lehrpersonen erwarteten ihrerseits mehr Engagement von den Eltern, indem diese auf die HSK-Inhalte zu Hause eingehen sollten. Die befragten ehemaligen HSK-Schülerinnen und Schüler

---

38 Von 1989 bis 2001 wurden im Rahmen des kantonalen abteilungsübergreifenden Versuches an der Oberstufe (AVO) im Schulhaus Limmat A in Zürich die HSK-Kurse für die Schülerinnen und Schüler des siebten und achten Schuljahres für obligatorisch erklärt. Seit 2001, nach dem Abschluss des Projektes, finden die HSK-Kurse wieder auf freiwilliger Basis statt (Schuler, 2002).

bestätigten die positive Wirkung des HSK-Unterrichts auf die Sprachkompetenzen in ihrer Erstsprache. Im Gegensatz zu den Schülerinnen und Schülern, die den HSK-Unterricht im Moment besuchen, waren sie davon überzeugt, dass ihre Sprachkompetenzen in der Erstsprache zu einem erfolgreichen Zweitspracherwerb beitrugen. In Bezug auf die Entwicklung der Sprachkompetenzen hatten die Eltern geteilte Meinungen. Während einige den Lernzuwachs in der Erstsprache deutlich feststellen konnten, berichteten andere von keinen Fortschritten. Wie die HSK-Note zustande kommt und was sie beinhaltet, war den Eltern, Schülerinnen und Schülern und Behörden weitgehend unklar. Bei der Interpretation der Ergebnisse ist zu beachten, dass die Erkenntnisse der Studie (Schuler, 2002) auf den Aussagen einer kleinen Stichprobe beruhen. Im Rahmen der Untersuchung wurden aber bestimmte Aspekte der HSK-Kurse bzw. des HSK-Unterrichts hervorgehoben, die als Ausgangspunkte für weitere Untersuchungen in einem grösseren Zusammenhang dienen können.

Wichtige Befunde über die demografischen und schulbezogenen Merkmale des albanischen muttersprachlichen Unterrichts lieferte die bereits im Kapitel 2.1.3 beschriebene Studie von Schader (2006). In diesen Ergebnissen zeigte sich, dass die Mehrheit der untersuchten 1084 Schülerinnen und Schüler aus der 5.-9. Klasse über den HSK-Unterricht informiert waren, viele jedoch dieses Angebot wegen mangelndem Interesse, aus Zeitgründen oder wegen organisatorischen Problemen[39] nicht nutzten. Unter den am häufigsten angegebenen Motivationsgründen befanden sich das Lernen über die albanische Kultur (87,8 %) sowie das Zusammensein mit albanischsprachigen Mitschülerinnen und Mitschülern (76,2 %). Der sprachliche Aspekt wurde mit 72,3 Prozent auf dem dritten Platz erwähnt. Insgesamt nahmen signifikant mehr Mädchen als Jungen an den HSK-Kursen teil. Wurde das Bildungsniveau der Eltern in der Auswertung berücksichtigt, zeigte sich, dass die HSK-Kurse signifikant häufiger von Kindern aus bildungsnahen Familien besucht wurden. Seltener wurde das Angebot des muttersprachlichen Unterrichts von Sonder- und Kleinklassenschülerinnen und -schülern in Anspruch genommen. Nach dem Übertritt in die Sekundarstufe I wurde eine deutliche Abnahme in Bezug auf den Besuch des HSK-Unterrichts festgestellt. Schader (2006) vergleicht die Antworten der Schweizer und der HSK-Lehrpersonen in Bezug auf die Wirksamkeit des Schweizer Schulsystems und der HSK-Kurse und stellt fest, dass „beide Gruppen ihr eigenes Angebot als deutlich besser einschätzen als das jeweils andere" (Schader, 2006, S. 127-128). Deswegen fordert er bessere Kooperation der beiden Gruppen. Um dieses Ziel zu erreichen, sind organisatorisch, curricular und finanziell verbesserte Rahmenbedingungen des HSK-Unterrichts nötig.

---

39 Unter den organisatorischen Gründen wurde aufgeführt, dass die HSK-Kurse nicht in erreichbarer Nähe des besuchten Schulhauses angeboten werden (vgl. Schader, 2006).

Exkurs: Ökonomie der Migrantensprachen

Da in der Schweiz kaum empirische Daten über die wirtschaftliche Bedeutung der Migrantensprachen vorliegen, soll hier das Forschungsprojekt von Grin, Rossiaud und Kaya (2003) aufgezeigt werden, welches im Rahmen des Schweizerischen Nationalfondsprogramms 39 zum Thema „Migration und interkulturelle Beziehungen" durchgeführt wurde (vgl. Wicker, Fibbi & Haug, 2003). Die Ergebnisse der Studie ergänzen den Forschungsstand zu den HSK-Kursen und zeigen die Bedeutung der Migrantensprachen aus einer wirtschaftlichen Perspektive. Ausgegangen wurde von einer Perspektive des ökonomischen Wertes der Migrationssprachen, die die Sprachkompetenzen in der Erstsprache als Teil des Humankapitals betrachtet (vgl. Bourdieau, 1992; Diefenbach, 2007). Damit wird die Erstsprache aufgewertet, indem „... die sprachlich-kulturellen Charakteristiken eines Immigranten nicht mehr lediglich als ‚wertloses Gepäck' (oder gar als Hindernis für den beruflichen Erfolg) betrachtet werden, sondern vielmehr als Vorteil" (Grin et al., 2003, S. 422). Untersucht wurden 328 Personen italienischer und 296 Personen türkischer Herkunft in drei Westschweizer Kantonen (Genf, Waadt und Neuenburg). Davon verfügten 97 Italienisch sprechende und 75 Türkisch sprechende Personen über die Schweizer Staatsbürgerschaft. Die Probandinnen und Probanden wurden bezüglich ihrer Sprachkompetenz quantitativ und hinsichtlich des Gebrauchs des Italienischen und des Türkischen im beruflichen Kontext qualitativ (n = 40) befragt. Aus den Daten zu den Sprachkompetenzen wurde ersichtlich, dass mehr als 95 Prozent der befragten Migrantinnen und Migranten beider Sprachgruppen ihre Kompetenz in der Erstsprache als gut bis sehr gut einschätzten. Ein Unterschied zeigte sich beim Zusammenhang von Alter und der L1-Kompetenz. Während die jüngeren Migrantinnen und Migranten italienischer Herkunft ihre Erstsprache besser als die älteren einschätzten, schien dies bei der türkischen Untergruppe das Gegenteil zu sein. Je älter die Personen waren, desto höher schätzten sie ihre Türkischkenntnisse ein. Ausserdem berichteten die eingebürgerten Italienisch sprechenden Versuchspersonen über bessere Italienischkenntnisse als die nicht eingebürgerten. Grin et al. (2003) folgerten daraus, dass die politische Integration in die Schweiz nicht mit einem Verlust der Italienischkenntnisse einhergeht. Weiterhin liess sich feststellen, dass am Arbeitsplatz nach dem Französischen als Landessprache die Herkunftssprachen zu den am zweithäufigsten verwendeten Sprachen gehörten, vor anderen Sprachen wie Englisch oder Deutsch. Ausserdem bestand ein positiver Zusammenhang zwischen der Sprachkompetenz in der Herkunftssprache und dem Einkommen sowie dem Durchschnittseinkommen und dem tatsächlichen Gebrauch der Herkunftssprachen. Die nicht repräsentative qualitative Befragung zeigte andere subjektive Aspekte der Verwendung der Erstsprache am Arbeitsplatz, wie persönliche Bereicherung und symbolische Bedeutung der Sprache. Zusammenfassend zeigte die Studie auf, dass die Herkunftssprachen im Arbeitsleben der Migrantinnen und Migranten eine wichtige Rolle spielen. Deswegen plädieren Grin et al. (2003) für die Förderung und Bewahrung der Kenntnisse in der Erstsprache, die einen Beitrag in der Erkennung des ökonomischen Wertes der Migrantensprachen und des Wertes der sprachlichen Identität leisten.

Die oben dargestellten Untersuchungen weisen auf bestimmte Charakteristika der HSK-Kurse auf bildungspolitischer Ebene und auf der Ebene der Schülerinnen und Schüler hin. In wenigen Fällen sind die HSK-Kurse im regulären Stundenplan integriert. Dies hängt einerseits mit der Übergangssituation des muttersprachlichen Unterrichts zusammen (Allemann-Ghionda, 2006), während der Fokus von Rück-kehrorientierung auf Integration und Förderung der Zweisprachigkeit verlegt wurde (vgl. Auernheimer, 2003). Andererseits fehlen bildungspolitische Entscheidungen, die auf die Verbesserung der Rahmenbedingungen der HSK-Kurse zielen (vgl. Schader, 2006). Darüber hinaus besteht in der Welt der Wissenschaft immer noch kein Konsens über die institutionalisierte Förderung der Erstsprache. Auf der einen Seite konzentriert sich die Debatte hauptsächlich auf die Wirkung der Erstsprache auf die Zweitsprache, indem der positive Einfluss der bilingualen Erziehung in Frage gestellt wird:

> *Es macht für den Zweitspracherwerb so gut wie keinen Unterschied, ob man die Migrantenkinder eigens in ihrer Muttersprache fördert oder nicht. Die bi-linguale Erziehung schadet nicht, was kaum jemand erwarten würde, sie nutzt aber auch nichts ... (Esser, 2006, S. 396)*

Hopf (2005) empfiehlt die Förderung der Erstsprache erst dann, wenn die Kinder die Zweitsprache auf dem Niveau eines einheimischen Kindes beherrschen. Die Argumentation gegen diese Auffassung führt nicht nur die Empirie über Bilingua-lismus (vgl. z.B. Bialystok, 1991, 2002; Reich & Roth et al., 2002) ins Feld, son-dern auch mit der Forderung der Pädagogik der Vielfalt (vgl. Allemann-Ghionda, 2006). Die Uneinigkeit der Wissenschaft über die Wirksamkeit der institutionali-sierten Förderung der Erstsprache wird vor allem in den bildungspolitischen Ent-scheidungen sichtbar. Für die differenzierte Betrachtung des muttersprachlichen Unterrichts bedarf es wissenschaftlicher Forschung, die tiefgreifende Analysen über das Unterrichtsgeschehen und die Rahmenbedingungen der HSK-Kurse erlaubt. Zuletzt sollte die Motivation der Kinder mit Migrationshintergrund erwähnt werden. Obwohl die HSK-Kurse auf freiwilliger Basis, in der Freizeit, oft unter erschwerten organisatorischen Bedingungen stattfinden, äussern sich die Schülerinnen und Schüler überwiegend positiv über das kultur- und sprach-bezogene Lernen sowie die sozialen Dimensionen des HSK-Unterrichts (vgl. Schuler, 2002; Schader, 2006).

HSK-Kurse im Kanton Zürich

Im Kanton Zürich koordiniert der Sektor Interkulturelle Pädagogik der Bildungs-direktion die HSK-Kurse. Jedes Jahr erscheint die Stundenplanbroschüre zu den Kursen in heimatlicher Sprache und Kultur, die aktuelle Informationen, die Kurs-orte und die Adressliste von HSK-Lehrpersonen enthält (Bildungsdirektion Kanton Zürich, 2003/2004; 2004/2005; 2006/2007). Im Schuljahr 2006/2007 konnten die Schülerinnen und Schüler HSK-Kurse in 22 Sprachen besuchen. Darunter befanden sich von Konsulaten und Botschaften angebotene anerkannte HSK-Kurse

(Griechisch, Italienisch, Kroatisch, Portugiesisch, Serbisch, Slowenisch, Spanisch, Türkisch und Ungarisch), Kurse von nicht-staatlichen, jedoch anerkannten Trägerschaften (Albanisch, Bulgarisch, Chinesisch, Finnisch, Französisch, Koreanisch, Portugiesisch, Brasilianisch und Spanisch, Spanisch für Lateinamerika, sowie Kurse von anderen Trägerschaften (Arabisch, Arabisch [Marokko], Bosnisch, Malayalamisch [Indien], Mazedonisch, Russisch und Tamilisch) (vgl. Bildungsdirektion Kanton Zürich, 2006/2007). Mit wenigen Ausnahmen finden die meisten der HSK-Kurse an den schulfreien Nachmittagen oder am Samstagvormittag statt. Zu den Ausnahmen zählt der Schulkreis Limmattal, wo 63 Prozent der Schülerinnen und Schüler Deutsch als Zweitsprache lernen (Statistisches Jahrbuch der Stadt Zürich, 2007, S. 325). Im Rahmen des Modells „Heimatliche Sprache und Kultur Plus"[40] wurden die HSK-Kurse in den Stundenplan integriert. Dies führte dazu, dass die Besuchszahl der freiwilligen HSK-Kurse stieg. Gleichzeitig genossen die HSK-Kurse mehr Akzeptanz bei den Eltern und bei den Schweizer Lehrpersonen. Sträuli (2003) beschreibt die Kernidee des Modells, die in der Kooperation der Schweizer und HSK-Lehrpersonen und Kindergärtnerinnen besteht. Durch die pädagogische Zusammenarbeit verändert sich die Rolle der HSK-Lehrpersonen. Sie sind nicht nur für die HSK-Kurse verantwortlich, sondern nehmen aktiv am Unterrichtsgeschehen teil. Im Team-Teaching können die Lehrpersonen z.B. auch Mathematik unterrichten sowie in der Erstsprache Deutsch und Mathematik individuell fördern. Darüber hinaus wirken sie bei Elterngesprächen als Moderatorinnen, Moderatoren, Übersetzerinnen, Übersetzer und Kulturvermittlerinnen und Kulturvermittler mit. Eine weitere Innovation des Kantons Zürich in Bezug auf die HSK-Kurse besteht im Weiterbildungsangebot für die HSK-Lehrpersonen. Die Pädagogische Hochschule Zürich bietet einen Zertifikatslehrgang „Heimatliche Sprache und Kultur" für die HSK-Lehrpersonen an[41]. Innerhalb dieses Zertifikatslehrganges befinden sich Pflicht- und Weiterbildungsmodule wie z.B. das Weiterbildungsmodul „Integration ins Schweizer Schulsystem mit Deutsch", welche auf die Bedürfnisse der HSK-Lehrpersonen und Kulturvermittler und -vermittlerinnen ausgerichtet sind. Für die Teilnahme am kostenpflichtigen Lehrgang ist ein international anerkanntes Deutschdiplom oder ein Deutschtest der Pädagogischen Hochschule Zürich erforderlich.

Im Weiteren soll insbesondere auf die Situation der albanischen und türkischen HSK-Kurse im Kanton Zürich eingegangen werden. Aufgrund der Statistik der Bildungsdirektion des Kantons Zürich (Bildungsdirektion Kanton Zürich 2003/2004; 2004/2005; 2006/2007) kann festgestellt werden, dass sich die Anzahl Schülerinnen und Schüler, die den albanischen bzw. türkischen HSK-Kurs besuchen, von Jahr zu Jahr verändert (vgl. Abbildung 2). Dabei lässt sich ein stärkerer

---

40 Nach einer Erprobung des Modells in einigen Kindergärten und im Primarschulhaus Hohlstrasse im Jahre 1995 wurde das Modell „HSK-Plus" sechs Jahre später für die Kindergärten und sieben Primarschulhäuser des ganzen Schulkreises Limmattal in der Stadt Zürich eingeführt (Sträuli, 2003).

41 Informationen über den Zertifikatslehrgang der Pädagogischen Hochschule Zürich: Verfügbar unter http://www.phzh.ch/webautor-data/109/wb_broschuere_weiter_mit_bildung.pdf (Zugriff am 31.05.2008).

Rückgang der Anzahl Albanisch sprechenden Schülerinnen und Schüler beobachten. Während im Schuljahr 2003/2004 im Kanton Zürich 812 Kinder den HSK-Kurs besuchten, nahmen im Schuljahr 2006/2007 vergleichsweise weniger, nämlich 723 Kinder am HSK-Unterricht teil. Dagegen stieg die Anzahl Türkisch sprechender Schülerinnen und Schüler leicht an, die den HSK-Kurs besuchen.

Besuch von albanischen und türkischen HSK-Kursen

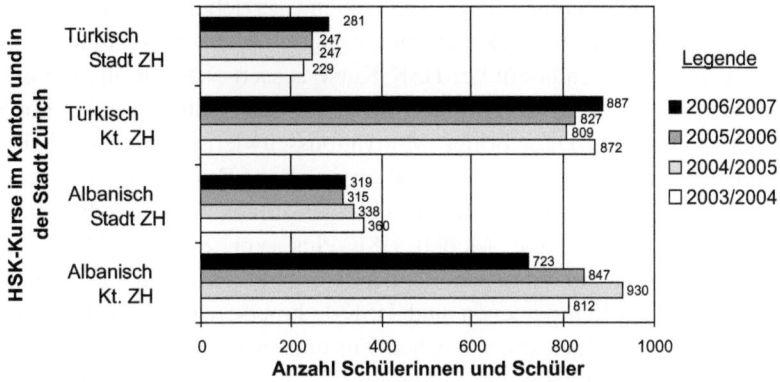

Abbildung 2: Besuch von albanischen und türkischen HSK-Kursen

Die Organisationsstruktur der albanischen und türkischen HSK-Kurse weist gewisse Unterschiede auf. Im Gegensatz zu den türkischen HSK-Kursen, die von der türkischen Botschaft organisiert werden (Müller, 1992b), obliegt diese Aufgabe im Falle der albanischen HSK-Kurse dem albanischen Lehrer- und Elternverband (ALEV) (Schader, 2006). Dementsprechend variieren Anstellung und Entlöhnung der HSK-Lehrpersonen. Die türkischen Lehrpersonen werden in der Mehrheit vom türkischen Bildungsministerium für eine Anstellungsdauer von 3 bis 6 Jahren in die Schweiz gesandt (Müller, 1992b). Eine Verlängerung der Anstellungsdauer ist nur bedingt möglich. Entlöhnt werden die türkischen Lehrpersonen vom türkischen Bildungsministerium. Unter den albanischen HSK-Lehrpersonen befinden sich meistens in der Schweiz sesshafte Lehrpersonen, die entweder aus politischen oder familiären Gründen ihr Herkunftsland verliessen. Ihre Bezahlung erfolgt durch die Eltern bzw. das zuständige Kantonalsekretariat (Schader, 2006). Dabei betont Schader (2006) die Problematik der Finanzierung der HSK-Kurse durch die Eltern. Obwohl die Elternbeiträge pro Monat und Kind nur 40 CHF betragen (respektive 50 CHF für zwei Kinder und 60 CHF für drei oder mehr Kinder), können diese Beiträge für viele Eltern ein Hindernis darstellen, ihre Kinder in den HSK-Kurs zu schicken. Pro erteilte Lektion erhalten die HSK-Lehrpersonen 30 CHF.

Angesichts der teilweise schwachen Finanzkraft oder Zahlungsmoral mancher Eltern verrichten viele Lehrpersonen indes zumindest einen Teil ihrer Arbeit ehrenamtlich und sind grösstenteils gezwungen, hauptberuflich einem gesicherteren Erwerb nachzugehen. (Schader, 2006, S. 102)

Fazit

Im Hinblick auf die Förderung der Erstsprache in der Schweiz soll zunächst auf die Kluft zwischen den bildungspolitischen Entscheidungen (vgl. Allemann-Ghionda, 2002, S. 316) und den realen Rahmenbedingungen der HSK-Kurse hingewiesen werden. Während u.a. die Empfehlungen der Erziehungsdirektorenkonferenz (EDK) die Förderung der Sprache und Kultur des Herkunftslandes befürworten (Schweizerische Konferenz der kantonalen Erziehungsdirektoren, 1991), erschweren die fehlenden konkreten bildungspolitischen Entscheidungen deren Umsetzung. Das Schattendasein der HSK-Kurse äussert sich vor allem darin, dass die meisten HSK-Kurse auf freiwilliger Basis und ausserhalb des regulären Schulunterrichts stattfinden. Dies bringt Motivationsschwierigkeiten auf Seiten der Schülerschaft und eine fehlende Integration ins Lehrerkollegium auf Seiten der HSK-Lehrpersonen mit sich. Allerdings zeigen innovative Schulversuche des Kantons Zürich wie z.B. das Modell HSK-Plus (vgl. Sträuli, 2003), dass die Integration der HSK-Kurse in den regulären Stundenplan und die Kooperation zwischen Schweizer Lehrpersonen und HSK-Lehrpersonen sehr erfolgreich verlaufen können. Die Folgen einer solchen Zusammenarbeit wirken sich nicht nur konstruktiv auf den Schulalltag aus, sondern führen auch zu einer Aufwertung der Erstsprache der Schülerinnen und Schüler sowie der Rolle der HSK-Lehrpersonen. Wichtig erscheint es auch, den Informationsfluss über die Bedeutung der Förderung der Erstsprache zwischen den Eltern und den Lehrpersonen zu sichern. Ein wichtiger Schritt für die Qualitätssicherung der HSK-Kurse stellt der Rahmenplan der HSK-Kurse dar (Bildungsdirektion des Kantons Zürich, 2003), der zum ersten Mal Ziele und Inhalte der HSK-Kurse festlegt. Weitere Massnahmen wie Teilnahme am Zertifikatslehrgang „Heimatliche Sprache und Kultur" können ebenfalls zur Qualitätssicherung des HSK-Unterrichts beitragen. Über die Richtung der konkreten bildungspolitischen Massnahmen können empirische Forschungsresultate über die HSK-Kurse und den HSK-Unterricht eine Auskunft geben, an denen es bisher noch mangelt.

„Ich lerne gerne Albanisch. Ich habe einen netten Albanisch-
Lehrer. Ich freue mich, wenn ich Albanischkurs habe."
(Drenusche, 12 Jahre alt, Probandin im vorliegenden Projekt)

2.4 Untersuchungsmodell des HSK-Unterrichts

Um den HSK-Unterricht empirisch zu untersuchen, wurde ein theoriegeleitetes Untersuchungsmodell entwickelt, das einerseits an die sozioökologische Theorie von Bronfenbrenner (1981) anlehnt, andererseits Elemente aus dem Modell schulleistungsrelevanter Sozialisationsbedingungen von Helmke (2004) und dem Angebots-Nutzungsmodell von Reusser und Pauli (1999, 2003) enthält (vgl. Abbildung 3). In dem auf Cogan & Schmidt (1999), Fend (1998) und Schmidt et al. (1996) aufbauenden systemischen Modell von Reusser und Pauli (1999, 2003) werden die

Felder System, Schule, Familie und Individuum den angebotsbezogenen und nutzungsbezogenen Stützsystemen zugeordnet, die einen Einfluss auf die Qualität des Unterrichts ausüben. Im Untersuchungsmodell des HSK-Unterrichts (vgl. Abbildung 3), im Feld *Kontext Schule* fungieren die Merkmale der Lehrpersonen, der Schule sowie die Rahmenbedingungen der Schule als angebotsbezogene Faktoren. Die Felder *Kontext Gesellschaft, Kontext Familie und Individuelle Lernvoraussetzungen* entsprechen nach dem systemischen Modell von Reusser und Pauli (1999, 2003) dem nutzungsbezogenen Stützsystem. Im Kontext des muttersprachlichen Unterrichts bedeutet dies, dass die Wirksamkeit des HSK-Unterrichts nicht nur von den Merkmalen der Lehrpersonen und Schule abhängt, sondern auch davon, wie produktiv die Schülerinnen und Schüler bzw. ihre Eltern dieses Angebot nutzen.

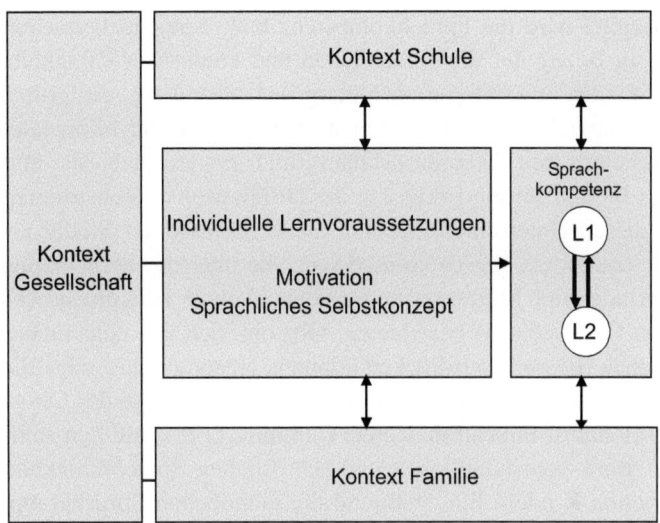

Abbildung 3:   Untersuchungsmodell des HSK-Unterrichts

Das Untersuchungsmodell des HSK-Unterrichts zeigt einen Annäherungsversuch, theoriegeleitet an ein kaum erforschtes Feld heranzugehen. Im Untersuchungsmodell des HSK-Unterrichts erscheinen die Ebenen Individuum, Familie und Schule in einer Wechselwirkung, die den sprachlichen Output, die Sprachkompetenz in der Erst- und Zweitsprache in grossem Masse beeinflussen. Auf die Bedeutung des gesellschaftlichen Kontextes wird hier nicht explizit eingegangen, da einige wichtige Aspekte wie Migration und Disparitäten im Bildungswesen in Kapitel 2.1 schon erläutert wurden. Im Hinblick auf den Forschungsgegenstand erscheint es notwendig, die Sprachkompetenz in der Erst- und Zweitsprache in Bezug auf zwei- und mehrsprachige Kinder mit Migrationshintergrund zu definieren. Wie schon in Kapitel 2.2.5 erläutert wurde, kommt den individuellen Lernvoraussetzungen (*individual differences*) eine überragende Rolle beim Erwerb einer Zweitsprache zu. Hier lassen sich zwei Bereiche, die Motivation und das sprachliche Selbstkonzept, als relevante Einflussfaktoren für die Sprachentwicklung unterscheiden. Insbesondere die indirekte Wirkung der elterlichen Unterstützung rückt in den Mittelpunkt des Kontextes der Familie. Ferner wird auf den sozio-ökonomischen Status eingegangen, der wiederum das elterliche Unterstützungsverhalten beeinflussen kann. Auf der Ebene der Schule beschränkt sich die Diskussion auf die Neuorientierung der Lehr- und Lernkultur sowie auf die Herausforderungen von heterogenen Schulklassen. Begründet werden kann die Auswahl bestimmter Aspekte aus einem breiten Kontext mit der inhaltlichen Relevanz für die empirischen Untersuchungen dieser Arbeit. Dabei fungieren die ausgewählten Segmente der bestimmten Kontexte als bedeutsame aber nicht alleinige Einflussgrössen im Untersuchungsmodell des HSK-Unterrichts.

2.4.1 Sprachkompetenz als theoretisches Konstrukt

In diesem Kapitel wird die Sprachkompetenz bzw. Sprachbeherrschung (language proficiency) in Bezug auf die sprachlichen und kognitiven Fähigkeiten der zweisprachigen Kinder mit Migrationshintergrund diskutiert. Aufgrund der unterschiedlichen Entwicklungsverläufe bei monolingualen und bilingualen Schülerinnen und Schülern mit Migrationshintergrund erwies sich als notwendig, ein theoretisches Modell für die Erklärung der Differenzen zu konstruieren (Cummins, 1979). Auf diesen Unterschied machten die Ergebnisse der Studie von Skutnabb-Kangas und Toukomaa (1976) aufmerksam, die über die Sprachkompetenzen der finnischen Kinder mit Migrationshintergrund in ihrer Erstsprache (Finnisch) und Zweitsprache (Schwedisch) berichteten. Obwohl sich die untersuchten Kinder in beiden Sprachen fliessend ausdrücken konnten, entsprach ihre schriftliche Leistung nicht ihrem Alter und kognitiven Niveau. Mit der Reanalyse der Längsschnittdaten des Toronto Board of Education deutete Cummins (1981) auf den zeitlichen Unterschied im Erwerb von mündlichen und schriftlichen Sprachfähigkeiten in L2 bei den immigrierten Kindern hin. Während die mündlichen Sprachkompetenzen sich innerhalb von ungefähr zwei Jahren seit dem ersten Kontakt mit dem Englischen altersentsprechend entwickelten, brauchten dieselben immigrierten Kinder eine Periode von fünf bis sieben Jahren, bis sie die schriftlichen Fähigkeiten in der englischen Sprache ihrem kognitiven Niveau entsprechend erworben hatten. Demzufolge wies Cummins (1980a, 1980b) auf zwei Aspekte der Sprachbeherrschung hin, die er als *„basic interpersonal communicative skills"* (BICS) und *„cognitive-academic language proficiency"* (CALP) definierte. Mit diesen Definitionen wollte Cummins (2000a) die differenziellen Entwicklungsschritte in der Sprachentwicklung im Falle einer Migration insbesondere im Bildungsbereich bewusst machen. „The distinction between BICS and CALP (Cummins, 1979b) was intended to draw educators' attention to these data and to warn against the premature exit of ELL students[42] (in the United States) from bilingual to mainstream English-only programs on the basis of attainment of surface level fluency in English" (Cummins, 2000a, p. 58). Die meisten Kritikpunkte an BICS/CALP betreffen deren einseitige Dichotomie, die fehlenden Dimensionen des Sprachgebrauchs sowie die Nichtberücksichtigung der soziolinguistischen Aspekte der

---

42 ELL – English language learning.

Sprache (z.B. Wald, 1984). Cummins (2000a) geht auf diese Kritikpunkte ein und betont, dass BICS/CALP keine Unterscheidung zwischen den „kommunikativen" und „kognitiven" Aspekten der Sprachbeherrschung anstrebt. BICS bezieht sich auf einige sich rasch entwickelnde Aspekte der kommunikativen Fähigkeiten und auf die Tatsache, dass die sozialen und pragmatischen kommunikativen Fähigkeiten mehr als relativ oberflächliche Aspekte wie z.B. Akzent und Redefluss beinhalten. CALP hat einen sozialen Bezug und kann sich nur in menschlichen Interaktionen entwickeln. Basierend auf BICS/CALP formulierte Cummins ein elaboriertes, mehr allgemein theoretisches Rahmenmodell der Sprachbeherrschung, welches als eine Vierfeldermatrix unter der Bezeichnung „Range of contextual support and degree of cognitive involvement in language tasks and activities" (Cummins, 2000a, p. 68) abgebildet ist (vgl. Abbildung 4).

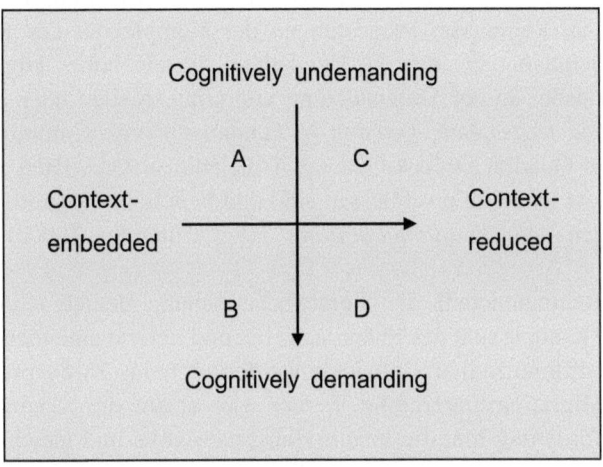

Abbildung 4:   Theoretisches Rahmenmodell von „language proficiency" nach Cummins (1984, 2000a, p. 68)

Die horizontale Achse des Modells zeigt die kontextuelle Unterstützung bei den expressiven und rezeptiven Prozessen, die zwei Extreme, nämlich im Kontext eingebettete („*context-embedded*") und auf den Kontext reduzierte („*context-reduced*") Kommunikation kennzeichnen (Cummins, 1984, 2000a). Während im Kontext eingebettete Kommunikation durch ihre Situationsabhängigkeit und paralinguistische Mittel erleichtert wird, hängt das Verstehen der auf den Kontext reduzierten Kommunikation von den linguistischen Kenntnissen sowie vom vorhandenen Vorwissen des Individuums ab. Im Allgemeinen findet im Kontext eingebettete Kommunikation mehr im Alltag und ausserhalb der Schule statt. Bewegt sich der Sprachgebrauch – unabhängig von seiner Mündlichkeit oder Schriftlichkeit – von links nach rechts, erschwert sich das Verstehen bzw. die Mitteilung wegen der Reduktion des Kontexts. Eine Konversation mit dem Freund (Quadrat A) unterstützt wegen ihrer Einbettung in den Kontext den aktiven Verstehens- und Kommunikationsprozess mehr als z.B. das Ausfüllen eines Lückentextes (Quadrat C). Auf die Tiefe der aktivierten kognitiven Prozesse beziehen sich die Endpunkte der vertikalen Achse. Der obere Teil der vertikalen Achse besteht aus solchen kommunikativen Aktivitäten, bei denen schon ein gewisser Automatismus vorhanden ist, deshalb erfordern sie tiefere kognitive Anstrengung (*„cognitively undemanding"*). Unter den kognitiven anspruchsvollen Aufgaben, auf dem unteren Kontinuum der vertikalen Achse, befinden sich die weniger automatisierten kommunikativen Tätigkeiten, welche ein hohes Mass an kognitiver Aktivität verlangen (*„cognitively demanding"*) (vgl. Cummins, 1984, 2000a). Teilnahme an einer Diskussion über komplexe Themenbereiche (Quadrat B), einen Aufsatz schreiben oder ein Referat zu halten (Quadrat D), erfordert hohen kognitiven Einsatz im Vergleich zu weniger anspruchsvollen Aufgaben wie z.B. Fragen beantworten (Quadrat C) oder ein SMS über den Treffpunkt zu schreiben (Quadrat A). Wie die Beispiele auch zeigen, beziehen sich die Quadrate von A bis D sowohl auf mündliche als auch schriftliche Aktivitäten. Das Rahmenmodell von Cummins (1984, 2000a) wurde von der Autorin dieser Arbeit mit Pfeilen ergänzt, welche die Richtung der zunehmenden Schwierigkeit an kognitiven Prozessen an der Komplexität des Kontexts zeigt. Demzufolge beinhaltet Quadrat D Tätigkeiten, die ein hohes kognitives Niveau erfordern und dabei an der Unterstützung von kontextuellen oder interpersonalen Mitteln mangeln (*„academic function of language"*) (vgl. Cummins, 2000a). Im Gegensatz zum Quadrat D fasst Quadrat A diejenigen Aktivitäten zusammen, die aus dem Kontext leicht zu erschliessen sind und kein hohes kognitives Anspruchsniveau aufzeigen (*„conversational abilities"*) (vgl. Cummins, 2000a).

Mit seinem Rahmenmodell der Sprachbeherrschung deutete Cummins (1984, 2000a) auf die Komplexität des Phänomens hin und lieferte eine theoretische Erklärung für die differenziellen Entwicklungsschritte beim Zweitspracherwerb von Kindern mit Migrationshintergrund. Ferner wies er auf die adäquate und erfolgreiche Sprachförderung hin, die kognitiv anspruchsvolle und gleichzeitig im Kontext eingebettete Aktivitäten umfassen soll:

> *A central implication of the framework ... for instruction of second language learners is that language and content will be acquired most successfully when students are challenged cognitively but provided with the contextual and linguistic supports or scaffolds required for successful task completion. In other words, optimal instruction for linguistic, cognitiv and academic growth will tend to move from Quadrant A, to B, and from Quadrant B to D.* (Cummins, 2000a, p. 71)

2.4.2 Individuelle Lernvoraussetzungen

Unter den individuellen Lernvoraussetzungen werden in den folgenden Kapiteln sprachbezogene Aspekte, nämlich die *motivationale Einstellung zur Erst- und Zweitsprache* sowie *das sprachliche Selbstkonzept* erläutert. Ausgehend vom Untersuchungsmodell des HSK-Unterrichts (vgl. Abbildung 3) wird angenommen, dass eine hohe Motivation, Sprachen zu lernen und ein positives sprachliches Selbstkonzept den Erst- und Zweitspracherwerb begünstigen. Darüber hinaus gibt es einen engen Zusammenhang zwischen den motivationalen Aspekten und dem

Selbstkonzept eigener Fähigkeiten (vgl. Weiner, 1994). Um ein gesetztes Ziel erfolgreich zu erreichen, werden selbstregulierende Aktivitäten der Motivation wie Selbstüberwachung, Anspruchsniveausetzung, Selbsteinschätzung und affektive selbstbezogene Reaktionen eingesetzt (Bandura, 1991).

Motivationale Einstellungen zu Erst- und Zweitsprache

Zunächst wird zwischen der Motivation für die Erst- und Zweitsprache unterschieden. Im Normalfall zeichnet sich die Motivation für die Erstsprache durch einen integrativen, stark intrinsischen Charakter aus, während in der Motivation für die Zweitsprache verschiedene Aspekte eine Rolle spielen (vgl. Kapitel 2.2.5). Handelt es sich um eine Erstsprache, die im Herkunftsland gesprochen wird, kann die Motivation u.a. durch das wahrgenommene niedrige Prestige der Sprache im Aufnahmeland bzw. den auf den familiären Kontext reduzierten Sprachgebrauch beeinträchtigt werden. Wird die Erstsprache im migrationsbedingten Kontext erworben und gelernt, nähert sich die Variabilität der motivationalen Aspekte von L1-Lernen denjenigen von L2. Demzufolge wird im Weiteren nicht explizit zwischen der Motivation für L1 und L2 unterschieden. Dörnyei (2003) hebt die soziale und kulturelle Eingebundenheit des Zweitspracherwerbs sowie die Bedeutung des sozialen Aspektes in der Erforschung der Motivation hervor. Basierend auf der Sozialpsychologie untersuchten Gardner und Lambert (1972) die Motivation für L2, indem sie die Zweitsprache als einen vermittelnden Faktor zwischen ethnolinguistischen Gemeinschaften definierten. Am meisten erforscht wurde der integrative Aspekt der Motivation von Gardner (1985). Die *integrative Motivation* weist auf eine positive interpersonale Einstellung gegenüber der L2-Gruppe sowie eine Bestrebung hin, mit dieser Gruppe zu interagieren. Darüber hinaus beinhaltet integrative Motivation Offenheit und Respekt gegenüber anderen kulturellen Gruppen und Lebensweisen. Im Gegensatz zur integrativen Motivation richtet sich die *instrumentelle Motivation* auf materielle oder soziale Nutzbarkeit des Sprachenlernens (Gardner, 1985; Masgoret & Gardner, 2003). In Bezug auf die Motivation für Sprachenlernen wird oft die *intrinsische* und *extrinsische Motivationsart* erwähnt. Im Unterschied zu den Autoren, die intrinsische und extrinsische Motivation als Gegensatzpaar darstellen, sehen Deci und Ryan (1985, vgl. Ryan & Deci, 2000) eine sich ergänzende Beziehung zwischen den beiden Motivationsarten. Unter bestimmten Umständen werden extrinsische Belohnungen die intrinsische Motivation eher aufrechterhalten als schwächen. Ausserdem können extrinsisch motivierte Verhaltensweisen in selbstbestimmte Handlungen überführt werden. Deci und Ryan (1985, vgl. Ryan & Deci, 2000) unterscheiden vier Typen extrinsischer Verhaltensregulation (externale, introjizierte, identifizierte und integrierte Verhaltensregulation), welche eine zunehmende Selbstbestimmung aufweist und zu intrinsischer Motivation führen. Aufgrund der *Selbstbestimmungstheorie* von Deci und Ryan (1985, vgl. Ryan & Deci, 2000) sowie deren empirischer Untersuchung bei Noels, Pelletier, Clément & Vallerand (2003) wurde Tabelle 3 entwickelt, welche die Beschreibung der Motivationsfaktoren bezüglich der L2-Motivation enthält und die theoretische Basis der Erforschung der Motivation des vorliegenden Projektes bildet.

Tabelle 3: Inhaltliche Beschreibung der Motivationsfaktoren (nach Deci und Ryan, 1985 und Noels et al., 2003)

Amotivation	Amotivation wird der intrinsischen und extrinsischen Motivation kontrastiv gegenübergestellt. Man erkennt keinen Sinn im Sprachenlernen und versucht, dieser Aktivität so schnell wie möglich zu entkommen.
Extrinsische Motivation (4 Typen)	
Externale Verhaltensregulation	Sprachen zu lernen hat das Ziel, eine Belohnung zu erhalten oder eine Bestrafung zu vermeiden.
Introjizierte Verhaltensregulation	Sprache wird gelernt, weil „es sich gehört" oder weil man sich schämt, wenn man die Sprache nicht beherrschen kann.
Identifizierte Verhaltensregulation	Man lernt Sprachen, um ein persönlich wichtiges Ziel zu erreichen, z.B. eine Prüfung zu bestehen oder bessere Berufschancen zu haben.
Integrierte Verhaltensregulation	Diese Verhaltensregulation repräsentiert eine hohe Selbstbestimmung und Autonomie. Sprachenlernen wird als ein wichtiger Faktor für die Persönlichkeitsentwicklung betrachtet.
Intrinsische Motivation	Diese Motivation beinhaltet autotelische Aktivitäten. Man lernt Sprachen, weil es einem Spass bereitet. Im Zentrum steht die Freude am Sprachenlernen.

Nach Deci und Ryan (Ryan & Deci, 2000) richtet sich die *Amotivation* auf keine Regulation aus und zeigt einen unpersönlichen Kausalzusammenhang. In Bezug auf Sprachenlernen fehlen bei der Amotivation nicht nur das Interesse, sondern ebenso die Kompetenzüberzeugung und die Wertschätzung der Tätigkeit. Im Gegensatz zur Amotivation bewegen sich die Typen der extrinsischen Motivation auf einem Kontinuum von zunehmender autonomer Regulation. Demzufolge wird das Verhalten beim Sprachenlernen von *externaler Regulation* geleitet, wenn das Individuum eine Strafe vermeiden oder Belohnung bekommen will. Auf dem nächsten Kontinuum der extrinsischen Motivation tritt die *introjizierte Regulation* auf, die eine Art Selbstkontrolle beinhaltet. Diese Selbstkontrolle ist eher von aussen gesteuert. Im Fall des Sprachenlernens engagiert sich das Individuum, um Erwartungen von anderen zu erfüllen oder sich wertvoll in der Gesellschaft zu fühlen. Erreicht die extrinsische Motivation zunehmende autonome Regulation durch Identifikation (*identifizierte Regulation*), wird eine Sprache gelernt, weil das Sprachenlernen für das Erreichen persönlicher Ziele wichtig erscheint. Obwohl die *integrierte Regulation*, welche die höchste Stufe der Selbstbestimmung auf dem Kontinuum der extrinsischen Motivation darstellt, bestimmte Ähnlichkeiten mit der intrinsischen Motivation hat, richtet sie sich auf keine autotelische sondern eine persönlichkeitsbezogene Tätigkeit. Eine Sprache wird gelernt, weil es für die Persönlichkeit als wichtig empfunden wird. Im Zentrum der *intrinsischen Motivation* stehen die Freude und die vollständige Zufriedenheit, die das Sprachenlernen begleiten. Zu bemerken ist, dass die Grenzen zwischen den nebeneinander liegenden Bereichen sehr durchlässig sind. Betrachtet wird der dynamische und situationsabhängige Charakter der Motivation (Dörnyei, 2006, vgl. Kapitel 2.2.5), stellen dementsprechend die verschiedenen Regulationstypen keine statischen Merkmale der Motivation für L2 dar.

Sprachliches Selbstkonzept

Das Selbstkonzept beinhaltet im Gedächtnis organisierte, selbstbezogene Informationen einer Person (vgl. Jerusalem & Schwarzer, 1991; Wild, Hofer & Pekrun, 2001). Dabei bezieht sich das Selbstkonzept nicht nur auf die subjektiven Auffassungen über kognitive, sondern auch affektive Komponenten wie Selbstwertgefühl und Selbstvertrauen (Wild, Hofer & Pekrun, 2001). Die Einschätzung der eigenen leistungsbezogenen Kompetenzen resultiert im schulischen Fähigkeitskonzept, das „die kognitive Repräsentation eigener (Handlungs-)Kompetenz im schulischen Leistungskontext" umfasst (Buff, 1991, S. 101). In diesem Sinne wird das sprachliche Selbstkonzept als die persönliche Einschätzung der eigenen sprachlichen Fähigkeiten definiert. Im engen Zusammenhang steht das sprachliche Selbstkonzept mit der Motivation (vgl. Weiner, 1994). Dies stellten Clément et al. (1977) sowie Gardner (1979) fest, indem sie die Entwicklung der Sprachkompetenzen in Abhängigkeit von Motivation und Selbstvertrauen beschrieben. Die Ergebnisse der empirischen Studie von Müller (1996), die sich auf die Untersuchung von L2, Motivation und Selbstkonzept bei 437 ein- und zweisprachigen Schülerinnen und Schülern des sechsten bis zehnten Schuljahrs bezogen, konnten die Hypothese von Clément et al. (1977) nicht bestätigen. Die Variablen der Motivation und des allgemeinen schulisch-kognitiven Selbstkonzepts übten keinen Einfluss auf die Qualität der L2-Leistungen aus. Aus diesem Grund betonte Müller (1996): „Es entspricht *nicht*[43] der Tatsache, dass zweisprachige SchülerInnen weniger motivierter oder weniger positiv zur Schweizer Schule eingestellt sind als die einsprachigen Schweizer SchülerInnen" (Müller, 1996, S. 55). Ferner konnte Müller (1996) nachweisen, dass die Werte des schulischen L2-Selbstvertrauens mit erweiterten Bildungsansprüchen ansteigen, im Gegensatz zur Motivation, die sich in die entgegengesetzte Richtung bewegte. Müller (1996) folgerte, dass bessere L2-Leistung nicht gezwungenermassen mit höherer Motivation einhergeht. Hingegen verlief das schulische L2-Selbstvertrauen mit der L2-Leistung parallel. Im Hinblick auf den empirischen Teil dieser Arbeit ist zu beachten, dass sich die Motivation für L2-Lernen von der Motivation für Fremdsprachen unterscheiden kann. Während das Erlernen einer Fremdsprache von verschiedenen motivationalen Aspekten beeinflusst wird, stellt die Zweitsprache bzw. ihr Gebrauch einen integrierten Bestandteil des Alltags dar. Durch ihre Doppelfunktion im pragmatischen und emotionalen Bereich kann sich die persönliche Einstellung gegenüber der L2 der Bedeutung der L1 nähern oder sie sogar übersteigen.

---

43 Hervorgehoben auch im Original.

Die folgende theoretische Darstellung der individuellen Lernvoraussetzungen hebt einerseits den Zusammenhang von Motivation und sprachlichem Selbstkonzept hervor, andererseits deutet sie auf ihre Rolle bei der Erforschung der sprachlichen Leistungen in der L2 hin. Wichtig scheint es, die besondere sprachliche Situation der Kinder mit Migrationshintergrund zu beachten, in der die Zweitsprache eine Schlüsselrolle nicht nur für das Erbringen von schulischen Leistungen, sondern auch für die Integration spielt. Dementsprechend kann man davon ausgehen, dass die Kinder mit Migrationshintergrund unabhängig von ihren schulischen Leistungen über hohe Motivation und ein hohes sprachliches Selbstbild in der L2 verfügen.

2.4.3 Lernumwelt Familie

Im Folgenden wird auf zwei Aspekte des Kontextes Familie, nämlich auf den sozioökonomischen Status und das elterliche Unterstützungsverhalten der Eltern, insbesondere die elterliche Lernunterstützung im Spracherwerb, näher eingegangen. *Der sozioökonomische Status* gehört zu den wichtigsten Strukturmerkmalen der sozialen Herkunft und wird als Prädiktor für den Schulerfolg betrachtet. Nach Krashen (1996) beeinflussen die mit dem sozioökonomischen Status verbundenen Faktoren wie zum Beispiel Bücherbesitz, die Art und der Umfang elterlicher Lese- und Vorlesegewohnheiten, den Schulerfolg. Erstmals wurde die soziale Herkunft von Schülerinnen und Schülern im Rahmen der PISA-Studie differenziert erfasst und mit den schulischen Leistungen in Beziehung gesetzt (Baumert, Artelt, Klieme, Neubrand, Prenzel, Schiefele, Schneider, Tillmann & Weiss, 2002). Im Zusammenhang mit den Leseleistungen aus der PISA-Studie zeigten Baumert, Watermann und Schümer (2003) auf, dass die Zugehörigkeit zur sozialen Schicht über Prozessmerkmale sowie die kulturelle und kommunikative Praxis in der Familie vermittelt wird. Dieser Befund bestätigte einerseits die Mehrdimensionalität der sozialen Herkunft, andererseits die Eingebundenheit von Lern- und Entwicklungsprozessen in diesen strukturellen Kontext (Baumert & Maaz, 2006). Aus diesem Grund wurden zentrale Indikatoren wie *sozioökonomische Stellung*, *kulturelles und soziales Kapital* in die Analyse der PISA-Studie einbezogen. Baumert und Maaz (2006) geben einen Überblick über die in der PISA-Studie angewendeten Instrumente zur Erfassung des sozialen Hintergrundes, der hier kurz zusammengefasst wird. Für die Erhebung der sozioökonomischen Stellung eignete sich das Kodiersystem ISCO-88 (*International Standard Classification of Occupation*), mit dessen Hilfe Berufe hierarchisch in vier Gliederungsebenen geordnet wurden. Zu beachten ist, dass gerade Angehörige von Familien mit Migrationshintergrund häufig einen Beruf ausüben, der nicht ihrem Ausbildungsniveau entspricht. Dies deutet häufig auf eine erschwerte Transfermöglichkeit des im Herkunftsland angehäuften sozialen, kulturellen und Humankapitals hin (vgl. Diefenbach, 2004). Neben diesem Instrument setzte man in der PISA-Studie den von Ganzeboom et al. (Ganzeboom, de Graaf, Treiman & de Leeuw, 1992) entwickelten ISEI-Index (*International Socio-Economic Index of Occupational Status*) ein, der den sozioökonomischen Status der beruflichen Tätigkeit misst. Im

Vergleich zu dem ISCO-88, der das Berufsprestige misst, erfasst der ISEI-Index Bildung, Beruf und Einkommen. Als Indikator für das kulturelle Kapital der Eltern wurden die Schulbildung und Berufsausbildung beider Eltern mit Hilfe des Instrumentes ISCED (*International Standard Classification of Education*) (OECD, 1999) erhoben. Um differenziertere Daten zu erhalten, wurden in Deutschland die Eltern mit Migrationshintergrund zusätzlich nach der Anzahl ihrer Schulbildungsjahre ausserhalb Deutschlands befragt. Angaben zum Besitz von Kulturgütern (Musikinstrumenten, Kunstwerken und Büchern) dienten zur Erhebung der kulturellen Praxis als Teil des kulturellen Kapitals in der Familie. Um Daten über das soziale Kapital der Familie zu erhalten, wurden Indikatoren wie Struktur, Grösse und Erwerbstätigkeit der Familie sowie Eltern-Kind-Beziehung eingesetzt. Die obigen Ausführungen über die Erfassung des sozialen Hintergrundes zeigen die Komplexität sowie methodische und inhaltliche Beschränkungen des Beobachtungsgegenstandes. Aufgrund ihrer Mehrdimensionalität kann der soziale Hintergrund nicht mit einer Variablen erklärt werden. Auf der anderen Seite ist es nicht möglich, alle Indikatoren in der Analyse zu berücksichtigen. Deswegen sollte nach Baumert und Maaz (2006) bei der Untersuchung des sozialen Hintergrundes eine gezielte Auswahl von bestimmten Indikatoren erfolgen.

Der zweite Aspekt, die *elterliche Lernunterstützung* und ihre Bedeutung für die Förderung der schulischen Leistungen sind unbestritten. Allerdings können anhand der Querschnittstudien lediglich Zusammenhänge und keine Wirkungen erforscht werden (vgl. Helmke, Schrader & Hosenfeld, 2004). Darüber hinaus zeigte sich in den vorhandenen Längsschnittstudien, dass keine direkte, sondern eine indirekte Wirkung der elterlichen Unterstützung auf die Schulleistungen besteht, die über motivationale Prozesse sowie kognitive Lern- und Aneignungsprozesse der Kinder vermittelt wird (Helmke, 2004). Im Rahmenmodell von Helmke (2004), welches die schulleistungsrelevanten Sozialisationsbedingungen veranschaulicht, wird das elterliche Unterstützungsverhalten den Prozessmerkmalen des elterlichen Erziehungsverhaltens zugeordnet. Einen Einfluss auf die Prozessmerkmale und darunter auf das Unterstützungsverhalten üben die Struktur- und Statusmerkmale der Familie sowie die Merkmale der Elternpersönlichkeit aus. Für den empirischen Teil dieser Arbeit ist die Wirkung der elterlichen Lernunterstützung auf den Spracherwerb von Bedeutung, deshalb konzentriert sich die Diskussion im Weiteren auf die *elterliche Lernunterstützung im Spracherwerb*. Die Rolle der Eltern in der Sprachentwicklung ihrer Kinder wird auch durch kulturelle Unterschiede geprägt, die wiederum einen Einfluss auf die von Helmke (2004) beschriebenen Merkmale wie Struktur und Status der Familie sowie Elternpersönlichkeit ausüben können. Unabhängig von Kulturen stehen kommunikative Beziehungen sowie sprachliche Kontakte für einen erfolgreichen Spracherwerb zur Verfügung. Über diese Voraussetzung hinaus beschreibt Hoff-Ginsberg (2000) die *kulturellen Unterschiede*, welche die Quantität an das Kind gerichteter sprachlicher Äusserungen sowie die Anpassung der Sprache an das kindliche Sprachverständnis bestimmen. In einigen Gesellschaften wie zum Beispiel in den afro-amerikanischen Gemeinschaften im Süden der USA wenden sich die Erwachsenen im Gegensatz zu den europäischen Müttern weder sprachlich an ihre prälinguistischen Kleinkinder, noch zeigen sie eine erhöhte Aufmerksamkeit bei derer Sprachproduktion. Trotz des Mangels an direkter sprachlicher Interaktion genossen diese Kinder eine starke Zuwendung und waren passiv beteiligt in den Gesprächen von Erwachsenen. Dieses Verhalten führt Hoff-Ginsberg (2000) auf die Überzeugung der Eltern zurück, wonach Eltern für die kindliche Sprachentwicklung unwichtig seien. Dieses Phänomen, welches als *„no impact"*-Phänomen bezeichnet werden kann, wird auch bei De Houwer (1999) diskutiert: „Parents may also believe that whatever they say makes no difference to the child's learning of language, and that the child will gradually learn to talk through some mechanism or other that has nothing to do with the parents" (De Houwer, 1999, p. 84). Ferner hebt De Houwer (1999) die Bedeutung der elterlichen Überzeugung für den Spracherwerb ihrer Kinder hervor. Entsprechend der elterlichen Überzeugung und den Einstellungen gegenüber einer bestimmten Sprache und dem Bilingualismus wenden die Eltern eine Sprache und interaktionale Strategien an, welche wiederum die Zweisprachigkeit der Kinder beeinflusst. Neben der positiven Einstellung der Eltern betont De Houwer (1999) die Wichtigkeit des regelmässigen und aktiven Gebrauchs beider Sprachen für sozio-kommunikative Zwecke. Die Befunde früherer Studien (vgl. Snow, Barnes, Chandler, Goodman & Hemphill, 1991; Stevenson & Baker, 1987) über den Zusammenhang von elterlicher Partizipation und akademischer Leistung ihrer Kinder wurden in der Untersuchung von Aarts und Verhoeven (1999) bestätigt. Analysiert wurden in der Studie von Aarts und Verhoeven (1999) die sprachlichen Leistungen von 222 Türkisch sprechenden Schülerinnen und Schülern der achten Klasse der Primarschule in Hinblick auf ihre schulische und funktionale Literalität in der L1 (Türkisch) und in der L2 (Niederländisch). Die Faktoren elterliche Unterstützung, Motivation der Eltern für die Schule sowie das Selbstwertgefühl ihrer Kinder übten den grössten Einfluss auf die literalen Fähigkeiten der untersuchten Schülerinnen und Schüler sowohl in der L1 als auch in der L2 aus.

Betrachtet man die spezielle sprachliche Situation der Familien mit Migrationshintergrund, springen andere wichtige Aspekte ins Auge. Während in zweisprachigen Familien aufwachsende Kinder die Sprachen kontextunabhängig anwenden, teilt sich in den meisten Fällen die sprachliche Welt für die Kinder mit Migrationshintergrund in *zwei sprachgebundene Kontexte* auf. Es gibt einen familiären Kontext, in dem sie ihre Erstsprache benutzen und einen schulischen Kontext, in dem der Gebrauch der Zweitsprache erforderlich ist (vgl. Reich, 1992). Da sich diese Bereiche selten überschneiden, erfolgt eine gewisse Spezialisierung des Vokabulars. Insbesondere bei schulbezogenen Themen können die entsprechenden Ausdrücke in der Erstsprache fehlen. Darüber hinaus zeigt sich eine *inkonsequente Haltung der Eltern* mit Migrationshintergrund *gegenüber der Zweisprachigkeit*. Einerseits zeigt sich eine Tendenz zur sprachlichen Isolation, insofern als die Familien mit Migrationshintergrund wenig sprachliche Kontakte mit Einheimischen pflegen. Auf der anderen Seite gibt es Familien, in denen auf den aktiven Gebrauch der Erstsprache zugunsten der Zweitsprache verzichtet wird (Caprez-Krompàk, 2007). In diesem Fall wird nicht nur die Entwicklung der Erstsprache beeinträchtigt, sondern die emotionalen Aspekte der Erstsprache gehen durch die meist fehlerhaft beherrschte Landessprache verloren (vgl. Oksaar, 2003).

2.4.4 Lernumwelt Schule

Im Hinblick auf den empirischen Teil der vorliegenden Arbeit konzentriert sich die Diskussion im Rahmen der Lernumwelt Schule auf die Rolle der Lehrperson in sprachlich und kulturell heterogenen Klassen. Reusser (1995) weist auf den *Wandel der Lehr- und Lernkultur* hin, der die pädagogische Rolle von Lehrerinnen und Lehrern in bedeutendem Masse beeinflusste. Die Merkmale des traditionellen Lernbegriffs sieht Reusser (1995) in der einseitigen Orientierung an fachlichen Lernzielen, die vor allem auf Wissensvermittlung abzielt, sowie in der Vernachlässigung des zentralen Verstehensprozesses, die mit einer ungenügenden Berücksichtigung lebensweltlicher Erfahrungen der Schülerinnen und Schüler einhergeht. Weitere Merkmale beziehen sich auf den geringen Grad an Bewusstheit und Verbalisierungsfähigkeit hinsichtlich des eigenen Lernens, auch die fehlenden sozialinteraktiven Kontexte, die fehlende Selbststeuerung des Lernens sowie die Bevorzugung des fragend-entwickelnden Klassenunterrichts (Reusser, 1995). Das Hauptcharakteristikum des frontalen Klassenunterrichts ist ein Lehrer-Schüler-Dialog, der in einem Dreischritt von Lehrerimpuls, Reaktion und Bewertung geführt wird (Mehan, 1979; Reusser, 1995). Im Gegensatz zum traditionellen Lernbegriff, in dessen Zentrum der passiv Lernende stand, konzentriert sich die neue Lehr-Lernkultur auf die aktiv Lernenden, die ihr Lernen eigenständig planen, durchführen und bewerten. Neben dem selbstgesteuerten Lernen (Schiefele & Pekrun, 1996) treten offene und interaktive Unterrichtsformen sowie Persönlichkeitsbildung und Erwerb von überfachlichen Schlüsselqualifikationen als Lern- und Unterrichtsziel in den Vordergrund (Reusser, 1995). Dieser Paradigmenwechsel zieht auch einen *Rollenwandel von Lehrpersonen* nach sich, indem die Lehrpersonen viel mehr als „Gestalter und Gestalterinnen von fachlichen und reflexionsbetonten, interaktiven Lehr-Lernumgebungen" (Reusser, 2000, S. 86) fungieren. Einerseits konfrontieren sich die Lehrpersonen mit den neuen Anforderungen einer konstruktivistischen Unterrichtskultur (Dubs, 1995; Reusser, 2006), andererseits mit den Herausforderungen von sprachlich und kulturell heterogenen Klassen. In der Diskussion über die *sprachliche und soziokulturelle Diversität* wird hier nicht die methodisch-didaktische Ebene hervorgehoben – die ohne Zweifel einen wichtigen Eckpfeiler der pädagogischen Professionalität darstellt (vgl. Schader, 2000) – sondern die inhaltliche Ebene, in deren Mittelpunkt die Grundsätze der Pädagogik der Vielfalt stehen. Dabei handelt es sich nach Allemann-Ghionda (2002) um einen „mehrdimensionalen Ansatz, in welchem nicht die Verherrlichung oder die Verteufelung der kulturellen Unterschiede und der Ethnizität zur Diskussion stehen, sondern strukturelle Veränderungen der Bildung den entscheidenden Unterschied ausmachen" (Allemann-Ghionda, 2002, S. 525). Wie die Lehrpersonen mit der migrationsbedingten Heterogenität ihrer Klassen umgehen, untersuchte Edelmann (2007) in ihrer qualitativen Studie, in der u.a. 40 Primarlehrpersonen, davon 15 mit Migrationshintergrund, mit der Methode des problemzentrierten Interviews befragt wurden. Zum einen verdeutlichen die Befunde, dass die befragten Lehrpersonen nach einem bestimmten Muster mit den Schülerinnen und Schülern mit Migrationshintergrund umgehen. Es gab Lehrpersonen, denen es besser gelang, die Heterogenität der Klasse als Potenzial zu nutzen (kooperativ-synergieorientierter

Typ), im Gegensatz zu denjenigen Lehrpersonen, welche die migrationsbedingte Vielfalt weitgehend ignorierten (abgrenzend-distanzierter Typ). Zum anderen wurde das pädagogische Handeln stark von der Zusammenarbeit im Lehrerkollegium beeinflusst. Die Zusammenarbeit in einem innovativen, auf Heterogenität ausgerichteten Team wirkte förderlich auf den Umgang mit der sprachlichen und kulturellen Vielfalt (Edelmann, 2007). Ferner zeigt Edelmann (2007) auf, dass die Lehrpersonen mit eigenen Migrationserfahrungen ihren biografischen Hintergrund als Ressource betrachten und ihn erfolgreich in ihr pädagogisches Handeln einbringen können. Darüber hinaus setzten sie ihre wahrgenommene Vorbildfunktion bei der Entfaltung von bikulturellen oder *polyphonen Identitäten*[44] (Allemann-Ghionda, 2004, S. 83) bewusst ein. Die institutionalisierte Förderung der Erstsprache durch den HSK-Unterricht begrüssen und unterstützen Lehrpersonen mit Migrationshintergrund, weil sie die Kenntnisse in der Erstsprache als wichtige Ressource für die Identitätsentwicklung bewerten (Edelmann, 2007). Die Erkenntnisse der Studie weisen darauf hin, dass der adäquate Umgang mit der sprachlichen und kulturellen Heterogenität nicht selbstverständlich einen Bestandteil der pädagogischen Professionalität bildet, deshalb fordert Edelmann (2007), dass insbesondere solche Themen wie Deutsch als Zweitsprache, individualisierender Unterricht und Beurteilungsformen in der Lehrerbildung ihren festen Platz finden.

Das Zusammenwirken der oben dargestellten Aspekte im Untersuchungsmodell des HSK-Unterrichts (vgl. Abbildung 3) wurde in der theoretischen Erläuterung sichtbar. Da im Mittelpunkt des HSK-Unterrichts das Erlernen bzw. die Förderung der Erstsprache sowie die Pflege der Herkunftskultur stehen, bildet das theoretische Rahmenmodell der Sprachbeherrschung (Abbildung 4) von Cummins (1984, 2000a) einen wesentlichen Bestandteil des Untersuchungsmodells. Mit diesem Modell verweist Cummins (1984, 2000a) auf die unterschiedlichen Entwicklungsverläufe der mündlichen und schriftlichen Sprachfähigkeiten bei Kindern mit Migrationshintergrund. Obwohl sich das Modell auf die Zweitsprache bezieht, können daraus Erkenntnisse auf die im Migrationskontext entwickelte Erstsprache abgeleitet werden. Die Funktion der Erstsprache beschränkt sich bei Kindern mit Migrationshintergrund auf den familiären Gebrauch. Dementsprechend zeigen sich gewisse Einschränkungen beim Lösen kognitiv anspruchsvoller und auf den Kontext reduzierter Aufgaben. Eine Aufgabe des HSK-Unterrichts müsste darin bestehen, den Schwerpunkt der Sprachförderung auf die kognitiv anspruchsvollen und im Kontext eingebetteten Bereiche zu legen. Zwar sind die Aspekte der Motivation und des sprachlichen Selbstbildes lediglich indirekt beeinflussbar, dennoch erscheint es bedeutsam, auf diese relevanten Einflussfaktoren bei der Sprach-

---

44 „Personen mit einer „*polyphonen*" *Identität* verfügen aufgrund längerer, prägender Aufenthalte in verschiedenen regional oder national definierten Kulturen über ein *Repertoire an kulturell und sprachlich kodierten „Stimmen*", wobei der Begriff nicht nur vokal und verbal zu verstehen ist, sondern eher im Sinne von „*Ausdrucksweisen*". Diese können sich wie in einem Orchester je nach kommunikativem Zusammenhang isoliert äussern, oder aber in einer Weise kombiniert auftreten, dass der Klang einen eigenen, unverwechselbaren Ausdruck hervorbringt" (Allemann-Ghionda, 2004, S. 83).

förderung zu achten. Die positive Einstellung der Eltern gegenüber der Zweisprachigkeit wirkt sich ebenfalls positiv auf die familiäre Unterstützung der L1 sowie der L2 aus (De Houwer, 1999). Ein komplexes Gefüge von Komponenten bildet das Lernumfeld Schule, in dem die Lehrpersonen als Akteure eine entscheidende Rolle sowohl in der Gestaltung der Lernumgebungen (Reusser, 2006) als auch in der Umsetzung von Grundgedanken der Pädagogik der Vielfalt spielen (Allemann-Ghionda, 2002; Edelmann, 2007). Die folgenden Kapitel stellen auf der Basis der oben ausgeführten theoretischen Ansätze die Operationalisierung und Erforschung des Untersuchungsgegenstandes „HSK-Unterricht" dar.

3. Methode der Untersuchung – Design der Methodentriangulation

3.1 Methodisches Vorgehen und Forschungsdesign

Um die Entwicklung der Sprachkompetenzen in der Erst- und Zweitsprache (*„Globale Sprachkompetenz in L1/L2"*) im interkulturellen Kontext zu untersuchen, wurde ein Design gewählt, welches die verschiedenen Einflussfaktoren, wie *„Individuelle Lernvoraussetzungen"*, *„Lernumwelt Familie"* und *„Lernumwelt Schule"* sowie deren Zusammenspiel nach dem ökosystemischen Ansatz von Bronfenbrenner (1981) berücksichtigt (vgl. Abbildung 5). Die Komplexität des Untersuchungsgegenstandes bzw. die Beantwortung der Forschungsfragen erfordern die Einnahme unterschiedlicher Perspektiven, die im Kontext der sozialwissenschaftlichen Forschung als *Triangulation* definiert wird (Flick, 2004). Einerseits handelt es sich bei der vorliegenden Forschungsarbeit um eine *mixed methodology (between-method)*, welche durch die Erweiterung der Perspektiven bzw. durch die Verbindung von qualitativen und quantitativen Methoden zu einem Erkenntnisgewinn beiträgt (Flick, 2004). Andererseits wird *Daten-Triangulation (data triangulation)* innerhalb der qualitativen Methode eingesetzt, mit der das Phänomen „HSK-Unterricht" zu verschiedenen Zeitpunkten, an verschiedenen Orten und Personen untersucht wird (Denzin, 1970; Flick, 2004). Verknüpft werden die beiden Forschungsansätze im Schlussteil der Arbeit, in dem die Ergebnisse der qualitativen Methode komplementär zum quantitativen Teil stehen.

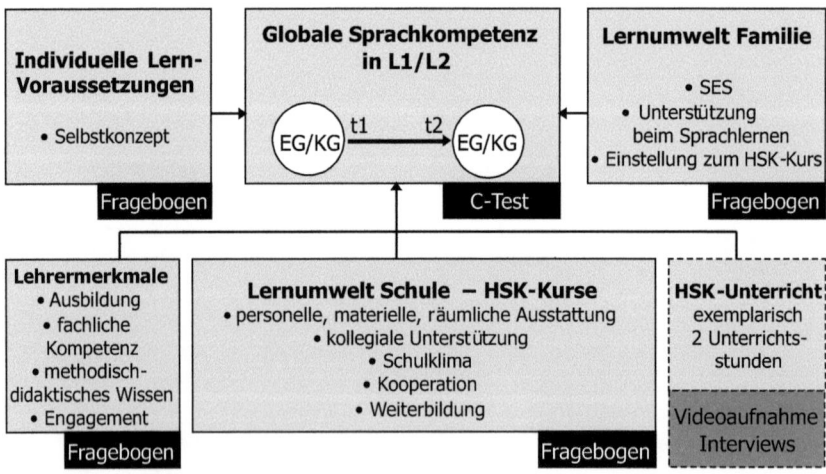

Abbildung 5:   Design der Untersuchung

Entsprechend diesem Ansatz, der die externe Validität in den Mittelpunkt stellt, wurde ein *quasi-experimentelles Längsschnittdesign* gewählt, in dem die Probandinnen und Probanden abhängig von bereits existierenden Merkmalen (hier vom Besuch des HSK-Unterrichts) in der „Experimental"- oder Treatmentgruppe und in der „Kontroll"- oder Vergleichsgruppe[45] untersucht wurden. Aufgrund der vorhandenen „natürlichen" Gruppierung wird bei einer quasi-experimentellen Untersuchung auf die Randomisierung der Personen (zufällige Zuordnung) verzichtet (vgl. Bortz, 2005). Das Merkmal für die Einteilung in die Vergleichsgruppe bestand darin, dass die Schülerinnen und Schüler den HSK-Unterricht zum Zeitpunkt der Erhebung nicht besuchten und auch früher nicht besucht hatten. Bei der Treatmentgruppe wurde der regelmässige Besuch des HSK-Unterrichts vorausgesetzt, welcher sich zum Zeitpunkt der Erhebung bereits über ein Jahr erstreckt hatte. Die Sprachkompetenzen der Treatment- und Vergleichsgruppe wurden mit Hilfe des Längsschnittdesigns zweimal gemessen und analysiert (*Globale Sprachkompetenz in L1/L2*).[46] Dabei wurden die „Experimental"- oder Treatmentgruppe und die „Kontroll"- oder Vergleichsgruppe als *„between-Faktor"*, die Vorher- und Nachhermessung als *„within-Faktor"* behandelt; die beiden vorgegebenen Gruppen wurden bezüglich ihrer Motivation, ihrer Selbsteinschätzung (*Individuelle Lernvoraussetzungen*) und bezüglich des sozioökonomischen Status und der sprachlichen und kulturellen Einstellung sowie der Unterstützung der Eltern (*Lernumwelt Familie*) verglichen. Bei der Prüfung des Lernerfolgs in beiden Sprachen wurden statistisch bedeutsame Lernvoraussetzungen und Bedingungen der Lernumwelt als Kovariaten mit berücksichtigt. In der ersten Phase wurden standardisierte Sprachleistungstests (C-Test)[47] sowie standardisierte Fragebogen für Kinder und Eltern eingesetzt. Um die *Lernumwelt Schule* zu untersuchen, wurden HSK-Lehrpersonen in der Deutschschweiz mit einem standardisierten Fragebogen über die inhaltlichen und formalen Rahmenbedingungen des HSK-Unterrichts sowie die Selbsteinschätzung ihrer fachlichen Kompetenz befragt. Zur Präzisierung und Vertiefung der Ergebnisse wurden die quantitativen Daten in einer zweiten Phase durch qualitative Methoden wie Unterrichtsbeobachtung und problemzentriertes Interview ergänzt.

3.1.1 Der Durchführungsplan im Überblick

Der Durchführungsplan (vgl. Abbildung 6) zeigt den zeitlichen Ablauf der Untersuchung und erlaubt einen Gesamtüberblick über die wichtigsten Phasen. In der Pretest-Phase wurden die Erhebungsinstrumente entwickelt und überprüft. Die Beschreibung der Pretests folgt im entsprechenden Kapitel über das bestimmte Instrument (vgl. Kapitel 3.3). Aus organisatorischen Gründen wie zum Beispiel Schwierigkeiten mit dem Zusammenstellen der Vergleichsgruppe und einer Verzögerung der Untersuchung der türkischen Kinder[48], wurde die erste Erhebung in drei Tranchen aufgeteilt (vlg. Abbildung 6). Nach einem Jahr fand die zweite

---

45 Im Weiteren werden die Gruppen als Treatment- und Vergleichsgruppe bezeichnet.

46 Im Weiteren werden die Erhebungszeitpunkte in der Längsschnittstudie mit t1 (erste Erhebung) und mit t2 (zweite Erhebung) bezeichnet.

47 C-Test – integrativer Sprachtest zur Erfassung der globalen Sprachfähigkeiten (siehe Kapitel 3.3.1).

48 Hiermit bedanke ich mich bei Herrn Mustafa Damar, Erziehungsrat der Türkischen Botschaft in der Schweiz, dass er sich stets bemüht hat, die Erlaubnis für die Untersuchung vom Türkischen Bildungsministerium zu erhalten.

Datenerhebung analog zur ersten Erhebung mittels C-Test statt. Parallel zur zweiten Erhebungsphase fanden die Befragung der HSK-Lehrpersonen und die Videoaufnahmen von zwei albanischen HSK-Lektionen statt. Aufgrund der Analyse der Videoaufnahmen wurde der Leitfaden des Interviews präzisiert und die Interviews in der letzten Phase durchgeführt.

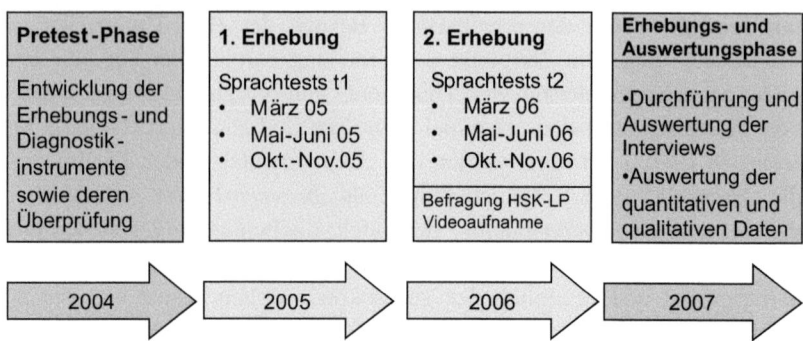

Abbildung 6: Durchführungsplan

3.1.2 Stichprobe der Schülerinnen und Schüler

Zum Zeitpunkt der ersten Erhebung bestand die Stichprobe aus 126 Schülerinnen und Schülern in der Treatmentgruppe (davon 81 albanischsprachige und 45 türkischsprachige) und 55 Schülerinnen und Schülern der Vergleichsgruppe (davon 45 albanischsprachige und 10 türkischsprachige). An der zweiten Erhebung nahmen 80 Kinder (davon 51 albanischsprachige und 29 türkischsprachige) in der Treatmentgruppe und 46 Kinder (davon 41 albanischsprachige und 5 türkisch-sprachige) in der Vergleichsgruppe teil. Bei der Stichprobe handelt es sich für die albanischen Kinder um eine Vollerhebung. Allerdings erfolgte die Auswahl der Teilnehmenden in der Treatment- und Vergleichsgruppe nach der Bereitschaft der Lehrpersonen, an der Untersuchung teilzunehmen. Während die albanische Gruppe auch im statistischen Sinne den Anforderungen dieser komplexen Untersuchungen genügen, war die Vergleichsgruppe der türkischen Schülerinnen und Schüler von Beginn an zu klein, um die gleiche Schlussvalidität zu erzielen. Deshalb wurden die Auswertungen anhand der albanischen Schülerinnen und Schüler als Haupt-untersuchung behandelt. Die Ergebnisse der türkischen Schülerinnen und Schüler wurden vergleichend zu diesen ausgewertet.

Wie aus der Tabelle 4 ersichtlich ist, gibt es eine 36-prozentige Stichproben-mortalität bei der Treatmentgruppe und eine 16-prozentige Stichprobenmortalität bei der Vergleichsgruppe. Besonders hoch war die Stichprobenmortalität bei der türkischen Vergleichsgruppe, die zum zweiten Erhebungszeitpunkt lediglich aus 5 Schülerinnen und Schülern bestand. Aus diesem Grund wurde die türkische Gruppe aus der Hauptanalyse mit Mixed ANOVA ausgeschlossen. Die hohe Stichproben-mortalität bei der Treatmentgruppe ist darauf zurückzuführen, dass der Besuch des

HSK-Unterrrichts freiwillig ist. Bereits innerhalb eines Jahres kann eine grosse Fluktuation in den Gruppen festgestellt werden. Zudem kam es immer wieder zu Absenzen von Schülerinnen und Schülern, die wiederum die realen Rahmenbedingungen des HSK-Unterrichts widerspiegeln. Zuerst wurde die Stichprobe einer Basisanalyse unterzogen und dabei von statistischen Ausreissern bereinigt. In die Analyse wurden nur diejenigen Probanden einbezogen, die den Besuch des HSK-Unterrichts in Jahren angaben. Wie bereits betont wurde, galt der regelmässige Besuch des HSK-Unterrichts, der sich zum Zeitpunkt der Erhebung über mindestens ein Jahr erstreckte, als Auswahlkriterium für die Zuteilung zur Treatmentgruppe.

Tabelle 4:   Stichprobe und Stichprobenmortalität der Schülerinnen und Schüler in t1 und t2

Anzahl Schülerinnen und Schüler	Treatmentgruppe		Mortalität	Vergleichsgruppe		Mortalität
	t1	t2		t1	t2	
Albanisch	81	51	37 %	45	41	8 %
Türkisch	45	29	35 %	10	5	50 %
Insgesamt	126	80	36 %	55	46	16 %

Zum ersten Erhebungszeitpunkt besuchten die Schülerinnen und Schüler die 4. und 5. Klasse und zum zweiten Erhebungszeitpunkt die 5. und 6. Klasse. Ausnahmen waren drei Sechstklässler in der Treatmentgruppe. Weil sich die Ergebnisse der Sprachtests dieser drei Schüler nicht signifikant von der Grundgesamtheit unterschieden, wurden sie in die Analysen einbezogen. Die Verteilung nach Geschlecht, Dauer des HSK-Unterrichts und Schulklasse zeigt Tabelle 5. Im Durchschnitt besuchten die Kinder in der Treatmentgruppe den HSK-Unterricht seit 2 Jahren und 4 Monaten (M = 2.48), im Gegensatz zur Vergleichsgruppe, die den HSK-Unterricht gar nicht besuchte.

Tabelle 5:   Stichprobe (t1) nach Geschlecht, Dauer des HSK-Unterrichts und Schulklasse

Anzahl Schülerinnen und Schüler	Jungen	Mädchen	HSK-Besuch (Mittelwert in Jahren)	SD	4. Kl.	5. Kl.
Treatmentgruppe	57	31	2.48	1.1	71	55
Vergleichsgruppe	69	24	0	.00	30	25
Insgesamt	126	55			101	80

Tabelle 6:   Bezirke und Schulkreise in der Gesamtstichprobe

Bezirk bzw. Schulkreis (alle im Kanton Zürich)	Treatmentgruppe (Kinder mit HSK-Unterricht)	Vergleichsgruppe (Kinder ohne HSK-Unterricht)
Bezirk Affoltern am Albis	13	
Schulkreis Limmattal	43	9
Schulkreis Schwamendingen	12	
Schulkreis Waidberg	4	
Bezirk Uster (Dübendorf)	6	
Bezirk Dielsdorf (Dällikon)	7	
Bezirk Regensdorf	2	23
Bezirk Bülach (Opfikon, Bassersdorf)	24	8
Bezirk Pfäffikon		4
Stadt Winterthur	15	11
Insgesamt	**126**	**55**

Aus Tabelle 6 wird ersichtlich, dass die Kinder der Treatmentgruppe aus 8 und diejenige der Vergleichsgruppe aus 5 Bezirken und Schulkreisen rekrutiert wurden. Dabei wurde die Gesamtstichprobe nach Gruppen und nicht nach Sprachen gegliedert.

3.1.3 Stichprobe der Eltern

Von den Eltern der untersuchten 181 Schülerinnen und Schüler schickten 111 die Fragebogen zurück. Da einige Teile des Fragebogens sowohl vom Vater als auch von der Mutter zu beantworten waren umfasste die Stichprobe 111 Väter und 111 Mütter. Von den befragten 222 Elternteilen gaben 85 Väter und 86 Mütter Albanisch sowie 25 Väter und 22 Mütter Türkisch als Muttersprache an. Andere oder mehrere Muttersprachen kamen in sechs Fällen vor. Insgesamt fehlten vier Angaben zur Muttersprache. Das durchschnittliche Alter der Väter teilte sich in zwei Altersgruppen auf. Knapp 50 Prozent der Väter waren zwischen 30 und 40 Jahre und 46 Prozent zwischen 40 und 50 Jahre alt. Ein kleiner Anteil der Männer gehörte zur Altersgruppe der über Fünfzigjährigen (6 %). Bei den Müttern überwog die Altersgruppe zwischen 30 und 40 Jahren (64 %). Ein Viertel der Mütter war zwischen 40 und 50 Jahre alt. Der Anteil der Frauen, die zwischen 20 und 30 Jahre bzw. über 50 Jahre alt waren, lag unter 10 bzw. 5 Prozent. Während bei den Männern die Hauptgründe für die Migration bessere Verdienstmöglichkeiten in der Schweiz (60 %) und die Arbeitslosigkeit im Heimatland (67 %) waren, immigrierten die Frauen wegen Heirat bzw. Familienzusammenführung in die Schweiz (61 %).

Teilstichprobe der Eltern der albanischen Hauptgruppe

Für die Hauptanalyse war es erforderlich, die albanische Hauptgruppe (Treatmentgruppe: n = 51, Vergleichsgruppe: n = 41) von denjenigen Schülerinnen und

Schülern zu trennen (Albanisch und Türkisch sprechende), deren Testergebnisse nicht zu beiden Erhebungszeitpunkten vorhanden waren. Deshalb ist es von Bedeutung, die Hintergrundsmerkmale der Eltern der albanischen Hauptgruppe getrennt darzustellen. Insgesamt standen 24 ausgefüllte Elternfragebogen aus der albanischen Treatmentgruppe und 37 aus der Vergleichsgruppe zur Verfügung. Ausser einer Mutter, die Kurdisch als Muttersprache hat, gaben alle Eltern Albanisch als Muttersprache an. Es gibt keinen bedeutenden Unterschied im durchschnittlichen Alter der Eltern in der Treatment- und Vergleichsgruppe. Sowohl in der Treatment- als auch in der Vergleichsgruppe waren über die Hälfte der Väter zwischen 30 und 40 Jahre und mehr als 40 Prozent zwischen 40 und 50 Jahre alt. Mehr als 60 Prozent der Mütter befand sich im Alter zwischen 30 und 40 Jahren. In der Treatmentgruppe gehörten 30 Prozent der Frauen zur Altersgruppe zwischen 40 und 50 Jahren. In der Vergleichgruppe bildete diese Altersgruppe lediglich 20 Prozent der Grundgesamtheit. Dagegen war hier eine Altersgruppe (20-30 Jahre) in 14 Prozent vorhanden, die bei den Müttern der Treatmentgruppe seltener vorkam (4 %). Ähnlich wie in der Gesamtstichprobe der Eltern gab die grosse Mehrheit der Männer an, wegen besserer Verdienstmöglichkeiten und wegen der Arbeitslosigkeit (über 70 %) in die Schweiz immigriert zu haben. Bei den Frauen stand nach wie vor der Grund der Heirat bzw. Familienzusammenführung auf dem ersten Platz (über 60 %).

Im Weiteren werden die Merkmale des sozioökonomischen Status der Eltern dargestellt. Zum Beruf standen wenige Daten zur Verfügung. In der Treatmentgruppe gaben 10 Väter ihren aktuellen Beruf in der Schweiz an (Angestellter: n = 2, Bauarbeiter: n = 2, Gärtner n = 3, Industrieschmied: n = 1, Lastwagenfahrer: n = 1 und Pensionierte: n = 1). Bei den Müttern konnten die Berufe wie Angestellte, Arbeitslose und Hausfrau (jeweils n = 2) identifiziert werden. Ähnliche Berufe kamen auch bei der Vergleichsgruppe vor. Unter den 11 Berufen der Vergleichsgruppe wurden folgende Berufe bei den Vätern gefunden: Angestellter (n = 4), Automechaniker (n = 2), Bauarbeiter (n = 2), Isolationsinstallateur (n = 1), Reiseagent (n = 1) und Pensionierter (n = 1). Die Mütter in der Vergleichsgruppe gaben die folgenden Berufe an: Angestellte (n = 2), Empfangsdame (n = 1), Fabrikarbeiterin (n = 1), Hausfrau (n = 3), Verkäuferin (n = 2).

Aus Abbildung 7 wird ersichtlich, dass von den 24 Vätern in der Treatmentgruppe die Mehrheit (75 %) die Mittelschule besucht hatte. Im Gegensatz zur Vergleichsgruppe, in der lediglich 8.3 Prozent der Väter einen Hochschulabschluss hat, gaben insgesamt 6 Väter (25 %) in der Treatmentgruppe an, eine tertiäre Ausbildung abgeschlossen zu haben. Insgesamt zeigen die Väter in der Treatmentgruppe eine höhere Ausbildung als die Väter in der Vergleichsgruppe. Zu beachten ist dabei die geringe Fallanzahl im Vergleich zur Stichprobe der Kinder (Treatmentgruppe: n = 51, Vergleichsgruppe: n = 41).

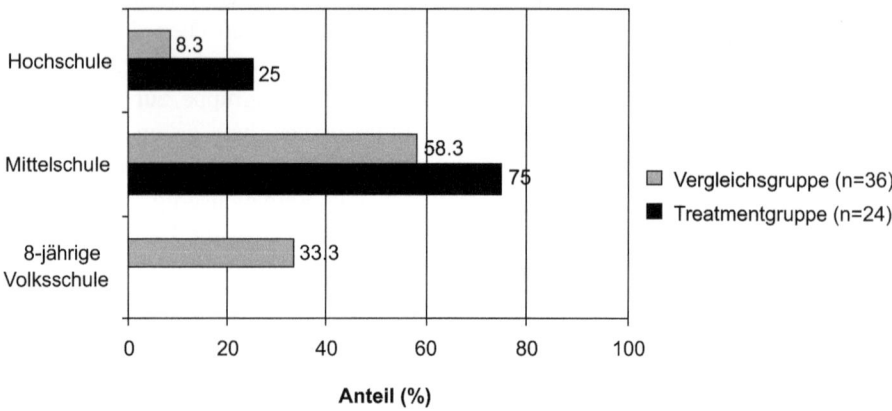

Abbildung 7:   Bildung der Väter im Herkunftsland (albanische Hauptgruppe)

Im Gegensatz zu den Vätern zeigten die Mütter der albanischen Hauptgruppe ein heterogeneres Bild (vgl. Abbildung 8). In der Treatmentgruppe hatte annähernd ein Drittel der Frauen die Volksschule teilweise, über 30 Prozent die 8-jährige Volksschule und ein weiteres Drittel die Mittelschule besucht. Knapp 10 Prozent der Frauen gab an, über eine tertiäre Ausbildung zu verfügen. In der Vergleichsgruppe hatte mehr als die Hälfte der Mütter die 8-jährige Volksschule, 20 Prozent die Mittelschule und knapp 10 Prozent die Volksschule teilweise bzw. die Hochschule besucht.

In Bezug auf die Bildung der Eltern der albanischen Hauptgruppe kann festgestellt werden, dass lediglich bei den Vätern ein signifikanter Unterschied beim Bildungsniveau besteht. Die Ergebnisse des Mittelwertvergleichs mittels t-Test zeigen auf, dass die Väter in der Treatmentgruppe über eine höhere Ausbildung (n = 24, M = 4.25, SD = .442) als diejenigen in der Vergleichsgruppe verfügen (n = 36, M = 3.75, SD = .604, p <.05).

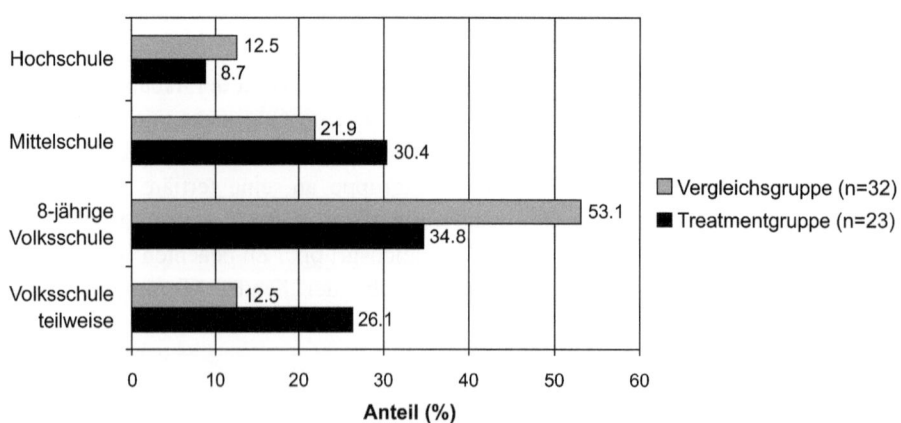

Abbildung 8:   Bildung der Mütter im Herkunftsland (albanische Hauptgruppe)

118

Als Indikator für die Erfassung des sozioökonomischen Status gilt der Bücherbesitz. In der vorliegenden Studie wurde die Anzahl Bücher in der Erst- und Zweitsprache erhoben. Der Mittelwertvergleich mittels t-Tests konnte keinen signifikanten Unterschied zwischen den Gruppen aufzeigen (Anzahl albanischer Bücher bei der Treatmentgruppe: $n = 23$, $M = 3.39$, $SD = 1.158$, bei der Vergleichsgruppe: $n = 35$, $M = 3.11$, $SD = 1.078$, n.s; Anzahl deutscher Bücher bei der Treatmentgruppe: $n = 23$, $M = 3.22$, $SD = 1.085$, bei der Vergleichsgruppe: $n = 35$, $M = 3.09$, $SD = 1.067$, n.s.).

Aufgrund der vorhandenen Daten über die Eltern der albanischen Hauptgruppe kann festgestellt werden, dass die Treatment- und die Vergleichsgruppe ähnliche Hintergrundmerkmale (Alter, Gründe für Migration und Sprache) aufzeigen. Darüber hinaus gibt es keinen signifikanten Unterschied bezüglich des sozioökonomischen Status gemessen an der Anzahl Bücher. Lediglich die Väter in der Treatmentgruppe weisen einen höheren Bildungsstand als die Väter in der Vergleichsgruppe auf.

3.1.4 Stichprobe der HSK-Lehrpersonen in der quantitativen Befragung

Für die Auswertung standen 331 ausgefüllte Fragebogen zur Verfügung. Dies entspricht einer Rücklaufquote von 55 Prozent. Betrachtet man jedoch die Zahl der zurückgeschickten Fragebogen mit der Bemerkung der Post „Weggezogen" oder „Adressenänderung" ($n = 71$), erhöht sich die Rücklaufquote auf 67 Prozent. Von den 331 HSK-Lehrpersonen bildeten die Lehrerinnen ($n = 261$) mit 79 Prozent den grösseren Teil. Der Anteil der befragten Lehrer betrug 21 Prozent ($n = 70$). Das durchschnittliche Alter von 73 Prozent der befragten Lehrpersonen lag zwischen 31 und 50 Jahren. Die HSK-Lehrpersonen sind zwei- und mehrsprachig, wie aus der Tabelle 7 ersichtlich wird. Die befragten 331 HSK-Lehrpersonen gaben 393 Erstsprachen an, davon die meisten zwei Erstsprachen wie z.B. Spanisch und Spanisch für Lateinamerika, Portugiesisch und Brasilianisch[49], Spanisch und Katalanisch, Serbisch und Slowenisch sowie Tamilisch und Thai. Zwei Personen kreuzten vier und fünf Sprachen bei der Angabe ihrer Erstsprache an (Albanisch, Kroatisch, Mazedonisch und Serbisch sowie Spanisch, Spanisch für Lateinamerika, Portugiesisch, Brasilianisch und Englisch). Unter den anderen Sprachen bei der Angabe von L1 wurden Bulgarisch ($n = 1$), Deutsch ($n = 1$), Englisch ($n = 2$), Japanisch ($n = 5$), Katalanisch ($n = 2$), Koreanisch ($n = 5$), Malayalam ($n = 3$), Persisch ($n = 3$), Polnisch ($n = 2$), Arabisch ($n = 9$), Kurdisch ($n = 5$), Mazedonisch ($n = 4$), Slowenisch ($n = 6$) und Thai ($n = 5$) aufgeführt.

---

49 Da die HSK-Kurse in Spanisch, Spanisch für Lateinamerika sowie Portugiesisch und Portugiesisch für Brasilien angeboten werden, wurden diese Sprachen trotz des geringen Unterschieds in den Sprachvarietäten bei der Frage nach der Muttersprache auch getrennt aufgeführt.

Tabelle 7: L1 der HSK-Lehrpersonen

Sprachen	Albanisch	Bosnisch	Chinesisch	Finnisch	Französisch	Griechisch	Italienisch	Kroatisch	Portugiesisch	Portugiesisch/Brasilianisch	Russisch	Serbisch	Spanisch	Spanisch Lateinamerika	Tamilisch	Türkisch	Ungarisch	Andere	**Total**
n	31	11	18	6	13	6	46	27	18	21	6	16	16	26	47	20	6	53	**393**

3.1.5 Durchführung der quantitativen Untersuchung

Befragung der Schülerinnen und Schüler und deren Eltern

Um die Untersuchung durchführen zu dürfen, wurde das Einverständnis der jeweiligen Schulpflege bzw. der Schulleiterin und des Schulleiters eingeholt. Das Zusammenstellen der Vergleichsgruppe erforderte eine erhebliche Organisationsarbeit, weil es wenige Kinder gab, die am HSK-Unterricht nie teilgenommen hatten. Aus neun Schulhäusern des Kantons Zürich wurde die verhältnismässig kleine Stichprobe der Vergleichsgruppe (n = 55) rekrutiert. Über das Projekt sowie die Ziele der Befragung erhielten die Eltern der befragten Schülerinnen und Schüler ein Informationsschreiben, das ins Albanische und ins Türkische übersetzt wurde. Zusätzlich wurden die Eltern gebeten, mit einem ausgefüllten Fragebogen, der ebenfalls in die Erstsprache der Eltern übersetzt wurde, zur Untersuchung beizutragen. Die schriftliche Befragung der Schülerinnen und Schüler fand entweder während des HSK-Unterrichts (Treatmentgruppe) oder des regulären Schulunterrichts (Vergleichsgruppe) statt. In der ersten Erhebung dauerte die Befragung zwei Lektionen (90 Minuten) und bestand aus dem C-Test in der Erst- und Zweitsprache sowie dem Fragebogen. Die zweite Erhebung nahm eine Lektion (45 Minuten) in Anspruch und umfasste den albanischen bzw. türkischen und deutschen C-Test. Die Befragung, die durch die Untersuchungsleiterin und eine instruierte Person durchgeführt wurde, verlief nach einem Leitfaden, der die Objektivität der Durchführung gewährleistet. Grossen Wert wurde auf die präzise Durchführung des Sprachtests (C-Test) gelegt, die bestimmten zeitlichen Kriterien entsprechen muss (siehe Kapitel 3.3.1). Zuerst füllten die Schülerinnen und Schüler den deutschen, dann den albanischen bzw. türkischen C-Test aus. Nach der zehnminütigen Pause folgte der Fragebogen. Da einige Schülerinnen und Schüler früher mit dem Ausfüllen des Fragebogens fertig waren, schrieben sie einige Sätze über den HSK- bzw. Deutschunterricht.

Befragung der HSK-Lehrpersonen

Design der Umfrage

Der vorliegende quantitative Teil des Projektes, der sich auf die Lernumwelt Schule, genauer gesagt auf den HSK-Unterricht und die HSK-Lehrpersonen konzentriert, bildet den kontextuellen Hintergrund für die Erforschung der Sprachentwicklung in L1 und L2 (Kapitel 4.1.1). Um die berufliche Befindlichkeit der HSK-Lehrpersonen und die Rahmenbedingungen des HSK-Unterrichts in der Deutschschweiz zu erfassen, wurde ein standardisierter Fragebogen für die Zielgruppe entwickelt. Da es im deutschsprachigen Raum wenig bis kaum Forschungsergebnisse über den muttersprachlichen Unterricht bzw. die muttersprachlichen Lehrpersonen gibt, füllen die Resultate dieser Umfrage eine Forschungslücke. Neben den qualitativen Untersuchungen (vgl. Häusler, 1999; Luginbühl, 2002; Subklew, 2001; Schuler, 2003), die sich auf bestimmte Aspekte des muttersprachlichen Unterrichts konzentrieren, ergibt die Studie von Waldrauch (1998) ein umfassendes Bild über die berufliche Situation von 254 muttersprachlichen Lehrerinnen und Lehrern in Österreich (vgl. Kapitel 4.1.1). Mit der vorliegenden Befragung wurde eine anonyme Vollerhebung in der Deutschschweiz angestrebt. Für das Ausfüllen des Fragebogens waren Deutschkenntnisse vorausgesetzt, weil der Fragebogen aus forschungsökonomischen Gründen nicht in verschiedene HSK-Sprachen übersetzt wurde. Aufgrund der bisher fehlenden Forschungsresultate über diese Zielgruppe stiess die Befragung in der Deutschschweiz auf grosses Interesse sowohl von bildungspolitischer Seite als auch von Seiten der HSK-Lehrpersonen.[50]

Ablauf der Befragung von HSK-Lehrpersonen

Die Befragung der HSK-Lehrpersonen in der Deutschschweiz erfolgte in zwei Schritten. In einem ersten Schritt wurden die Adressen der HSK-Lehrpersonen erfasst, die entweder durch die Bildungsdirektionen und Bildungsdepartements des jeweiligen Kantons oder durch die Botschaften und Konsulate der betroffenen Länder sowie durch die Koordinatorinnen und Koordinatoren der HSK-Kurse zugänglich waren. Im zweiten Schritt sondierte man 30 HSK-Lehrpersonen aus verschiedenen Sprachgruppen für den Pretest aus. Die Durchführung des Pretests erfolgte im November 2006. Aufgrund der Ergebnisse des Pretests (n = 17) entstand die Endversion des Fragebogens mit den inhaltlichen und den Fragebogen betreffenden Ergänzungen und Veränderungen. Im Februar 2007 wurde der Fragebogen an 596 Adressen von HSK-Lehrpersonen aus den Deutschweizer Kantonen versandt. Der zweite Versand erfolgte im März 2007 mit der Verlängerung der ursprünglichen Sendefrist. Um den Rücklauf zu erhöhen, wurden diejenigen HSK-Lehrpersonen telefonisch kontaktiert, die nach dem zweiten Versand den Frage-

---

50 Hiermit möchte ich mich bei Herrn Markus Truniger von der Bildungsdirektion des Kantons Zürich bedanken, der für die Durchführung der Untersuchung finanzielle Unterstützung anbot und mir die Teilnahme an Fachgesprächen mit den Mitarbeitenden des Interkulturellen Sektors ermöglichte.

bogen nicht zurückschickten. Die Bereitschaft, an der Untersuchung teilzunehmen war offensichtlich gross, weil insbesondere die telefonisch kontaktierten Lehrpersonen den Fragebogen umgehend zurückschickten.

Für die Auswertung standen 331 ausgefüllte Fragebogen zur Verfügung. Dies entspricht einer Rücklaufquote von 55 Prozent. Wird jedoch die Zahl der zurückgeschickten Fragebogen mit der Bemerkung der Post „Weggezogen" oder „Adressenänderung" (n = 71) berücksichtigt, so erhöht sich die Rücklaufquote auf 67 Prozent.

3.2 Forschungsfragen und Hypothesen

Die im Kapitel 2 ausgeführten theoretischen Erläuterungen sowie die dazu dargestellten aktuellen Forschungsergebnisse bilden die Grundlage zur Formulierung der Forschungsfragen und Hypothesen. Die Forschungsfragen fokussieren auf das Gesamtbild „HSK-Kurse" aus der Perspektive des *Individuums*, der *Familie* und *Schule*. Dementsprechend lassen sich die Hypothesen zu den Forschungsfragen den Themenbereichen „individuelle Lernvoraussetzungen", „Lernumwelt Schule" und „Lernumwelt Familie" zuordnen (vgl. Design der Untersuchung, Abbildung 5). Fokussiert wird auf die sprachlichen Entwicklungsverläufe des Individuums, die in Abhängigkeit vom Besuch des HSK-Unterrichts in einem Längsschnittdesign untersucht werden. Zur Erklärung der inter- und intraindividuellen Unterschiede in der sprachlichen Entwicklung sind weitere Faktoren bezüglich der drei oben genannten Ebenen wie z.B. Motivation, sprachbezogenes Selbstbild, elterliche Unterstützung, elterliche Einstellung sowie Rahmenbedingungen des HSK-Unterrichts und Lehrermerkmale entscheidend.

Forschungsfragen zu den individuellen Lernvoraussetzungen
Die erste Forschungsfrage und die dazu gehörenden Hypothesen 1a und 1b stützen sich zum einen auf das Rahmenmodell der Sprachbeherrschung (Cummins, 1984, 2000a) (Abbildung 4) sowie auf die Interdependenz-Hypothese (Cummins, 1981) von Cummins. Zum anderen resultieren sie aus den Erkenntnissen, die aus den in den vorigen Kapiteln ausgeführten empirischen Studien zur *Erforschung der Sprachkenntnisse von Kindern mit Migrationshintergrund* zu entnehmen sind (vgl. Verhoeven, 1994; Dufva & Voeten, 1999; Schader, 2006).

Forschungsfrage 1
Wie wirkt sich der Besuch des HSK-Unterrichts auf die Entwicklung der Sprachkompetenzen in der Erst- und Zweitsprache aus? Welche Entwicklungsverläufe zeigen sich zwischen den beiden Erhebungszeitpunkten bezüglich Erst- und Zweitsprache, getrennt nach Treatment- und Vergleichsgruppe?

Hypothese 1a
Die Kinder, die den HSK-Unterricht besuchen, erreichen bessere Leistungen im C-Test sowohl in der L1 (Albanisch und Türkisch) als auch in der L2 (Deutsch) im Vergleich zu denjenigen, die den HSK-Unterricht nicht besuchen.

Hypothese 1b
Bei den Kindern, die am HSK-Unterricht teilnehmen, zeigt sich ein grösserer Lernzuwachs in der L1 (Albanisch und Türkisch) und L2 (Deutsch), gemessen anhand des C-Tests zu den Erhebungszeitpunkten t1 und t2, als bei den Kindern, die nicht daran teilnehmen.

Zur Formulierung der zweiten Forschungsfrage und der damit verbundenen Hypothesen 2a und 2b dient die Selbstbestimmungstheorie von Deci und Ryan (1985) als theoretische Grundlage. Aufgrund der Analyse der vorhandenen empirischen Arbeiten über die *Bedeutung der Motivation beim Sprachlernen* (vgl. Noels et al., 2003, Stöckli, 2004) konnten die Hypothesen 2a und 2b konkretisiert werden.

Forschungsfrage 2
Inwieweit beeinflussen die motivationalen Faktoren die Entwicklung der Sprachkompetenzen in der Erst- und Zweitsprache? Welche Unterschiede sind zwischen der Treatment- und der Vergleichsgruppe zu erkennen?

Hypothese 2a
Je höher sich die Schülerinnen und Schüler in der Motivationsskala einschätzen, desto bessere Resultate erreichen sie im Sprachtest.

Hypothese 2b
Die Kinder, die den HSK-Unterricht besuchen, zeigen höhere Formen der Selbstbestimmung für das Erlernen der L1 (Albanisch und Türkisch) und L2 (Deutsch) als diejenigen, die den HSK-Unterricht nicht besuchen.

Bei der Formulierung der dritten Forschungsfrage stand die *Wirkung des sprachbezogenen Selbstbildes* auf die sprachlichen Leistungen im Mittelpunkt des Interesses. Von der Theorie von Clément et al. (1977) sowie von den Forschungsergebnissen zu diesem Forschungsfeld (vgl. Müller, 1996) wurden die Hypothesen 3a und 3b formuliert.

Forschungsfrage 3
Welcher Zusammenhang besteht zwischen dem sprachbezogenen Selbstbild und den sprachlichen Leistungen? Welche Zusammenhänge lassen sich zwischen der Treatment- und der Vergleichsgruppe erkennen?

Hypothese 3a
Je höher die Schülerinnen und Schüler ihre sprachbezogenen Fähigkeiten einschätzen, desto bessere Resultate erreichen sie im Sprachtest.

Hypothese 3b
Die Kinder, die den HSK-Unterricht besuchen, zeichnen sich durch eine höhere Einschätzung ihrer sprachbezogenen Fähigkeiten sowohl für die L1 wie auch für die L2 aus als diejenigen, die den HSK-Unterricht nicht besuchen.

Forschungsfragen zur Lernumwelt Familie
Ausgehend von der Theorie und den dazugehörigen empirischen Resultaten zur *elterlichen Lernunterstützung* wurden die Forschungsfragen zum Bereich Familie formuliert (vgl. Helmke et al., 2004; De Houwer, 1999; Aarts & Verhoeven, 1999). Wichtig erscheint es dabei, die Wirkung des elterlichen Unterstützungsverhaltens auf die Sprachentwicklung sowie das Handlungsmuster bei den Entscheidungen für oder gegen den HSK-Unterricht zu untersuchen.

Forschungsfrage 4
Inwiefern begünstigt die elterliche Unterstützung den Erwerb der Erst- und Zweitsprache? Welche Art von elterlicher Unterstützung kann identifiziert werden?

Forschungsfrage 5
Inwieweit wirken sich die elterlichen Motive auf die Entscheidung für den HSK-Besuch aus?

Forschungsfragen zur Lernumwelt Schule
Bei den Forschungsfragen zur *Lernumwelt Schule* in Bezug auf den HSK-Unterricht wurde nicht die Überprüfung von Hypothesen, sondern ein *exploratives Vorgehen* als Ziel festgelegt. Während die Forschungsfragen 6 und 7 auf die quantitative Befragung der HSK-Lehrpersonen ausgerichtet sind, beziehen sich die Forschungsfragen 8, 9 und 10 auf die qualitative Analyse der Unterrichtsbeobachtung sowie der Interviews, die zu den Unterrichtsbeobachtungen geführt wurden. Während im Zentrum der quantitativen Befragung die Rahmenbedingungen des HSK-Unterrichts standen, konzentrierte sich der qualitative Teil auf die exemplarische Videoanalyse von zwei albanischen HSK-Unterrichtseinheiten. Dabei wurde sowohl eine Triangulation von quantitativen und qualitativen Daten als auch eine methodeninterne Triangulation vorgenommen (vgl. Flick, 2004). In der methodeninternen Triangulation wurde eine Synthese der internen (Interview mit den Lehrpersonen über den beobachteten und videografierten Unterricht) und externen Perspektive (Analyse des beobachteten und videografierten Unterrichts) des Unterrichtsgeschehens angestrebt. Im Weiteren ist zu erwarten, dass aufgrund der Forschungsfragen zur *Lernumwelt Schule* vertiefte Kenntnisse über die Sprachkenntnisse der Albanisch sprechenden Kinder, die elterliche Einstellung zum HSK-Unterricht sowie die Rahmenbedingungen des HSK-Unterrichts gewonnen werden.

Forschungsfrage 6
Wie nehmen die HSK-Lehrpersonen die Rahmenbedingungen der in der Schweiz angebotenen HSK-Kurse wahr?

Forschungsfrage 7
Auf welcher Ebene liegt das wahrgenommene Entwicklungspotenzial der HSK-Kurse und mit welchen Mitteln kann es entfaltet werden?

Forschungsfrage 8
Welche Merkmale weisen die HSK-Lehrpersonen auf und wie beurteilen sie ihre Motivation, Ausbildung und Erfahrung?

Forschungsfrage 9
Wie wird in der subjektiven Wahrnehmung die inhaltliche, sprachliche und methodisch-didaktische Ebene der HSK-Kurse gewichtet?

Forschungsfrage 10
Welche Merkmale zeigt der exemplarisch untersuchte HSK-Unterricht auf der inhaltlichen, sprachlichen und methodisch-didaktischen Ebene? Inwieweit beeinflussen die Lehrermerkmale und die Rahmenbedingungen die unterrichtlichen Prozesse?

3.3 Entwicklung der Erhebungs- und Diagnostikinstrumente

3.3.1 Diagnostikinstrument I-III – der C-Test

Der C-Test gehört zu den am besten untersuchten neueren Sprachtests und wird als Untersuchungsinstrument zur Erfassung der globalen Sprachkompetenz in Erst-, Zweit- und Fremdsprachen eingesetzt (vgl. Grotjahn, 1987, 1997, 2002). Der C-Test besteht aus fünf oder sechs kurzen authentischen Texten, die dem Alter und dem Sprachniveau der Probanden angepasst sind. Die Texte müssen den Probanden unbekannt sein und dürfen keine kulturspezifischen Elemente enthalten. Jeder Text enthält 20-25 Items (Tilgungen) und insgesamt 70-100 Wörter. Nach dem klassisch genannten Tilgungsprinzip „rule of two" wird bei jedem zweiten Wort die zweite Hälfte getilgt, beginnend mit dem zweiten Satz (Grotjahn, 2002). Der fehlende Teil wird entweder durch eine durchgehende Linie oder durch Striche, entsprechend der Anzahl der Buchstaben, gekennzeichnet. Die Probanden erhalten pro Text 5 Minuten Zeit, die getilgten Wortteile zu rekonstruieren. Den so entstandenen Lückentext sollten erwachsene L1-Sprechende annähernd zu 100 Prozent lösen können (Raatz & Klein-Braley, 2002). Die Gesamtpunktzahl setzt sich aus den richtig ergänzten Lücken zusammen. Der erste C-Test wurde 1981 von Klein-Braley und Raatz (1983) entwickelt. Dabei handelt es sich um eine verbesserte Form des sogenannten Cloze-Tests, die die Beseitigung der technischen Fehler des Cloze-Tests bezüglich des Schwierigkeitsgrads, der Reliabilität und des Löschungsprinzips zum Ziel hatte (Raatz & Klein-Braley, 2002). Der C-Test bzw. Cloze-Test beruht auf dem Konzept der reduzierten Redundanz, das aus der Informationstheorie abgeleitet wurde. Ein redundanter Text enthält mehr Informationen, als für das Verständnis des Textes nötig wäre. Werden dem Text Satzteile entnommen, können die fehlenden Elemente aufgrund des Ganzen rekonstruiert werden. Redundanz ist auf allen Ebenen der Sprache vorzufinden: in der Lexik, Semantik und Pragmatik. Tests, die auf dem Konzept der reduzierten Redundanz beruhen, gehören zu Spolskys (1981, zitiert nach Raatz & Klein-Braley, 2002) psycholinguistisch-soziolinguistischen Tests. Im Gegensatz zum Multiple-Choice-Sprachtest, der ein nicht sprachliches Verhalten simuliert, wird hier authentisches linguistisches – nicht unbedingt kommunikatives – Verhalten als Modell eingesetzt (Raatz & Klein-Braley, 2002). Die Vorteile des C-Tests bestehen im ökonomischen Verfahren sowie in seiner Objektivität, Reliabilität und Validität (Grotjahn, 2002). Einige Schwächen zeigt der C-Test in der Differenzierung von sehr fort-geschrittenen Lernenden (Grotjahn, Klein-Braley & Raatz, 2002). Erreichen die Lernenden eine hohe Sprachkompetenz, wird das Ausfüllen des C-Tests zu einfach und die Differenzierung auf diesem Niveau unter den Lernenden erschwert. Im Zu-sammenhang mit dem C-Test wird erstens oft kritisiert, dass dieser kein mündlicher Test ist und zweitens, dass er sich auf das schulische Lesen und Schreiben konzentriert. Grotjahn, Klein-Braley und Raatz (2002) betrachten diese Kritik-punkte als trivial und gleichzeitig begründet. Zum ersten Kritikpunkt ist es wichtig zu erwähnen, dass empirische Untersuchungen über eine hohe Korrelation zwischen dem C-Test und mündlichen Sprachtests berichten (Raatz & Klein-Braley, 1983 zitiert nach Grotjahn, Klein-Braley und Raatz, 2002). Aufgrund der Theorie der reduzierten Redundanz ist sprachliche Redundanz sowohl in der gesprochenen als auch in der geschriebenen Sprache vorhanden. Der zweite Kritik-punkt, der sich auf die Textsorte des C-Tests bezieht, lässt sich nicht vermeiden. Da der C-Test aus authentischen schriftlichen Texten besteht, ist es nicht zu umgehen, dass sich diese Texte bis zu einem gewissen Grad mit dem schulischen Kontext befassen.

Zusammenfassend kann festgestellt werden, dass der C-Test ein geeignetes Instru-ment darstellt, um relative Aussagen über Sprachbeherrschung zu gewinnen, aber zur Festlegung von Sprachförderungsentscheidungen ist er nicht geeignet (Reich, 2006). Im Folgenden werden die Testkonstruktion und die Testanalyse des deut-schen, albanischen und türkischen C-Tests beschrieben. Neben der Autorin dieser Arbeit bildeten erfahrene Türkisch- und Albanisch sprechende Sprachwissen-schaftlerinnen und Sprachwissenschaftler, die teilweise auch HSK-Unterricht geben, das Expertenteam, das sich für das Projekt einsetzte und bei der Ent-wicklung des C-Tests in deutscher, türkischer und albanischer Sprache mitwirkte[51].

Der deutsche C-Test

Der deutsche C-Test (CT-D4) für die 4. Klasse von Raatz und Klein-Braley (2001) diente als Grundlage für die Konstruktion des deutschen C-Tests für Schülerinnen

51 An dieser Stelle möchte ich mich bei Herrn Dr. Mesut Gönç, Frau Dr. Nuran Kahyaoglu, bei Herrn Nexhat Maloku, Herrn Naxhi Selimi und bei Herrn Dr. Basil Schader für ihre wertvolle Mitarbeit bei der Entwicklung der türkischen, albanischen und deutschen C-Tests bedanken.

und Schüler mit Migrationshintergrund in der Schweiz. Weil der oben genannte C-Test für einsprachig deutsch aufwachsende Kinder entwickelt wurde, war es wichtig, ein solches Instrument zu konstruieren, das nicht nur die Aspekte von Zwei- bzw. Mehrsprachigkeit, sondern auch den Migrationshintergrund und die kulturspezifischen Elemente der Sprache berücksichtigt. Nach dem Leitfaden von Grotjahn (2002) wurde der deutsche C-Test Schritt für Schritt erstellt (vgl. Tabelle 8).

Tabelle 8:   Leitfaden zur Konstruktion des C-Tests (nach Grotjahn, 2002, S. 222-224)

Schritt	Hinweis
1. Textauswahl	Aus sechs authentischen Texten wurden vier ausgewählt. Ein Text musste verständlichkeitshalber leicht bearbeitet werden. Alle Texte stammen aus Lesebüchern für die 3. und 4. Klasse sowie aus Kinderbüchern.
2. Testkonstruktion	Die Löschung erfolgte nach dem kanonischen Prinzip „rule of two". Der maximale Punktwert umfasst 80 Punkte (4 Texte à 20 Lücken). Durch gleich lange, durchgehende Striche wurden die Lücken markiert. Die Texte folgten einander mit steigendem Schwierigkeitsgrad.
3. Testinstruktion	Die Instruktion zeichnete sich durch Klarheit und Einfachheit aus. Um die Objektivität der Testinstruktion zu gewährleisten, erstellten wir einen Leitfaden für die Durchführung. Die Kinder wurden ermutigt, alle Lücken auszufüllen, auch dann, wenn sie sich bezüglich der Lösung nicht sicher waren.
4. Testorganisation	Um sicherzustellen, dass alle Probanden die Methode des Ausfüllens verstanden haben, wurde mit ihnen ein kurzes Beispiel im Plenum an der Wandtafel besprochen. Insbesondere achteten wir auf das Einhalten der Zeitvorgaben (5 Minuten für jeden Text).
5. Testauswertung	Die Summe der korrekten Lösungen eines Textes (Items) ergibt die Punktwerte für den Text. Der Gesamtpunktwert eines C-Tests enthält die Summe der Punktwerte der Einzeltexte. Bei Orthographie-Fehlern wurde die Lösung als nicht korrekt gewertet.
6. Testanalyse	Berechnet wurden die **Schwierigkeit** (P_{Item} = Prozentsatz korrekter Lösungen in einem Text [Item]) und **Reliabilität** mit Hilfe von Cronbachs Alpha.
7. Interpretation	Der C-Test ist ein Instrument zur Messung allgemeiner Sprachkompetenzen und wird als normorientiertes und nicht als kriteriumorientiertes Verfahren verwendet.

In Abbildung 9 werden die sprachspezifischen Probleme mit dem Löschungsprinzip „role of two" ersichtlich. Bei Wortzusammensetzungen kann die Löschung der zweiten Hälfte des Wortes zur Tilgung ganzer Wörter führen, die dann nicht mehr eindeutig rekonstruierbar sind (vgl. das Wort „Tierbüchern" in Abbildung 9). Deshalb schlägt Grotjahn vor, den ersten Buchstaben des letzten Wortes der Zusammensetzung unversehrt zu lassen (Grotjahn, 1997, 2002). Eine weitere Regel wurde für die Löschung von Graphemkombinationen (z.B. <sch>, <ch>) von Grotjahn (Grotjahn, 1997, 2002) aufgestellt, nach der die entsprechenden Polygraphen entweder komplett getilgt (der Test wird schwieriger) oder komplett erhalten (der Test wird leichter) werden. Ein Beispiel dafür ist das Wort „tatsächlich" aus dem Text 3 (Abbildung 9), in dem die Graphemkombination <ch> vollständig gelassen wurde. Im Gegensatz zur deutschen wird in der Schweizer Orthographie <ß> als Doppellaut <ss> geschrieben, was eine Trennung der Doppellaute erlaubt (vgl. das Wort „fressen" in Abbildung 9).

Text 3

Ein Brief eines Schriftstellers

Ich habe die Geschichte zuerst mit Bleistift notiert, dann in den Computer getippt. Ich
ha_____ in Tierbü_____ über Schild_____ und Eintagsfliege nachge_____, und
da_____ zum Beis_____ erfahren, da_____ Eintagsfliegen tatsäch_____ ganz
ku_____ leben u_____ dass s_____ in die_____ Zeit ni_____ einmal
fres_____. Bei d_____ Schildkröten ha_____ ich beoba_____, dass s_____
das Fut_____ ohne zu kau_____ hinunterschlucken. Die Geschichte hat sich mehrmals
verändert, bis sie so war, wie sie jetzt in eurem Lesebuch steht.

Lösung

Ich habe die Geschichte zuerst mit Bleistift notiert, dann in den Computer getippt. Ich ha*be* (1)
in Tierbü*chern* (2) über Schild*kröte* (3) und Eintagsfliege nachge*lesen/schaut* (4), und
da*bei/dadurch* (5) zum Beis*piel* (6) erfahren, d*ass* (7) Eintagsfliegen tatsäch*lich* (8) ganz k*urz*
(9) leben u*nd* (10) dass s*ie* (11) in die*ser* (12) Zeit ni*cht* (13) einmal fres*sen* (14). Bei d*en* (15)
Schildkröten ha*be* (16) ich beoba*chtet* (17), dass s*ie* (18) das Fut*ter* (19) ohne zu kau*en* (20)
hinunterschlucken. Die Geschichte hat sich mehrmals verändert, bis sie so war, wie sie jetzt in
eurem Lesebuch steht.

Abbildung 9:   Text 3 mit Lösung aus dem deutschen C-Test

Pretest

Im ersten Schritt setzten wir den deutschen C-Test bei Erwachsenen ein, deren Erstsprache Deutsch war. Das Ziel des Pretests bestand darin, das von Raatz und Klein-Braley (2002) gesetzte Kriterium zu untersuchen, die möglichen Lösungen zu dokumentieren sowie die unklaren Stellen im Text zu analysieren. Da der C-Test von L1-Sprechenden mit annähernd 100 Prozent Lösungswahrscheinlichkeit gelöst wurde, war das erste Kriterium für den Einsatz des C-Tests erfüllt. Die Pretestgruppe aus L1-sprechenden Erwachsenen weist eine hohe durchschnittliche Schulbildung (M = 14.7) auf (vgl. Tabelle 9).

Tabelle 9:   Zusammensetzung der deutschen Pretestgruppe

Zielgruppe	Anzahl Schuljahre (M) oder Klasse	L1	n	männlich	weiblich
Erwachsene	14.7	Deutsch	15	5	10
Kinder	5.Kl.	Türkisch	14	4	10

Auf eine leistungshomogene Gruppe deutet die niedrige Streuung (s = 1.3) der Mittelwerte hin (Tabelle 10). Aufgrund der Ergebnisse des Pretests sowie der schriftlichen und mündlichen Rückmeldung über den Schwierigkeitsgrad der Texte änderten wir die Reihenfolge und setzten den C-Test bei der Pretestgruppe mit Türkisch sprechenden Kindern ein.

Tabelle 10:   Mittelwerte (M) und Standardabweichungen (SD) des deutschen Pretests bei Erwachsenen

| Form | Erwachsene | | |
	n	M	SD
Text1	15	19.5	.74
Text2	15	19.8	.35
Text3	15	20.0	.00
Text4	15	19.6	1.0
Insgesamt	15	79.0	1.3

Tabelle 11 präsentiert die Mittelwerte und die Standardabweichungen. Hier zeigt sich wie erwartet eine grössere Streuung ($s = 8.7$) als bei den Erwachsenen. Die Schätzung der internen Konsistenz ergibt bei den Kindern eine ausreichende ($\alpha = .65$) Reliabilität[52].

Tabelle 11:   Mittelwerte (M) und Standardabweichungen (SD) des deutschen Pretests bei Kindern

| Form | Kinder | | |
	n	M	SD
Text1	14	12.2	3.3
Text2	14	9.6	3.1
Text3	14	8.7	3.2
Text4	14	9.7	2.4
Insgesamt	14	40.5	8.7
Reliabilität	$\alpha = .65$		

Nach der Analyse des Pretests wurde die Reihenfolge der Texte entsprechend dem Mittelwert geändert und der deutsche C-Test mit der neuen Reihenfolge (Text 1, Text 4, Text 2, Text 3) zu zwei Erhebungszeitpunkten in t1 und t2 eingesetzt. Von den 180 Albanisch- und Türkisch sprechenden Schülerinnen und Schülern zum Messzeitpunkt t1 füllten 127 Probanden auch zum Messzeitpunkt t2 den deutschen C-Test aus. Bei der Analyse des deutschen C-Tests berücksichtigten wir alle Schülerinnen und Schüler, die den C-Test gelöst hatten. Dabei war die Teilnahme zu beiden Messzeitpunkten keine Voraussetzung. Werden die Mittelwerte und der Schwierigkeitsgrad des deutschen C-Tests in t1 und t2 verglichen, wird die Steigerung der Werte ersichtlich (Tabelle 12 und Tabelle 13).

---

52 Die Bewertung der Reliabilitätsmasse erfolgte gemäss der Terminologie von Wittenberg (1998).

Tabelle 12:   Mittelwerte (M), Standardabweichungen (SD) und Reliabilität beim deutschen C-Test in t1 und t2

Form	t1			t2		
	n	M	SD	n	M	SD
Text1	180	12.9	3.8	127	15.2	3.4
Text2	180	11.6	4.0	127	14.0	3.3
Text3	180	12.4	4.0	127	14.7	3.3
Text4	180	9.8	4.5	127	12.3	3.9
Insgesamt	180	46.8	14.1	127	56.1	12.2
Reliabilität	$\alpha = .88$			$\alpha = .89$		

Der Schwierigkeitsgrad gibt den prozentualen Anteil der richtigen Lösungen im Test (Pt) und im jeweiligen Text (Pi) an. Die vier Texte in t1 weisen Schwierigkeitsgrade zwischen 49.1 und 64.8 und in t2 zwischen 61.5 und 76.4 auf. Beim ersten Messzeitpunkt (t1) liegt die Schwierigkeit des C-Tests im mittleren Bereich P = 60.2, was den üblichen testtheoretischen Anforderungen entspricht. Beim erneuten Einsatz des C-Tests sank die Schwierigkeit, die sich in einem höheren Wert P = 70.2 widerspiegelte. Dies ist auf einen Lernzuwachs bei den Probanden zurückzuführen, obwohl bei der Verringerung der Schwierigkeit der Wiederholungseffekt nicht auszuschliessen ist. Wie üblich wurde bei der Analyse des C-Tests die Reliabilität mit der α-Formel von Cronbrach geschätzt. Der deutsche C-Test zeigt zu beiden Messzeitpunkten eine hohe Reliabilität von .88 (t1) und .89 (t2). Obwohl diese Methode bei C-Tests üblicherweise zur Schätzung der internen Konsistenz verwendet wird, führt sie zu einer Unterschätzung der Reliabilität (Raatz, Grotjahn & Wockenfuss, 2006, S. 94).

Tabelle 13:   Test- und Textschwierigkeiten beim deutschen C-Test in t1 und t2

	n	Pt	P1	P2	P3	P4
t1	180	60.2	64.8	58	62	49.1
t2	127	70.2	76.4	70	73	61.5

Die Validität des C-Tests wird im Kapitel 4.2.5 mit Hilfe der erhobenen Werte von Selbsteinschätzung systematisch untersucht. Aufgrund der durchgeführten Item-Analyse des deutschen C-Tests lassen sich folgende Punkte festhalten:

* Die vorgestellten Ergebnisse zu den Gütemerkmalen des deutschen C-Tests weisen eine gute Qualität auf.
* Der Test erlaubt eine Differenzierung zwischen den Leistungen der Probandinnen und Probanden, deshalb ist er geeignet, um für die Beurteilung der globalen Sprachfähigkeiten und Fördermassnahmen als zusätzliches Instrument einbezogen zu werden.

Zu beachten ist:

* Der deutsche C-Test wurde für Schülerinnen und Schüler mit Migrationshintergrund in der Schweiz entwickelt. Insbesondere bei der Textauswahl wurde der sprachliche und kulturelle Hintergrund der Probandinnen und Probanden berücksichtigt.

- Die Stichprobe ist eine so genannt anfallende Stichprobe, weshalb kein Anspruch auf Repräsentativität erhoben wird (vgl. Lienert & Raatz, 1994).
- Empfehlenswert ist es, den deutschen C-Test mit einer grösseren Stichprobe, mit verschiedenen Sprachgruppen durchzuführen und auf dieser Datenbasis die Testgütekriterien zu überprüfen und Testnormen zu ermitteln.

Der albanische C-Test

Obwohl C-Tests in mehreren Sprachen unter anderem in Deutsch, Englisch, Französisch, Türkisch, Japanisch und Ungarisch konstruiert und evaluiert wurden, fanden wir keine Literatur über den albanischen C-Test.[53] Als Ausgangspunkt nahmen wir deshalb den deutschen C-Test (Raatz & Klein-Braley, 1985, 2001), der nach dem klassischen Löschungsprinzip „rule of two" entwickelt wurde. Da die albanische Sprache, wie die deutsche, eine synthetisch-analytische Struktur hat, eignet sich dieses Prinzip, nach dem jeweils die zweite Hälfte jedes zweiten Wortes gelöscht wird, für die Entwicklung des albanischen C-Tests. Wörter mit einem Buchstaben sowie Eigennamen blieben unberücksichtigt. Für die Löschungen erarbeiteten wir die folgenden Regeln:

1) Wörter aus zwei und drei Buchstaben werden nicht beschädigt (z.B. *pa, zë, në, dhe, nga, nuk*), um eine Mehrdeutigkeit der Lösungen zu vermeiden.

2) Graphemkombinationen, denen im Albanischen ein eigener Lautwert entspricht, werden nicht getrennt (*dh, gj, ll, nj, rr, sh, th, xh, zh*). Diese Polygraphen tilgt man (wie z.B. im Deutschen das <sch>) entweder komplett – der Test wird schwieriger – oder man erhält sie vollständig – der Test wird leichter (Grotjahn, 1997).

3) Das Graphem „*ë*", das im Albanischen teilweise nicht (oder nur als kaum hörbares stummes [e]), teilweise mit dem Lautwert [ö] gesprochen wird, wird auf der Tilgungsgrenze beibehalten (z.B. shqetë*sim*, përshë*ndet*, njerë*zit)*.

4) Bei einer geraden Anzahl der Buchstaben wird die Hälfte des Wortes (z.B. va*pë*, ja*në*), bei der ungeraden Anzahl der Buchstaben wird (n-1)/2 (z.B. fru*ta*) oder (n+1)/2 (z.B. kën*aqen*) gelöscht. Bei der ersten Variante wird der C-Test einfacher, bei der zweiten Variante schwieriger (Grotjahn, 1997). Im albanischen C-Test wurde eine Mischform gewählt, die den Schwierigkeitsgrad bzw. die Gebräuchlichkeit des Wortes berücksichtigt (Caprez-Krompàk & Gönç, 2006, S. 247-248).

---

53 Umfassende Literatur über den C-Test findet sich unter www.c-test.de (Zugriff am 16.01. 2008).

Wie diese Regeln bei der Konstruktion angewandt wurden, wird am Beispiel des Texts 1 ersichtlich (Abbildung 10).

Text 1

Stinët e vitit

Pranvera u sjell njerëzve gëzim dhe kohë të mirë. Qielli ësh_____ i kal_____. Dielli ndri_____. Pamja e naty_____ është e bu_____.
Në ve_____ bën va_____. Rallë fr_____ një erë e leh_____. Ditët ja_____ të gja_____ e të bu_____, netët janë të shku_____. Pushimet ver_____ fillojnë.
Njerë_____ shkojnë në det, ku push_____ e këna_____.
Në vje_____ pemët janë plot me fru_____: mollë, dar_____, ftonj dhe kumbulla.
Dimrit bie borë. Fëmijët rrëshqasin me saja, veçanërisht gjatë pushimeve.

Lösung

Pranvera u sjell njerëzve gëzim dhe kohë të mirë. Qielli ësh*të (1)* i kal*ërt (2)*. Dielli ndri*çon (3)*. Pamja e naty*rës (4)* është e bu*kur (5)*.
Në ve*rë (6)* bën va*pë (7)*. Rallë fr*yn (8)* një erë e leh*të (9)*. Ditët ja*në (10)* të gja*ta (11)* e të bu*kura (12)*, netët janë të shku*rtra (13)*. Pushimet ver*ore (14)* fillojnë. Njerë*zit (15)* shkojnë në det, ku push*ojnë (16)* e këna*qen (17)*.
Në vje*shtë (18)* pemët janë plot me fru*ta (19)*: mollë, dar*dha (20)*, ftonj dhe kumbulla.
Dimrit bie borë. Fëmijët rrëshqasin me saja, veçanërisht gjatë pushimeve.

Übersetzung

Die Jahreszeiten
Der Frühling bringt den Menschen Freude und gutes Wetter. Der Himmel ist blau. Die Sonne scheint. Die Landschaft ist schön. Im Sommer ist es heiss. Selten weht ein leichter Wind. Die Tage sind lang und schön, die Nächte sind kurz. Die Sommerferien beginnen. Die Menschen gehen ans Meer, wo sie Urlaub machen und sich ausruhen. Im Herbst sind die Bäume voller Obst: Äpfel, Birnen, Quitten und Pflaumen. Im Winter fällt Schnee. Die Kinder fahren Schlitten, besonders in den Ferien.

Abbildung 10: Text 1 mit Lösung und Übersetzung aus dem albanischen C-Test

Die Entwicklung des albanischen C-Tests erfolgte in sechs Schritten, die in der Tabelle 14 detailliert dargestellt werden. Bei der Entwicklung und Auswertung der Pretests stellten sich einige Herausforderungen an das Expertenteam, die nicht zuletzt der Spezifität der albanischen Sprache und der Zielgruppe zugeschrieben werden können.

Tabelle 14:   Entwicklung des albanischen C-Tests

Schritt	Datum	Zielgruppe	Anzahl Texte	Resultat
Schritt 1 Konstruktion des C-Tests	Okt. 04	4. und 5. Klasse	10	Auswahl von 5 Texten mit je 25 Lücken Verwendung des klassischen Löschungsprinzips
Schritt 2 Kognitiver Pretest	Dez. 04	Erprobung des Tests mit erwachsenen L1-Sprechenden n = 2	5	Auswahl von 4 Texten, Reduktion der Lücken auf je 20
Schritt 3 Pretest 1	Dez. 04/ Febr. 05	Erprobung des Tests mit erwachsenen L1-Sprechenden n = 18	4	Revision des Tests, Erstellung der Tabelle mit den dialektalen Lösungen
Schritt 4 Pretest 2	März 05	Erprobung des Tests mit der 4. und 5. Klasse n = 7	4	Ein Text wurde aufgrund des hohen Schwierigkeitsgrads durch einen neuen ersetzt
Schritt 5 Pretest 3	April 05	Erprobung des Tests mit erwachsenen L1-Sprechenden n = 10	3 + 1	Definitive Revision des Tests
Schritt 6 Pretest 4	Mai 05	Erprobung des Tests in der 4. und 5. Klasse n = 11	3 + 1	Definitive Revision des Tests
Schritt 7 Erhebung t1	Mai/Juni 05 Okt./Nov.05	Einsatz des Tests in der 4. und 5. Klasse n = 126	4	Keine Veränderungen 4 Texte mit je 20 Lücken

Im ersten Schritt suchte das Expertenteam nach geeigneten Texten für die Schülerinnen und Schüler der 4. und 5. Klasse. Im HSK-Unterricht werden mehrheitlich Lehrmittel eingesetzt, die im Heimatland sowie in der Schweiz oder in Deutschland entwickelt wurden. Da die Lehrbücher aus Albanien und Kosovo teilweise anachronistische Texte beinhalten, wählten wir Texte aus schweizerischen und deutschen Lehrmitteln, die die Lebenswelt und Sprachkenntnisse der Kinder mit Migrationshintergrund besser berücksichtigen (vgl. Schader & Braha, 1996). Im zweiten Schritt testeten wir die ausgewählten fünf Texte mit zwei Albanisch sprechenden Erwachsenen. Die Probanden wurden aufgefordert, laut zu denken, während sie ihre Antworten formulierten. Mit der „Think-aloud-Methode" konnten wir die auftretenden Schwierigkeiten beim Lösen des C-Tests festhalten und protokollieren (Prüfer & Rexroth, 1996). Aufgrund des kognitiven Pretests entschieden wir uns für die Verkürzung des C-Tests von insgesamt 100 auf 80 Lücken (4 Texte mit je 20 Lücken). Der Grund hierfür war, dass das angegebene Zeitlimit von 5 Minuten pro Text sogar bei den Erwachsenen überschritten wurde. Die Durchführung des ersten Pretests mit 18 Erwachsenen bildete den dritten Schritt. Bei der Auswertung dieser Tests stiessen wir auf Schwierigkeiten. Da die albanische Sprache reich an Dialekten ist, war es nach der Auswertung offensichtlich, dass die dialektalen Varianten bei der Bewertung berücksichtigt werden mussten. Erstens unterscheiden sich die zwei Hauptdialekte Gegisch (*gegërishtja*), das im Norden, und Toskisch (*toskërishtja*), das im Süden Albaniens gesprochen wird, sowohl im Wortschatz als auch in Syntax und Phonetik. Zweitens wurde die albanische Schriftsprache (*gjuha letrare*) erst 1972 festgelegt (Gjinari & Shkurtaj, 2000; Hetzer, 1995). Dementsprechend beherrschen Albanisch Sprechende mit wenig Schulbildung die Schriftsprache nur rudimentär. Ausserdem wird in albanischen Familien ausschliesslich Dialekt gesprochen, der keine festgelegte Schriftform hat. Die untersuchten Kinder in der Treatmentgruppe sprechen die Hochsprache nur im HSK-Unterricht. Dagegen kommen die Kinder in der Vergleichsgruppe (ohne HSK-Unterricht) gar nicht oder nur sehr selten in Kontakt mit der Hochsprache. Aufgrund dieser Überlegungen wurde ein differenziertes Auswertungssystem entwickelt, das die dialektbedingten sowie die orthographischen Abweichungen von der Hochsprache als richtig bewertet (Caprez-Krompàk & Gönç, 2006):

Dialektbedingte Abweichungen von der Hochsprache

a. Weglassen bzw. Hinzufügen des Graphems ë [´][λ] am Wortende – z.B. Text 2, Item 15: *kutin* anstatt *kutinë* (Etui) Text 4, Item 2: *ftuarë* anstatt *ftuar* (eingeladen).

b. Weglassen bzw. Hinzufügen des Graphems ë [´] im Wort – z.B. Text 4, Item 16: *flokt* anstatt *flokët* (Haare) Text 4, Item 6: *ftuarëve* anstatt *ftuarve* (die Eingeladenen).

c. Ersetzen des Graphems ë [´] im Wort mit e [ɛ] und umgekehrt – z.B. Text 3, Item 18: *thëne* anstatt *thënë* (sagen) Text 3, Item 12: *mendontë* anstatt *mendonte* (dachte).

Orthografische Abweichungen von der Hochsprache

a. Verwechslung der folgenden Konsonanten und Vokale:
    ◦ Konsonant ç [ts] (deutsch: [k] oder [ts]) mit q [c] (deutsch: [tj] und [tschj]) – z.B. Text 1, Item 17: *kënaçen* anstatt *kënaqen* (sich vergnügen) oder Text 1, Item 3: *ndriqon* statt *ndriçon* (leuchtet)
    ◦ Vokal + i [i] mit Vokal + j [J] – z.B. Text 2, Item 10: *shkoi* anstatt *shkoj* (gehen) oder Text 4, Item 20: *uroinë* anstatt *urojnë* (wünschen).

b. Verwechslung des stimmlosen Konsonanten mit dem stimmhaften und umgekehrt:
    ◦ th [T] mit dh [D] – z.B. Text 4, Item 19: *gjidhë* anstatt *gjithë* (alle).
    ◦ t [t] mit d [d] – z.B. Text 2, Item 3: *përshëntet* anstatt *përshëndet* (grüsst).
    ◦ s [s] / [z] mit z [z] – z.B. Text 1, Item 15: *njerësit* anstatt *njerëzit* (Menschen).

c. Verwechslung der Vokale y [y gerundet][54] und ü [y] (z.B. Text 1, Item 8: *frün* anstatt *fryn* (blasen).

d. Verwechslung der Konsonanten n und m (z.B. Text 3, Item 20: *ndihmojmë* anstatt *ndihmojnë* (helfen) Text 3, Item 4: *bisedojm* anstatt *bisedojn* (sich unterhalten).

---

54 Das Graphem y wird im Albanischen immer [y], im Deutschen entweder als [y] oder als [i] ausgesprochen.

Um den Auswertungskriterien gerecht zu werden, wurde für jedes Item eine Liste der akzeptablen Lösungen festgelegt. So konnte es vorkommen, dass es neben der Hochsprache mehrere richtige Lösungen gab, basierend auf den dialektalen bzw. orthographischen Abweichungen (Anhang 2). Der zweite Pretest mit sieben Albanisch sprechenden Kindern zeigte, dass die Anzahl der Lücken angemessen war. Weiterhin musste der Text 3 aufgrund des zu hohen Schwierigkeitsgrades gestrichen werden. Deshalb wurde der neue albanische C-Test mit dem neuen Ersatztext erneut bei Erwachsenen (Pretest 3) und Kindern (Pretest 4) eingesetzt. Die Ergebnisse dieser beiden Gruppen bildeten die Grundlage für den definitiven C-Test, deshalb beschränkt sich der folgende Teil nur auf diese Daten.

Pretest

Die dritte Pretestgruppe bestand aus zehn Migrantinnen und Migranten aus Kosovo und Mazedonien, die einen Deutschkurs absolviert hatten. Die durchschnittliche Schulbildung lag bei 9.1 Jahren (Tabelle 15). Tabelle 16 zeigt einen Mittelwert von 67.7, der einer Lösungsrate von 84 Prozent entspricht. Obwohl die Lösungsrate nicht der vorgeschlagenen 100 Prozent Lösungswahrscheinlichkeit entsprach (Raatz & Klein-Braley, 2002), entschieden wir uns aus zwei Gründen für den Einsatz des C-Tests bei den Kindern. Erstens handelt es sich hier um eine anfallende Stichprobe (Lienert & Raatz, 1994), die keinen Anspruch auf Repräsentativität hat. Empfehlenswert ist es, eine Stichprobe aus einer Gruppe mit mittlerem und hohem Bildungsniveau zu erheben. Und zweitens erwies sich der am Anfang erstellte Auswertungsraster nach dem Einsatz des C-Tests bei 126 Albanisch sprechenden Kindern[55] als ergänzungsbedürftig, und die Lösungen wurden nach dieser Analyse um weitere dialektbedingte Formen und orthographische Abweichungen erweitert (siehe Anhang 2).

Tabelle 15:   Zusammensetzung der albanischen Pretestgruppe

Zielgruppe	Anzahl Schuljahre/HSK nach Jahren (M)	n	männlich	weiblich
Erwachsene	9.1	10	2	8
Kinder	4.1	11	5	6

---

55 Die Stichprobe zum ersten Messzeitpunkt umfasste 126 Albanisch sprechende Kinder aus der Treatment- und Vergleichsgruppe.

Tabelle 16: Mittelwerte (M) und Standardabweichungen (SD) des albanischen Pretests bei Erwachsenen

Form	Erwachsene		
	n	M	SD
Text1	10	17.1	1.3
Text2	10	16.9	2.2
Text3	10	16.6	2.6
Text4	10	17.1	1.9
Insgesamt	10	67.7	5.8
Reliabilität	$\alpha = .63$		

Beim Pretest mit den Kindern entschieden wir uns für eine systematische Stichprobe (Atteslander, 1995), um eine möglichst homogene Gruppe zu testen. Vorausgesetzt war bei der Pretestgruppe, dass die Kinder den muttersprachlichen Unterricht mindestens vier Jahre besucht hatten (vgl. Tabelle 15). Aus den Tabellen 16 und 17 sind die Mittelwerte und Standardabweichungen der Pretestgruppen ersichtlich. Bei den Kindern zeigt sich eine grössere Streuung (s = 12.5) als bei den Erwachsenen (s = 5.8), was auf eine heterogenere Sprachleistung hindeutet. Die Schätzung der internen Konsistenz ergibt bei den Erwachsenen eine ausreichende (α = .63) und bei den Kindern eine zufriedenstellende bis hohe (α = .88) Reliabilität[56].

Tabelle 17: Mittelwerte (M) und Standardabweichungen (SD) des albanischen Pretests bei Kindern

Form	Kinder		
	n	M	SD
Text1	11	13.1	3.7
Text2	11	12.5	3.2
Text3	11	12.1	3.4
Text4	11	8.9	3.9
Insgesamt	11	46.8	12.5
Reliabilität	$\alpha = .88$		

Die Ergebnisse des dritten Pretests mit elf Kindern sprachen nicht für eine neue Reihenfolge, deshalb setzten wir den C-Test in der gleichen Reihenfolge bei 126 Albanisch sprechenden Kindern zum ersten Messzeitpunkt und bei 92 Kindern zum zweiten Messzeitpunkt ein.[57] In diese Analyse wurden nur die Resultate der Treatmentgruppe einbezogen, weil das Instrument für solche Kinder entwickelt wurde, die in ihrer Erstsprache alphabetisiert wurden. Parallel zum deutschen C-Test kann man hier auch eine Steigerung der Mittelwerte zwischen dem ersten und zweiten Messzeitpunkt feststellen (Tabelle 18). In beiden Erhebungen zeigt der albanische C-Test eine hohe Reliabilität von .88 (t1) und .91 (t2).

---

56 Die Bewertung der Reliabilitätsmasse erfolgte gemäss der Terminologie von Wittenberg (1998).
57 Die Stichprobe der Albanisch sprechenden Kinder setzt sich folgendermassen zusammen: t1: Treatmentgruppe (n = 81), Vergleichsgruppe (n = 45), t2: Treatmentgruppe (n = 51), Vergleichsgruppe (n = 41).

Tabelle 18: Mittelwerte (M), Standardabweichungen (SD) und Reliabilität beim albanischen C-Test zu den Messzeitpunkten t1 und t2

Form	t1			t2		
	n	M	SD	n	M	SD
Text1	81	9.2	4.2	51	13.5	3.9
Text2	81	9.9	4.4	51	14.8	4.2
Text3	81	12.7	4.4	51	15.7	3.4
Text4	81	6.5	4.7	51	11.1	4.8
Insgesamt	81	38.4	15.5	51	55.3	14.7
Reliabilität	$\alpha = .88$			$\alpha = .91$		

Der Schwierigkeitsgrad liegt zum Messzeitpunkt t1 zwischen $P_3 = 63.3$ und $P_4 = 32.8$ und zum Messzeitpunkt t2 zwischen $P_3 = 78.9$ und $P_4 = 55.6$ (Tabelle 19). Vergleicht man die Resultate aus den Erhebungen zu den Messzeitpunkten t1 und t2, stellt man nicht nur die Erhöhung der Mittelwerte fest, sondern gleichzeitig dazu die Verringerung des Schwierigkeitsgrades, die sich in einem niedrigeren Wert äussert. Da sich der albanische C-Test zum Messzeitpunkt t1 mit einem Wert von $P_t = 48$ als eher überdurchschnittlich schwierig erweist, liegt die Senkung des Schwierigkeitsgrades am Lernzuwachs und nicht am Wiederholungseffekt.[58] Die Rangliste der Schwierigkeitsgrade zu beiden Messzeitpunkten bleibt unverändert. Dementsprechend ist Text 3 am leichtesten und Text 4 am schwierigsten zu lösen. Eine Fehleranalyse des albanischen C-Tests zum Messzeitpunkt t1 zeigte, dass Text 4 infolge der Zeitformen des Imperfekts eine Herausforderung für die Kinder darstellt. Die Schülerinnen und Schüler sind eher mit der Konjugation im Präsens und weniger mit anderen Tempora vertraut (Caprez-Krompàk & Selimi, 2006).

Tabelle 19: Test- und Textschwierigkeiten beim albanischen C-Test zu den Messzeitpunkten t1 und t2

	n	Pt	P1	P2	P3	P4
t1	81	48	46.4	49.7	63.3	32.8
t2	51	69.2	67.9	74.4	78.9	55.6

Aufgrund der Analyse kann festgestellt werden, dass der albanische C-Test als ein geeignetes Instrument für die Erfassung der globalen Sprachfähigkeiten eingesetzt werden kann. Die Reliabilität des C-Tests reicht zu beiden Messzeitpunkten von hoch bis sehr hoch. Für die untersuchte Zielgruppe erwies sich der Einbezug der dialektalen Lösungen und orthografischen Abweichungen der albanischen Sprache als unabdingbar. Gehört aber die orthografische Kompetenz bzw. die Sprachkompetenz in der Standardsprache zum messenden Konstrukt, sollte die Hochsprache als einzig richtige Lösung akzeptiert werden. Bei einem erneuten Einsatz des C-Tests empfiehlt es sich, die Kenntnisse der Kinder über die Tempora zu prüfen, um Text 4 beibehalten zu können. Ausserdem sollte die Reihenfolge der Texte aufgrund der Analyse des Schwierigkeitsgrades folgendermassen geändert werden: T3 – T2 – T1 – T4.

---

58 Der Begriff „überdurchschnittlicher Schwierigkeitsgrad" bezieht sich in diesem Fall auf die untersuchte Bevölkerungsgruppe (vgl. Lienert & Raatz, 1994).

Der türkische C-Test

Um einen geeigneten türkischen C-Test für die Kinder der vierten und fünften Klasse zu entwickeln, untersuchten wir die vorhandene Literatur über den türkischen C-Test eingehend. Da sich die türkische Sprache wegen ihrer agglutinierenden Sprachstruktur[59] wesentlich von den indogermanischen Sprachen unterscheidet, wurden in den Studien verschiedene Tilgungsprinzipien angewendet. Die Zusammenfassung der Tilgungsprinzipien von Grotjahn (1997) erweiterten wir mit den Quellenangaben sowie der Bezeichnung im Original (vgl. Caprez-Krompàk & Gönç, 2006):

a. *second half principle* (Tilgung der zweiten Hälfte des Wortes, vgl. Baur & Meder, 1994; Daller, Treffers-Daller, Ünaldı-Ceylan & Yıldız, 2002)

b. *third half principle* (Tilgung der zweiten Hälfte jedes dritten Wortes, vgl. Daller et al., 2002)

c. *morpheme principle* (fortlaufende Tilgung jedes dritten Morphems, vgl. Daller et al., 2002)

d. *syllable principle* (fortlaufende Tilgung jeder dritten Silbe, vgl. Baur & Meder, 1994; Daller et al., 2002)

e. *middle principle* (Tilgung der Mitte jedes zweiten Wortes, vgl. Daller et al., 2002)

Eine ausführliche Diskussion der obigen Tilgunsprinzipien findet man bei Caprez-Krompàk und Gönç (2006). Fasst man die Ergebnisse der Studien von Baur und Meder (1994) sowie von Daller, Treffers-Daller, Ünaldı-Ceylan & Yıldız (2002) zusammen, kommt man zur Erkenntnis, dass das klassische *second half principle* für den türkischen C-Test geeignet ist. Daneben stellen noch *syllable principle* und *middle principle* eine nützliche Alternative dar. Allerdings werden zwei methodische Probleme von Daller et al. (2002) ausgeführt. Erstens gelingt es den von ihnen untersuchten erwachsenen L1-Sprechenden nur zu 75 Prozent, die Lücken richtig zu rekonstruieren. Zweitens zeichnet sich der türkische C-Test oft durch eine geringe Reliabilität aus. Nach der vertieften inhaltlichen und linguistischen Analyse der vorhandenen türkischen C-Tests von Baur und Meder (1994), Daller (1996) sowie Daller et al. (2002) entschieden wir uns für eine *explorative Methode*, die eine Mischform der Silbentilgung und Morphemtilgung darstellt. Unser Ziel war dabei, ausgehend von der explorativen Methode, ein Tilgungsprinzip zu erstellen, das der Struktur der türkischen Sprache gerecht wird. Dabei sollten die Wörter so gekürzt werden, dass sich möglichst nur eine einzige Lösung ergibt. Bei der Löschung der zweiten Hälfte des Wortes nach dem *Second-Half-Prinzip* gehen meistens mehrere Suffixe verloren, ohne deren morphologische Information das Wort sehr schwierig oder gar nicht mehr zu ergänzen ist. Deshalb schlossen wir dieses Prinzip von vorneherein aus und gingen explorativ vor. Tabelle 20 zeigt die

---

59 Die agglutinierenden Sprachen zeichnen sich dadurch aus, dass alle grammatischen Formen durch aufeinander folgende Endungen angezeigt werden.

Entwicklungsschritte des türkischen C-Tests, darunter die ersten vier Schritte nach der explorativen Methode.

Tabelle 20: Entwicklung des türkischen C-Tests

Schritt	Datum	Zielgruppe	Anzahl Texte	Resultat
		Explorative Methode		
Schritt 1 Konstruktion des C-Tests	Okt. 04	4.-5. Klasse	9	Auswahl von 4 Texten mit je 25 Lücken Löschungsprinzip: **explorative Methode** (nach Silben und Morphemen)
Schritt 2 Kognitiver Pretest	Dez. 04	Erprobung des Tests mit erwachsenen L1-Sprechenden n = 2	4 + 1	Ein Text wird durch einen neuen ersetzt
Schritt 3 Pretest 1	Dez. 04/Febr. 05	Erprobung des Tests mit erwachsenen L1-Sprechenden n = 24	4	Revision des Tests
Schritt 4 Pretest 2	März 05	Erprobung des Tests mit der 4. und 5. Klasse in der Schweiz und in der Türkei n = 27 (CH) n = 76 (Türkei)	4	Definitive Revision des Tests mit der **explorativen Methode**
		First-Suffix-Prinzip		
Schritt 5 Pretest 3	April 05	Erprobung des Tests mit erwachsenen L1-Sprechenden n = 18	4	Löschung nach dem **First-Suffix-Prinzip** 4 Texte mit je 25 Lücken
Schritt 6 Pretest 4	Mai 05	Erprobung des Tests in der 4.-6. Klasse n = 17 (CH) n = 53 (Türkei)	4	Definitive Revision des Tests 4 Texte mit je 25 Lücken
Schritt 7 Erhebung t1	Mai/Juni 05 Okt./Nov.05	Einsatz des Tests in der 4. und 5. Klasse n = 74	4	4 Texte mit je 20 Lücken

Die Ergebnisse des kognitiven Pretests sowie des ersten Pretests mit 24 erwachsenen L1-Sprechenden nach der explorativen Methode verdeutlichten, dass hohe Lösungsraten bei Wörtern mit mehreren Suffixen erzielt werden konnten, die sowohl am Anfang als auch am Ende unversehrt blieben. Aufgrund dieser Beobachtung tilgten wir bei den Wörtern das erste Suffix nach der Wortwurzel. Basierend auf der explorativen Methode entwickelten wir das *First-Suffix-Prinzip* und stellten die folgenden Tilgungsregeln auf:

Tilgungsregeln für das *First Suffix-Prinzip*

1. Wörter mit mehreren Suffixen

Bei Wörtern mit mehreren Suffixen wird das erste Suffix nach der Wortwurzel gelöscht:

*arka-**daş**-lar-ımız-a* (unseren Freunden) – Beispieltext, Item 6
(Rücken) (WW) [60] – **BS1** – FS2 (Plural) – FS3 (unsere) – FS4 (Dativ)
*arı-**lar**-ın* (der Bienen) – Text 1, Item 11
(Biene) (WW) – **FS1** (Plural) – FS2 (Genitiv)
*sev-**im**-li* (lieb) – Text 1, Item 16
(liebe) (WW) – **BS1**- BS2
*taraf-**ın**-dan* (seits, durch) – Text 1, Item 22
(Seite) (WW) – **FS1** (Genitiv) – FS2 (Ablativ)
*bu-**ra**-s-ı* (dieser Ort hier) –Text 4, Item 15
(dies) (WW) – **BS1** – FS2 (Bindekonsonant) – FS2 (Possessiv)

2. Lexikalische Morpheme

- Bei einsilbigen Wörtern werden die letzten zwei Buchstaben getilgt: z.B. *çok* (viel) – Text 1, Item 10, *bal* (Honig) – Text 1, Item 13, *yıl* (Jahr) – Text 4, Item 4, *gün* (Tag) – Text 4, Item 10.
- Bei zwei- und mehrsilbigen Wörtern wird die zweite Silbe getilgt: z.B. *gibi* (wie) –Text 1, Item 15, *bile* (sogar) – Text 1, Item 19, *orta* (mitte) – Text 2, Item 1, *kadar* (bis, wie) – Text 2, Item 6, *hemen* (sofort) – Text 2, Item 7, *süre* (Dauer) – Text 2, Item 22, *nihayet* (endlich) – Beispieltext, Item 4, *kapkara* (rabenschwarz) – Text 2, Item 2, *kere* (Mal) – Text 4, Item 16, *kalabalık* (Menschenmasse) – Text 4, Item 17.

Abhängig vom Schwierigkeitsgrad des Wortes kann die zweite Silbe n-1 wie bei den Wörtern *değil* (nicht) – Text 1, Item 18; *eğer* (wenn) – Text 2, Item 20; *için* (für) – Text 1, Item 24 getilgt werden (Caprez-Krompàk & Gönç, 2006, S. 253-254).
Abbildung 11 zeigt Text 1 mit 20 Lücken, getilgt nach dem First-Suffix-Prinzip.

---

60 Abkürzungen: **WW** = Wortwurzel, **BS** = Bildungssuffix (Derivation): Es ändert die Bedeutung der Wortwurzel oder des Wortstammes und führt zu einer neuen Wortform oder zu einer neuen Wortart. **FS** = Flexionssuffix: Es ändert die Bedeutung der Wortwurzel- oder des Wortstammes nicht.

Text 1

Balcı Dede

Bal satan ihtiyar bir adam vardı. Herkes o___ Balcı Dede der___. Tatlı dil___, güler yüz___dü.
Sesini du___ çocuklar, yan___a gider, o___ seyrederdi. O da çocuk___ çok
sev___di. Balı ç___ uzaklardan, arıl___ın ülkesinden getir___di. Sattığı b___ çok iyi bal___.
Balcı Dede bal gi___ tatlı sev___li mi sev___liydi doğrusu. O bal değ___ zehir bi___ satsa,
alıp yer___di. Balcı Dede bal satarak geçinirdi. Herkes tarafından çok sevildiği için çok bal
satardı.

Balcı Dede

Bal satan ihtiyar bir adam vardı. Herkes o*na (1)* Balcı Dede der*di (2)*. Tatlı dil*li (3)*, güler
yüz*lüydü (4)*.Sesini duy*an*/duy*sa*/duy*unca (5)* çocuklar, yan*ına (6)* gider, o*nu (7)* seyrederdi.
O da çocuk*ları (8)* çok sev*erdi (9)*. Balı ç*ok (10)* uzaklardan, arı*ların (11)* ülkesinden getir*irdi
(12)*. Sattığı b*al*(13) çok iyi bal*dı (14)*. Balcı Dede bal gi*bi (15)* tatlı sev*imli (16)* mi sev*imliydi
(17)* doğrusu. O bal değ*il (18)* zehir bi*le (19)* satsa, alıp yer*lerdi (20)*. Balcı Dede bal satarak
geçinirdi. Herkes tarafından çok sevildiği için çok bal satardı.

Übersetzung

Der „honigverkaufende" Grossvater
Es war einmal ein alter Mann, der Honig verkaufte. Alle nannten ihn „honigverkaufender"
Grossvater. Er war unterhaltsam und liebenswürdig. Die Kinder, die seine Stimme hörten,
gingen zu ihm und schauten ihm zu. Er mochte die Kinder auch sehr. Den Honig brachte er von
weit her, aus dem Bienenland. Sein Honig war sehr gut. Der „honigverkaufende" Grossvater
war honigsüss und wirklich sehr lieb. Auch wenn er statt Honig Gift verkauft hätte, hätten sie es
gekauft und gegessen. Mit dem Honigverkauf verdiente er sein Brot. Da er bei allen beliebt war,
verkaufte er sehr viel Honig.

Abbildung 11: Text 1 mit Lösung und Übersetzung aus dem türkischen C-Test

Pretest

Im Folgenden werden die Resultate des türkischen C-Tests, basierend auf dem
First-Suffix-Prinzip dargestellt. Der Pretest mit den Erwachsenen umfasste 18
türkische L1-Sprechende, die in der Schweiz leben und einen Migrationshintergrund haben (Tabelle 21). Der Mittelwert der Schulbildung liegt im mittleren
Bereich (M = 12 Jahre). Bei den Pretestgruppen mit Kindern handelt es sich um 17
türkischsprachige Kinder aus der Schweiz (Basel) und 53 Kinder aus der Türkei
(Volksschule, Ankara).[61] Die Kinder aus der Schweiz hatten den C-Test zweimal –
mit beiden Methoden – in einem Abstand von zwei Monaten ausgefüllt.

---

61 Die Autorin bedankt sich bei Herrn Dr. Mesut Gönç für die Organisation und bei Herrn
    Dr. Sedat Şahin (Hacettepe Universität zu Ankara) für das Durchführen des C-Tests an
    einer Volksschule in Ankara.

Tabelle 21: Zusammensetzung der türkischen Pretestgruppe

Zielgruppe	Anzahl Schuljahre (M) oder Klasse	n	männlich	weiblich
Erwachsene	12	18	8	10
Kinder	4. und 6. Klasse (CH)	17	4	13
Kinder	4. und 6. Klasse (Türkei)	53	24	29

Tabelle 22: Mittelwerte (M) und Standardabweichungen (SD) des türkischen Pretests bei Erwachsenen

	Erwachsene		
Form	n	M	SD
Text1	18	24.0	1.2
Text2	18	23.6	1.4
Text3	18	24.1	0.9
Text4	18	23.4	2.8
Insgesamt	18	95.2	5.3
Reliabilität	$\alpha = .74$		

Tabelle 22 stellt die Ergebnisse des Pretests mit 4 Texten mit je 25 Lücken vor. Mit dem *First-Suffix-Prinzip* konnten die L1-Sprechenden im Vergleich zu den Ergebnissen von Daller et al. (2002), über 95 Prozent des Tests lösen. Der türkische C-Test mit dem *First-Suffix-Prinzip* zeigt eine zufriedenstellende Reliabilität von $\alpha = .74$.

Tabelle 23: Mittelwerte (M) und Standardabweichungen (SD) des türkischen Pretests bei Kindern

	Kinder (CH)			Kinder (Türkei)		
Form	n	M	SD	n	M	SD
Text1	17	15.3	7.5	53	18.4	5.3
Text2	17	12.2	6.6	53	18.3	5.0
Text3	17	10.6	6.2	53	18.5	4.0
Text4	17	10.7	6.8	53	16.4	6.2
Insgesamt	17	48.9	25.5	53	71.8	18.2
Reliabilität	$\alpha = .95$			$\alpha = .89$		

Aus der Tabelle 23 sind die Mittelwerte und Standardabweichungen des türkischen C-Tests bei den Türkisch sprechenden Kindern aus der Schweiz und der Türkei ersichtlich. Wie bei den Erwachsenen wurde auch hier der C-Test mit 4 Texten mit je 25 Lücken eingesetzt. Dementsprechend beträgt die maximale Punktzahl für einen Text 25 und für den ganzen Test 100 Punkte. Im Vergleich zu den Türkisch sprechenden Kindern aus der Schweiz erreichten die Kinder aus der Türkei einen deutlich höheren Mittelwert von 71.8. Die Standardabweichung von 18.2 deutet auf eine homogenere Sprachleistung der türkischen Kinder aus Ankara hin. Da der C-Test für die Türkisch sprechenden Kinder mit Migrationshintergrund entwickelt wurde, ist es nicht überraschend, dass der Test für die Kinder in Ankara einen niedrigeren Schwierigkeitsgrad von $Pt = 71.8$ als für die Türkisch sprechenden Kinder aus der Schweiz ($Pt = 48.9$) hat.[62] Bei beiden Stichproben zeigt Cronbachs Alpha eine hohe Reliabilität von $\alpha = .95$ (Kinder aus der Schweiz) und $\alpha = .89$ (Kinder aus der Türkei). Aufgrund der Ergebnisse der Pretests setzten wir den türkischen C-Test parallel zum deutschen und albanischen C-Test mit 4 Texten mit je 20 Lücken bei insgesamt 55 (zum ersten Messzeitpunkt) und 34 (zum zweiten Messzeitpunkt) Kindern ein. Für die Analyse der Gütekriterien des Instrumentes wurden nur die Ergebnisse der Treatmentgruppe (Kinder mit HSK-Unterricht) verwendet.[63]

Tabelle 24 veranschaulicht die Steigerung der Mittelwerte vom ersten Erhebungs-zeitpunkt auf den zweiten. Insgesamt stieg der Mittelwert von 32.6 auf 45.3, was auf einen deutlichen Lernzuwachs hindeutet. Die Standardabweichungen zeigen, dass die Streuung der sprachlichen Leistungen in beiden Messzeitpunkten gleich-mässig ist. Der nach dem *First Suffix-Prinzip* entwickelte türkische C-Test zeichnet sich in beiden Stichproben durch eine hohe Reliabilität von $\alpha = .94$ (t1) und $\alpha = .87$ (t2) aus.

Tabelle 24: Mittelwerte (M), Standardabweichungen (SD) und Reliabilität beim türkischen C-Test zu den Messzeitpunkten t1 und t2

	t1			t2		
Form	n	M	SD	n	M	SD
Text1	45	8.3	4.1	29	10.7	4.6
Text2	45	9.1	4.1	29	12.5	4.9
Text3	45	7.1	4.5	29	10.5	4.5
Text4	45	7.8	4.3	29	11.4	3.7
Insgesamt	45	32.6	14.2	29	45.3	15.3
Reliabilität	$\alpha = .94$			$\alpha = .87$		

Der Schwierigkeitsgrad des türkischen C-Tests liegt im mittleren Bereich: in der ersten Erhebung zwischen 35.5 und 45.5, in der zweiten Erhebung zwischen 52.9 und 62.5, was den üblichen testtheoretischen Anforderungen entspricht (Tabelle 25). Die unterschiedliche Reihenfolge zeigt sich aufgrund des Schwierigkeitsgrades der einzelnen Texte zu den Messzeitpunkten t1 und t2. Die im Pretest erprobte Textreihenfolge änderte sich folgendermassen: Text 2, Text1/Text4, Text 4/Text 1, Text 3.

---

62 Weil die Anzahl der Lücken insgesamt 100 Punkte beträgt, ist der Mittelwert mit dem Schwierigkeitsgrad des Tests identisch.

63 Die Stichprobe der Türkisch sprechenden Kinder setzt sich folgendermassen zusammen: t1: Treatmentgruppe n = 45, Vergleichsgruppe n = 10, t2: Treatmentgruppe n = 29, Vergleichsgruppe n = 5.

Test- und Textschwierigkeiten beim türkischen C-Test zu den Messzeitpunkten t1 und t2

	n	Pt	P1	P2	P3	P4
t1	45	40.8	41.6	45.5	35.5	39.2
t2	29	56.6	53.7	62.5	52.9	57.2

Die Analyse des Instrumentes bestätigte, dass das First-Suffix-Prinzip eine geeignete Methode für die Konstruktion des türkischen C-Tests darstellt. Für die weitere Erforschung dieser neuen Methode wäre es wünschenswert, das First-Suffix-Prinzip in anderen agglutinierenden Sprachen mit grösseren Stichproben zu testen. Für die Erfassung der globalen Sprachkompetenz im Türkischen kann das Instrument aufgrund seiner Gütekriterien eingesetzt werden.

3.3.2 Erhebungsinstrument I – Standardisierter Fragebogen für Kinder

Die schriftliche Befragung der Albanisch- und Türkisch sprechenden Kinder fand in der ersten Phase der Erhebung im Jahr 2005 statt. Ziel des Fragebogens war, die motivationale Einstellung zur L1 und L2, die Selbsteinschätzung in L1 und L2 und die allgemeine Einstellung zum Lernen zu untersuchen sowie die Hintergrundvariablen zu erheben. Das Ausfüllen des Fragebogens beanspruchte eine Lektion und erfolgte nach der Durchführung des albanischen oder türkischen und deutschen C-Tests. Kinder, die mit der Aufgabe früher fertig waren, schrieben ein paar Sätze über ihre Einstellung zur albanischen, türkischen und deutschen Sprache sowie zum HSK-Unterricht. Aus forschungsökonomischen Gründen war es nicht möglich, den Fragebogen mit einer grösseren Stichprobe zu testen. Um die Verständlichkeit der Items und den Zeitaufwand zu untersuchen, wurde ein kognitiver Pretest mit zehn Albanisch sprechenden Schülerinnen und Schülern aus der fünften Klasse durchgeführt. Aufgrund des kognitiven Pretests erfolgten einige Präzisierungen im Wortlaut und Ergänzungen im Fragebogen, der in seiner definitiven Form bei den Probanden eingesetzt wurde.

Motivationale Einstellungen

Für die Itementwicklung wurden die theoretischen Grundlagen der Selbstbestimmungstheorie von Deci und Ryan (1985; Ryan & Deci, 2000) sowie die Skalen von Noels et al. (2003) und Stöckli (2004) herangezogen. Während sich die Skala von Noels et al. (2003) auf drei Typen von extrinsischer Verhaltensregulation (externale, introjizierte und identifizierte Verhaltensregulation) und intrinsische Motivation sowie Amotivation bezieht, enthält die Skala von Stöckli (2004) vier Motivdimensionen wie extrinsische oder instrumentelle Motive, intrinsische Motive, Sprache als weltweites Verständigungsmittel (Lingua franca) und Misserfolg. Angestrebt wurde eine Skala basierend auf den theoretischen Grundlagen von Deci und Ryan (1985), weshalb für die Itementwicklung hauptsächlich die Skala von Noels et al. (2003) herangezogen wurde. Allerdings enthält diese Skala nicht die vierte Dimension der extrinsischen Motivation, die integrative Regulation. Diese Entscheidung begründen Noels et al. (2003) mit den Ergebnissen aus früheren Studien, die über Schwierigkeiten in der Unterscheidung von integrierter und identifizierter Regulation berichteten (Vallerand, Blais, Brière, Pelletier, 1989). Da das Instrument von Noels et al. (2003) bei Studierenden, deren Erstsprache Englisch und Zweitsprache Französisch war, an der Universität von Ottawa eingesetzt wurde, mussten die Items dem Alter und dem spezifischen kulturellen Hintergrund der in der Schweiz lebenden Albanisch und Türkisch sprechenden Kinder angepasst werden. Die folgenden Items wurden aus der Skala von Noels et al. (2003, p. 62) übernommen und teilweise sprachlich stark modifiziert: „I cannot come to see why I study a second language, and frankly, I don't give a damn" (vgl. Item 2, Tabelle 26 und Tabelle 27), „Honestly, I don't know, I truly have the impression of wasting my time in studying a second language" (vgl. Item 5, Tabelle 26 und Tabelle 27), „Because I have the impression that it is expected of me" (vgl. Item 3, und Tabelle 26 und Tabelle 27), „Because I would feel ashamed if I couldn't speak to my friends from the second language community in their native tongue" (vgl. Item 7, und Tabelle 26 und Tabelle 27), „Because I would feel guilty if I didn't know a second language" (vgl. Item 4, und Tabelle 26 und Tabelle 27), „Because I think it is good for my personal development" (vgl. Item 12, Tabelle 26 und Tabelle 27), „Because I choose to be the kind of person who can speak more than one language" (vgl. Item 6, Tabelle 26 und Tabelle 27), „For the satisfaction I feel when I am in the process of accomplishing difficult exercises in the second language" (vgl. Item 13, Tabelle 26 und Tabelle 27), „To show myself that I am a good citizen because I can speak a second language" (vgl. Item 1, Tabelle 26 und Tabelle 27). Aus der Skala von Stöckli (2004, S. 51), die für die Untersuchung der motivationalen Einstellung für Englisch und Französisch bei Viertklässlerinnen und Viertklässlern entwickelt wurde, stammen die folgenden Items, die für die vorliegende Studie leicht angepasst wurden: „Für mich ist Französisch wichtig, weil mir diese Sprache einfach Freude macht" (vgl. Item 8, Tabelle 26 und Tabelle 27), „Für mich ist Französisch wichtig, damit ich gut bin in der Schule" (vgl. Item 9, Tabelle 26 und Tabelle 27) und „Für mich ist Französisch wichtig, damit ich später einmal mehr Geld verdiene" (vgl. Item 11, Tabelle 25 und Tabelle 27). Die Beantwortung erfolgte anhand von vier Kategorien (stimmt genau, stimmt eher, stimmt eher nicht, stimmt nicht). Die Zuordnung der Items zu den Skalen sowie die Itemkennwerte werden aus Tabelle 26 und Tabelle 27 ersichtlich.

Tabelle 26:   Items und Itemkennwerte zur motivationalen Einstellung L1

Item	Motiva-tionsskala	Wortlaut im Fragebogen	Itemkennwerte		
			n	M	SD
1	Introjizierte Regulation	Ich als eine richtige Albanerin/Türkin/ ein richtiger Albaner/Türke muss Albanisch/Türkisch können.	165	1.3	.68
4	Introjizierte Regulation	Ich habe ein schlechtes Gewissen, wenn ich nicht richtig Albanisch/ Türkisch kann.	163	2.1	1.15
7	Introjizierte Regulation	Ich schäme mich, wenn ich mit meinen Albanisch/Türkisch sprechenden Freundinnen und Freunden nicht albanisch sprechen kann.	166	2.6	1.25
2	Amotivation	Es macht keinen Sinn, Albanisch/ Türkisch zu lernen.	166	3.6	.68
5	Amotivation	Mit Albanisch/Türkischlernen ver-schwende ich nur meine Zeit.	166	3.7	.66
15	Amotivation	Albanisch/Türkisch zu lernen, interessiert mich nicht.	164	3.7	.59
3	Externale Regulation	Ich lerne Albanisch/Türkisch, weil man das von mir erwartet.	165	2.3	1.16
9	Externale Regulation	Ich lerne Albanisch/Türkisch, damit ich gut bin in der Schule.	166	2.1	1.17
11	Externale Regulation	Ich lerne Albanisch/Türkisch, damit ich später viel Geld verdiene.	163	2.7	1.17
14	Externale Regulation	Ich lerne Albanisch/Türkisch, damit ich später einen guten Job bekomme.	164	2.1	1.12
6	Identifizierte Regulation	Ich lerne Albanisch/Türkisch, weil ich viele Sprachen sprechen möchte.	166	2.0	1.19
10	Identifizierte Regulation	Ich möchte einfach Albanisch/Türkisch können.	166	1.3	.70
12	Identifizierte Regulation	Albanisch/Türkisch zu lernen, ist wichtig für meine Persönlichkeit.	166	1.2	.63
8	Intrinsische Motivation	Für mich ist Albanisch/Türkisch wichtig, weil mir diese Sprache einfach Freude macht.	166	1.5	.91
13	Intrinsische Motivation	Ich bin immer froh, wenn ich eine schwierige Aufgabe im Albanischen/Türkischen lösen kann.	166	1.5	.88
16	Intrinsische Motivation	Ich bin immer zufrieden, wenn ich etwas Neues im Albanischen/ Türkischen lerne.	164	1.2	.58
17	Intrinsische Motivation	Ich fühle mich wohl, wenn ich Albanisch/Türkisch spreche.	163	1.2	.58

Antwortformat: 1 = „stimmt genau", 2 = „stimmt eher", 3 = „stimmt eher nicht", 4 = „stimmt nicht"

Tabelle 27: Items und Itemkennwerte zur motivationalen Einstellung L2

Item	Motivations-skala	Wortlaut im Fragebogen	Itemkennwerte		
			N	M	SD
1	Introjizierte Regulation	Ich lebe in der Schweiz, deshalb muss ich Deutsch können.	164	2.3	1.22
4	Introjizierte Regulation	Ich habe ein schlechtes Gewissen, wenn ich nicht richtig Deutsch kann.	166	1.6	.98
7	Introjizierte Regulation	Ich schäme mich, wenn ich mit meinen Schweizer Freundinnen und Freunden nicht Deutsch sprechen kann.	166	2.7	1.25
2	Amotivation	Es macht keinen Sinn, Deutsch zu lernen.	166	3.6	.81
5	Amotivation	Mit Deutschlernen verschwende ich nur meine Zeit.	166	3.8	.57
15	Amotivation	Deutsch zu lernen, interessiert mich nicht.	163	3.8	.52
3	Externale Regulation	Ich lerne Deutsch, weil man das von mir erwartet.	164	2.3	1.17
9	Externale Regulation	Ich lerne Deutsch, damit ich gut bin in der Schule.	166	1.3	.79
11	Externale Regulation	Ich lerne Deutsch, damit ich später viel Geld verdiene.	165	2.2	1.22
14	Externale Regulation	Ich lerne Deutsch, damit ich später einen guten Job bekomme.	164	1.4	.79
6	Identifizierte Regulation	Ich lerne Deutsch, weil ich viele Sprachen sprechen möchte.	166	1.9	1.15
10	Identifizierte Regulation	Ich möchte einfach Deutsch können.	166	1.2	.67
12	Identifizierte Regulation	Deutsch zu lernen, ist wichtig für meine Persönlichkeit.	166	1.2	.56
8	Intrinsische Motivation	Für mich ist Deutsch wichtig, weil mir diese Sprache einfach Freude macht.	166	1.5	.89
13	Intrinsische Motivation	Ich bin immer froh, wenn ich eine schwierige Aufgabe im Deutschen lösen kann.	164	1.5	.85
16	Intrinsische Motivation	Ich bin immer zufrieden, wenn ich etwas Neues im Deutschen lerne.	164	1.1	.52
17	Intrinsische Motivation	Ich fühle mich wohl, wenn ich Deutsch spreche.	162	1.2	.56

Antwortformat: 1 = „stimmt genau", 2 = „stimmt eher", 3 = „stimmt eher nicht", 4 = „stimmt nicht"

In der Basisanalyse wurden die Mittelwerte der Treatmentgruppe (mit HSK-Unterricht) und der Vergleichsgruppe (ohne HSK-Unterricht) auf der Itemebene untersucht. In einem zweiten Schritt wurde eine explorative Faktorenanalyse durchgeführt, um die Parallelität der faktoriellen Struktur kennen zu lernen.

Bei der Untersuchung des Ausfüllmusters war zu erwarten, dass die motivationale Einstellung zur L2 (Deutsch) bei beiden Gruppen ähnlich sein würde. Dagegen wurde ein Unterschied zwischen der Treatment- und Vergleichsgruppe in den motivationalen Einstellungen zur L1 vermutet. Die Tatsache, dass die Kinder in der

Vergleichsgruppe am freiwilligen HSK-Unterricht nicht teilnahmen, sollte in der Beantwortung der Fragen sichtbar sein. Die Ergebnisse des Mittelwertvergleichs mittels t-Tests zeigten, dass in den motivationalen Einstellungen zur L2 lediglich bei zwei Items eine signifikante Differenz zwischen den Gruppen vorzufinden ist. Beim Item „Ich lerne Deutsch, damit ich später einen guten Job bekomme" gab es einen signifikanten Unterschied. Der Mittelwert der Treatmentgruppe (n = 112, M = 1.51) unterschied sich signifikant vom Mittelwert der Vergleichsgruppe (n = 52, M = 1.21, p < .05). Ferner gab es einen signifikanten Unterschied in den Mittelwerten beim Item „Deutsch zu lernen, interessiert mich nicht" (Treatmentgruppe: n = 112, M = 3.93, Vergleichgruppe: n = 51, M = 3.69, p < .01). Im ersten Fall deuten die höheren Werte auf eine höhere intrinsische Motivation der Treatmentgruppe hin. Im zweiten Fall wird der Item „Deutsch zu lernen, interessiert mich nicht" bei fast allen Kindern mit „stimmt nicht" beantwortet[64]. Bei diesen zwei Items zeichnete sich die Treatmentgruppe durch deutlich höhere intrinsische Motivation für L2 als die Vergleichsgruppe aus.

Bei der Analyse der Items bezüglich motivationaler Einstellung zur L1 wurde eine grosse Bandbreite von hoch signifikanten bis nicht signifikanten Unterschieden zwischen der Treatment- und Vergleichsgruppe gefunden. Der Mittelwert der Treatmentgruppe bezüglich des Items „Ich als eine richtige Albanerin/Türkin / ein richtiger Albaner/Türke muss Albanisch/Türkisch können" (n = 113, M = 1.20) wies auf eine hohe Identifikation mit der Sprache im Gegensatz zur Vergleichsgruppe hin (n = 52, M = 1.52, p < .05). Ebenfalls zeigte sich ein signifikanter Unterschied beim Item „Albanisch/Türkisch zu lernen, ist wichtig für meine Persönlichkeit". Diejenigen Kinder, die den HSK-Unterricht besuchten, gaben eine höhere Zustimmung an (n = 113, M = 1.14) als die Kinder, die den HSK-Unterricht nicht besuchten (n = 53, M = 1.55, p < .001). Weiterhin gab es einen signifikanten Unterschied zwischen den Mittelwerten der Treatment- und Vergleichsgruppe in Bezug auf das Item „Ich bin immer zufrieden, wenn ich etwas Neues im Albanischen/Türkischen lerne". Wie bei den vorherigen Items wählten die Kinder mit HSK-Unterricht die Antwortmöglichkeiten, die auf eine hohe Zustimmung hindeuteten (Treatmentgruppe: n = 112, M = 1.16, Vergleichsgruppe: n = 52, M = 1.42, p < .01). Zuletzt wurde ein signifikanter Unterschied beim Item „Ich lerne Albanisch/Türkisch, damit ich gut bin in der Schule" gefunden. Da die Kinder der Vergleichsgruppe keinen HSK-Unterricht besuchten, beantworteten sie dementsprechend diese Frage mit niedriger Zustimmung (n = 53, M = 2.57), im Gegensatz zu den Kindern aus der Treatmentgruppe (n = 113, M = 1.89, p < .001), die diesem Item in einem signifikant höheren Masse zustimmten. Wirft man einen Blick auf die anderen Extreme, auf die hohe Zustimmung beider Gruppen, treten Items hervor, die unabhängig vom HSK-Besuch von beiden Gruppen gleich beantwortet wurden. Sowohl Kinder aus der Treatmentgruppe als auch aus der Vergleichsgruppe schämen sich, wenn sie mit ihren Freundinnen und Freunden ihre

---

64 Die höheren Werte deuten auf eine geringere Zustimmung hin (stimmt genau = 1, stimmt eher = 2, stimmt eher nicht = 3, stimmt nicht = 4).

Erstsprache nicht sprechen können und freuen sich, wenn sie eine schwierige Aufgabe in ihrer Erstsprache zu lösen vermögen.

Die Ergebnisse der vertieften Itemanalyse zeigen signifikante Unterschiede zwischen der Treatment- und Vergleichsgruppe in der motivationalen Einstellung zur L1 auf. Diese signifikanten Unterschiede wurden in den Bereichen intrinsischer Motivation, introjizierter, identifizierter sowie externaler Regulation deutlich. Demzufolge zeigten die Kinder, die den HSK-Unterricht besuchten, mehr Freude am Lernen der L1 („Ich bin immer zufrieden, wenn ich etwas Neues im Albanischen/Türkischen lerne"), internalisierte Erwartung gegenüber L1-Lernen („Ich als eine richtige Albanerin/Türkin/ein richtiger Albaner/Türke muss Albanisch/ Türkisch können"), höhere Identifikation mit der L1 („Albanisch/Türkisch zu lernen, ist wichtig für meine Persönlichkeit") sowie einen ausgeprägteren instrumentellen Charakter des L1-Lernens („Ich lerne Albanisch/Türkisch, damit ich gut bin in der Schule") als die Kinder, die den HSK-Unterricht nicht besuchten. Dagegen zeigte sich eine hohe Übereinstimmung zwischen den Gruppen in der Beantwortung der folgenden Items: „Ich schäme mich, wenn ich mit meinen Albanisch sprechenden/Türkisch sprechenden Freundinnen und Freunden nicht Albanisch/Türkisch sprechen kann" sowie „Ich bin immer froh, wenn ich eine schwierige Aufgabe im Albanischen/Türkischen lösen kann". Diese hohe Übereinstimmung kann auf die Unspezifität der Items bezüglich des HSK-Besuches zurückgeführt werden. Ein weiteres Ergebnis der Itemanalyse stellte das Ausschliessen der Amotivationsskala dar. Der Grund hierfür war ein deutlicher Ceiling-Effekt in die Richtung der positiven Extremwerte. Dies deutete auf das Nichtvorhandensein der Amotivation hin. Dementsprechend wurde festgestellt, dass die Kinder sowohl in der Treatment- als auch in der Vergleichsgruppe grundsätzlich motiviert sind, ihre Erst- und Zweitsprache zu lernen.

Die oben beschriebene vertiefte Itemanalyse bildete die Grundlage für die Faktorenanalyse zur Motivation. Da es zwischen den beiden Gruppen keine signifikanten Unterschiede ausser einem Item in der motivationalen Einstellung zur L2 gab, eignete sich der Fragebogen bezüglich L2 für beide Gruppen. Im Gegensatz dazu erlaubte die grosse Streuung bezüglich der Signifikanz in der motivationalen Einstellung zur L1 nicht, dass die Faktorenanalyse gemeinsam für die Treatment- und die Vergleichsgruppe durchgeführt wird. Deshalb erwies sich die Trennung der Gruppen als notwendig und somit stützte sich die Faktorenanalyse für die motivationale Einstellung zur L1 lediglich auf die Daten der Treatmentgruppe. Tabelle 28 zeigt die Faktoren und ihre Ladungen zur L2. Die Hauptkomponenten-Faktorenanalyse mit anschliessender Varimax-Rotation führte zu zwei Ausprägungen: zur intrinsischen Motivation und externalen Regulation. Unter der intrinsischen Motivation befanden sich zwei Items, die sich ursprünglich auf die identifizierte Regulation bezogen (Item 10, 12, Tabelle 28) (vgl. Noels et al., 2003). Dadurch, dass nach Deci und Ryan (1985) die identifizierte und integrierte Verhaltensregulation mit zunehmender Selbstbestimmung zur intrinsischen Motivation führen, wird die inhaltliche Nähe dieser Items aufgrund der Faktorenanalyse ersichtlich. Die Cronbach-Alpha-Werte reichen von .60 bis .71 und weisen auf eine ausreichende bis zufriedenstellende Reliabilität der Motivationsskala zur L2 hin (vgl. Wittenberg, 1998).

Tabelle 28: Motivationsfaktoren Deutsch (Ladungen <.50 unterdrückt)

Item	Wortlaut im Fragebogen	intrinsische Motivation	externale Regulation
12	Deutsch zu lernen, ist wichtig für meine Persönlichkeit.	.72	
16	Ich bin immer zufrieden, wenn ich etwas Neues im Deutschen lerne.	.69	
13	Ich bin immer froh, wenn ich eine schwierige Aufgabe im Deutschen lösen kann.	.62	
10	Ich möchte einfach Deutsch können.	.61	
8	Für mich ist Deutsch wichtig, weil mir diese Sprache einfach Freude macht.	.60	
17	Ich fühle mich wohl, wenn ich Deutsch spreche.	.51	
9	Ich lerne Deutsch, damit ich gut bin in der Schule.		.73
14	Ich lerne Deutsch, damit ich später einen guten Job bekomme.		.67
11	Ich lerne Deutsch, damit ich später viel Geld verdiene.		.59
3	Ich lerne Deutsch, weil man das von mir erwartet.		.52
	Aufgeklärte Varianz	**22.8 %**	**34.7 %**
	Eigenwert	**3.2**	**1.6**
	Interne Konsistenz (Cronbachs Alpha)	**.71**	**.60**

Die Ergebnisse der Faktorenanalyse bezüglich der motivationalen Einstellung zur L1 werden aus Tabelle 29 ersichtlich. Wie oben ausgeführt, stützt sich diese Analyse auf die Daten der Treatmentgruppe. Der Grund hierfür ist die grosse Streuung in den Mittelwerten der einzelnen Items bei der Treatment- und der Vergleichsgruppe. Wie bei den Motivationsfaktoren zur L2 führte die Hauptkomponenten-Faktorenanalyse mit Varimax-Rotation zu zwei trennbaren Faktoren, zur intrinsischen Motivation und externalen Regulation. Unter der intrinsischen Motivation befanden sich Items, die ursprünglich zu den Skalen der identifizierten (Item 12, Tabelle 29) bzw. introjizierten Regulation (Item 1, Tabelle 29) gehörten. Die Reliabilitäten der motivationalen Einstellung zur L1 sind mit den Cronbach-Alpha-Werten von .76 und .72 als zufriedenstellend zu bezeichnen (vgl. Wittenberg, 1998).

Tabelle 29: Motivationsfaktoren Albanisch und Türkisch (Ladungen <.58 unterdrückt)

Item	Wortlaut im Fragebogen	intrinsische Motivation	externale Regulation
12	Albanisch/Türkisch zu lernen, ist wichtig für meine Persönlichkeit.	.80	
1	Ich als eine richtige Albanerin/Türkin/ ein richtiger Albaner/Türke muss Albanisch/Türkisch können.	.63	
16	Ich bin immer zufrieden, wenn ich etwas Neues im Albanischen/Türkischen lerne.	.61	
17	Ich fühle mich wohl, wenn ich Albanisch/Türkisch spreche.	.58	
9	Ich lerne Albanisch/Türkisch, damit ich gut bin in der Schule.		.78
14	Ich lerne Albanisch/Türkisch, damit ich später einen guten Job bekomme.		.78
11	Ich lerne Albanisch/Türkisch, damit ich später viel Geld verdiene.		.64
3	Ich lerne Albanisch, weil man das von mir erwartet.		.58
	Aufgeklärte Varianz	**27.3 %**	**42.1 %**
	Eigenwert	**3.8**	**2.0**
	Interne Konsistenz (Cronbachs Alpha)	**.76**	**.72**

Zusammenfassend kann festgestellt werden, dass die entwickelte Skala aufgrund der Ergebnisse der oben dargestellten Item- und Faktorenanalyse zur Untersuchung der motivationalen Einstellung geeignet ist. Obwohl die theoretisch beschriebenen sechs Motivationsausprägungen nach Deci und Ryan (1985; Ryan & Deci, 2000) mit diesem Instrument empirisch nicht bestätigt werden konnten, deuten die Hauptfaktoren wie externale Regulation und intrinsische Motivation auf zwei Pole der Selbstbestimmung hin. Während bei der externalen Regulation weniger Selbstbestimmung vorhanden ist, führt die intrinsische Motivation zur Internalisierung, zur höchsten Stufe der Selbstbestimmung. Damit konnte der Grundgedanke der Selbstbestimmungstheorie von Deci und Ryan (1985; Ryan & Deci 2000), der auf ein Kontinuum von nicht vorhandener Verhaltensregulation (Amotivation) bis zu einer internalisierten, intrinsischen Regulation (intrinsische Motivation) hinweist, empirisch bestätigt werden. Erfreulich ist der Befund, dass die untersuchten Kinder keine Amotivation für L1 und L2 aufzeigen. Amotivation tritt auf, wenn die Aktivität nicht geschätzt wird, wenn man sich in der Ausführung der Aktivität nicht kompetent fühlt oder wenn das erwünschte Ergebnis nicht erreicht werden kann (Deci & Ryan, 2002). Vergleicht man die Mittelwerte der Angaben der Treatment- und Vergleichsgruppe bezüglich L2, findet man ein ähnliches Beantwortungsmuster. Lediglich bei einem Item zeigten die Kinder der Treatmentgruppe höhere Selbstbestimmung als die Kinder in der Vergleichsgruppe. Dagegen gibt es signifikante Unterschiede zwischen den Treatment- und Vergleichsgruppen, was das L1-Lernen anbelangt. Kinder, die den HSK-Unterricht besuchen, haben mehr Freude am L1-Lernen, identifizieren sich mehr mit der L1 und lernen L1, damit sie in der Schule gute Leistungen erbringen.

Allgemeine Einstellung zum Lernen

Der zweite Teil des Fragebogens hatte zum Ziel, die Lernfreude und die Anstren-gungsbereitschaft der Schülerinnen und Schüler zu untersuchen. Für die Entwick-lung der Items diente das Erhebungs- und Auswertungsinstrument der schweize-risch-deutschen Videostudie von Rakoczy, Buff & Lipowsky (2005, S. 196-198), die zur Befragung von Schweizer Schülerinnen und Schülern aus der achten Klasse im Rahmen des Projektes „Unterrichtsqualität, Lernverhalten und mathematisches Verständnis" entwickelt wurde. Insgesamt wurden acht Items aus dem Erhebungs-instrument von Rakoczy et al. (2005) übernommen, davon drei Items unverändert (Items 19, 20, 23) und fünf an das Alter der Probandinnen und Probanden ange-passt (vgl. Tabelle 30). Anhand der Tabelle 30 werden die Items und ihre Kenn-werte mit der Stichprobe von albanisch- und Türkisch sprechenden Schülerinnen und Schülern ersichtlich.[65] Bei der Item- und Faktorenanalyse traten folgende Schwierigkeiten auf. Die sprachliche Komplexität der einzelnen Items, die für die Achtklässlerinnen und Achtklässler ohne Migrationshintergrund entwickelt wurden, äusserte sich in Verständnisschwierigkeiten bei den untersuchten Schüle-rinnen und Schülern. Obwohl einige Items sprachlich vereinfacht wurden, stellen die Fragen für die Kinder aus der vierten und fünften Klasse mit Migrations-hintergrund eine beträchtliche sprachliche Herausforderung dar. Der grosse Unter-schied bezüglich der Reliabilität zwischen den Treatment- und Vergleichsgruppen wies auch darauf hin, dass die Beantwortung der Items zur allgemeinen Einstellung zum Lernen von den Sprachfähigkeiten abhängig ist. Dementsprechend bildete sich keine Faktorenstruktur, was ein Grund dafür war, dass dieser Teil in die Haupt-analyse nicht einbezogen wurde.

Tabelle 30: Itemkennwerte zur allgemeinen Einstellung zum Lernen

| Item | Wortlaut im Fragebogen | Variable | Itemkennwerte | | |
			n	M	SD
18	In der Schule arbeite ich hart.	Selbsteinschätzung	162	1.5	0.6
19	Wenn die Noten nicht wären, würde ich viel weniger tun (Rakoczy et al., 2005, S. 198).	Selbsteinschätzung	162	2.9	1.1
20	Ich mache für die Schule mehr, als ich eigentlich muss (Rakoczy et al., 2005, S. 198).	Selbsteinschätzung	161	1.8	0.8
21	Ich denke, dass die meisten in unserer Klasse hart arbeiten.	Lernfreude	161	1.7	0.8
22	Wer gut arbeitet, wird von den anderen geschätzt.	Normatives Klima	161	2.4	1.1
23	In der Schule mache ich nur gerade das, was ich unbedingt muss (Rakoczy et al., 2005, S. 198).	Selbsteinschätzung	162	1.9	1.0
24	Wer in unserer Klasse hart arbeitet, macht sich unbeliebt.	Normatives Klima	162	3.3	0.9
25	In unserer Klasse arbeitet kaum jemand wirklich hart.	Lernfreude	162	3.0	1.0

---

65 Das Antwortformat erfolgte anhand von vier Kategorien (1 = „stimmt genau", 2 = „stimmt eher", 3 = „stimmt eher nicht", 4 = „stimmt nicht").

Selbsteinschätzung in der Erst- und Zweitsprache

Im dritten Teil des Fragebogens wurden Items eingesetzt, die die Selbstein-schätzung der Schülerinnen und Schüler in der Erst- und Zweitsprache untersuchen. Unter Selbsteinschätzung wird ein Prozess verstanden, der auf die Merkmale des Sprachenlernens aus der Sicht der Lernenden gerichtet ist (Raasch, 1997). Zum Ziel wurde gesetzt, einerseits ein Instrument zur Validierung des albanischen, türkischen und deutschen C-Tests zu entwickeln, andererseits mit Hilfe der Selbst-einschätzung ein sprachliches Selbstbild zu erstellen (vgl. Raasch, 1997). Ausgehend aus dem Raster zur Selbstbeurteilung des Europäischen Sprachenportfolios (Bersinger, Jordi, Tschang & Schweizerische Konferenz der kantonalen Erziehungsdirektoren, 2005) wurden je vier Items bezüglich Sprechen, Lesen, Hören und Schreiben in der Erst- und Zweitsprache formuliert (vgl. Tabelle 31 und Tabelle 32). Im Fokus stand dabei die Stufe B1, die dem Alter und Sprachniveau der Probandinnen und Probanden am nächsten kommt. Als weitere Grundlage diente der Fragebogen von Schader (2006), der bei Albanisch sprechenden Kindern und Jugendlichen in der Deutschschweiz eingesetzt und aus dem ein Item (Item 31, Tabelle 31) im genauen Wortlaut adaptiert wurde.

Tabelle 31:   Itemkennwerte zur Selbsteinschätzung in L1

Item	Wortlaut im Fragebogen: Wie gut kannst du auf Albanisch/Türkisch...	Variable	Itemkennwerte		
			n	M	SD
26/1	...etwas genau erklären.	Sprechen	161	2.3	0.7
27/1	...deine Gefühle ausdrücken.	Sprechen	160	2.3	0.9
28/1	...eine Geschichte erzählen.	Sprechen	161	2.1	0.8
29/1	...mit anderen diskutieren.	Sprechen	156	1.8	0.8
30/1	...eine Geschichte lesen und verstehen.	Lesen	161	2.3	0.8
31/1	...eine Erklärung in einem Lexikon lesen und verstehen.	Lesen	159	2.4	0.9
32/1	...deine Schulzeitung (oder eine Zeitung für Kinder) lesen und verstehen.	Lesen	160	2.2	0.8
33/1	...technische Anleitungen lesen und verstehen.	Lesen	160	2.4	0.9
34/1	...eine Radiosendung verstehen.	Hören	160	1.9	0.8
35/1	...ein Fernsehprogramm verstehen.	Hören	160	1.7	0.7
36/1	...ein Lied verstehen.	Hören	159	1.6	0.7
37/1	...jemanden am Telefon verstehen.	Hören	159	1.3	0.6
38/1	...einen Brief an eine Person schreiben.	Schreiben	158	2.2	0.9
39/1	...einen Aufsatz schreiben.	Schreiben	159	2.4	0.9
40/1	...ein Diktat schreiben.	Schreiben	159	2.4	0.9
41/1	...eine Einladung schreiben.	Schreiben	159	2.0	0.9

Für die Selbsteinschätzung in L1 und L2 waren fünf Ausprägungen vorgegeben (1 = „sehr gut", 2 = „ziemlich gut", 3 = „es geht", 4 = „nicht gut"). Die Item-kennwerte in den Tabellen 31 und 32 weisen auf die unterschiedliche Einschätzung der sprachlichen Fähigkeiten in der L1 und L2 hin. Während die Schülerinnen und Schüler ihre Sprachkenntnisse in der L2 als „sehr gut" einschätzen, zeigen die Mittelwerte der Selbsteinschätzung in der L1 eine deutliche Abnahme in Richtung „ziemlich gut" (Dabei deuten die höheren Mittelwerte auf eine tiefere Einschätzung der Sprachfähigkeiten hin)[66]. Zu beachten sind weiterhin die tiefen Mittelwerte bei der Selbsteinschätzung des Hörverständnisses in der L1, die auf eine hohe Selbsteinschätzung hindeuten, sowie der vergleichsweise hohe Mittelwert im Bereich Lesen beim Item „technische Anleitungen lesen und verstehen" in der L2, der im Vergleich zu den anderen Items am tiefsten eingeschätzt wurde.

Tabelle 32:   Itemkennwerte zur Selbsteinschätzung in L2

Item	Wortlaut im Fragebogen: Wie gut kannst du auf Deutsch…	Variable	Itemkennwerte		
			n	M	SD
26/1	…etwas genau erklären.	Sprechen	159	1.8	0.7
27/1	…deine Gefühle ausdrücken.	Sprechen	160	1.9	0.9
28/1	…eine Geschichte erzählen.	Sprechen	161	1.7	0.7
29/1	…mit anderen diskutieren.	Sprechen	155	1.5	0.7
30/1	…eine Geschichte lesen und verstehen.	Lesen	159	1.6	0.7
31/1	…eine Erklärung in einem Lexikon lesen und verstehen.	Lesen	160	1.9	0.8
32/1	…deine Schulzeitung (oder eine Zeitung für Kinder) lesen und verstehen.	Lesen	160	1.8	0.8
33/1	…technische Anleitungen lesen und verstehen.	Lesen	158	2.0	0.8
34/1	…eine Radiosendung verstehen.	Hören	159	1.5	0.7
35/1	…ein Fernsehprogramm verstehen.	Hören	160	1.3	0.5
36/1	…ein Lied verstehen.	Hören	159	1.4	0.6
37/1	…jemanden am Telefon verstehen.	Hören	159	1.1	0.4
38/1	…einen Brief an eine Person schreiben.	Schreiben	157	1.4	0.6
39/1	…einen Aufsatz schreiben.	Schreiben	158	1.7	0.7
40/1	…ein Diktat schreiben.	Schreiben	159	1.8	0.8

Aus den Items wurden Summenskalen für die Selbsteinschätzung in der L1 und L2 gebildet. Um die Reliabilität des Instrumentes zu prüfen, wurden alle vier Bereiche getrennt nach Sprachen einer Analyse der internen Konsistenz unterzogen (vgl. Tabelle 33). Die korrigierten Werte des Cronbachs Alpha reichen von .60 bis .87, die auf ausreichende bis zufriedenstellende Reliabilität hinweisen (Wittenberg, 1998). Auffallend ist die vergleichsweise niedrige Reliabilität der Variable „Sprechen" mit einem Cronbachs Alpha von .60 (L1) und .60 (L2), die auf die in-haltliche Beschreibung der kommunikativen Kompetenz zurückzuführen ist. Da die

---

66 Das Antwortformat erfolgte anhand von vier Kategorien (1 = „sehr gut", 2 = „ziemlich gut", 3 = „es geht", 4 = „nicht gut").

Fähigkeiten, Gefühle auszudrücken (Item 27, vgl. Tabelle 31) sowie mit anderen zu diskutieren (Item 29, Tabelle 31) mit Persönlichkeitsmerkmalen stark verbunden sind, sind sie nur bedingt geeignet für die Erklärung der kommunikativen Kompetenz. Aufgrund der Ergebnisse der Reliabilitätsanalyse verfügt das Instrument über Qualitätsmerkmale, die weitere, vertiefte Analysen erlauben.

Tabelle 33:   Reliabilität der Selbsteinschätzungsskala in L1 und L2

Skala	Interne Konsistenz (korrigierte Cronbachs Alpha)
Sprechen L1	.60
Sprechen L2	.61
Lesen L1	.79
Lesen L2	.78
Hören L1	.74
Hören L2	.71
Schreiben L1	.87
Schreiben L2	.75

Persönliche Hintergrundmerkmale

Unter den persönlichen Hintergrundmerkmalen wurden Geschlecht, Geburtsdatum, Geburtsort, Zahl der Geschwister, Zahl der gesprochenen Sprachen und Sprachgebrauch der Familie erfasst. Des Weiteren wurden Fragen zum Besuch von vorschulischen Institutionen und des HSK-Unterrichts gestellt. Die letzten drei Fragen bezogen sich auf die Anzahl Schweizer und albanischer bzw. türkischer Freundinnen und Freunde sowie die geografische Zukunftsvorstellung.

3.3.3   Erhebungsinstrument II – Standardisierter Fragebogen für Eltern

Parallel zu den Fragebogen für die Kinder wurden auch Fragebogen an die Eltern zusammen mit einem Begleitbrief an die Kinder verteilt. Sowohl der Fragebogen als auch der Begleitbrief wurden in die albanische und türkische Sprache übersetzt. Der Begleitbrief beinhaltete Informationen über die Befragung und die Bedeutung der Teilnahme am Projekt. Nach dem Ablauf der Einsendefrist gaben die Schülerinnen und Schüler die von den Eltern ausgefüllten Fragebogen bei ihrer Lehrperson ab. Die Anonymität der Befragten wurde durch Codes gewährleistet, die dem jeweiligen Schülerinnen- und Schülercode entsprachen. Somit konnten die Elternfragebogen den Kindern der Stichprobe zugeordnet werden.

Bei der Entwicklung des Fragebogens für die Eltern standen die Untersuchung der elterlichen Unterstützung beim Erwerb der Erst- und Zweitsprache sowie die Einstellung gegenüber dem HSK-Unterricht im Mittelpunkt des Forschungsinteresses. Hier werden lediglich die Antwortbereiche dargestellt, die auf diese Forschungsfrage fokussieren. Die mit den Instrumenten erhobenen Daten werden im Hinblick auf die Forschungsfrage im Ergebnisteil „Lernumwelt Familie" ausführlich diskutiert (vgl. Kapitel 4.1.2). Im Folgenden konzentriert sich die Beschreibung auf die Itemkennwerte des Instruments und auf die Faktorenanalyse wobei einzelne relevante Aussagen aufgrund dieser Analyse hervorgehoben werden.

Bei der Entwicklung des Fragebogens stand kein entsprechendes Instrument zur Verfügung, deshalb wurden die Items anhand der Forschungsfragen (vgl. Kapitel 3.2) entwickelt. Das Instrument wurde mit Hilfe eines kognitiven Pretests durch zwei Albanisch sprechende Erwachsene getestet und verbessert. Das im Pretest erprobte Instrument beinhaltete 31 Items, davon zwei offene Fragen, und gliederte sich in vier Hauptteile:

Teil A. Sprachgebrauch zu Hause
Teil B. Beruf (Anzahl Bücher) und Freizeit
Teil C. Unterricht in der heimatlichen Sprache und Kultur (HSK)
Teil D. Zur Person.

Während im Teil A die Erstsprache der Eltern und der Sprachgebrauch zu Hause erfragt wurden, konzentrierte sich der Teil B auf die Ausbildung und den Beruf der Eltern im Heimatland und in der Schweiz. Darüber hinaus wurden im Teil B Fragen zu den Freizeitaktivitäten und Lesegewohnheiten der Eltern gestellt. Um den sozioökonomischen Status zu erfassen, wurde die Anzahl Bücher in der Erst- und Zweitsprache erfragt. Teil C beinhaltete Fragen zum HSK-Unterricht, insbesondere im Hinblick auf seine Bedeutung beim Sprachenlernen und auf die elterliche Zufriedenheit. Ferner wurden die Eltern zu den Sprachkenntnissen ihrer Kinder in der L1 und L2 befragt. Zu den demografischen Fragen gehörten die Items über das Alter sowie das Jahr und die Gründe der Zuwanderung.

Elterliche Unterstützung beim Erlernen der Erstsprache (Albanisch und Türkisch)

Die Instrumente zur elterlichen Unterstützung beim Sprachenlernen sowie zur elterlichen Einstellung zum HSK-Unterricht wurden in Hinblick auf die Forschungsfrage 4 entwickelt. Die elterliche Unterstützung beim Sprachenlernen wurde mit jeweils sieben Einzelitems beim Vater und der Mutter untersucht (vgl. Tabelle 34 und Tabelle 35). Dabei konnten die Eltern aus den Antwortmöglichkeiten von 1 bis 5 wählen (1 = „immer Albanisch/Türkisch", 2 = „mehr Albanisch/Türkisch", 3 = „gleich viel Albanisch/Türkisch und Deutsch", 4 = „mehr Deutsch", 5 = „immer Deutsch"). Die Itemkennwerte zeigen ein ähnliches Bild bei beiden Elternteilen. Sowohl die Väter wie auch die Mütter bevorzugen die Erstsprache bei den angegebenen Aktivitäten. Eine Faktorenanalyse ergab eine einzige Dimension. Bei der Überprüfung der internen Konsistenz ergaben die korrigierten Cronbachs Alpha-Werte eine hohe Reliabilität: .86 (Unterstützung beim Sprachenlernen vom Vater) sowie .95 (Unterstützung beim Sprachenlernen von der Mutter).

Tabelle 34: Itemkennwerte zur elterlichen Unterstützung beim Sprachenlernen (Vater)

| Item | Wortlaut im Fragebogen | Itemkennwerte | | |
		n	M	SD
4/1	Der Vater redet am Tisch.	95	1.7	0.7
4/2	Der Vater liest Geschichten oder Gedichte vor.	82	1.6	0.7
4/3	Der Vater spielt mit dem Kind (z.B. Sprachspiele).	87	1.6	0.8
4/4	Der Vater singt mit dem Kind.	81	1.5	0.7
4/5	Der Vater schreibt (z.B. Briefe) mit dem Kind.	85	1.7	0.9
4/6	Der Vater übersetzt mit dem Kind Deutsch in die Muttersprache und umgekehrt.	82	2.0	0.9
4/7	Der Vater spricht mit dem Kind über die HSK-Hausaufgaben.	78	1.7	1.3

Tabelle 35: Itemkennwerte zur elterlichen Unterstützung beim Sprachenlernen (Mutter)

| Item | Wortlaut im Fragebogen | Itemkennwerte | | |
		n	M	SD
5/1	Die Mutter redet am Tisch.	93	1.5	0.7
5/2	Die Mutter liest Geschichten oder Gedichte vor.	85	1.5	0.8
5/3	Die Mutter spielt mit dem Kind (z.B. Sprachspiele).	87	1.4	0.8
5/4	Die Mutter singt mit dem Kind.	81	1.4	0.8
5/5	Die Mutter schreibt (z.B. Briefe) mit dem Kind.	82	1.5	0.9
5/6	Die Mutter übersetzt mit dem Kind Deutsch in die Muttersprache und umgekehrt.	79	1.8	0.9
5/7	Die Mutter spricht mit dem Kind über die HSK-Hausaufgaben.	90	1.3	0.7

Die Mittelwerte der Skala „elterliche Unterstützung" im Gebrauch der Erstsprache ergab, dass die Eltern im Durchschnitt immer oder mehrheitlich zu Hause die Erstsprache sprechen (n = 89, M = 1.59, SD = 0.67). Dabei ergaben sich keine bedeutsamen Unterschiede zwischen den verschiedenen Gruppen (t-Teste mit p > 0.25). Auch die elterliche Unterstützung im Sprachgebrauch der albanischen Kinder war für die Treatmentgruppe (n = 26, M = 1.41, SD = 0.49) und die Vergleichsgruppe (n = 39, M = 1.49, SD = 0.55) ähnlich ausgefallen. (Allerdings sind die Anzahl Eltern, welche die Fragen beantworteten, jeweils unterschiedlich hoch ausgefallen).

Elterliche Einstellung zum HSK-Unterricht

Insgesamt acht Einzelitems wurden zur Erfassung der elterlichen Einstellung zum HSK-Unterricht gestellt (vgl. Tabelle 36). Bei der Beantwortung der Items waren vier Ausprägungen vorgegeben von „sehr wichtig" bis „gar nicht wichtig" (1 = sehr wichtig, 2 = wichtig, 3 = nicht so wichtig, 4 = gar nicht wichtig). Die niedrigen Mittelwerte der Einzelitems weisen auf die von den Eltern eingeschätzte Wichtigkeit des HSK-Unterrichts hin. Es fällt auf, dass das Item „Die Kinder sollten nicht vergessen, dass sie eine albanische/türkische Abstammung haben" einen sehr hohen Stellenwert bei den Eltern einnimmt. Darüber hinaus beantworteten die meisten Eltern (n = 104) dieses Item, was wiederum die Bedeutung des Items hervorhebt.

Tabelle 36:   Itemkennwerte von elterlicher Einstellung zum HSK-Unterricht

| Item | Wortlaut im Fragebogen | Itemkennwerte | | |
		n	M	SD
23/1	Die Kinder lernen ihre Muttersprache.	100	1.1	0.5
23/2	Die Kinder sollten mehrere Sprachen sprechen können.	93	1.2	0.4
23/3	Die Kinder lernen etwas über ihre Herkunftsländer.	92	1.2	0.4
23/4	Die Kinder finden ihren Platz besser in der Schweizer Gesellschaft.	88	1.6	0.7
23/5	Die Kinder sollten nicht vergessen, dass sie eine albanische/türkische Abstammung haben.	104	1.0	0.3
23/6	Der Unterricht bereitet die Kinder auf eine Rückkehr ins Herkunftsland vor.	83	1.4	0.7
23/7	Die Kinder lernen, andere Kulturen zu respektieren.	83	1.2	0.5
23/8	Der Unterricht hilft den Kindern, ihre eigene Identität zu finden.	81	1.2	0.4

Für die weiterführenden Analysen bei der albanischen Hauptgruppe war es angebracht, die Items zur elterlichen Einstellung getrennt nach Treatment- und Vergleichsgruppe zu analysieren. Das Ziel dieser Analyse war, die Itemkennwerte sowie die Faktorenstrukturen zwischen den beiden Gruppen zu vergleichen.

Die Analyse der Itemkennwerte bei der albanischen Treatment- und Vergleichsgruppe zeigte im grössten Teil ein ähnliches Beantwortungsmuster wie bei der Gesamtstichprobe von Albanisch und Türkisch sprechenden Eltern (vgl. Anhang 5, Tabelle 57). Sowohl bei der Treatment- als auch bei der Vergleichsgruppe trat das Item „Die Kinder sollten nicht vergessen, dass sie eine albanische Abstammung haben" mit seinem tiefen Mittelwert (1 = sehr wichtig) und vergleichsweise geringer Standardabweichung hervor. Diese deuteten auf die eingeschätzte hohe Wichtigkeit der Herkunft hin. Die Mittelwertanalysen zeigten bei fünf Items signifikante Unterschiede zwischen den Gruppen auf. Der Mittelwert der Treatmentgruppe bezüglich des Items „Die Kinder lernen ihre Muttersprache" (n = 37, M = 1.0) wies auf eine hohe Wichtigkeit des Erlernens der Muttersprache im Vergleich zur Vergleichsgruppe (n = 38, M = 1.4, p < .01) hin. Weiterhin schätzten die Eltern der Treatmentgruppe die Zwei- und Mehrsprachigkeit gemessen mit dem Item „Die Kinder sollten mehrere Sprache sprechen können" signifikant höher ein (n = 36, M = 1.1) als die Eltern in der Vergleichsgruppe (n = 33, M = 1.4, p < .05). Beim dritten Item „Die Kinder lernen etwas über ihre Herkunftsländer" schätzte die Treatmentgruppe die Wichtigkeit des HSK-Unterrichts höher ein (n = 36, M = 1.0), als die Vergleichsgruppe (n = 31, M = 1.3, p < .05). Auch beim Item „Die Kinder finden ihren Platz besser in der Schweizer Gesellschaft" zeigte sich ein signifikanter Unterschied. Die Eltern in der Treatmentgruppe schätzten die Rolle des HSK-Unterrichts bei der Integration höher ein (n = 33, M = 1.4) als die Eltern in der Vergleichsgruppe (n = 32, M = 1.9, p < .05). Zuletzt zeigte sich ein signifikanter Unterschied beim Item „Der Unterricht hilft den Kindern, ihre eigene

Identität zu finden" (Treatmentgruppe: n = 29, M = 1.0, Vergleichsgruppe: n = 31, M = 1.3, p < .05). Bei der Treatmentgruppe weist das Instrument mit Cronbachs Alpha-Werten .58 und bei der Vergleichsgruppe .81 eine ausreichende bis hohe Reliabilität auf.

Auf der Basis der vorliegenden Itemanalyse wurde die Faktorenanalyse getrennt nach Gruppen (Gesamtstichprobe von albanischen und türkischen Eltern), albanische Treatmentgruppe und Vergleichsgruppe, durchgeführt. Ziel war es, herauszufinden, ob Unterschiede in der Faktorenstruktur zwischen den Gruppen bestehen. Die Faktorenanalyse ergab stets zwei Komponenten: Identität (Items 23/1 bis 23/3) und kulturelle Orientierung (Items 23/4-23/8) für die Gesamtgruppe der Eltern und für die Eltern der albanischen sowie türkischen Kinder.

Die Ergebnisse der Faktorenanalyse bezüglich elterlicher Einstellung zum HSK-Unterricht werden aus der Tabelle 37 ersichtlich (vgl. Anhang 5, Tabelle 58 und Tabelle 59). Alle drei Stichproben zeigten die gleiche Faktorenstruktur mit zwei Dimensionen auf. Die Hauptkomponenten-Faktorenanalyse mit Varimax-Rotation führte zu zwei trennbaren Faktoren, zur sprachlichen und kulturellen Orientierung und zur kulturellen Identität. Dabei erklärt die sprachliche und kulturelle Orientierung bei allen Stichproben den grössten Teil der Varianz. Die Reliabilitäten der Faktoren liegen mit den Cronbach Alpha-Werten zwischen .74 bis .78 im zufriedenstellenden Bereich.

Tabelle 37: Elterliche Einstellung zum HSK-Unterricht in der Gesamtstichprobe
(Ladungen <.60 unterdrückt)

Item	Wortlaut im Fragebogen	Identität	sprachliche und kulturelle Orientierung
23/1	Die Kinder lernen ihre Muttersprache.		.89
23/2	Die Kinder sollten mehrere Sprachen sprechen können.		.74
23/3	Die Kinder lernen etwas über ihre Herkunftsländer.		.81
23/4	Die Kinder finden ihren Platz besser in der Schweizer Gesellschaft.	.63	
23/5	Die Kinder sollten nicht vergessen, dass sie eine albanische Abstammung haben.	.65	
23/6	Der Unterricht bereitet die Kinder auf eine Rückkehr ins Herkunftsland vor.	.72	
23/7	Die Kinder lernen, andere Kulturen zu respektieren.	.79	
23/8	Der Unterricht hilft den Kindern, ihre eigene Identität zu finden.	.86	
	Aufgeklärte Varianz (kumulativ)	**37.2 %**	**65.9 %**
	Eigenwert	**2.9**	**2.2**
	Interne Konsistenz (Cronbachs Alpha)	**.77**	**.78**

Die Mittelwerte der Skalen „kulturelle Identität" und „sprachliche und kulturelle Orientierung" ergaben, dass die Eltern im Durchschnitt die kulturelle Identität (n = 78, M = 1.29, SD = 0.42) und ihre sprachliche und kulturelle Orientierung (n = 94, M = 1.20, SD = 0.37) als „sehr wichtig" oder „wichtig" beurteilen. Dabei ergaben sich bedeutsame Unterschiede zwischen den verschiedenen Gruppen. Die kulturelle Identität war für die albanische Treatment-Gruppe (n = 31, M = 1.15, SD = 0.24) niedriger als für die Vergleichsgruppe (n = 27, M = 1.41, SD = 0.50, p < .05) ausgefallen. Dabei deuten die niedrigen Mittelwerte auf die eingeschätzte hohe Wichtigkeit der kulturellen Identität hin. Die sprachliche und kulturelle Orientierung zeichnete sich ebenfalls durch niedrigere Mittelwerte bei der Treatment-Gruppe (n = 36, M = 1.10, SD = 0.23) als bei der Vergleichsgruppe (n = 33, M =1.34, SD = 0.48, p < .05) aus. Ein Vergleich mittels t-Tests ergab, dass die Treatment-Gruppe auf hohem Niveau in beiden Skalen signifikant niedrigere Werte (hohe Wichtigkeit) erzielte. Folglich schätzten die Eltern der Schülerinnen und Schüler, die den HSK-Unterricht besuchen, die Bedeutung der kulturellen Identität sowie der sprachlichen und kulturellen Orientierung geringfügig aber statistisch signifikant wichtiger ein als die Eltern aus der Vergleichsgruppe.

3.3.4 Erhebungsinstrument III – Standardisierter Fragebogen für die HSK-Lehrpersonen

Fragebogenaufbau

Bei der Fragebogenerstellung diente die schriftliche Umfrage von Waldrauch (1998) als Ausgangspunkt. Diejenigen Fragen, die relevant für die zentrale Frage-stellung waren, wurden aus dem Fragebogen von Waldrauch (1998) übernommen. Nötig war dabei eine Anpassung der Items an die Schweizer Verhältnisse, wodurch sich auch die Fragen stark veränderten, und eigenständige Fragenkomplexe ent-standen. Neben den allgemeinen Fragen über die biografischen Daten (Geschlecht, Geburtsjahr, Muttersprache und Zuwanderungsjahr) wurden die folgenden Items aus dem Fragebogen von Waldrauch (1998, S. 331-348) übernommen und im Fragebogen der vorliegenden Untersuchung teilweise modifiziert:„Welche Sprache(n) unterrichten Sie derzeit als muttersprachliche/r Lehrer/in?" (Item 1), „Welche Unterrichtsmaterialien verwenden Sie?" (Item 4), „Was sind Ihrer Ansicht nach die wichtigsten Zielsetzungen des muttersprachlichen Unterrichts?" (Item 5), „Was ist Ihre höchste abgeschlossene Ausbildung?" (Item 9), „Für welche der fol-genden Schularten haben Sie eine offiziell anerkannte Lehrbefähigung?" (Item 10), „In welchen Schularten bzw. Bildungseinrichtungen haben Sie bislang unter-richtet?" (Item 11), „Und wie viele Jahre haben Sie insgesamt als Lehrer/in ge-arbeitet?" (Item 16), „Seit wann sind Sie als muttersprachliche/r Lehrer/in an einer österreichischen Schule angestellt?" (Item 17), „Wie unterrichten Sie derzeit? (Item 22), „Wie oft haben Sie in den letzten fünf Jahren an Lehrerfortbildungsseminaren teilgenommen?" (Item 31), „Wie zufrieden sind Sie mit Ihrer derzeitigen Tätigkeit als muttersprachliche/r Lehrer/in in folgenden Bereichen?" (Item 33), „Was waren die wichtigsten Gründe für Ihre Zuwanderung nach Österreich?" (Item 37), „Wie beurteilen Sie Ihre Deutschkenntnisse?" (Item 40).

Um die Unterrichtspraxis der HSK-Lehrpersonen zu untersuchen, wurden Items aus dem Erhebungsinstrument der schweizerisch-deutschen Videostudie über Unterrichtsqualität herangezogen (Rakoczy, Buff & Lipowsky, 2005). Die übernommenen 14 Items (vgl. Tabelle 38) bezogen sich auf offene Lernsituationen (Items 8.2, 8.3, 8.4, 8.8 und 8.12), auf den traditionellen Unterricht (Items 8.1, 8.5 und 8.13) sowie auf die kooperativen Sozialformen (Items 8.6, 8.7, 8.9, 8.10, 8.11 und 8.14). Tabelle 38 beinhaltet die Ergebnisse der 3-Faktorenanalyse mit Varimax-Rotation. Die Faktoren der drei Skalen zeigen mittlere bis hohe Faktorenladungen. Aufgrund der Reliabilitätsanalyse der Skalen, die nach Wittenberg (1998) ausreichende Werte (.55 bis .67) aufzeigt, können die Skalen in die Auswertung einbezogen werden.

Tabelle 38: Faktorladungen zur Unterrichtspraxis (Ladungen <.30 unterdrückt)

Item	Wortlaut im Fragebogen	offene Lernsituationen	traditioneller Unterricht	Kooperative Sozialformen
8.1	Ich rede über verschiedene Themen, während die Schüler/innen zuhören.		.70	
8.5	Ich rede und stelle Fragen und einzelne Schüler/innen antworten.		.75	
8.13	Die Schüler/innen arbeiten für sich an den gleichen Aufgaben.		.54	
8.2	Ich lasse die Schüler/innen Inhalte präsentieren, die sie vorher in Gruppen oder einzeln erarbeitet haben.	.53		
8.3	Die Schüler/innen arbeiten an Stationen (Lernzirkel oder Werkstattunterricht).	.56		
8.4	Die Schüler/innen arbeiten an verschiedenen Projekten (Projektunterricht).	.69		
8.8	Die Schüler/innen haben ein Sprachenportfolio, das ständig erweitert wird.	.59		
8.12	Ich setze Computer ein.	.64		
8.6	Die Schüler/innen arbeiten in Lernpartnerschaften			.71
8.7	Die Schüler/innen arbeiten selbständig an selbst ausgewählten Aufgaben.			.54
8.9	Ich schliesse mit den Schülern/Schülerinnen Lernverträge ab.			.35
8.10	Ich setze Partnerarbeit ein.			.68
8.11	Die Schüler/innen bestimmen selbst, ob sie allein, paarweise oder in Kleingruppen arbeiten.			.49
8.14	Ich setze Gruppenarbeit (drei oder mehr Schüler/innen) ein.			.61
	Aufgeklärte Varianz	**13.2 %**	**9.4 %**	**23.4 %**
	Eigenwert	**1.8**	**1.3**	**3.2**
	Interne Konsistenz (Cronbachs Alpha)	**.66**	**.55**	**.67**

Das Antwortformat erfolgte anhand von sechs Kategorien (1 = „nie", 2 = „fast nie", 3 = „ab und zu", 4 = „oft", 5 = „sehr oft", 6 = „kann ich nicht beantworten").

Während die Umfrage von Waldrauch (1998) auf die muttersprachlichen Lehr-personen fokussierte, steht der HSK-Unterricht im Mittelpunkt der vorliegenden Befragung. Entsprechend der zentralen Fragestellung (vgl. Kapitel 3.2) wurden die vier Themenbereiche des Fragebogens entwickelt, die insgesamt 41 Fragen be-inhalten:

Teil A: HSK-Kurs
Teil B: Ausbildung und Erfahrung
Teil C: Rahmenbedingungen des HSK-Unterrichts
Teil D: Zur Person.

Ausser drei offenen Fragen:„Welche Themen fehlen Ihrer Meinung nach im Weiterbildungsangebot?" und „Wo sehen Sie die zwei grössten Probleme des HSK-Unterrichts?" „Was sollte verbessert werden?" wurden standardisierte Fragen auf einer Skala von 1 (trifft nicht zu/nie) bis 5 (trifft zu/sehr oft) und eine Aus-weichantwort 6 (weiss nicht/kann ich nicht beantworten) gestellt. Die Auswertung der Daten erfolgte nach der Methode der deskriptiven Statistik, deren Ergebnisse im Kapitel 4.1.3 dargestellt sind.

3.4 Methode und Instrumente der qualitativen Analyse

3.4.1 Zielsetzung und zentrale Fragestellung

Um das Untersuchungsfeld HSK-Unterricht aus mehreren Perspektiven zu erfor-schen, wurde die quantitative Analyse um eine qualitative Vorgehensweise ergänzt und vertieft. Im Zentrum des qualitativen Teils stehen die exemplarische Video-analyse von zwei albanischen HSK-Unterrichtseinheiten sowie die Leitfaden-interviews mit den albanischen HSK-Lehrpersonen, deren Unterricht videografiert wurde. Das Ziel ist die Untersuchung der sprachlich-inhaltlichen und methodisch-didaktischen Ebenen dieser beiden Unterrichtseinheiten. Von grossem Interesse ist ausserdem die Frage, wie die Lehrpersonen ihr pädagogisch professionelles Handeln im Unterricht und im Kontext der HSK-Kurse wahrnehmen und inter-pretieren. Die qualitative Analyse orientiert sich an den folgenden zentralen Frage-stellungen:

(1) **Wie sind die beobachtbaren und von den Lehrpersonen wahrgenom-menen Rahmenbedingungen des HSK-Unterrichts?**
    In welchem äusseren Rahmen findet der HSK-Unterricht statt?
    Was für einen Einfluss hat die Heterogenität und Klassengrösse auf die Leistung der Kinder?
    In welchen Bereichen treffen die Lehrpersonen auf Potenziale und Heraus-forderungen?

(2) **Welche inhaltlichen und sprachlichen Ziele werden im HSK-Unterricht verfolgt?**

Welche Inhalte werden im Unterricht behandelt?

Welche Sprachkompetenzen werden angestrebt?

Wie geht die Lehrperson auf die unterschiedlichen Sprachkompetenzen der Kinder ein?

Wie wird die Sprachkompetenz der Kinder von der Lehrperson beurteilt?

(3) **Inwiefern können die Lehrpersonen ihre Erfahrung und ihre Aus- und Weiterbildung in den Unterricht einbringen?**

Welche Kompetenzen bringen die Lehrpersonen mit, wie bilden sie sich weiter und welche persönlichen Ressourcen stehen ihnen zur Verfügung?

Wie stehen die Lehrpersonen der Möglichkeit einer Zusammenarbeit mit anderen HSK- und Schweizer Lehrkräften gegenüber?

Wie wird die Motivation der Kinder von den Lehrpersonen wahrgenommen?

(4) **Welche Unterrichtspraxis zeigt sich in den videografierten Unterrichtseinheiten?**

Welche Unterrichtsformen werden zum Erreichen der Unterrichtsziele eingesetzt?

Welche Unterrichtsmaterialien stehen zur Verfügung und wie werden sie im Unterricht verwendet?

Findet ein Einsatz der Medien statt?

3.4.2 Das qualitative Forschungsdesign

Die Konzeption des qualitativen Forschungsdesigns wird aus Abbildung 12 ersichtlich, die die wichtigsten Etappen der Arbeit aufzeigt. Die Basis der qualitativen Untersuchung bildet die Aufarbeitung der Literatur und des empirischen Forschungsstandes über den HSK-Unterricht (vgl. Kapitel 2.3 und 2.4) sowie die im quantitativen Teil gewonnenen Erkenntnisse durch die Befragung der HSK-Lehrpersonen (vgl. Kapitel 4.1.3). Um die sprachlich-inhaltliche und methodisch-didaktische Ebene des Unterrichts genauer analysieren zu können, wurden die Unterrichtseinheiten mit Videokamera aufgezeichnet. Auf der Basis des protokollierten Datenmaterials entstand der Leitfaden für das Interview, der sich auf bestimmte Aspekte der Videoanalyse konzentrierte. In der letzten Phase wurde die Triangulation der Daten von der videobasierten Analyse und den Interviews zum Ziel gesetzt.

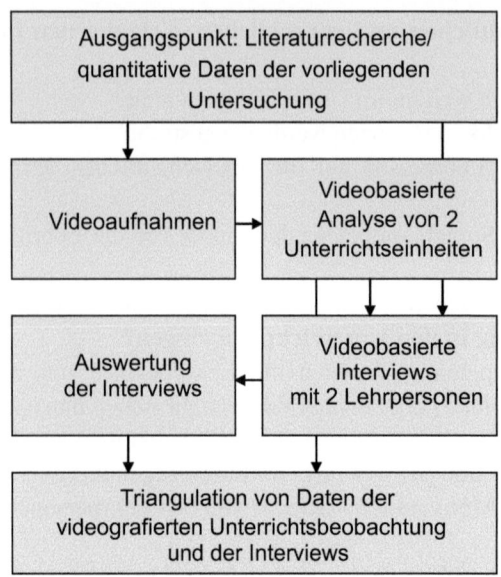

Abbildung 12: Forschungsdesign des qualitativen Teils der Untersuchung

Um komplementäre Ergebnisse zu gewinnen, wurde die Methodentriangulation angewendet (vgl. Kapitel 3). Mit der Triangulation verschiedener qualitativer methodischer Zugänge können systematisch unterschiedliche Perspektiven verbunden und unterschiedliche Aspekte des Untersuchungsgegenstandes thematisiert werden (Flick, 2004). In diesem Fall handelt es sich um eine *Triangulation der videografierten Unterrichtsbeobachtung und des problemzentrierten Interviews*, um die externe und interne Perspektive in eine Synthese zu bringen. Einerseits wird eine *objektiv-beschreibende Perspektive* aufgrund der Videoanalyse umgesetzt, die die Prozesse von aussen betrachtet. Die videobasierte Unterrichtsanalyse bietet neue Möglichkeiten für die empirische Unterrichtsforschung, insbesondere deshalb, weil diese Methode die Integration von qualitativen und quantitativen Analysemethoden erlaubt (Reusser & Pauli, 2003; Stigler, Gallimore & Hiebert, 2000). Obwohl aufgrund der vorhandenen Daten dieser Zugang durchaus möglich wäre, steht in der vorliegenden Untersuchung die detaillierte Beobachtung von gefilmten Lehr- und Lernprozessen im Zentrum. Die videografierten HSK-Lektionen zeigen exemplarisch auf, wie diese Prozesse ablaufen, wollen aber keine vergleichenden oder allgemeingültigen Aussagen zur Unterrichtswirklichkeit treffen. Andererseits fokussiert die *subjektiv-rekonstruktive Perspektive* auf das Individuum, indem die Unterrichtsprozesse aus der subjektiven Sicht der Lehrpersonen erläutert werden. Für die Durchführung der Interviews eignete sich die Methode des problemzentrierten Interviews, dessen Begriff von Witzel (1982, 1985, 2000) geprägt wurde. Das problemzentrierte Interview stellt ein theoriegenerierendes Verfahren dar, in dem sich Theoriegeleitetheit und Offenheit in einem induktiv-deduktiven Wechselverhältnis äussern (Witzel, 2000). Einerseits wird den Befragten ermöglicht, in einem offenen Gespräch frei zu Wort zu kommen. Andererseits ist das Interview auf eine bestimmte Problemstellung ausgerichtet, die von der Interviewerin bzw. vom Interviewer eingeführt und immer wieder in den Mittelpunkt des Gesprächs gestellt wird (Mayring, 1999). Vorausgesetzt ist dabei eine stärkere Vertrauensbeziehung, damit sich die Befragte bzw. der Befragte ernst genommen und möglichst gleichberechtigt behandelt fühlt. Da die interviewten Lehrpersonen auch an der Längsschnittstudie teilnahmen und oft als Expertinnen und Experten in die Instrumentenentwicklung einbezogen wurden, konnte eine starke Vertrauensbeziehung zwischen den Lehrpersonen und der Autorin dieser Arbeit aufgebaut werden. Im Weiteren soll erwähnt werden, dass die interviewten Lehrpersonen sehr engagiert das Projekt verfolgten und fachliches sowie persönliches Interesse an der Untersuchung zeigten.[67]

3.4.3 Durchführung der qualitativen Untersuchung

Videobasierte Unterrichtsbeobachtung

Die Videoaufzeichnungen erfolgten im Juli und im September 2006 nach einem standardisierten Kameraskript von Petko (2006). Es wurden zwei Doppelstunden à 45 Minuten mit zwei Digitalkameras aufgenommen. Die dynamische Kamera fokussierte auf die Lehrperson, während die statische Kamera auf die ganze Klasse ausgerichtet war. Um das Datenmaterial zu ergänzen, wurden im Anschluss der Videoaufnahmen Fotos vom Unterrichtsmaterial sowie von einigen Schülerheften angefertigt. Um die Lektionen aufnehmen zu dürfen, unterschrieben die Lehrpersonen, die Eltern und deren Kinder eine Erklärung, dass sie mit den Videoaufnahmen bzw. der Verwendung der Aufnahmen für Forschungszwecke einverstanden sind. Weil nur die Klassen angefragt wurden, die an der quantitativen Untersuchung teilgenommen hatten, waren die Eltern über das Projekt schon im Vorfeld informiert. Das Thema bzw. die Methoden für die aufgenommenen Lektionen konnten die Lehrpersonen selbst auswählen. Sie wurden des Weiteren aufgefordert, einen möglichst alltäglichen Unterricht zu halten.

Problemzentriertes Interview

Die Interviews wurden nicht unmittelbar im Anschluss an die Videoaufnahmen, sondern erst später im Juli und September 2007 durchgeführt. Die Videoanalyse bildete die Basis für den Leitfaden des problemzentrierten Interviews. Vor dem Interview erhielten beide Lehrpersonen eine DVD von ihrem videografierten Unterricht und wurden gebeten, den Unterricht zu Hause anzuschauen. Während des Interviews diente eine von der Autorin dieser Arbeit ausgewählte Unterrichtssequenz als Input für die Fragen im Zusammenhang mit dem konkreten Unterricht. So wurde eine gemeinsame Wissensbasis über das Unterrichtsgeschehen gewährleistet. Die Interviews, die zwischen einer und eineinhalb Stunden dauerten, fanden

---

67 Für das Engagement und die aktive Mitwirkung der interviewten Lehrpersonen bedanke ich mich hier herzlich.

im Pädagogischen Institut der Universität Zürich statt. Um den Kommunikations-prozess authentisch und präzise zu erfassen (Witzel, 2000), wurden die Gespräche mit einem Tonbandgerät aufgenommen. Die Transkription erfolgte nach dem Prinzip der literarischen Umschrift (Mayring, 1999), der eine wörtliche Transkrip-tion ohne phonetische Umschreibungen und sprachliche Färbungen erlaubt. Auf-grund der Fokussierung auf die Interviewinhalte wurde auf die kommentierte Transkription verzichtet. Allerdings wurden die Art der Pausen, Unverständlichkeit und gleichzeitiges Sprechen vermerkt. Steht die inhaltlich-thematische Ebene im Vordergrund und tritt die Befragte oder der Befragte als Expertin oder Experte auf, wird das Interview in normales Schriftdeutsch übertragen (Mayring, 1999). Da die interviewten Lehrpersonen die deutsche Sprache nicht als Erstsprache beherrschen, erwies es sich als nötig, für die Interpretation der Ergebnisse die grammatischen Fehler zu beheben und den Stil zu glätten.

3.4.4 Untersuchungsinstrumente der qualitativen Analyse

Beobachtungsprotokoll

Da beide HSK-Kurse in albanischer Sprache gehalten wurden, war der Einbezug von Albanisch sprechenden Experten in die Analyse erforderlich.[68] Die Analyse erfolgte mit Hilfe eines Beobachtungsprotokolls, das eine detaillierte Dokumen-tation des Unterrichtsgeschehens ermöglichte. Die Grundlage des Beobachtungs-protokolls bildete das Beobachtungsraster von Stebler und Stotz (2004), das für die Fallstudie zur Untersuchung des themenorientierten Sachunterrichts in Englisch entwickelt wurde. Zwei Personen protokollierten den HSK-Unterricht aus ver-schiedenen Blickwinkeln. Eine Person, deren Erstsprache Albanisch ist, kon-zentrierte sich auf die sprachliche Ebene, während der Fokus der anderen Person, der Autorin dieser Arbeit, auf die methodisch-didaktische Ebene ausgerichtet war. Mit dem Beobachtungsprotokoll erfasste man in jeder Lektionsphase die folgenden Aspekte:

- Lehreraktivität
- Schüleraktivität
- Sozialformen/Interaktion
- Materialien/Medien
- Motivation
- Bemerkung.

Die Lektionsphasen variieren je nach Inhalt und Dauer der Sequenz. Bei jeder neuen Aktivität wurde eine neue Lektionsphase eingeführt und nach den oben genannten Aspekten protokolliert. Da die Videoaufnahmen anhand einer deskrip-tiven Analyse ausgewertet werden sollten, wurde keine wortwörtliche Transkrip-

---

68 Die Autorin dieser Arbeit bedankt sich bei Naxhi Selimi und Martin Qunaj für das detaillierte Protokoll der Unterrichtseinheiten.

tion des Unterrichtsgeschehens durchgeführt. Ausserdem erfordert eine Transkription dieses Datenmaterials ein geschultes Personal und eine geeignete Ausrüstung bzw. Software, deren Anwendung den zeitlichen und finanziellen Rahmen dieser Studie gesprengt hätte. Ein weiterer Vorteil der Videoaufnahmen besteht aber darin, dass auf die videografierte und elektronisch verfügbare Datenbasis zu einem späteren Zeitpunkt zurückgegriffen werden kann, um weitere Analysen durchzuführen.

Interviewleitfaden

Die Basis des Interviewleitfadens bildeten die zentralen Fragestellungen des qualitativen Teils und die Erkenntnisse aus der Videoanalyse. Bei der Interviewführung fungierte der Leitfaden als eine Art Gedächtnisstütze und Orientierung während des Interviews, der eine Kontrolle über die behandelten Themen erlaubt (Witzel, 2000). Weil das Interview einen engen Bezug zum videografierten Unterricht hatte, war es nicht möglich, den Leitfaden in einem Pretest zu erproben. Hier wurde wie beim Beobachtungsprotokoll das Instrument der Fallstudie von Stebler und Stotz (2004) als Ausgangspunkt gewählt. Die überarbeiteten und angepassten Fragenkomplexe gliedern sich in sechs Themen (vgl. Anhang 4):
- Einführung/zur Person
- Überführung zu den videografierten Unterrichtseinheiten
- Unterrichtsprozesse in den beobachteten Lektionen
- Ebene der Schülerinnen und Schüler
- Rahmenbedingungen des HSK-Unterrichts
- Abschluss.

Für den Intervieweinstieg wurde eine offene, auf die Person bezogene Frage gewählt, die nicht auf die Fragestellung ausgerichtet war. Dadurch begann ein intensiver Erzählfluss, der auch für die Fragestellung relevante Informationen enthielt. Der zweite Teil führte zum videografierten Unterricht, von dem eine ausgewählte Sequenz von 5-10 Minuten gemeinsam mit der Interviewerin angeschaut wurde. Im Anschluss an den Unterrichtsausschnitt wurden Fragen zu den konkreten Unterrichtsprozessen und den Sprachkompetenzen der beobachteten Schülerinnen und Schüler gestellt. Zum Thema des HSK-Unterrichts wurden Fragen über den Rahmenlehrplan, die Zusammenarbeit und die motivierenden und belastenden Aspekte der HSK-Kurse gestellt. Am Ende des Interviews erhielten die Interviewten die Möglichkeit, Themen anzusprechen, die sie als wichtig erachteten. Da beide interviewten Lehrpersonen an der quantitativen Befragung teilnahmen, standen die demografischen Angaben beider Personen zur Verfügung. Von diesen Daten wurden nur einige relevante Daten in die Auswertung einbezogen.

3.4.5 Auswertungsverfahren

Die Auswertung des Interviews erfolgte nach dem Ablaufmodell der *strukturierenden Inhaltsanalyse* nach Mayring (2003), bei der die *inhaltliche Strukturierung* des Datenmaterials zu bestimmten Themenbereichen im Mittelpunkt steht. Dabei verbindet sich die anfängliche theoriegeleitete *deduktive Analyse* mit der *induktiven Analyse*, die sich aus dem Material heraus entwickelt (vgl. Mayring & Gläser-Zikuda, 2005). Das Ablaufmodell von Mayring (2003) erfolgt in acht Schritten, wobei der erste Schritt in der Bestimmung der Analyseeinheiten besteht. In einem zweiten Schritt erfolgte die Entwicklung der Strukturierungsdimensionen, die aus der Theorie abgeleitet wurde. Die Dimensionen, die implizit auch im Interviewleitfaden enthalten waren, sind die folgenden: persönliche Hintergrundmerkmale, Unterrichtsprozess, Ebene der Lernenden und Rahmenbedingungen des HSK-Unterrichts. Viertens wurden die Kategorien mit Ankerbeispielen formuliert. Beim Materialdurchlauf, bei dem die Fundstellen bezeichnet und bearbeitet wurden (5. und 6. Schritt nach Mayring, 2003), bildeten sich auf induktive Weise neue Kategorien, in dem neue thematische Aspekte in den Darstellungen der Interviewten auftauchten. Eine solche neue Kategorie war z.B. die Rolle der Eltern beim Sprachenlernen, die bei beiden interviewten Lehrpersonen angesprochen wurde. Entsprechend der neuen Kategorien wurde das Kategoriensystem in einem siebten Schritt überarbeitet. Gleichzeitig wurden die Strukturierungsdimensionen differenzierter und ihre Ausprägungen prägnanter. Das Kategoriensystem zeigt die fünf Dimensionen und deren Ausprägungen mit Ankerbeispielen, nach denen das Datenmaterial analysiert und die Ergebnisse im Kapitel 4.2 dargestellt wurden (8. Schritt nach Mayring, 2003). Bei der Strukturierung des Datenmaterials wurde die Textanalysesoftware MAXQDA 2 angewendet. Auf der Basis der zentralen Fragestellung erfolgte die Triangulation der Ergebnisse der Inhaltsanalyse sowie der Analyse von videografierten Unterrichtsbeobachtungen (vgl. Kapitel 4.2).

4. Ergebnisse

4.1 Ergebnisse der quantitativen Analyse

Die Darstellung der Ergebnisse der quantitativen Analyse gliedert sich in drei Teile: Im ersten Teil stehen die individuellen Lernvoraussetzungen im Vordergrund, darunter die Befunde zu den persönlichen Hintergrundmerkmalen, zur Entwicklung der Erst- und Zweitsprache, zum Einfluss der motivationalen Faktoren und des sprachbezogenen Selbstbildes auf die Sprachentwicklung. Im zweiten Teil werden die Ergebnisse zur Lernumwelt Familie vorgestellt, die mit Hilfe der Fragebogen erhoben wurden, die die Eltern ausgefüllt hatten. Der dritte Teil, der sich auf die Lernumwelt Schule konzentriert, veranschaulicht die Resultate der Befragung der HSK-Lehrpersonen in der Deutschschweiz. Die Darstellung der Ergebnisse erfolgt nach den Fragestellungen und Hypothesen gemäss Kapitel 3.1.

4.1.1 Lernvoraussetzungen des Individuums

Persönliche Hintergrundmerkmale

In die deskriptive Analyse zu den persönlichen Hintergrundmerkmalen wurden die Daten des Fragebogens einbezogen, den die Kinder zum ersten Erhebungszeitpunkt (t1) ausgefüllt hatten. Um die Ergebnisse zu interpretieren, wurde es als wichtig erachtet, einen Überblick über Geburtsort, familiären Sprachgebrauch, Kindergartenbesuch, Freundschaften und Zukunftsperspektiven der befragten Kinder zu geben.

Geburtsort

Aus der Gesamtstichprobe von 181 Kindern fehlten 22 Angaben zum Geburtsort. Aus Abbildung 13 wird ersichtlich, dass die Mehrheit der Kinder in der Schweiz geboren ist (Treatmentgruppe: n = 79, Vergleichsgruppe n = 34). Im Vergleich zu anderen Ländern wie Albanien, Mazedonien und der Türkei wurde Kosovo als Geburtsort am zweithäufigsten angegeben (Treatmentgruppe: n = 17, Vergleichsgruppe n = 6). Es gibt keine bedeutende Differenz zwischen der Treatment- und der Vergleichsgruppe in Bezug auf den Geburtsort.

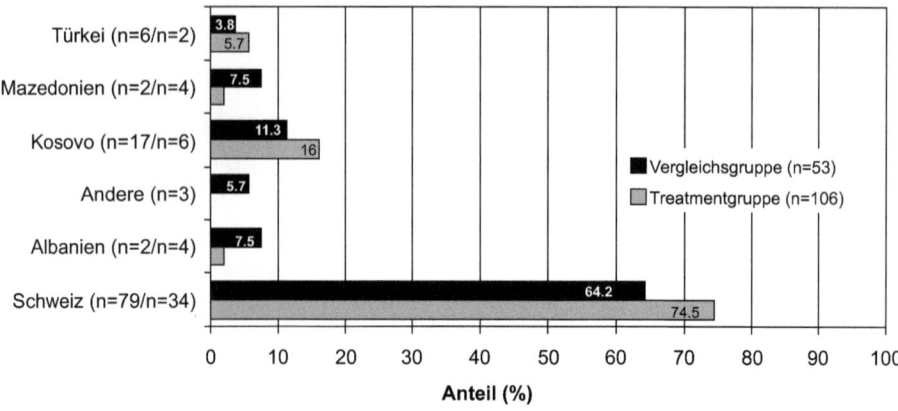

Abbildung 13: Geburtsort der Schülerinnen und Schüler in der Gesamtstichprobe

Aus der albanischen Hauptgruppe von 92 Schülerinnen und Schülern fehlten 9 Angaben zum Geburtsort bei der Treatment- und 2 Angaben bei der Vergleichsgruppe. Die Aufteilung des Geburtsortes nach Ländern und Gruppen verändert sich bei der albanischen Hauptgruppe im Vergleich zur Gesamtstichprobe kaum (vgl. Abbildung 14). Wie in der Gesamtstichprobe sind mehr als die Hälfte der Schülerinnen und Schüler in der Schweiz geboren. Während ca. 10 Prozent der Schülerinnen und Schüler Kosovo als Geburtsort angab, betrug diese Prozentzahl bei der Treatmentgruppe 26 Prozent. Werden jedoch die albanischsprachigen Länder (Albanien, Kosovo und Mazedonien) zusammengefasst, steigt die Prozentzahl sowohl bei der Treatment- als auch bei der Kontrollgruppe auf 30 Prozent bzw. knapp 30 Prozent.

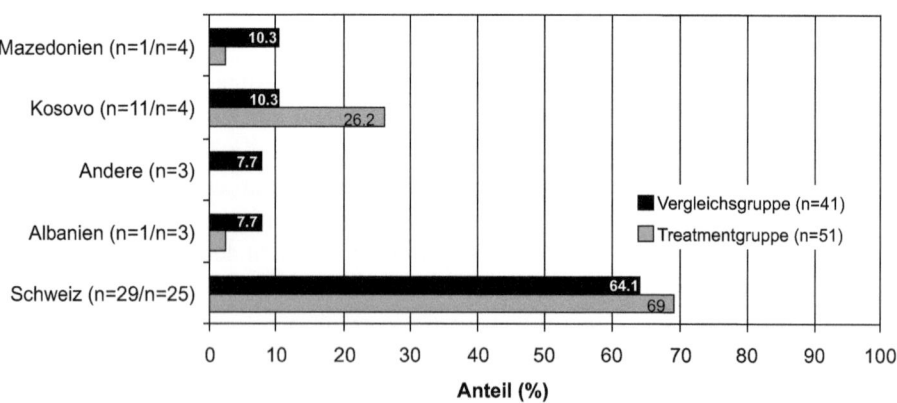

Abbildung 14: Geburtsort der Schülerinnen und Schüler in der albanischen Hauptgruppe

170

Sprachgebrauch in der Familie

Aus Abbildung 15 wird die sprachliche Präferenz innerhalb der Familie im Zusammenhang der Gesamtstichprobe ersichtlich. Interessant ist zu beobachten, wie abrupt sich der Sprachgebrauch ändert, sobald die Geschwister ohne Eltern miteinander sprechen. Nehmen die Eltern an der Kommunikation teil, wird mindestens zu 50 Prozent die L1 (Albanisch oder Türkisch) gesprochen. Sind die Geschwister unter sich, wird die L2 (Deutsch) viel häufiger (54.9 %) als die L1 (Albanisch und Türkisch) (15.5 %) gesprochen. Konstant bleibt der Anteil des gemischten Sprachgebrauchs von L1 (Albanisch oder Türkisch) und L2 (Deutsch) unabhängig von der Anwesenheit der Eltern. Obwohl in der Kommunikation zwischen Vater und Mutter der Gebrauch der L1 (Albanisch oder Türkisch) mit 84.5 Prozent dominiert, unterscheidet sich der Sprachgebrauch der Eltern gegenüber ihren Kindern deutlich voneinander. Im Unterschied zur sprachlichen Kommunikation mit dem Vater, in der beide Sprachen in einem Anteil von 35.1 Prozent gebraucht werden, sprechen die Kinder mit ihren Müttern zu 76 Prozent in der L1 (Albanisch oder Türkisch) und eher selten, nämlich nur zu 6.5 Prozent in der L2 (Deutsch) oder in beiden Sprachen (17.5 %).

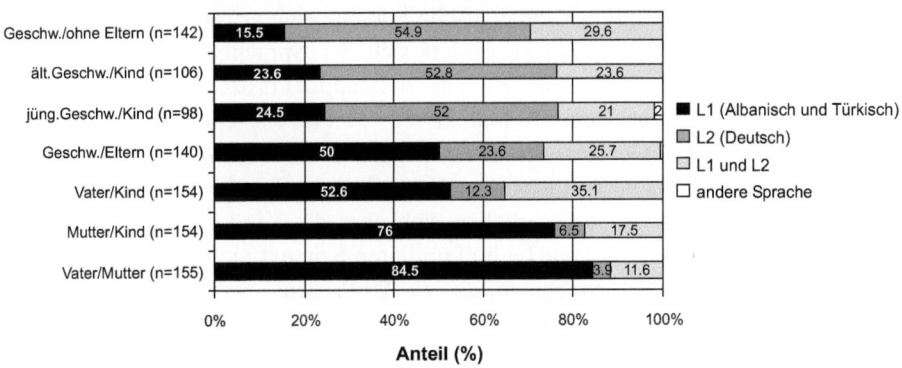

Abbildung 15: Sprachgebrauch in der Familie (Gesamtstichprobe)

Von Bedeutung ist es, den familiären Sprachgebrauch in der albanischen Treatment- und Vergleichsgruppe genauer zu untersuchen (vgl. Abbildung 16 und Abbildung 17). Insbesondere bei der Interpretation der Ergebnisse von sprachlichen Leistungen kann der familiäre Sprachgebrauch bei den untersuchten Gruppen wichtige Informationen liefern.

171

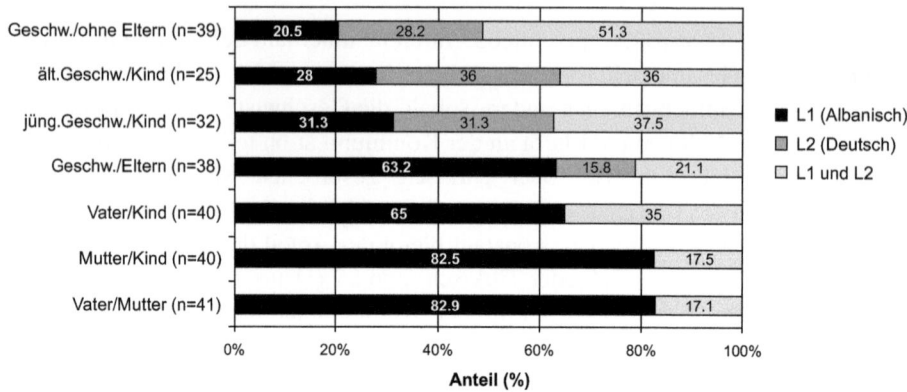

Abbildung 16: Sprachgebrauch in der Familie (albanische Treatmentgruppe)

Während bei der albanischen Treatmentgruppe in der Kommunikation zwischen Vater und Mutter, Mutter und Kind sowie Vater und Kind die L1 (Albanisch) und die gleichzeitige Verwendung von beiden Sprachen (Albanisch und Deutsch) dominiert, sieht man bei der Vergleichsgruppe ein ähnliches Muster wie bei der Gesamtstichprobe. Ausser in der Vater-Mutter-Kommunikation spielt im Sprachgebrauch der Vergleichsgruppe die deutsche Sprache eine grosse Rolle. Noch radikaler als bei der Gesamtstichprobe ändert sich der Sprachgebrauch, sobald die Geschwister unter sich sind. Albanisch wird zu knapp 20 Prozent gesprochen, dafür zu mehr als 50 Prozent Deutsch und zu ca. 30 Prozent eine andere Sprache. Unterhalten sich die Geschwister ohne Eltern, sinkt der Sprachgebrauch des Albanischen auf 3 Prozent und erhöht sich der Sprachgebrauch des Deutschen auf annähernd 70 Prozent. Anders verhalten sich aber die Kinder in der Treatmentgruppe. Sie pflegen ihre Erstsprache im familiären Kontext nicht nur mit Vater und Mutter, sondern verwenden Albanisch zu 20 Prozent bis 30 Prozent in der Kommunikation mit den Geschwistern.

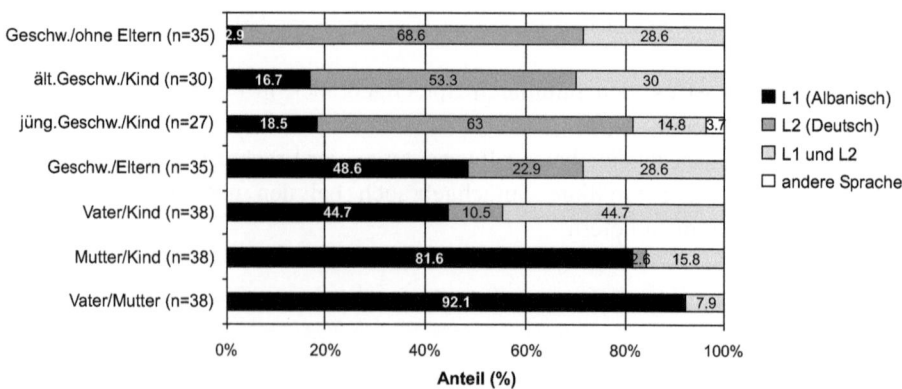

Abbildung 17: Sprachgebrauch in der Familie (albanische Vergleichsgruppe)

Auffällig ist der grosse Unterschied zwischen den Gruppen beim Gebrauch des Albanischen unter den Geschwistern, wenn die Eltern abwesend sind. Während die Treatmentgruppe in ihrer Kommunikation 20 Prozent Albanisch, 30 Prozent Deutsch und 5 Prozent Albanisch und Deutsch verwendet, wird in der Vergleichsgruppe 3 Prozent Albanisch, 70 Prozent Deutsch und über 20 Prozent Albanisch und Deutsch gesprochen. Darüber hinaus ist der Anteil der gemischt gesprochenen Sprachen (Albanisch und Deutsch) bei der Treatmentgruppe höher.

Kindergartenbesuch, Freundschaften und Zukunftsperspektiven

Aus Tabelle 39 ist zu entnehmen, dass die Schülerinnen und Schüler der Treatmentgruppe und der Vergleichsgruppe den Kindergarten in der Schweiz besucht haben. Es gibt keinen signifikanten Unterschied zwischen der Anzahl Schweizer gegenüber der Anzahl Albanisch und Türkisch sprechender Freunde. Erfreulicherweise benennen die befragten Kinder im Durchschnitt mehr als 5 Schweizer und mehr als 5 albanische oder türkische Freunde. Lediglich in der Zukunftsvorstellung unterscheiden sich die Gruppen statistisch signifikant voneinander (Treatmentgruppe: $n = 103$, $M = 2.4$; Vergleichsgruppe: $n = 51$, $M = 1.98$, Differenz zwischen den Gruppen: $t(152) = 3.25$, $p < .05$). In der Treatmentgruppe wissen mehr als die Hälfte der Schülerinnen und Schüler nicht, in welchem Land sie später leben möchten: Knapp über 20 Prozent der Kinder gibt jeweils an, im Herkunftsland oder in der Schweiz leben zu wollen. In der Vergleichsgruppe wird am häufigsten die Schweiz als Wohnort gewählt (40 %). Ein Drittel der Kinder in der Vergleichsgruppe entscheidet sich nicht für einen zukünftigen Wohnort und ein weiteres Drittel der Kinder gibt das Herkunftsland als Zukunftsperspektive an.

Tabelle 39: Kindergartenbesuch, Freundschaften und Zukunftsperspektiven bei der Treatment- und Vergleichsgruppe (Gesamtstichprobe)

	Kindergarten- besuch			Anzahl Schweizer Freunde			Anzahl albanischer oder türkischer Freunde		
	n	M	SD	n	M	SD	n	M	SD
Treatmentgruppe (mit HSK)	103	1.2	.43	103	2.6	.85	103	2.7	.64
Vergleichsgruppe (ohne HSK)	49	1.3	.46	51	2.5	.78	51	2.6	.71

Antwortkategorien: Kindergartenbesuch in der Schweiz (1 = ja, 2 = nein), Anzahl Schweizer sowie albanischer und türkischer Freunde (0 = keine, 1 = 1-2 Freunde, 2 = 3-4 Freunde, 3 = mehr als 5 Freunde).

Aus Tabelle 40 wird ersichtlich, dass die albanische Hauptgruppe ähnliche Ergebnisse wie die Gesamtstichprobe bezüglich des Kindergartenbesuchs, der Anzahl Freunde und der Zukunftsperspektive aufzeigt. Beide Gruppen geben an, den Kindergarten in der Schweiz besucht zu haben. Diejenigen Kinder, die als Geburtsort nicht die Schweiz angegeben haben, kamen nach ihren Angaben vor dem Kindergarten in die Schweiz. Lediglich drei Kinder kamen nach dem Kindergarten in die Schweiz. In der Anzahl Schweizer und albanischer Freunde unterscheiden sich die Gruppen auch nicht. Die Schülerinnen und Schüler in beiden Gruppen pflegen Freundschaften mit 3-4 oder mehr als 5 Kindern aus der Schweiz und aus ihrem Heimatland. In der Zukunftsperspektive zeigte sich die einzige signifikante Differenz zwischen den Gruppen (Treatmentgruppe: n = 40, M = 2.4, SD = .81, Vergleichsgruppe: n = 38, M = 1.9, SD = 78, Differenz zwischen den Gruppen: t(76) = 2.91, p < .01). Rund 65 Prozent der Kinder in der Treatmentgruppe wissen nicht, wo sie später leben möchten. Lediglich 15 Prozent der Kinder möchten in der Schweiz und 20 Prozent in Albanien bzw. Kosovo leben. Dagegen sehen 40 Prozent der Schülerinnen und Schüler in der Vergleichsgruppe ihre Zukunft in der Schweiz. Ein Drittel bevorzugt das Heimatland und über 20 Prozent der Kinder sind unentschieden bezüglich des zukünftigen Wohnorts.

Tabelle 40: Kindergartenbesuch, Freundschaften und Zukunftsperspektiven bei der albanischen Treatment- und Vergleichsgruppe (Stichprobe der albanischen Hauptgruppe)

	Kindergarten-besuch			Anzahl Schweizer Freunde			Anzahl albanischer Freunde		
	n	M	SD	n	M	SD	n	M	SD
Treatmentgruppe (mit HSK)	40	1.1	.36	40	2.4	1.1	40	2.7	.64
Vergleichsgruppe (ohne HSK)	37	1.3	.47	38	2.5	.82	38	2.7	.64

Antwortkategorien: Kindergartenbesuch in der Schweiz (1 = ja, 2 = nein), Anzahl Schweizer sowie albanischer und türkischer Freunde (0 = keine, 1 = 1-2 Freunde, 2 = 3-4 Freunde, 3 = mehr als 5 Freunde).

Gemäss den Ergebnissen über die Hintergrundmerkmale bestehen im Wesentlichen wenig signifikante Unterschiede zwischen der Treatment- und Vergleichsgruppe in der Gesamtstichprobe und in der albanischen Hauptgruppe. Darüber hinaus replizieren sich die Ergebnisse der Gesamtstichprobe (ausser des familiären Sprachgebrauchs) in der albanischen Hauptgruppe. Die Mehrheit der befragten Schülerinnen und Schüler sind in der Schweiz geboren. Am zweithäufigsten wurde sowohl in der Treatment- als auch in der Vergleichsgruppe Kosovo als Geburtsort angegeben. In der Familie spricht man vorwiegend die Erstsprache (Albanisch oder Türkisch). Im Vergleich zu der Mutter-Kind-Kommunikation, in der die Erstsprache dominiert, laufen die Gespräche zwischen Vater und Kind deutlich seltener in der Erstsprache ab. In der Hälfte der Zeit erfolgt die Interaktion zwischen Vater und Kind gemischt in der Erst- und Zweitsprache und in der Zweitsprache. Einen interessanten Befund stellt der Sprachgebrauch der albanischen Treatmentgruppe dar. Während die Kommunikation unter den Geschwistern der Gesamtstichprobe und der Vergleichsstichprobe zunehmend in der Zweitsprache (Deutsch) erfolgt, bildet die Erstsprache (Albanisch) einen festen Bestandteil des Sprachgebrauchs in der Vergleichsgruppe. Im Gegensatz zur Vergleichsgruppe, in der vorwiegend Deutsch gesprochen wird, wird in der Treatmentgruppe *code-switching*, der gleichzeitige Gebrauch beider Sprachen (Albanisch und Deutsch) bevorzugt. Die Mehrheit der untersuchten Kinder ist in der Schweiz geboren und hat auch hier den Kindergarten besucht. Deswegen ist es nicht erstaunlich (aber sehr erfreulich), dass die Probandinnen und Probanden zahlreiche Freundschaften mit den Schweizer Kindern und mit den Kindern ihres Heimatlandes pflegen. In den Zukunfts-vorstellungen zeigt sich mehr als die Hälfte der Kinder in der albanischen Treat-mentgruppe eher unentschlossen. Dagegen stellt sich annähernd die Hälfte der Kinder in der Vergleichsgruppe ihre Zukunft in der Schweiz vor.

Entwicklung von Erst- und Zweitsprache

Forschungsfrage 1
Wie wirkt sich der Besuch des HSK-Unterrichts auf die Entwicklung der Sprach-kompetenzen in der Erst- und Zweitsprache aus? Welche Entwicklungsverläufe zeigen sich zwischen den beiden Erhebungszeitpunkten bezüglich Erst- und Zweit-sprache getrennt nach Treatment- und Vergleichsgruppe?

Hypothese 1a
Die Kinder, die den HSK-Unterricht besuchen, erreichen bessere Leistungen im C-Test sowohl in der L1 (Albanisch und Türkisch) als auch in der L2 (Deutsch) im Vergleich zu denjenigen, die den HSK-Unterricht nicht besuchen.

Hypothese 1b
Bei den Kindern, die am HSK-Unterricht teilnehmen, zeigt sich ein grösserer Lern-zuwachs in der L1 (Albanisch und Türkisch) und der L2 (Deutsch), gemessen mit dem C-Test zu den Erhebungszeitpunkten t1 und t2, als bei den Kindern, die nicht daran teilnehmen.

Die Untersuchung der Forschungsfrage 1 bzw. Hypothesen 1a und 1b erfolgte in drei Schritten. In einem ersten Schritt wurde mittels einer ANOVA mit Mess-wiederholung geprüft, ob der HSK-Unterricht die sprachlichen Leistungen, gemes-sen mit dem C-Test, verbessert. Zweitens erfolgte eine Kontrolle einer möglichen Stichprobenverzerrung im Längsschnitt. Da die Probandinnen und Probanden den Gruppen nicht zufällig zugeordnet wurden, ist mit Ausgangsunterschieden zwischen den Gruppen zu rechnen (vgl. Kapitel 3.1.2). Diese können ebenfalls den Treatment-Effekt überlagern und müssen deshalb kontrolliert werden. Deshalb wurden, drittens, Kontrollvariablen in die Analyse einbezogen, um mögliche Effekte auf die Entwicklung der sprachlichen Leistungen zu untersuchen. Die folgenden Kontrollvariablen wurden in der Analyse berücksichtigt: intrinsische Motivation für L1 und L2, Selbsteinschätzung in L1 und L2, sozioökonomischer Status der Eltern (gemessen an der Anzahl Bücher in L1 und L2), elterliche Ein-stellung zum HSK-Unterricht und elterliche Unterstützung beim Sprachenlernen.

Untersuchung der sprachlichen Leistungen mit mehrfaktorieller Varianzanalyse (ANOVA)

Entwicklung der albanischen Sprache

In der Varianzanalyse mit Messwiederholung, in der die sprachlichen Leistungen im albanischen C-Test als abhängige Variable mit dem Messwiederholungsfaktor „Zeit" und dem between-Faktor „Gruppe" getestet wurden, gab es einen signifikanten Haupteffekt für den Faktor Zeit, $F(1, 90) = 77.32$, $p < .001$, $eta^2 = .462$ und für den Faktor Gruppe, $F(1, 90) = 72.91$, $p < .001$, $eta^2 = .448$, sowie eine signifikante Interaktion der beiden Faktoren, $F(1, 90) = 23.75$, $p < .001$, $eta^2 = .209$.[69] Auch die Ergebnisse der Post-hoc-Mittelwertsvergleiche mittels t-Tests bestätigen, dass sowohl die Treatmentgruppe (Kinder mit HSK-Unterricht) einen hoch signifikanten Lernzuwachs vom Erhebungszeitpunkt t1 ($M = 40.5$, $SD = 14.4$) zum Erhebungszeitpunkt t2 erreichte ($M = 55.3$, $SD = 14.7$, $t(50) = -10.689$, $p < .001$) als auch die Vergleichsgruppe zum Erhebungszeitpunkt t1 ($M = 19.0$, $SD = 17.3$) und zum Erhebungszeitpunkt t2 ($M = 23.2$, $SD = 17.2$, $t(40) = -2.506$, $p = .016$). Dieser Lernzuwachs bei der Vergleichsgruppe kann mit der normalen sprachlichen Entwicklung erklärt werden (Reifung). Da der Schwierigkeitsgrad des albanischen C-Tests zum ersten Erhebungszeitpunkt eher im oberen Bereich lag (vgl. Kapitel 3.3.1), deutet die Erhöhung der Mittelwerte bei der Vergleichsgruppe weniger auf den Wiederholungseffekt des C-Tests, als auf eine natürliche Sprachentwicklung in der Erstsprache hin. Das wichtigste Ergebnis dieser Varianzanalyse besteht darin, dass eine statistisch signifikante Wechselwirkung nachgewiesen wurde. Der Lernzuwachs der Treatmentgruppe übertrifft nämlich den der Vergleichsgruppe bedeutend. Aufgrund der Varianzanalyse ist zu folgern, dass der HSK-Unterricht die sprachlichen Leistungen in der Erstsprache (Albanisch) verbessert. Dieser Befund wird später unter Berücksichtigung von Kontrollvariablen weiter analysiert und erhärtet.

---

[69] Es handelt sich hier um die partiellen eta^2-Werte (berechnet mit multivariaten Testverfahren), wobei der berechnete Erklärungsanteil um die Einflüsse der übrigen im Modell enthaltenen Faktoren bereinigt wird (Backhaus, Erichson, Plinke & Weiber, 2006, S. 147).

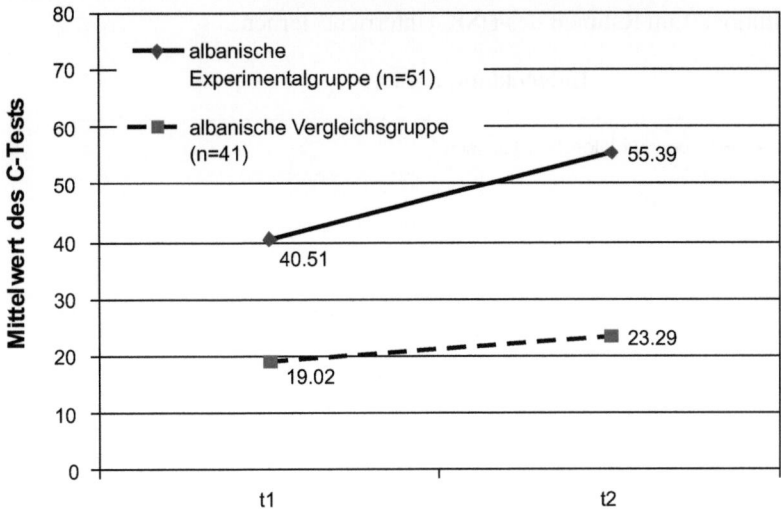

Entwicklung der albanischen Sprache

Abbildung 18: Entwicklung der albanischen Sprachfähigkeit nach einem Jahr bei der Treatment- und Vergleichsgruppe

Entwicklung der türkischen Sprache

Ein etwas anderes Bild zeigt sich bei der Analyse der türkischen C-Tests (vgl. Abbildung 19). In der Varianzanalyse mit Messwiederholung, in der die sprachlichen Leistungen im türkischen C-Test als abhängige Variable mit dem Messwiederholungsfaktor „Zeit" und dem Faktor „Gruppe" getestet wurden, gab es einen signifikanten Haupteffekt auf dem Faktor Zeit, $F (1, 32) = 25.71$, $p < .001$, aber knapp keinen signifikanten Haupteffekt auf dem Faktor Gruppe, $F (1, 32) = 3.1$, $p = .088$, und sicher keine signifikante Interaktion der beiden Faktoren, $F (1, 32) = 0.399$, $p = .532$. Die Ergebnisse des t-Tests bestätigen, dass die Treatmentgruppe (Kinder mit HSK-Unterricht) einen hoch signifikanten Lernzuwachs vom Erhebungszeitpunkt t1 ($M = 35.0$, $SD = 14.8$) zum Erhebungszeitpunkt t2 erreichte ($M = 45.3$, $SD = 15.3$, $t(28) = -5.76$, $p < .001$). Ähnlich wie bei der Treatmentgruppe zeigte sich bei der Vergleichsgruppe auch ein signifikanter Lernzuwachs vom Erhebungszeitpunkt t1 ($M = 21.2$, $SD = 14.8$) zum Erhebungszeitpunkt t2 ($M = 34.4$, $SD = 17.6$, $t(4) = -3.17$, $p < .05$). Dies lag vermutlich daran, dass es sich bei der türkischen Vergleichsgruppe um eine sehr kleine Gruppe handelte. Einerseits bestand die Stichprobe aus lediglich fünf Kindern, die den türkischen C-Test zu beiden Erhebungszeitpunkten ausgefüllt hatten. Andererseits wiesen diese fünf Kinder der Vergleichsgruppe auffallend gute Resultate im türkischen C-Test auf. Obwohl diese Schülerinnen und Schüler nach eigenen Angaben den HSK-Unterricht nie besucht hatten, erreichten sie zum Erhebungszeitpunkt t1 eine Punktzahl zwischen 4 und 44 und zum Erhebungszeitpunkt t2 zwischen 19 und 59 Punkten (die maximale Punktzahl des C-Tests betrug 80 Punkte). Diese Punktzahlen, insbesondere zum Erhebungszeitpunkt t2 entsprechen

im Durchschnitt den Punktzahlen von Schülerinnen und Schülern, die ihre Erstsprache institutionell im Rahmen des HSK-Unterrichts lernen.

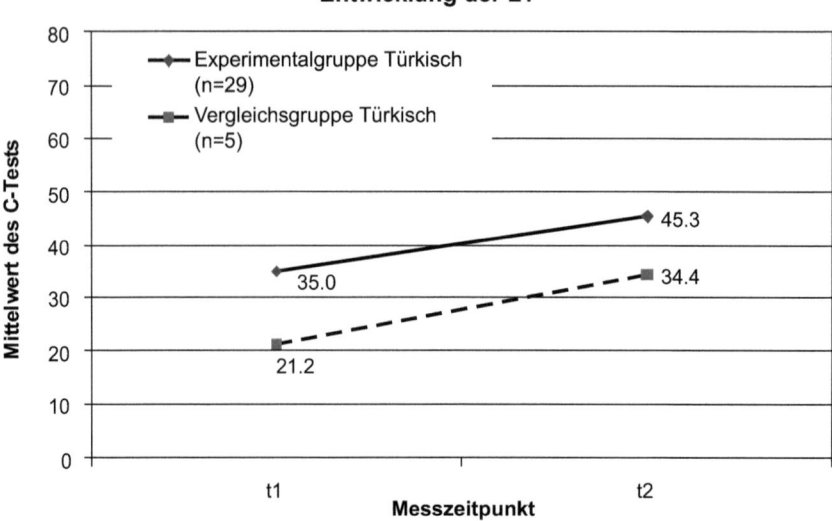

Abbildung 19: Entwicklung der türkischen Sprachfähigkeiten

Da die türkische Vergleichsgruppe aufgrund der Stichprobengrösse (zum zweiten
Erhebungszeitpunkt n = 5) und der vergleichsweise guten Resultate im C-Test eine
spezielle Gruppe darstellte, wurde in der mehrfaktoriellen Varianzanalyse sowie in
den weiteren Analysen mit Kontrollvariablen auf die türkische Subgruppe verzichtet.

Entwicklung der deutschen Sprache

Die Varianzanalyse wurde deshalb in einem zweiten Schritt lediglich mit den
sprachlichen Leistungen der albanischen Treatment- und Vergleichsgruppe durchgeführt. Abbildung 20 zeigt ein ähnliches Bild wie die Entwicklung der Zweitsprache bei der albanischen Hauptgruppe. In der Varianzanalyse mit Messwiederholung, in der die sprachlichen Leistungen im deutschen C-Test als abhängige
Variable mit dem Messwiederholungsfaktor „Zeit" und dem Faktor „Gruppe"
getestet wurden, gab es einen signifikanten Haupteffekt auf dem Faktor Zeit, F (1,
90) = 121.85, eta^2 = .575 p < .001 und auf dem Faktor Gruppe, F (1, 90) = 5.22,
p < .05, eta^2 = .055. Es ist wichtig zu betonen, dass keine signifikante Interaktion
der beiden Faktoren, F (1, 90) = 0.75, n.s., eta^2 = .001 vorlag. Obwohl es nicht nur
zwischen den Gruppen, sondern auch zwischen den Erhebungszeitpunkten innerhalb der Gruppen signifikante Unterschiede gab, unterscheidet sich im Längsschnitt
der Lernzuwachs im Deutschen bei der albanischen Treatmentgruppe vom Lernzuwachs bei der albanischen Vergleichsgruppe nicht signifikant. Folglich wurde

kein Transfereffekt nachgewiesen. Der relativ grössere Lernzuwachs der Treatmentgruppe im Albanischen zeigte sich nicht im Deutschen.

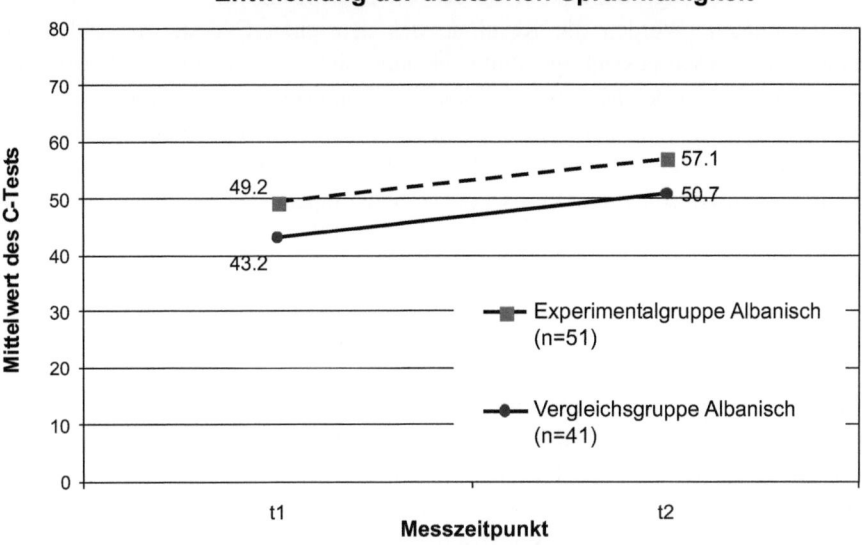

Abbildung 20: Entwicklung der deutschen Sprachfähigkeiten bei der albanischen Hauptgruppe

Woran liegt es, dass die Schülerinnen und Schüler in der albanischen Treatmentgruppe zu Zeitpunkt 1 und zu Zeitpunkt 2 signifikant bessere Ergebnisse im albanischen und deutschen C-Test erreichen? Hier ist besonders wichtig zu klären, ob der relativ grössere Lernzuwachs der Treatmentgruppe im Albanischen auf den HSK-Unterricht zurückgeführt werden kann.

Untersuchung der möglichen Stichprobenverzerrung sowie allfälliger Ausgangsunterschiede

Die Auswertung der Testergebnisse aller Schülerinnen und Schüler zum ersten Zeitpunkt ergab, dass sich ihr Mittelwert im deutschen C-Test nicht von Schülerinnen und Schülern, die auch ein zweites Mal getestet wurden, unterscheidet (Längsschnitt-Stichprobe: n = 126, M = 47.35. SD = 13.55 versus Teilstichprobe: n = 54, M = 45.76, SD = 15.49, p = .491). Der Lernzuwachs der Treatmentgruppe ist daher vermutlich nicht mittels der Stichprobenausfälle (mortality) und mit einer Stichprobenverzerrung zu erklären.

Aufgrund der oben dargestellten Ergebnisse kann Hypothese 1a bestätigt werden: Albanisch und Türkisch sprechende Kinder, die den HSK-Unterricht besuchen, erreichten signifikant bessere Leistungen im C-Test in der Erstsprache im Vergleich zu denjenigen, die den HSK-Unterricht nicht besuchten. Die Resultate der Längsschnittuntersuchung bestätigen Hypothese 1b für den Albanischunterricht, nicht aber für den Deutschunterricht. Die Albanisch sprechenden Kinder, die am HSK-Unterricht teilnehmen, zeigen einen signifikant grösseren Lernzuwachs zu beiden gemessenen Erhebungszeitpunkten in der Erstsprache als die Kinder, die nicht daran teilnehmen. Werden die Resultate des deutschen C-Tests zu beiden Erhebungszeiten mitberücksichtigt, unterscheidet sich die albanische Treatmentgruppe von der Vergleichsgruppe lediglich im Querschnitt und nicht im Längsschnitt. Die Entwicklung der deutschen Sprache zeigt bei der albanischen Hauptgruppe einen parallelen Verlauf. Welche Faktoren einen Einfluss auf die Entwicklung von albanischen und deutschen Sprachkompetenzen ausüben, wird ebenfalls in den weiterführenden Analysen mittels Kontrollvariablen untersucht.

Prädiktion von sprachlichen Leistungen im Albanischen

Tabelle 41 dokumentiert die Ergebnisse der sequenziellen Regressionsanalysen zu möglichen Wirkungen des HSK-Besuchs auf die sprachlichen Leistungen im Albanischen. In der sequenzellen Regression werden die Prädiktoren aufgrund theoretischer Überlegungen in einer definierten Reihenfolge ins Modell eingeführt, was eine Quantifizierung und statistische Absicherung der jeweiligen (zusätzlichen) Varianzanteile erlaubt. Kriteriumsvariable stellt die Testleistung zum Zeitpunkt t2 dar, als Prädiktoren werden neben dem HSK-Besuch die Testleistung zu t1 sowie weitere Kontrollvariablen in einer theoretisch begründeten festen Reihenfolge aufgenommen. Durch Einbezug der früheren Testleistung sind die Effekte als solche auf die Leistungs*entwicklung* zwischen t1 und t2 interpretierbar.

In einem ersten Modell werden als Kontrollvariablen – in der festgehaltenen Reihenfolge – die Testleistung im Albanischen zu t1, der SES (repräsentiert durch die Anzahl Bücher im Haushalt) und die elterliche Unterstützung einbezogen. Zusätzlich wird die intrinsische Motivation für die L1 berücksichtigt, jedoch erst *nach* Einführung des HSK-Unterrichts. Dies aufgrund der Überlegung, dass der muttersprachliche Unterricht einen Einfluss auf die Motivation des Erlernens der Erstsprache ausübt. Würde dieser motivationale Faktor vor dem HSK-Unterricht ins Modell aufgenommen, führte dies zu einer Unterschätzung der Bedeutung des HSK-Besuchs. Obwohl nicht als Kontrollvariable behandelt, wird die Motivation im Hinblick auf die Beantwortung der Forschungsfrage 1 einbezogen. Die erhobene und für die Entscheidung des Besuches von HSK-Unterricht relevante elterliche Identität wurde wegen der geringen Fallzahl und der hohen Korrelation mit der sprachlichen Orientierung nicht in die Analyse einbezogen. Stattdessen wird die sprachliche Orientierung der Eltern untersucht, jedoch erst in einem zweiten Modell, weil auch sie zu einer gewissen Reduktion der Fallzahl führt und damit die anderen Effekte schwächt.

Ingesamt können durch Modell 1 gut 85 Prozent der Varianz erklärt werden (vgl. Tabelle 41). Der Hauptanteil von 73 Prozent ($F_{(1;\ 40)} = 110.57$, p < .001) ist hierbei der Varianz der sprachlichen Leistungen zu Zeitpunkt 1 zuzuschreiben.[70] Der hier speziell interessierende Besuch des HSK-Unterrichts erklärt, obwohl erst nach dem SES und der elterlichen Unterstützung eingeführt, einen hoch signifikanten Varianzanteil von 5.5 Prozent ($F_{(1;\ 37)}$= 12.40, p < .01). Als drittstärkster Prädiktor fungiert die elterliche Unterstützung beim Sprachlernen, die einen signifikanten Varianzanteil von 3.6 Prozent ($F_{(1;\ 38)}$ = 6.13, p < .05) im Modell 1 aufklärt. In Modell 2 wurde zusätzlich die sprachliche Orientierung der Eltern berücksichtigt, um zu testen, in welchem Masse sich dadurch der Effekt des HSK-Unterrichts verringert. Die dahinter stehende Überlegung war, dass die sprachliche Orientierung der Eltern beeinflusst, ob die Kinder den HSK-Unterricht besuchen oder nicht. Darüber hinaus kann diese elterliche Bedeutungszuschreibung potenziell losgelöst vom HSK-Unterricht einen (positiven) Effekt auf die Sprachentwicklung haben. Das Einführen der sprachlichen Orientierung der Eltern stellt demnach einen strengen bzw. konservativen Test der Annahme einer Wirkung des HSK-Unterrichts dar. Dennoch zeigen die Ergebnisse des zweiten sequenzellen Regressionsmodells, dass der Effekt des HSK-Unterrichts auch unter dieser Bedingung noch signifikant bleibt (R^2 = 4.5 %, $F_{(1;\ 25)}$ = 6.83, p < .05). Darüber hinaus zeigt die wiederum an dritter Stelle eingeführte elterliche Unterstützung trotz der reduzierten Stichprobengrösse weiterhin einen signifikanten Einfluss auf die albanischen Testleistungen (R^2 = 3.6 %, $F_{(1;\ 27)}$ = 4.35, p < .05).

Nach dem Kriterium der Varianzaufklärung ist der Besuch des HSK-Unterrichts nach der Testleistung zum ersten Zeitpunkt der beste Prädiktor für die Vorhersage der sprachlichen Leistungen im Albanischen. Die elterliche Unterstützung scheint (bei der vorgegebenen Priorisierung) der drittwichtigste Prädiktor für die Vorhersage der sprachlichen Leistungen im Albanischen zu sein. Obwohl die Kontrollvariablen SES, sprachliche Orientierung der Eltern und intrinsische Motivation für das Erlernen des Albanischen signifikante bis hoch signifikante bivariate Zusammenhänge mit den sprachlichen Leistungen zum Zeitpunkt 2 aufweisen, üben sie nach dem sequenziellen Regressionsmodell keinen signifikanten Einfluss auf die albanischen Testleistungen aus.

---

70 Die sich hierbei zeigende hohe Retest-Stabilität des albanischen C-Tests von r = .86 (n = 92, p < .001) über einen Zeitraum von 12 Monaten bestätigt die bereits in der internen Konsistenz zum Ausdruck kommende hohe Messgenauigkeit des Tests und spricht damit zusätzlich für dessen Validität.

Tabelle 41: Prädiktion von sprachlichen Leistungen im Albanischen zu t2

	n	Bivariate Zusammen-hänge mit dem Kriterium r	Sequenzielles Regressions-modell 1 R² (p)	Sequenzielles Regressions-modell 2 R² (p)
Sprachliche Leistungen in L1 zu t1	92	.86***	73.4 % (p < .001)	73.4 % (p < .001)
Anzahl Bücher in der Familie	59	.29*	0.9 % (n.s.)	0.9 % (n.s.)
Elterliche Unter-stützung beim Sprachlernen	44	n.s.	3.6 % (p < .05)	3.6 % (p < .05)
Sprachliche Orientierung der Eltern	47	.40**	–	1.1 % (n.s.)
Besuch des HSK-Unterrichts	92	.71***	5.5 % (p < .01)	4.5 % (p < .05)
Intrinsische Motivation für L1	86	.39***	1.1 % (n.s.)	1.3 % n.s.)
R² total R² total korrigiert			84.5 % (p < .001) 82.4 %	84.8 % (p < .001) 81.0 %

Sequenzielle Regression: Einführung der Prädiktoren in der dokumentierten Reihenfolge.
***p < .001, **p < .01, *p < .05; n.s. = nicht signifikant

Zusammenfassend lässt sich festhalten, dass der HSK-Unterricht sowie die elter-liche Unterstützung auch unter (prioritärer) Berücksichtigung der potenziellen Ein-flussfaktoren im Elternhaus die Entwicklung der sprachlichen Leistungen im Albanischen positiv beeinflusst. Dies gilt unter Berücksichtigung der Stichproben-ausfälle genau so wie unter Berücksichtigung der Ausgangsunterschiede in den albanischen Testleistungen (semi-partielle Korrelation). Demzufolge verbessert der HSK-Unterricht mit grosser Wahrscheinlichkeit die albanische Testleistung.

Prädiktion von sprachlichen Leistungen im Deutschen

Parallel zu den Analysen zur Untersuchung der sprachlichen Leistungen im Albani-schen, wurden die möglichen Wirkungen des HSK-Unterrichts auf die sprachlichen Leistungen im Deutschen mittels sequenzieller Regressionsanalysen durchgeführt (vgl. Tabelle 42). Dabei stellt die Testleistung im Deutschen zum Zeitpunkt t2 die Kriteriumsvariable dar. Die Prädiktoren wie HSK-Besuch und die Testleistung zu t1 sowie weitere Kontrollvariablen wurden in der gleichen theoretisch begründeten Reihenfolge aufgenommen wie bei der Untersuchung der sprachlichen Leistungen im Albanischen. Dementsprechend wurden im Modell 1 die Kontrollvariablen SES (erhoben durch die Anzahl Bücher im Haushalt), elterliche Unterstützung und in-trinsische Motivation ohne die sprachliche Orientierung der Eltern berücksichtigt. Die letztgenannte ist in Modell 2 zusätzlich als Kontrollvariable berücksichtigt.

Tabelle 42: Prädiktion von sprachlichen Leistungen im Deutschen zu t2

	n	Bivariate Zusammenhänge mit dem Kriterium r	Sequenzielles Regressionsmodell 1 R² (p)	Sequenzielles Regressionsmodell 2 R² (p)
Sprachliche Leistungen in L2 zu t1	92	.89***	79.0 % (p < .001)	79.0 % (p < .001)
Anzahl Bücher in der Familie	59	.32*	0.6 % (n.s.)	0.6% (n.s.)
Elterliche Unterstützung beim Sprachlernen	44	.20 n.s.	0.1 % (n.s.)	0.1% (n.s.)
Sprachliche Orientierung der Eltern	47	.21 n.s.	–	0.3 % (n.s.)
Besuch des HSK-Unterrichts	92	.21*	0.4 % (n.s.)	0.2 % (n.s.)
Intrinsische Motivation für L2	83	.12 n.s.	0.1 % (n.s.)	0.2 % (n.s.)
R² total			80.2 % (p<.001)	80.4 % (p<.001)
R² total korrigiert			77.3 %	75.4%

Sequenzielle Regression: Einführung der Prädiktoren in der dokumentierten Reihenfolge.
***p < .001, **p < .01, *p < .05; n.s = nicht signifikant

Auffallend ist, dass sich die Ergebnisse der Modelle 1 und 2 in der Tabelle 42 kaum voneinander unterscheiden. Insgesamt lassen sich sowohl mit dem Modell 1 als auch mit dem Modell 2 rund 80 Prozent der Varianz erklären. In beiden Modellen zeigte sich die deutsche sprachliche Leistung zu t1 als stärkster und einzig statistisch bedeutsamer Prädiktor[71] auf die Testleistung zu t2 mit einem höchst signifikanten Varianzanteil von 79 Prozent (Modell 1: $F_{(1;\ 38)} = 142.06$, p < .001; Modell 2: $F_{(1;\ 29)} = 108.42$, p < .001). Die anderen Kontrollvariablen wie sozioökonomischer Status (SES), elterliche Unterstützung, sprachliche Orientierung und die Motivation fürs Erlernen des Deutschen üben ebenso wenig signifikanten Einfluss auf die deutschen Testleistungen zu t2 aus wie der Besuch des HSK-Unterrichts. Obwohl sich die im Modell 1 und 2 berücksichtigten Merkmale des SES und des Besuchs des HSK-Unterrichts als bivariat signifikant erwiesen, zeigen sie sich unter Kontrolle der anderen Faktoren als nicht erklärungskräftig für die deutsche Testleistung zum zweiten Zeitpunkt.

Aufgrund der Ergebnisse der sequenziellen Regressionsanalyse kann gefolgert werden, dass die deutschen Testleistungen zum zweiten Zeitpunkt praktisch ausschliesslich von den deutschen Testleistungen zu t1 abhängen. Die berücksichtigten Kontrollvariablen üben keinen signifikanten Einfluss auf die sprachlichen Leis-

---

71 Auch bei dem deutschen C-Test zeigt sich eine sehr hohe Retest-Stabilität von r = .89 (n = 92, p < .001) über einen Zeitraum von 12 Monaten, welche die bereits in der internen Konsistenz zum Ausdruck kommende hohe Messgenauigkeit des Tests bestätigt und damit zusätzlich für dessen Validität spricht.

tungen zum Zeitpunkt 2 aus und auch der Besuch des HSK-Unterrichts hat keine Auswirkungen auf die Entwicklung der Testleistungen in der deutschen Sprache.

Einfluss der motivationalen Faktoren auf die Sprachentwicklung

Forschungsfrage 2
Inwieweit beeinflussen die motivationalen Faktoren die Entwicklung der Sprachkompetenzen in der Erst- und Zweitsprache? Welche Unterschiede sind zwischen der Treatment- und der Vergleichsgruppe zu erkennen?

Hypothese 2a
Je höher sich die Schülerinnen und Schüler in der Motivationsskala einschätzen, desto bessere Resultate erreichen sie im Sprachtest.

Hypothese 2b
Die Kinder, die den HSK-Unterricht besuchen, zeigen eine höhere Form der Selbstbestimmung für das Erlernen der L1 (Albanisch und Türkisch) und L2 (Deutsch) als diejenigen, die den HSK-Unterricht nicht besuchen.

Um den Einfluss der motivationalen Faktoren auf die Sprachentwicklung der Erst- und Zweitsprache zu untersuchen, wurden zunächst Korrelationen getrennt nach der albanischen Treatment- und Vergleichsgruppe durchgeführt. Weiterhin bestand ein statistisch signifikanter Zusammenhang zwischen der intrisischen Motivation für Albanisch und Deutsch (vgl. Tabelle 43). In der Treatmentgruppe bestanden besonders ausgeprägte Zusammenhänge zwischen und innerhalb der albanischen und deutschen Sprachleistungen zu beiden Zeitpunkten sowie für die intrisischen Motivationen für Deutsch. Ihre intrisische Motivation für Albanisch korrelierte nicht statistisch signifikant mit den albanischen Sprachleistungen. Dagegen zeigte sich eine statistisch signifikante Korrelation zwischen den deutschen Sprachleistungen zum ersten und zweiten Erhebungszeitpunkt und der intrisischen Motivation für Deutsch. Weiterhin bestand ein statistisch signifikanter Zusammenhang zwischen der intrisischen Motivation für Albanisch und Deutsch.

Tabelle 43: Interkorrelation der Motivationsfaktoren innerhalb und zwischen Albanisch und Deutsch bei der albanischen Treatmentgruppe (n = 51)

	Albanisch t1	Albanisch t2	Deutsch t1	Deutsch t2	intrinsische Motivation Albanisch	intrinsische Motivation Deutsch
Albanisch t1	-					
Albanisch t2	.778**	-				
Deutsch t1	.681**	.677**	-			
Deutsch t2	.649**	.746**	.897**	-		
Intrinsische Motivation Albanisch	.181	.056	.154	.182	-	
Intrinsische Motivation Deutsch	.143	.226	.309*	.356*	.435**	-

**p< .01

Tabelle 44: Interkorrelation der Motivationsfaktoren innerhalb und zwischen Albanisch und Deutsch (albanische Vergleichsgruppe, n = 41)

	Albanisch t1	Albanisch t2	Deutsch t1	Deutsch t2	intrinsische Motivation Albanisch	intrinsische Motivation Deutsch
Albanisch t1	-					
Albanisch t2	.730**	-				
Deutsch t1	.193	.377*	-			
Deutsch t2	.161	.414**	.842**	-		
Intrinsische Motivation Albanisch	.154	.318*	.395*	.294	-	
Intrinsische Motivation Deutsch	.022	.097	.123	.103	.512**	-

**p< .01

In der Vergleichsgruppe ergab sich ein signifikanter Zusammenhang zwischen der intrinsischen Motivation für Albanisch und den albanischen sprachlichen Leistungen zum zweiten Zeitpunkt (vgl. Tabelle 44). Die sprachlichen Leistungen in Albanisch sind folglich von der intrinsischen Ausgangsmotivation abhängig (wenn kein HSK-Unterricht erfolgt). Im Gegensatz zur Treatmentgruppe bestand kein signifikanter Zusammenhang zwischen der intrinsischen Motivation für Deutsch und den sprachlichen Leistungen. Die Zusammenhänge zwischen den Sprachen sind im Vergleich zur Treatmentgruppe deutlich weniger ausgeprägt. Demgegenüber korrelierten die sprachlichen Leistungen innerhalb einer Sprache (Albanisch und Deutsch) zu beiden Erhebungszeitpunkten (t1 und t2) auch in der Vergleichsgruppe ausgeprägt. Auch bei dieser Gruppe zeigte sich eine statistisch signifikante Korrelation zwischen der intrinsischen Motivation für Albanisch und Deutsch.

Die Treatment- und die Vergleichsgruppe unterscheiden sich hinsichtlich der intrinsischen Motivation für Albanisch und Deutsch. Während bei der Treatmentgruppe – entgegen unserer Erwartung – kein statistisch signifikanter Zusammenhang zwischen den sprachlichen Leistungen in Albanisch und der intrinsischen Motivation besteht, zeigt sich eine signifikante Korrelation diesbezüglich bei der Vergleichsgruppe. Dagegen sind die Zusammenhänge bei den Schülerinnen und Schülern in der Treatmentgruppe zwischen den deutschen Sprachleistungen und der intrinsischen Motivation ausgeprägt und statistisch signifikant. Ferner ist auch zu erkennen, dass die Treatmentgruppe einen stärkeren Zusammenhang zwischen den sprachlichen Leistungen (im Albanischen und Deutschen) aufweist als die Vergleichsgruppe. Erreichen die Schülerinnen und Schüler in der Treatmentgruppe gute Leistungen im albanischen C-Test, schneiden sie auch beim deutschen C-Test gut ab und umgekehrt. Besonders auffällig ist, dass in der Vergleichsgruppe die Leistungen im Albanischen zum ersten Zeitpunkt in keinem statistisch signifikanten Zusammenhang mit den Deutschleistungen stehen.

Um den Mittelwert der intrinsischen Motivation zwischen den Gruppen zu untersuchen, wurde eine einfaktorielle Varianzanalyse (ANOVA) durchgeführt. Die einfaktorielle Varianzanalyse ergab, dass die Treatmentgruppe eine höhere intrinsische Motivation (höhere Selbstbestimmung) beim Albanischlernen aufzeigte als die Vergleichsgruppe: $F(1, 85) = 6.08$, $p < 0.5$ (Treatmentgruppe: $n = 47$, $M = 12.6$, $SD = 1.09$; Vergleichsgruppe: $n = 39$, $M = 11.69$, $SD = 2.27$). Dagegen war die Differenz zwischen den Gruppen bezüglich der intrinsischen Motivation beim Deutschlernen unbedeutend: $F(1, 82) = 0.192$, n.s. (Treatmentgruppe: $n = 46$, $M = 9.2$, $SD = 2.4$; Vergleichsgruppe: $n = 37$, $M = 9.05$, $SD = 2.3$). Es ist zu bedenken, dass die Schülerinnen und Schüler, die HSK-Unterricht erhalten, die albanische Sprache freiwillig lernen. Diese Gruppe könnte sich also auch dadurch auszeichnen, dass ihre intrinsische Motivation, Sprachen zu erlernen, hoch ist. Die intrinsische Motivation zum Spracherwerb (Deutsch) korreliert tatsächlich signifikant, was in der Vergleichsgruppe nicht der Fall ist. Eine Aufklärung der tatsächlichen Kausalstruktur ist im Rahmen von Korrelationen prinzipiell nicht möglich. Deshalb sollten hier die Ergebnisse der sequenziellen Regressionsanalyse auch einbezogen werden (vgl. Tabelle 41 und Tabelle 42). Dementsprechend verbessert der HSK-Unterricht mit grosser Wahrscheinlichkeit tatsächlich die Leistungen im Albanischen. Dagegen konnte kein Einfluss des HSK-Unterrichts auf die deutschen sprachlichen Leistungen zu t2 nachgewiesen werden. Die intrinsische Motivation für Albanisch und Deutsch übte in der sequenziellen Regressionsanalyse keinen signifikanten Einfluss auf die albanischen bzw. deutschen Testleistungen zum zweiten Zeitpunkt aus.

Die Forschungsfrage 2 kann folgendermassen beantwortet werden: Aufgrund der Ergebnisse der sequenziellen Regressionsanalysen, durchgeführt in der Untersuchung der Forschungsfrage 1, kann gefolgert werden, dass die intrinsische Motivation als kein signifikanter Prädiktor für die sprachlichen Leistungen zum Zeitpunkt 2 fungiert. Eher scheint die intrinsische Motivation für das Erlernen des Albanischen einen Einfluss auf die Entscheidung für den HSK-Unterricht auszuüben. Demzufolge ist die Motivation eine Voraussetzung für den Besuch des freiwilligen HSK-Unterrichts. Diese Vermutung wird unterstützt durch die Ergebnisse der einfaktoriellen Varianzanalyse, nach der die Treatmentgruppe signifikant höhere intrinsische Werte aufzeigte als die Vergleichsgruppe. Warum die intrinsische Motivation für die deutsche Sprache keinen grossen Einfluss auszuüben scheint, kann dadurch erklärt werden, dass die Albanisch sprechenden, in der Schweiz geborenen Kinder Deutsch als Zweitsprache weniger aus intrinsischer Motivation lernen. Die deutsche Sprache braucht man in der Schule, in der alltäglichen Kommunikation und sie bildet einen festen Bestandteil des sprachlichen und kulturellen Kontexts der Kinder.

Die Hypothese 2a kann lediglich in Bezug auf die Erstsprache bestätigt werden: Diejenigen Schülerinnen und Schüler, die den HSK-Kurs freiwillig besuchen, schätzen sich in der Motivationsskala für die Erstsprache höher ein und zeigen bessere Ergebnisse im albanischen C-Test als diejenigen, die den Kurs nicht besuchen. Die Hypothese 2b kann wiederum in Bezug auf die Erstsprache verifiziert werden: Die Kinder, die den HSK-Unterricht besuchen, zeigen eine höhere Form der Selbstbestimmung für das Erlernen des Albanischen aber nicht für das Deutsche.

Einfluss des sprachbezogenen Selbstbildes auf die Sprachentwicklung

Forschungsfrage 3
Welcher Zusammenhang besteht zwischen dem sprachbezogenen Selbstbild und den sprachlichen Leistungen? Welche Zusammenhänge lassen sich zwischen der Treatment- und der Vergleichsgruppe erkennen?

Hypothese 3a
Je höher die Schülerinnen und Schüler ihre sprachbezogenen Fähigkeiten einschätzen, desto bessere Resultate erreichen sie im Sprachtest.

Hypothese 3b
Die Kinder, die den HSK-Unterricht besuchen, zeichnen sich durch eine höhere Einschätzung ihrer sprachbezogenen Fähigkeiten sowohl für die L1 wie auch für die L2 aus als diejenigen, die den HSK-Unterricht nicht besuchen.

Wie im Kapitel 2.4.2 ausgeführt, wird unter sprachbezogenem Selbstbild bzw. sprachlichem Selbstkonzept die persönliche Einschätzung der eigenen sprachlichen Fähigkeiten definiert. Forschungsfrage 3 fokussiert auf das sprachbezogene Selbstbild der befragten Schülerinnen und Schüler hinsichtlich ihrer Erst- und Zweitsprache. Zunächst erfolgte eine Korrelation, um zu untersuchen, wie stark die sprachlichen Leistungen mit dem sprachlichen Selbstkonzept zusammenhängen. Dann erfolgte eine einfaktorielle Varianzanalyse, um die Gruppenmittelwerte bezüglich des sprachbezogenen Selbstbildes zu vergleichen. Anschliessend wurde eine multiple Regression berechnet, um die sprachlichen Leistungen bezüglich des sprachlichen Selbstkonzepts vorherzusagen.

Tabelle 45: Korrelation (Spearman-Rho) zwischen dem sprachbezogenen Selbstbild und den sprachlichen Leistungen in der L1 (albanische Hauptgruppe, n = 92)

	Selbstein- schätzung Sprechen L1	Selbstein- schätzung Lesen L1	Selbstein- schätzung Hören L1	Selbstein- schätzung Schreiben L1
Albanisch t1	.205	.315**	.162	.226*
Albanisch t2	.206	.322**	.202	.229*

*p < .05, **p < .005, ***p < .001

Aus der Tabelle 45 wird ersichtlich, dass die eingeschätzten sprachlichen Leistungen in den Bereichen Lesen und Schreiben in der Erstsprache im Zusammenhang mit den erreichten sprachlichen Leistungen im albanischen C-Test sowohl zum Erhebungszeitpunkt t1 als auch zum Erhebungszeitpunkt t2 stehen. Das heisst, je höher die Schülerinnen und Schüler ihr sprachbezogenes Selbstbild in Bezug auf Lesen und Schreiben einschätzten, desto bessere Resultate erreichten sie im albanischen C-Test und umgekehrt. Innerhalb der sprachlichen Fertigkeiten korrespondieren die sprachlichen Leistungen im Albanischen am deutlichsten mit dem sprachbezogenen Selbstbild im Lesen und Schreiben. Dabei weisen die Korrelationskoeffizienten nur auf eine schwache, wenngleich aber statistisch signifikante Korrelation hin. Bei der Interpretation sollte die Reduktion der Fallzahl zum sprachbezogenen Selbstbild (n = 81) berücksichtigt werden. Der Zusammenhang zwischen den sprachlichen Leistungen und der eingeschätzten Lese- und Schreibfähigkeit könnte darin bestehen, dass der C-Test ein schriftlicher Test ist, in dem die Lese- und Schreibkompetenz eine entscheidende Rolle spielt.

Tabelle 46: Korrelationen (Spearman-Rho) zwischen dem sprachbezogenen Selbstbild und den sprachlichen Leistungen in der L2 (albanische Hauptgruppe, n = 92)

	Selbstein- schätzung Sprechen L2	Selbstein- schätzung Lesen L2	Selbstein- schätzung Hören L2	Selbstein- schätzung Schreiben L2
Deutsch t1	.118	.216	.127	.077
Deutsch t2	.184	.223*	.133	.042

*p < .05, **p < .005, ***p < .001.

Im Gegensatz zum sprachbezogenen Selbstbild in der Erstsprache (Albanisch) fallen die Korrelationen zwischen dem sprachbezogenen Selbstbild und den sprachlichen Leistungen im Deutschen ausser im Lesen nicht statistisch signifikant aus (vgl. Tabelle 46). Darüber hinaus zeigte sich auch, dass die Effektstärken im Vergleich zum sprachbezogenen Selbstbild in der Erstsprache geringer sind. Auch schwächer fällt die Korrelation zwischen dem sprachbezogenen Selbstbild bezüglich Lesen und den sprachlichen Leistungen im Deutschen zu t2 (.22) aus. Dies bedeutet, je höher die Schülerinnen und Schüler ihre Fähigkeiten im Lesen deutscher Texte einschätzten, desto höhere Leistungen wiesen sie im deutschen Sprachtest auf. Werden die Korrelationen im Hinblick auf die Gruppenzugehörigkeit durchgeführt, zeigt sich ein interessantes Bild in Bezug auf das sprachbezogene Selbstbild.

Tabelle 47: Korrelationen (Spearman-Rho) zwischen dem sprachbezogenen Selbstbild und den sprachlichen Leistungen in der L1 bei der Treatment- (n = 81) und Vergleichsgruppe (n = 46)

Treatmentgruppe (mit HSK)	Selbsteinschätzung Sprechen L2	Selbsteinschätzung Lesen L2	Selbsteinschätzung Hören L2	Selbsteinschätzung Schreiben L2
Albanisch t1	.231	.151	.132	.184
Albanisch t2	.246	.118	.131	.200
Vergleichsgruppe (ohne HSK)	Selbsteinschätzung Sprechen L2	Selbsteinschätzung Lesen L2	Selbsteinschätzung Hören L2	Selbsteinschätzung Schreiben L2
Albanisch t1	.193	.262	.267	.119
Albanisch t2	.370*	.398*	.398*	.149

*p < .05, **p < .005, ***p < .001.

Während bei der Treatmentgruppe die Korrelation zwischen dem sprachbezogenen Selbstbild und den sprachlichen Leistungen in der Erstsprache nicht statistisch signifikant ausfällt, zeigt sich ein signifikanter Zusammenhang bei der Vergleichsgruppe zwischen der Sprachkompetenz im Albanischen zum zweiten Zeitpunkt und dem sprachbezogenen Selbstbild in den Bereichen Kommunikation, Lesen und Hören (vgl. Tabelle 47). Um diesen Befund genauer zu beschreiben, wurde ein Mittelwertvergleich zwischen der Treatment- und Vergleichsgruppe mit einfaktorieller Varianzanalyse (ANOVA) durchgeführt. Diese ergab einen signifikanten Unterschied in Bezug auf Lesen $F(1,81) = 4.83$, $p < .05$ und Schreiben $F(1,80) = 7.07$, $p < .05$. Im Lesen und Schreiben in L1 schätzte sich die Treatmentgruppe signifikant tiefer ein als die Vergleichsgruppe. Dieser Befund ist umso interessanter, als die Treatmentgruppe zu beiden Erhebungszeitpunkten signifikant höhere Leistungen im albanischen C-Test erbrachte als die Vergleichsgruppe. Daraus kann gefolgert werden, dass die Schülerinnen und Schüler mit HSK-Unterricht ein sprachbezogenes Selbstbild haben, in dem hohe Erwartungen an die Sprachkompetenzen in der Erstsprache enthalten sind.

Tabelle 48: Korrelationen (Spearman-Rho) zwischen dem sprachbezogenen Selbstbild und den sprachlichen Leistungen in der L2 bei der Treatment- (n = 51) und Vergleichsgruppe (n = 41)

Treatmentgruppe (mit HSK)	Selbsteinschätzung Sprechen L2	Selbsteinschätzung Lesen L2	Selbsteinschätzung Hören L2	Selbsteinschätzung Schreiben L2
Deutsch t1	.054	.144	.068	.119
Deutsch t2	.196	.205	.095	.100
Vergleichsgruppe (ohne HSK)	Selbsteinschätzung Sprechen L2	Selbsteinschätzung Lesen L2	Selbsteinschätzung Hören L2	Selbsteinschätzung Schreiben L2
Deutsch t1	.245	.283	.130	-.021
Deutsch t2	.184	.209	.125	-.083

*p < .05, **p < .005, ***p < .001

Von Interesse waren auch die gruppenspezifischen Korrelationen zwischen dem sprachbezogenen Selbstbild und den sprachlichen Leistungen im Deutschen. Aus Tabelle 48 ist zu entnehmen, dass das sprachbezogene Selbstbild schwache Interkorrelationen mit den sprachlichen Leistungen im Deutschen aufzeigt. Ferner gab es keinen signifikanten Zusammenhang zwischen den sprachlichen Leistungen im Deutschen und den eingeschätzten Sprachkompetenzen. Die einfaktorielle Varianzanalyse (ANOVA) konnte keine signifikanten Mittelwertsunterschiede zwischen den Gruppen in Bezug auf das sprachbezogene Selbstbild aufzeigen.

Die Rolle des sprachbezogenen Selbstbildes in der Sprachentwicklung wurde auch mit multipler Regression (Prozedur Einschluss) untersucht. Dabei fungierten die sprachlichen Leistungen im Albanischen und Deutschen zum zweiten Erhebungspunkt als abhängige Variablen sowie sprachbezogenes Selbstbild in Albanisch und Deutsch (Selbsteinschätzung in Sprechen, Lesen, Hören und Schreiben) und Motivation als unabhängige Variablen.

Tabelle 49: Ergebnisse der Regressionsanalyse zur Vorhersage der sprachlichen Leistungen in der L1 zu t2 in Bezug auf das sprachbezogene Selbstbild (n = 81)

5-Faktoren-Modell	B	SE B	β
Sprechen	-.468	1.455	-.046
Lesen	1.797	1.112	.210
Hören	-.021	1.407	-.002
Schreiben	1.241	.990	.171
Motivation L1	4.002	1.449	.312*

n = 81, R^2 = .23, *p< .05, **p< .005, *** p< .001.

Tabelle 50: Ergebnisse der Regressionsanalyse zur Vorhersage der sprachlichen Leistungen in der L2 zu t2 in Bezug auf das sprachbezogene Selbstbild (n = 73)

5-Faktoren-Modell	B	SE B	β
Sprechen	.740	.840	.115
Lesen	1.054	.783	.192
Hören	1.340	1.326	.148
Schreiben	-.830	.798	-.134
Motivation L2	-.509	.630	-.095

n = 73, R^2 = .11, *p< .05, **p< .005, *** p< .001.

In die Regressionsanalysen mit Einschluss wurden jeweils 5 Faktoren eingegeben (vgl. Tabelle 49 und Tabelle 50). Die Variablen des 5-Faktoren-Modells erklären lediglich 23 Prozent sowie 11 Prozent der Varianz der sprachlichen Leistungen in der L1 und L2. In der ersten Regressionsanalyse zur Vorhersage der sprachlichen Leistungen im Albanischen hebt sich die Motivation mit dem höchsten und signifikanten Beta-Wert von .312 ab. Dagegen bleibt die Motivation bei der Vorhersage der sprachlichen Leistungen im Deutschen mit dem sprachbezogenen Selbstbild wenig bedeutend.

Die vorliegenden Ergebnisse weisen darauf hin, dass das sprachbezogene Selbstbild die sprachlichen Leistungen eher wenig erklärt (Forschungsfrage 3). Es fällt aber auf, dass die Motivation als Teil des sprachbezogenen Selbstbildes eine bedeutende Rolle insbesondere in der Vorhersage von sprachlichen Leistungen in der Erstsprache spielt. Hypothese 3a und 3b konnte teilweise bestätigt werden. Obwohl die Albanisch sprechenden Schülerinnen und Schüler mit HSK-Unterricht bessere Leistungen im albanischen C-Test erzielten, schätzen sie ihre sprachliche Fähigkeiten im Gegensatz zur Vergleichsgruppe nicht höher ein. Dieser Befund könnte damit erklärt werden, dass die Vergleichsgruppe mangels Fremdeinschätzung zur erhöhten Selbsteinschätzung in der Erstsprache neigt. In der Einschätzung der deutschen Sprachfähigkeiten zwischen beiden Gruppen gab es lediglich einen Unterschied, obwohl die Treatmentgruppe auch im deutschen C-Test bessere Ergebnisse aufzeigen konnte: Diejenigen Schülerinnen und Schüler, die höhere Leistungen im deutschen C-Test zum Erhebungszeitpunkt t2 erreichten, schätzten ihre deutschen Sprachkompetenzen im Lesen signifikant höher ein. Dies könnte auch darauf hindeuten, dass die Fremdeinschätzung der deutschen sprachlichen Leistungen die realistische Selbsteinschätzung begünstigt.

4.1.2 Lernumwelt Familie

Im Bereich der Familie waren die elterliche Unterstützung beim Erwerb der Erst- und Zweitsprache und die elterliche Entscheidung bezüglich des HSK-Besuchs von Bedeutung. Dementsprechend wurden die Forschungsfragen 4 und 5 formuliert, deren Beantwortung im Laufe des Kapitels erfolgt.

Inwiefern begünstigt die elterliche Unterstützung den Erwerb der Erst- und Zweitsprache? Welche Art von elterlicher Unterstützung kann identifiziert werden?

In der sequenziellen Regressionsanalyse erwies sich, dass die elterliche Unterstützung als zweitwichtigster Prädiktor neben dem Besuch des HSK-Unterrichts den Erwerb der Erstsprache signifikant beeinflusst. Dagegen konnte kein signifikanter Einfluss der elterlichen Unterstützung auf die deutschen sprachlichen Leistungen nachgewiesen werden (vgl. Tabelle 41 und Tabelle 42).

Um die Art der elterlichen Unterstützung zwischen der Treatment- und Vergleichsgruppe zu untersuchen, wurde der Faktor „elterliche Unterstützung" auf der Itemebene mit einfaktorieller Varianzanalyse (ANOVA) analysiert. Die Varianzanalyse zeigt, dass ausser einem Item keine signifikanten Unterschiede zwischen den Antworten der Väter aus der Treatment- und derjenigen aus der Vergleichsgruppe auftreten (vgl. Tabelle 51). Die Väter in beiden Gruppen unterstützen die Kinder bei ihren sprachlichen Aktivitäten vor allem in der Erstsprache. Die Väter, deren Kinder den HSK-Unterricht besuchen, besprechen mit den Kindern die Hausaufgaben in der Erstsprache im Gegensatz zu den Vätern, deren Kinder den Unterricht nicht besuchen. Diese Väter gaben bei der Antwort vorwiegend die Zweitsprache (Deutsch) an.

Tabelle 51:   Varianzanalyse zur sprachlichen Unterstützung durch den Vater

	df (insgesamt)	F	η	p
	Zwischen den			
Reden am Tisch	Gruppen	.007	.00	.933
Geschichten oder Gedichte	1 (94)	.134	.04	.715
vorlesen	1 (81)	.846	.09	.360
Sprachspiele in der L1	1 (86)	.005	.00	.943
Singen	1 (80)	.701	.09	.405
Schreiben	1 (84)	1.06	.11	.304
Übersetzen	1 (81)	8.65	.32	.004**
HSK-Hausaufgaben besprechen	1 (77)			

*p < .05, **p < .005, ***p < .001.

Tabelle 52:   Varianzanalyse zur sprachlichen Unterstützung durch die Mutter

	df (insgesamt)	F	η	p
	Zwischen den			
Reden am Tisch	Gruppen	5.51	.23	.021**
Geschichten oder Gedichte	1 (92)	1.78	.14	.185
vorlesen	1 (84)	6.03	.25	.016**
Sprachspiele in der L1	1 (86)	3.28	.20	.074
Singen	1 (80)	2.36	.16	.128
Schreiben	1 (81)	.23	.05	.628
Übersetzen	1 (78)	.03	.02	.843
HSK-Hausaufgaben besprechen	1 (89)			

*p < .05, **p < .005, ***p < .001.

Im Gegensatz zu den Vätern äussert sich der Unterschied zwischen den Müttern der beiden Gruppen in zwei anderen Bereichen (vgl. Tabelle 52). Die Varianzanalyse weist auf einen signifikanten Unterschied zwischen den Müttern der Treatmentgruppe und der Vergleichsgruppe bei den Items „Reden am Tisch" und „Sprachspiele in der L1" auf. Die Resultate zeigen, dass Mütter, deren Kinder den HSK-Unterricht besuchen, mehr Wert auf die Förderung der Erstsprache legen, insbesondere im Alltagsgespräch und in Sprachspielen.

Forschungsfrage 5
Inwieweit wirken sich die elterlichen Motive auf die Entscheidung für den HSK-Besuch aus?

Die befragten Eltern (n = 50), deren Kinder den HSK-Unterricht nicht besuchen, gaben auf die Frage „*Warum besucht ihr Kind den HSK-Unterricht nicht?*" am häufigsten die Antwort „*Weil das Kind es nicht will*" (n = 18). Am zweithäufigsten folgt die Begründung „*Weil keine Möglichkeit besteht, den HSK-Unterricht zu besuchen*" (n = 13). Von einer kleinen Anzahl von Eltern wurden die folgenden Gründe für den Nicht-Besuch des HSK-Unterrichts genannt: „*Weil die Eltern es nicht wollen*" (n = 4) sowie „*Wegen der Lehrperson*" (n = 4). In keinem der Fälle wurden die Items „Aus politischen Gründen" und „Aus religiösen Gründen" gewählt. Bei letzterem Item erhielten die Eltern die Möglichkeit, sich über andere Gründe zu äussern. Durch die offene Frage kamen weitere Aspekte zum Ausdruck, nämlich die mangelnde Information über den HSK-Unterricht: „*Bisweilen hatten wir keine Information über einen solchen Unterricht*", „*Wir sind nicht darüber informiert*" sowie die elterliche Ansicht über den Nutzen des HSK-Unterrichts: „*Weil ich denke, dass der Dialekt der albanischen Sprache, der entwickelt wird, nicht der gleiche ist, wie derjenige unserer Gegend*", „*Ich als Elternteil unterrichte meine Kinder selber in Schreiben, Lesen, Dichtungen, Lieder, Geschichte und der Liebe zur Heimat*", „*Das Kind beherrscht die albanische Sprache sehr gut und liest sehr schön*", „*Der Grund, warum meine Kinder den HSK-Unterricht nicht besuchen, ist, damit sie nicht den Unterricht in der deutschen Sprache verpassen*", „*Die Kinder wollen das nicht und ich denke, sie haben das auch nicht nötig, weil alle Kinder ausser dem vierten Kind 5-6 Jahre Schule in ihrer Heimat in Kosovo besucht haben.*"

Im Weiteren wurde die von den Eltern wahrgenommene Bedeutung des HSK-Unterrichts mit Hilfe der einfaktoriellen Varianzanalyse ANOVA untersucht. Bei vier Items gab es einen signifikanten Unterschied zwischen den Antworten der Eltern aus der Treatmentgruppe (deren Kinder den HSK-Unterricht besuchen) und denjenigen aus der Vergleichsgruppe (deren Kinder den HSK-Unterricht nicht besuchen). Die Eltern, deren Kinder am HSK-Unterricht teilnehmen, schätzen die Wichtigkeit des HSK-Unterrichts bei der Förderung der Erstsprache („Die Kinder lernen ihre Muttersprache"), der Mehrsprachigkeit („Die Kinder sollten mehrere Sprachen sprechen können"), für die Wissensvermittlung über die Herkunftsländer („Die Kinder lernen über ihre Herkunftsländer"), für die Integration in die Aufnahmegesellschaft („Die Kinder finden ihren Platz besser in der Schweizer Gesellschaft") signifikant höher ein als die Eltern aus der Vergleichsgruppe (vgl. Tabelle 53).

Tabelle 53: Varianzanalyse zur Bedeutung des HSK-Unterrichts

	df (insgesamt)	F	η	p
	Zwischen den			
Förderung der L1	Gruppen	11.03	.31	.001**
Förderung der Mehrsprachigkeit	1 (99)	7.84	.28	.006*
Wissensvermittlung über die	1 (92)	4.31	.21	.041*
Herkunftsländer	1 (91)			
Integration in die Schweiz		7.95	.29	.006*
Albanische/türkische	1 (87)	3.92	.19	.050
Abstammung	1 (103)	.344	.06	.559
Rückkehr ins Herkunftsland	1 (82)	3.17	.19	.079
Respekt vor anderen Kulturen	1 (82)	3.43	.20	.068
Identitätsentwicklung	1 (80)			

$*p < .05, **p < .005, ***p < .001.$

Nach Cohen (1992) zeigt sich ein mittelgrosser Effekt bezüglich der Förderung der Erstsprache, der Förderung der Mehrsprachigkeit, der Wissensvermittlung über die Herkunftsländer und der Integration in die Schweiz.[72] Dies bedeutet, dass die elterliche Überzeugung von der Bedeutung der Erstsprache eine herausragende Rolle spielt bei der Entscheidung für den Besuch des HSK-Unterrichts.

Aufgrund der Ergebnisse der sequenziellen Regressionsanalyse (vgl. Tabelle 41 und Tabelle 42) kann gefolgert werden, dass die elterliche Unterstützung bei der Entwicklung der Erstsprache eine bedeutende, jedoch keine allein entscheidende Rolle spielt. Die vorliegenden Resultate der Varianzanalyse bestätigen eine deutliche Rollenaufteilung zwischen Vätern und Müttern insbesondere in Bezug auf die Förderung der Erstsprache (Albanisch und Türkisch). Während die Väter ihre Aufgaben in der Unterstützung bei den Hausaufgaben sehen, konzentrieren sich die Mütter auf die Förderung der Erstsprache, insbesondere im kommunikativen Bereich. Die Eltern, deren Kinder den HSK-Kurs besuchen, üben diese Aktivitäten signifikant häufiger in der Erstsprache aus als die Eltern, deren Kinder am HSK-Kurs nicht teilnehmen. Aufgrund weiterer Analysen zeigte sich ein bestimmtes Handlungsmuster in den elterlichen Entscheidungen. Diejenigen Eltern, die dem HSK-Unterricht eine Bedeutung für die Förderung der Erstsprache, der Mehrsprachigkeit, der Wissensvermittlung über das Herkunftsland und der Integration in die Schweizer Gesellschaft beimessen, schicken ihre Kinder eher in den HSK-Unterricht als die Eltern der Kinder, die den HSK-Unterricht nicht besuchen. Beachtenswert ist der Befund, dass die äusseren Faktoren wie politische oder religiöse Gründe sowie die Lehrperson kaum bis gar nicht den Besuch des HSK-Unterrichts beeinflussen. Dagegen wurden der nicht vorhandene Wille der Kinder und die feh-

---

72 Cohen (1992) definiert die Effektgrösse bei den verschiedenen statistischen Testverfahren. Bei der einfaktoriellen Varianzanalyse liegt nach Cohen (1992) eine kleine Effektgrösse bei η = .10, eine mittlere bei η = .25 und eine grosse bei η = .40.

lende Möglichkeit, den HSK-Unterricht zu besuchen, von den Eltern als Gründe hervorgehoben.

4.1.3 Lernumwelt Schule

Befragung von HSK-Lehrpersonen in Deutschschweizer Kantonen

Die Befragung der HSK-Lehrpersonen hatte zum Ziel, die aktuelle Situation der schweizerischen HSK-Kurse darzustellen. In diesem Sinne stand die Beschreibung des Untersuchungsgegenstandes im Zentrum des Forschungsinteresses, die mit Hilfe von deskriptiver Statistik erfolgte. Im Rahmen der vorliegenden Arbeit werden diejenigen ausgewählten Ergebnisse dargestellt, die im engen Zusammenhang mit den Forschungsfragen stehen. Die Darstellung der Resultate teilt sich den Forschungsfragen entsprechend in vier Hauptteile auf (vgl. Kapitel 3.1):

1. Inhaltliche und formale Rahmenbedingungen des HSK-Unterrichts
Forschungsfrage 6: Wie nehmen die HSK-Lehrpersonen die Rahmenbedingungen der in der Schweiz angebotenen HSK-Kurse wahr?

2. Entwicklungspotenzial und Problemfelder der HSK-Kurse
Forschungsfrage 7: Auf welcher Ebene liegt das wahrgenommene Entwicklungspotenzial und mit welchen Mitteln kann es entfaltet werden?

3. Merkmale der HSK-Lehrpersonen
Forschungsfrage 8: Welche Merkmale weisen HSK-Lehrpersonen auf und wie beurteilen sie ihre Motivation, Ausbildung und Erfahrung?

4. Wahrnehmung der Lehrpersonen bezüglich der HSK-Kurse
Forschungsfrage 9: Wie wird in der subjektiven Wahrnehmung die inhaltliche, sprachliche und methodisch-didaktische Ebene der HSK-Kurse gewichtet?

Inhaltliche und formale Rahmenbedingungen des HSK-Unterrichts

Die Forschungsfrage 6 *„Wie nehmen die HSK-Lehrpersonen die Rahmenbedingungen der in der Schweiz angebotenen HSK-Kurse wahr?"* fokussiert auf die angebotenen HSK-Sprachen, die Integration der HSK-Kurse in den regulären Stundenplan, die Heterogenität der Schulklassen sowie die Finanzierung.

Ebenso wie bei der Erstsprache der HSK-Lehrpersonen zeigte sich eine breite Palette von HSK-Sprachen bei der Beantwortung der Frage *„Welche Sprache(n) unterrichten Sie derzeit als HSK-Lehrperson?"*. Insgesamt gaben die Lehrpersonen 28 unterschiedliche Sprachen an, davon vier Personen mehr als eine Sprache (vgl. Tabelle 54). Die Mehrfachnennungen beinhalteten die Kombinationen Spanisch und Spanisch für Lateinamerika (n = 1), Bosnisch, Kroatisch und Serbisch (n = 2) sowie Französisch, Italienisch, Kroatisch und Englisch (n = 1). Unter anderen wurden die Sprachen aufgelistet, die fünf oder weniger Lehrpersonen ankreuzten, wie Arabisch (n = 1), Kurdisch (n = 1), Mazedonisch (n = 1), Slowenisch (n = 3), Thai (n = 4), Bulgarisch (n = 2), Japanisch (n = 5), Koreanisch (n = 5), Malayalam (Indien) (n = 3), Persisch (n = 3), Polnisch (n = 2) und Englisch (n = 1)[73]. Zu den grössten Sprachgruppen gehörten die tamilischen (n = 50), die italienischen (n = 44) und die albanischen Lehrpersonen (n = 31). Obwohl ausschliesslich die Lehrpersonen aus der Deutschschweiz kontaktiert wurden, traten alle 26 Kantone bei der Beantwortung der Frage *„In welchem Kanton/in welchen Kantonen unterrichten Sie?"* auf. Da die meisten HSK-Lehrpersonen in mehreren Kantonen tätig sind, handelt es sich hier auch um Mehrfachnennungen (n = 424). Die Mehrheit der befragten Lehrpersonen arbeitet im Kanton Zürich (n = 183), auf dem zweiten Platz befindet sich der Kanton Basel Stadt (n = 39), gefolgt vom Kanton Bern (n = 34).

Tabelle 54:   HSK-Sprachen

Sprachen	Albanisch	Bosnisch	Chinesisch	Finnisch	Französisch	Griechisch	Italienisch	Kroatisch	Portugiesisch	Portugiesisch/Brasilianisch	Russisch	Serbisch	Spanisch	Spanisch Lateinamerika	Tamilisch	Türkisch	Ungarisch	Andere	Total
n	31	7	18	6	11	7	44	22	18	14	6	14	12	21	50	19	7	31	**338**

Ein Drittel der HSK-Kurse findet im Rahmen des regulären Stundenplans (integriert) statt. Hier muss erwähnt werden, dass einige HSK-Lehrpersonen sowohl integrierte wie auch nicht integrierte Kurse gleichzeitig anbieten können. Unterrichten die HSK-Lehrpersonen integriert, verfügen 70 Prozent der Befragten über eine beschränkte Zahl von Unterrichtsstunden, die zwischen 1 bis 5 Lektionen variiert. Die Mehrheit der HSK-Lehrpersonen (70 %) gab an, die HSK-Kurse ausserhalb der regulären Schulzeit anzubieten. In diesem Fall reicht die wöchentliche Stundenzahl von 1 bis 5 (53 %) oder 10 bis über 10 Lektionen (30 %). Am häufigsten wird der nicht integrierte HSK-Unterricht am Mittwoch angeboten (25,7 %), auf dem zweiten Platz findet sich der Samstag (17,5 %) gefolgt von den Tagen Dienstag (12 %) und Montag (11 %). Knapp die Hälfte der HSK-Kurse (45 %) wird von elf bis fünfzehn Kindern und über ein Drittel (34 %) von sechs bis zehn Schülerinnen und Schülern besucht. Mit 61 Prozent überwiegen die HSK-Kurse, in denen die Klassen aus mehreren Altersgruppen (dritte bis sechste Klasse) zusammengesetzt sind. In 22 Prozent der Fälle handelt es sich um eine gemischte Finanzierung der HSK-Kurse. Zum grössten Teil werden die HSK-Kurse (78 %) ausschliesslich von Trägerschaften finanziert, ein geringerer Teil (22 %) wird gemischt finanziert. Neben der Elternschaft mit 48 Prozent übernehmen die

---

73 Englisch gehört nicht zu den HSK-Sprachen, deshalb wurde diese Angabe in der Stichprobe der HSK-Sprachen nicht berücksichtigt (vgl. Tabelle 54).

Botschaften und Konsulate zu 42 Prozent die Finanzierung der HSK-Kurse. Der Kanton sowie die Stadt beteiligen sich zu insgesamt 10 Prozent.

Entwicklungspotenzial und Problemfelder der HSK-Kurse

Anhand der Forschungsfrage 7 *„Auf welcher Ebene liegt das wahrgenommene Entwicklungspotenzial der HSK-Kurse und mit welchen Mitteln kann es entfaltet werden?"* wurden die berufliche Zufriedenheit der HSK-Lehrpersonen sowie die von ihnen wahrgenommenen Problemfelder untersucht. Aus Abbildung 21 wird ersichtlich, dass die HSK-Lehrpersonen mit dem Ansehen ihrer Tätigkeit mehrheitlich (70 %) zufrieden bzw. eher zufrieden sind. Bezüglich der Räumlichkeiten, Weiterbildung, Unterrichtsmaterialien und Zukunftsperspektive gaben sich 40 bis 50 Prozent der Befragten zufrieden bis eher zufrieden an. Eine höhere Unzufriedenheit zeigte sich im Zusammenhang mit dem Lohn (39 %) und der Integration ins Schweizer Lehrerkollegium (43 %).

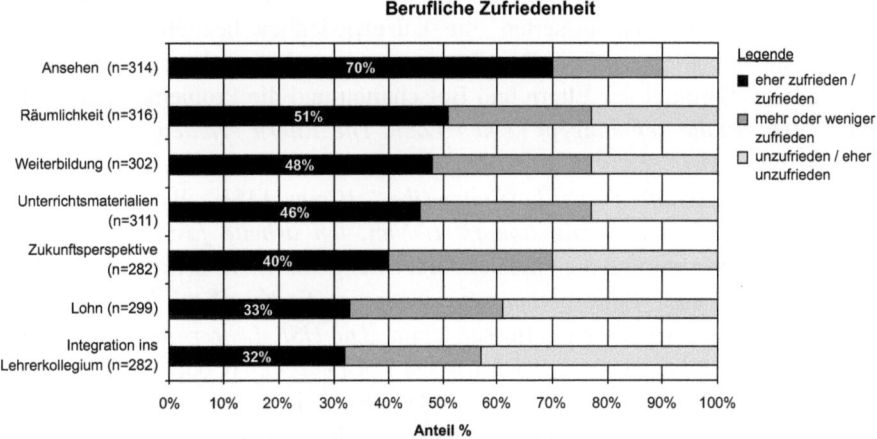

Abbildung 21: Berufliche Zufriedenheit

Als Ergänzung zum Thema der beruflichen Zufriedenheit wurden zwei offene Fragen im Fragebogen gestellt, die einen tieferen Einblick in die Problemfelder der HSK-Kurse gaben. Insgesamt beantworteten 202 Lehrpersonen die offenen Fragen. Die Analyse der Antworten erfolgte mit zusammenfassender Inhaltsanalyse (Mayring, 2003), in der die induktive Kategoriebildung eingesetzt wurde. Die insgesamt elf Kategorien konnten zu zwei Hauptdimensionen zugeordnet werden. Zur *Dimension der Kontextmerkmale* gehören die Kategorien, die sich auf die strukturellen Merkmale der HSK-Kurse beziehen: Integration, Material, Infrastruktur, Finanzierung, Organisation, Weiterbildung und Noten. Dabei teilt sich die Kategorie Organisation in weitere Unterkategorien auf: Unterrichtszeit, Stundenzahl, Information, Unterstützung, Kooperation, Heterogenität, Arbeitsbedingungen, Gruppengrösse und Lehrplan. Unter der *Dimension der interpersonellen Merkmale und Merkmaldifferenzen* wurden die Kategorien Disziplin, Motivation, Zukunftsperspektive und Anerkennung zusammengefasst, die individuumsbezogene Merkmale beinhalten. Im Folgenden werden diejenigen Ergebnisse der qualitativen Antworten diskutiert, die von den HSK-Lehrpersonen mehrfach betont wurden oder die relevante inhaltliche Aspekte der beruflichen Zufriedenheit aus einer anderen Perspektive beleuchten.

Auf der **Ebene der Kontextmerkmale** traten die Kategorien Integration, Finanzierung, Kooperation, Infrastruktur und Arbeitsbedingungen durch ihre verhältnismässig hohe Anzahl an Nennungen hervor. Parallel zu den quantitativen Fragen zeigte sich die höchste Unzufriedenheit in Bezug auf die **Integration**. Unter dem Problemfeld „Integration" verwiesen insgesamt 74 Lehrpersonen auf die fehlende Integration der HSK-Kurse in den regulären Stundenplan sowie auf die damit fehlende Integration der HSK-Lehrpersonen in das Schweizer Lehrerkollegium: „*Der HSK-Unterricht sollte in die normalen Schulzeiten integriert werden. Dies würde den Besuch der Kinder in den HSK-Kursen verbessern. Auch würde der Kontakt und der Austausch zwischen HSK-Lehrpersonen und CH-Kolleginnen gefördert.*" (Code 141). „*Nur integrierte HSK-Kurse sind die Zukunft für uns.*" (Code 547). Jeweils 43 Lehrpersonen äusserten ihre Unzufriedenheit bezüglich der **Finanzierung** und der **Kooperation**. Die Kategorie Finanzierung bezog sich auf die mangelnden Geldmittel der Eltern und Botschaften und die Problematik des tiefen Lohns: „*Ich erhalte seit langem keinen Lohn. Die Eltern erfüllen ihre Pflichten nicht.*" (Code 318). „*Es gibt praktisch keine finanzielle und materielle Unterstützung der Botschaften aus Lateinamerika.*" (Code 145). „*Wir arbeiten mit Leidenschaft, aber sehr wenig honoriert. Nun, ich arbeite fast ehrenamtlich.*" (Code 480). Ferner wurden die ungleiche Bezahlung von HSK-Lehrpersonen sowie der nicht ausreichende Lohn betont, was wiederum die berufliche Motivation der HSK-Lehrpersonen negativ beeinflussen kann: „*Die HSK-Lehrer/innen sollten alle den gleichen Lohn bekommen (gleich wie ein CH-Lehrer).*" (Code 324). „*Besserer Lohn würde die Motivation erhöhen.*" (Code 338). Bei der Kategorie Kooperation wurde auf die fehlende **Zusammenarbeit** auf allen Ebenen hingewiesen, also zwischen den HSK- und Schweizer Lehrpersonen, den HSK-Lehrpersonen und der Schulbehörde, zwischen den HSK- und Schweizer Lehrpersonen und den Eltern, zwischen den Schweizer Institutionen und den Botschaften: „*Die Schulbehörde zeigt wenig Interesse für eine Zusammenarbeit mit den Lehrkräften der HSK.*" (Code 492). „*Wir (italienische Lehrkräfte) sind zu isoliert. Wir arbeiten zu wenig zusammen und haben kaum Kontakte mit schweizerischen Lehrkräften.*" (Code 239). „*Maggiore contatto con i docenti svizzeri e con la commissione scolastica.*" [„*Mehr Kontakte mit den Schweizer Lehrpersonen und der Schulbehörde.*"] (Code 49). Während sich die Hälfte der befragten Lehrpersonen mit den Räumlichkeiten zufrieden oder eher zufrieden zeigte, wurde die **Infrastruktur** in den offenen Fragen von 34 HSK-Lehrpersonen als problematisch bezeichnet. Vor allem wurde bemängelt, dass die HSK-Lehrpersonen nicht die gleiche Infrastruktur zur Verfügung hätten wie ihre Schweizer Kolleginnen und Kollegen. Es besteht für sie keine Möglichkeit, den in den Klassenzimmern vorhandenen Schrank, den Computer und die Unterrichtsmaterialien zu benutzen: „*Bei unserem Unterricht bekommen wir keine Unterstützung. Es gibt nicht genug Räume für alle Klassen. Wir* bekommen kein Unterrichtsmaterial und haben keinen Zugang zum Kopierer.“ (Code 165). *„Wir verfügen über keine passenden Räumlichkeiten. Unsere Schule funktioniert in einem alten Haus, das zu verschiedenen Anlässen sonst gebraucht wird. Es ist nicht vorgesehen für Schulunterricht. In den Räumen haben wir keine Tafel!“* (Code 143). Darüber hinaus stehen nicht genügend Räume zur Verfügung oder die HSK-Kurse für Kindergärtnerinnen und Kindergärtner müssen in Schulräumen angeboten werden: *„About the kindergarten, maybe we could think all about using a kindergarten classroom, of course under certain conditions.“* [*„Betreffend den Kindergarten könnten wir vielleicht über die Benutzung der Räumlichkeiten des Kindergartens – natürlich unter bestimmten Voraussetzungen – nachdenken.“*] (Code 212). Ganz abgesehen von einem eigenen Klassenzimmer, wie sich dies eine Lehrperson, die über eine umfassende Materialsammlung verfügt, wünschen würde: *„Mit Erfahrung und Praxis von 33 Unterrichtsjahren habe ich über 35 Spiele, eine Bibliothek, 60 Ordner, Dekoration für Weihnachten, Ostern, Johannes Fest, Landkarten, Plakate unter anderem.“* (Code 129). Zu verbessern wären die **Arbeitsbedingungen** der HSK-Lehrpersonen, die durch die berufsbedingte hohe Mobilität, unbezahlte Ferien sowie befristete Anstellung bzw. Abhängigkeit von den Anmeldungen für den HSK-Kurs gekennzeichnet sind: *„Die HSK-Lehrer unterrichten in unterschiedlichen Schulen in unterschiedlichen Gemeinden und/oder Kantonen.“* (Code 177). *„Numerus minimus: mit weniger als acht Schülern werden die italienischen HSK-Kurse geschlossen.“* (Code 579). Darüber hinaus deuteten die HSK-Lehrpersonen auf die fehlende Information hin. Einerseits sollten die Eltern besser über die HSK-Kurse und ihr Nutzen informiert werden, andererseits sollten die HSK-Lehrpersonen die Schweizer Lehrpläne kennen lernen, damit sie ihren Unterricht dementsprechend gestalten können: *„Die Eltern verlieren das Interesse für HSK-Unterricht. Sie meinen, dass es unnötig ist, da die Kinder in der Zukunft dieses Wissen nicht unbedingt brauchen werden und dass es eher eine Belastung ist. CH-Lehrer (die Autorität) müssen ihnen erklären, dass es wichtig ist, zweisprachig zu sein.“* (Code 277). *„An die Lehrkräfte werden hohe Anforderungen bezüglich der Integration der ausländischen Kinder in das Schweizer Schulsystem gestellt. Es werden uns jedoch keine Informationen über die Lehrpläne an den Schweizer Schulen gegeben. Diese wären nötig, damit wir unsere Lehrpläne an das Schweizer Schulsystem anpassen könnten.“* (Code 165). In 17 bis 19 Fällen verwiesen die HSK-Lehrpersonen auf die grosse alters- und sprachkompetenzbedingte Heterogenität der Klassen, die ungünstige Unterrichtszeit am Nachmittag oder am Samstag sowie die geringe Stundenzahl (zwei Stunden pro Woche), die die Effektivität des HSK-Unterrichts beeinträchtigen.

Auf der **Ebene der interpersonellen Merkmale und Merkmaldifferenzen** konnten die Kategorien Disziplin, Motivation, Zukunftsperspektive und Anerkennung definiert werden. In Bezug auf die Anzahl der Nennungen zeigten die Problemfelder Motivation und Anerkennung eine relevante Grösse. Als Folge der nicht integrierten HSK-Kurse wurde in 27 Fällen die mangelnde **Motivation** betont. Bemängelt wurde die fehlende Motivation bei den Kindern, den Eltern und selbst bei den HSK-Lehrpersonen. Den Grund sehen die befragten Lehrpersonen darin, dass die Kinder nach dem regulären Schulunterricht oft müde seien sowie wenig

Ermutigung von den Eltern und den Schweizer Lehrpersonen beim Lernen ihrer Erstsprache erhielten. Auf der anderen Seite benötigen die Eltern Unterstützung von den HSK- und Schweizer Lehrpersonen, um die Wichtigkeit der HSK-Kurse zu erkennen: *„Die Eltern haben ungenügendes Interesse an HSK-Kursen und Kindern. Die Eltern sollten daher von CH-Lehrer/innen und HSK-Lehrer/innen motiviert und unterstützt werden."* (Code 358). Zur Motivation der Schülerinnen und Schülern trüge nach den qualitativen Antworten die Anerkennung bzw. höhere Gewichtung der HSK-Note bei. Die mangelnde Motivation der HSK-Lehrpersonen wurde in einigen Fällen mit dem geringen Lohn in Zusammenhang gebracht: *„Ich bekomme wenig Lohn, habe wenig Zeit, darum habe ich wenig Motivation."* (Code 419). In 18 Fällen betonten die HSK-Lehrpersonen die fehlende ***Akzeptanz und Anerkennung,*** die ihnen und den HSK-Kursen zuteil würde: *„Unsere HSK-Kurse sind nicht sehr gut angesehen und werden oft von Schülern, Eltern und CH-Lehrer nicht ernst genommen. Die Schüler sind deshalb auch nicht motiviert."* (Code 22). *„Wir gelten weiterhin als Lehrer zweiter Kategorie, die nichts zu sagen haben und nichts können."* (Code 87).

In vereinzelten Fällen wurde die allgemeine Zufriedenheit oder die erfolgreiche Integration der HSK-Kurse in Basel-Stadt und insbesondere im Schulhaus St. Johann hervorgehoben: *„Alles ist gut. Danke."* (Code 33). *„St. Johann-Basel-Projekt gibt beste Integrationsmöglichkeiten für Kinder und besonders für HSK-Lehrer."* (Code 357). *„In Basel funktioniert es sehr gut!"* (Code 458) In den Bemerkungen kamen die Sprachschwierigkeiten zum Ausdruck, die beim Ausfüllen des Fragebogens aufgetreten sind: *„Zum Verständnis des Tests brauchte ich einen Übersetzer. Bitte das nächste Mal den Fragebogen in italienischer Sprache zustellen"* *(Code 259).* *„First of all I would like to apologize for my writing in English. But my knowledge in German language is not so good as to be able to write a whole text. I answered to the questionnaire with help of a dictionary (and that was a very good practice for me)."* [*„Zunächst möchte ich mich dafür entschuldigen, dass ich auf Englisch schreibe. Aber meine deutschen Sprachkenntnisse sind nicht so gut, um einen ganzen Text zu schreiben. Ich habe den Fragebogen mit Hilfe eines Wörterbuches ausgefüllt (und das war eine sehr gute Übung für mich)."*] (Code 212). *„Leider habe ich die Hilfe meines Mannes gebraucht, um die meisten Fragen zu verstehen."* (Code 303). Erfreulicherweise deuteten die Bemerkungen auf ein hohes Interesse an der Befragung sowie auf hohes berufliches Engagement hin: *„Ich fand diese Umfrage sehr interessant und habe sie deshalb auf Anhieb ausgefüllt. Persönlich war sie für mich wie eine „Gewissensforschung", was meinen Beruf betrifft."* (Code 129). *„Ich habe schon als Didaktik- und Methodiklehrer gearbeitet und möchte sehr gern ein neues Buch für die Serbische Sprache hier in der Schweiz entwickeln."* (Code 311).

Merkmale der HSK-Lehrpersonen

Die Forschungsfrage 8 *„Welche Merkmale weisen HSK-Lehrpersonen auf und wie beurteilen sie ihre Motivation, Ausbildung und Erfahrung?"* bezog sich auf die

Motivation, Ausbildung und Erfahrung der HSK-Lehrpersonen sowie ihre eingeschätzten fachlichen und methodisch-didaktischen Kompetenzen. Die Motivation der HSK-Lehrpersonen, ihre Heimatsprache und Kultur zu unterrichten, wurde mit der Frage „*Weshalb geben Sie HSK-Unterricht?*" erfasst. Die grosse Mehrheit der HSK-Lehrpersonen (95 %) zeichnet sich durch eine hohe Motivation aus, die sich in der Freude an der Arbeit bzw. am Unterrichten äussert (vgl. Abbildung 22). In der Schweiz HSK-Unterricht zu geben, bedeutet 75 Prozent der Befragten die Erweiterung der beruflichen Kompetenzen. Trotzdem gibt lediglich knapp über die Hälfte der Lehrpersonen (55 %) an, dass HSK-Kurse anzubieten eine neue Herausforderung sei. Ein hohes berufliches Engagement zeigt sich auch darin, dass HSK-Kurse zu geben eine freiwillige Entscheidung für 96 Prozent der Lehrpersonen ist, die durch externalen Faktoren wie z.B. die finanzielle Situation wenig beeinflusst wird.

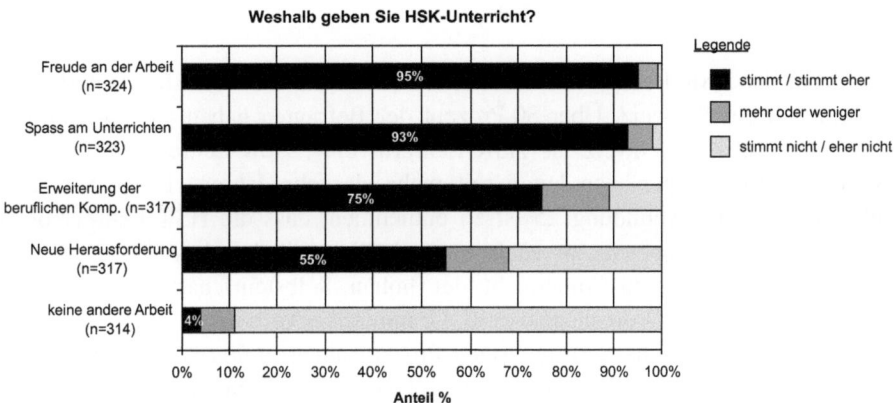

Abbildung 22: Motivation der HSK-Lehrpersonen

Aus Abbildung 23 wird ersichtlich, dass 72 Prozent der HSK-Lehrpersonen über eine Ausbildung auf der tertiären Stufe, absolviert im Heimatland, verfügt. Über die Hälfte der befragten Lehrpersonen (60 %) besitzt ein Lehrpatent, das im Herkunftsland auf der tertiären Stufe (Universität mit Lehrpatent und Pädagogische Hochschule) erworben wurde und 7 Prozent haben ein Lehrpatent auf Maturaebene (Lehrerseminar). Bezüglich der Ausbildung als Sprachlehrerin oder Sprachlehrer gaben 54 Prozent der Befragten an, ein Diplom für das Unterrichten der Erstsprache zu besitzen. In der Zweitsprache (Deutsch) schlossen 8 Prozent der HSK-Lehrpersonen eine Ausbildung ab. Eine kleine Minderheit der Befragten (5 %) absolvierte eine Ausbildung sowohl für die Erst- als auch für die Zweitsprache. Dagegen hat ein Drittel der HSK-Lehrpersonen keine Ausbildung als Sprachlehrerin oder Sprachlehrer. In diesem Zusammenhang wird die Teilnahme an Weiterbildungsangeboten deutlich. Aufgrund der Antworten von HSK-Lehrpersonen schloss knapp über die Hälfte der Befragten eine Weiterbildung ab, davon 43 Prozent mit Zertifikat und 14 Prozent ohne. Weniger als die Hälfte der HSK-Lehrpersonen (44 %) profitierte nicht von der Weiterbildung der Pädagogischen Hochschulen und der Konsulate.

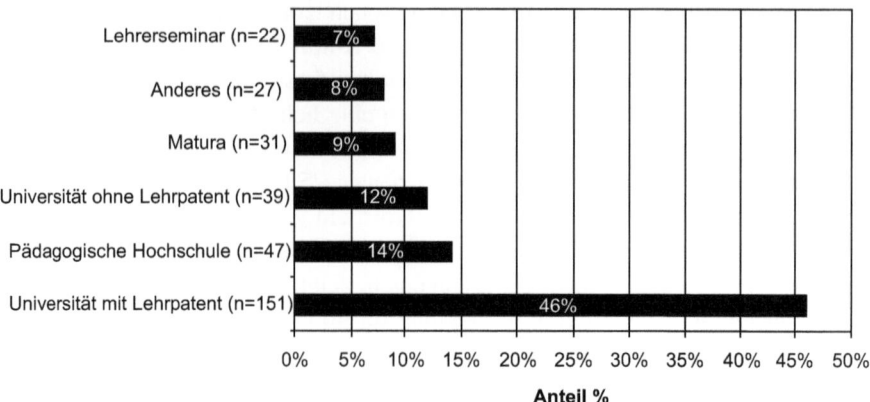

Abbildung 23: Ausbildung der HSK-Lehrpersonen

40 Prozent der HSK-Lehrpersonen (n = 306) haben ein bis vier Jahre Unterrichts-
erfahrung in der Schweiz. Über 30 Prozent der Befragten gaben an, seit fünf bis
neun Jahren in der Schweiz als HSK-Lehrerin bzw. HSK-Lehrer tätig zu sein.
23 Prozent der Lehrpersonen leiten seit mehr als zehn Jahren HSK-Kurse. Der
Abbildung 24 und Abbildung 25 ist zu entnehmen, dass die HSK-Lehrpersonen
sowohl ihre Fachkompetenz als auch ihr methodisch-didaktisches Wissen gut bis
sehr gut einschätzen. In Anbetracht der hohen Selbsteinschätzung der Fachkompetenz bezüglich Wortschatzerwerb, Grammatikerwerb sowie Sprachbewusst-
sein fallen die vergleichsweise niedrigen Prozentzahlen in den Bereichen Sprach-
vergleich von Erst- und Zweitsprache sowie theoretische Kenntnisse über Phonetik
sowie Zwei- und Mehrsprachigkeit auf.

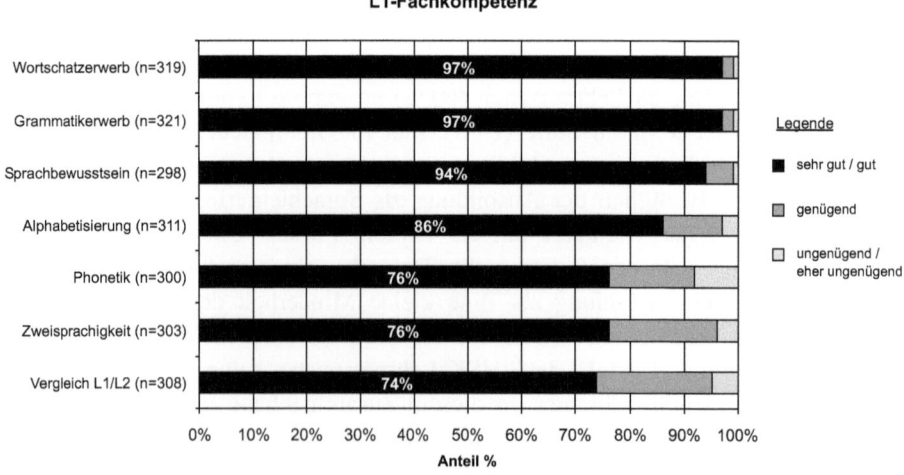

Abbildung 24: Selbsteinschätzung der HSK-Lehrpersonen bezüglich ihrer Fachkompetenz

202

Ein ähnliches Bild zeigt sich in der mehrheitlich hohen Einschätzung des eigenen methodisch-didaktischen Wissens. Während die HSK-Lehrpersonen ihr Wissen über Schülerbeobachtung und -beurteilung sowie Förderung der Motivation und Unterrichtsplanung mehrheitlich gut bis sehr gut einschätzten, äusserte sich eine deutliche Abnahme in der Einschätzung des eigenen methodisch-didaktischen Wissens in den Bereichen „Umgang mit Fehlern", „offener Unterricht"[74] und „individualisiertes Lernen". Insbesondere die Methode des offenen Unterrichts scheint einigen HSK-Lehrpersonen weniger bekannt zu sein.

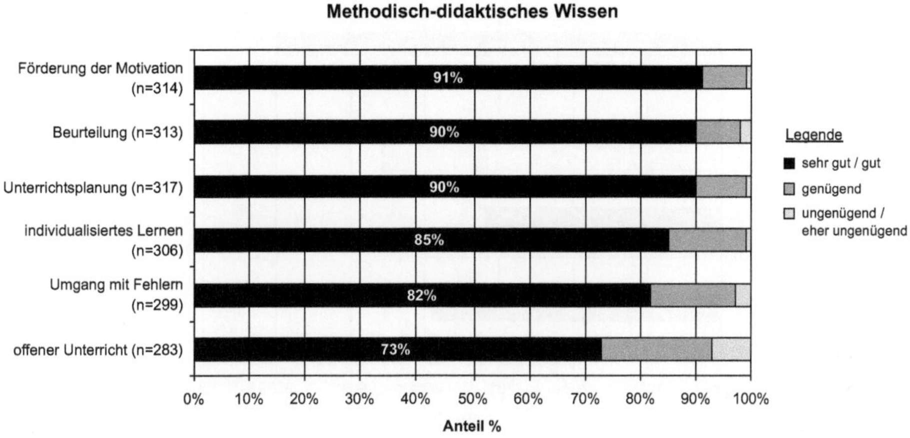

Methodisch-didaktisches Wissen

Abbildung 25: Selbsteinschätzung der HSK-Lehrpersonen bezüglich ihres methodisch-didaktischen Wissens

Ziele, Funktionen und Bedeutung des HSK-Unterrichts aus der Sicht der Lehrpersonen

Die Forschungsfrage 9 „*Wie wird in der subjektiven Wahrnehmung die inhaltliche, sprachliche und methodisch-didaktische Ebene der HSK-Kurse gewichtet?*" untersucht die Zielsetzungen und Funktionen des HSK-Unterrichts, die Gewichtung der Sprachförderung sowie im Unterricht eingesetzte methodisch-didaktische Instrumentarien aus der subjektiven Perspektive der HSK-Lehrpersonen. Etwa 60 Prozent der befragten Lehrpersonen gaben an, die im Rahmenlehrplan (Bildungsdirektion des Kantons Zürich, 2003) vorgeschlagenen Themen sehr oft bis oft zu behandeln. Bedeutend weniger kommt das Thema „*Arbeit und Beruf*" im HSK-Unterricht vor. Dagegen geniesst „*Geographie und Geschichte des Herkunftslandes*" eine Vorrangstellung bei der Themenwahl. Über 70 Prozent der HSK-Lehrpersonen ziehen dieses Thema sehr oft bis oft den anderen vor. Mehr als 80 Prozent der Befragten bevorzugen sehr oft bis oft andere Themen im Unterricht wie z.B. Musik, Religion, Sport, Theater, Tradition, Umweltschutz, Körper und Integration. Die Auswahl der Themen widerspiegelt sich in der Zielsetzung des HSK-Unterrichts (vgl. Abbildung 26). Während für den Kindergarten und die Unterstufe

---

74 Das Item im Fragebogen lautete: *Wie beurteilen Sie Ihr methodisch-didaktisches Wissen über Methoden des offenen Unterrichts (erweiterte Lehr- und Lernformen wie z.B. Werkstattunterricht)?*

die Förderung der Erstsprache gefolgt von den Kenntnissen über die Herkunftsländer als wichtigste Ziele erklärt wurden, gelten beide Bereiche für die Mittel- und Oberstufe als gleich wichtig. Auf dem dritten Platz steht die Förderung der Zweisprachigkeit im Kindergarten und in der Unterstufe, deren Bedeutung in der Mittel- und Oberstufe sichtlich abnimmt. Dagegen steht in der Mittel- und Oberstufe, stärker als im Kindergarten und in der Unterstufe, die Festigung einer multikulturellen Identität im Zentrum.

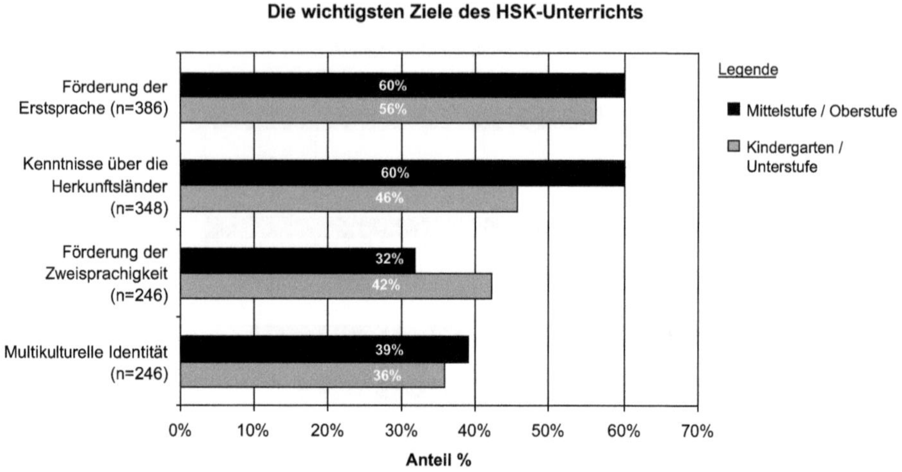

Die wichtigsten Ziele des HSK-Unterrichts

Abbildung 26: Ziele des HSK-Unterrichts

Gemäss den Ergebnissen der Untersuchung, ersichtlich aus Abbildung 27, bevorzugt die klare Mehrheit der HSK-Lehrpersonen die Förderung der rezeptiven Sprachfähigkeiten. Insbesondere die Förderung des Leseverstehens hat bei über 90 Prozent der befragten Lehrpersonen eine herausragende Bedeutung. Neben dem Leseverstehen wird von 80 Prozent der Befragten auf die Förderung des Hörverstehens und des dialogischen Sprechens viel Wert gelegt. Bedeutend weniger oft wird im Unterricht das gesteuerte und freie Schreiben eingesetzt. Das monologische Sprechen in Form von Schülerreferaten wird im Vergleich zu anderen Sprachkompetenzen auffallend weniger bzw. nie oder fast nie gefördert.

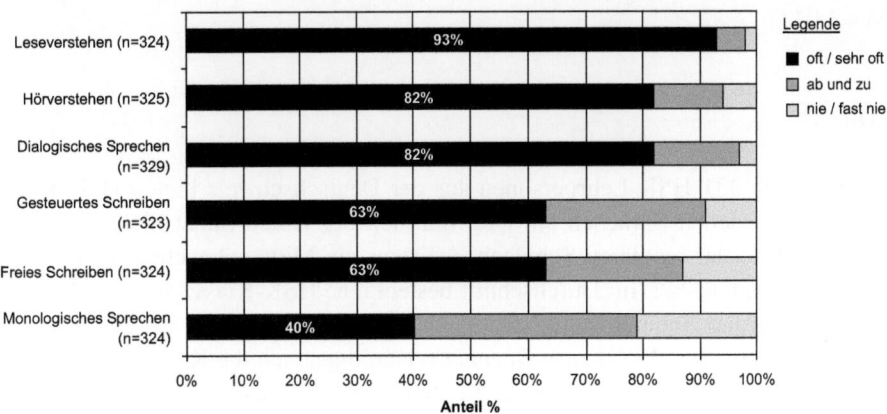

Abbildung 27: Sprachkompetenzen im HSK-Unterricht

Aufgrund der Faktorenanalyse (vgl. Tabelle 38) konnten drei Faktoren zur Unterrichtspraxis festgestellt werden, nämlich traditioneller Unterricht, offene Lernsituationen und kooperative Sozialformen. Der erste Faktor zum traditionellen Unterricht enthält drei Items: „Ich rede über verschiedene Themen, während die Schüler/innen zuhören", „Ich rede und stelle Fragen und einzelne Schüler/innen antworten", „Die Schüler/innen arbeiten für sich an den gleichen Aufgaben". Zum Faktor „offene Lernsituationen" gehören die folgenden Items: „Ich lasse die Schüler/innen Inhalte präsentieren, die sie vorher in Gruppen oder einzeln erarbeitet haben", Die Schüler/innen arbeiten an Stationen (Lernzirkel oder Werkstattunterricht)", „Die Schüler/innen arbeiten an verschiedenen Projekten (Projektunterricht)", „Die Schüler/innen haben ein Sprachenportfolio, das ständig erweitert wird" sowie „Ich setze Computer ein". Der dritte Faktor der kooperativen Sozialformen umfasst sechs Items: „Die Schüler/innen arbeiten in Lernpartnerschaften", Die Schüler/innen arbeiten selbständig an selbst ausgewählten Aufgaben", „Ich schliesse mit den Schülern/Schülerinnen Lernverträge ab", „Ich setze Partnerarbeit ein", „Die Schüler/innen bestimmen selbst, ob sie allein, paarweise oder in Kleingruppen arbeiten", „Ich setze Gruppenarbeit (drei oder mehr Schüler/innen) ein".

Tabelle 55: Mittelwerte der Faktoren zur Unterrichtspraxis

	n	M	SD	Min.	Max.
Faktor traditioneller Unterricht	330	11.11	2.21	3	15
Faktor offene Lernsituation	328	13.09	3.94	3	24
Faktor kooperative Sozialformen	329	19.23	4.26	3	30

Die Analyse der Mittelwerte in der Tabelle 55 zeigt, dass die HSK-Lehrpersonen in ihrem Unterricht am häufigsten die kooperativen Sozialformen (M = 19.23), gefolgt von den offenen Lernsituationen (M = 13.09) anwenden[75]. Deutlich seltener

---

75 Die Antwortkategorie auf die Frage „Welche Methoden, Arbeits-, Unterrichts- und Sozialformen verwenden Sie in Ihrem Unterricht?" umfasste die Kategorien „1 bis 5" (nie, fast nie, ab und zu, oft, sehr oft).

werden die Formen des traditionellen Unterrichts im HSK-Unterricht eingesetzt (M = 11.11).

Fazit

Die befragten 331 HSK-Lehrpersonen aus der Deutschschweiz bieten HSK-Kurse in 28 verschiedenen Sprachen an. Die Mehrheit der Kurse findet nicht integriert, d.h. ausserhalb der regulären Schulzeit, meistens am Mittwochnachmittag oder am Samstagvormittag statt. Im Durchschnitt besteht eine HSK-Klasse aus ca. 11 bis 15 Schülerinnen und Schülern unterschiedlichen Alters. Neben der Elternschaft, die knapp die Hälfte der HSK-Kurse finanziert, beteiligen sich die Konsulate und Botschaften sowie in wenigen Fällen die Kantone bzw. die Stadt an der Finanzierung. Die Ergebnisse der quantitativen sowie qualitativen Analysen verweisen eindeutig auf die grössten Problemfelder wie die Integration der HSK-Kurse in den regulären Stundenplan sowie die Finanzierung der HSK-Kurse und die Entlohnung der HSK-Lehrpersonen. Da die grosse Mehrheit der HSK-Kurse ausserhalb der Schulzeit angeboten wird, ist die Kommunikation zwischen den HSK- und Schweizer Lehrpersonen sowie HSK-Lehrpersonen und der Schulbehörde erschwert oder sie findet überhaupt nicht statt. Dementsprechend gibt es kaum Möglichkeiten für die Zusammenarbeit mit den anderen HSK- sowie den Schweizer Lehrpersonen, die sich die HSK-Lehrpersonen wünschen würden, wie aus den Antworten der qualitativen Befragung zu entnehmen ist. Die in der quantitativen Analyse festgestellte Unzufriedenheit bezüglich der Entlohnung hängt mit der Finanzierung der HSK-Kurse eng zusammen. Einerseits entstehen weitere Engpässe in der Finanzierung, wenn die Kurse von den Eltern bezahlt werden, andererseits zeigen sich grosse Lohnunterschiede abhängig von den Trägerschaften. Darüber hinaus wird die Beschaffung des Unterrichtsmaterials, mit Ausnahme von wenigen Fällen, den HSK-Lehrpersonen überlassen. Da das Zustandekommen der HSK-Kurse von der Nachfrage bestimmt wird, zeigt sich demzufolge eine gewisse Unzufriedenheit in Bezug auf die Zukunftsperspektive als HSK-Lehrperson. Auf der Ebene der Kontextmerkmale wahrgenommene Probleme haben auch Auswirkungen auf die Dimension der interpersonellen Merkmale und Merkmaldifferenzen. Die äusseren Rahmenbedingungen der nicht integrierten HSK-Kurse widerspiegeln sich nach den Angaben der Befragten in der mangelnden Disziplin sowie Motivation der Lernenden. Da die meisten HSK-Kurse am schulfreien Nachmittag stattfinden, sinkt die Konzentration und damit die Disziplin und Motivation der Schülerinnen und Schüler. Hervorgehoben wurde in den Antworten der qualitativen Befragung die wichtige Rolle der Eltern beim Aufrechterhalten der Motivation in Bezug auf das Erlernen der Erstsprache. Die HSK-Lehrpersonen erleben die hohe Mobilität, die bei ihrer Anstellung meistens erforderlich ist, als belastende Arbeitsbedingung, die sich wiederum auf ihre Motivation negativ auswirkt. Obwohl die quantitativen Ergebnisse über eine hohe Zufriedenheit bezüglich des beruflichen Ansehens berichten, brachten einige HSK-Lehrpersonen ihre Unzufriedenheit in Bezug auf die gesellschaftliche Anerkennung in den Antworten der qualitativen Befragung klar zur Sprache. Trotz der wahrgenommenen Problemfelder zeichnen sich die Befragten durch hohe berufliche Motivation aus. Bezüglich der Ausbildung zeigt sich ein widersprüchliches Bild. Während die grosse Mehrheit der HSK-Lehrpersonen über eine Ausbildung auf der tertiären Stufe verfügt, hat ein Drittel der Befragten keine Ausbildung im sprachlichen Bereich vorzuweisen. Weniger als die Hälfte der HSK-Lehrpersonen nahm an den Weiterbildungsangeboten mit Zertifikat-Abschluss der Pädagogischen Hochschulen und Konsulate teil. Die HSK-Lehrerinnen und -Lehrer schätzten sowohl ihre Fachkompetenz wie auch ihr methodisch-didaktischesWissen mehrheitlich gut bis sehr gut ein. Im Vergleich zu den hohen Selbsteinschätzungen der Fachkompetenzen werden die eigenen theoretischen Kenntnisse in den Bereichen Zwei- und Mehrsprachigkeit, Vergleich von Erst- und Zweitsprache, Phonetik und Methodik des offenen Unterrichts weniger gut eingeschätzt. Weitere Resultate weisen aber darauf hin, dass die HSK-Lehrpersonen in ihrer Unterrichtspraxis den offenen Unterricht neben den kooperativen Lernformen bevorzugen.

4.2 Ergebnisse der qualitativen Analyse

Im Folgenden werden *die triangulierten Ergebnisse* der videografierten Unterrichtsbeobachtung und der strukturierenden Inhaltsanalyse dargestellt. In einem ersten Schritt erfolgt die Strukturierung der Befunde nach Lehrpersonen und nach Dimensionen der qualitativen Inhaltsanalyse wie „Persönliche Hintergrundmerkmale", „Unterrichtsprozesse", „Ebene der Schülerinnen und Schüler", „Rahmenbedingungen des HSK-Unterrichts" sowie „Ebene der Eltern". Für die Bezeichnung der albanischen HSK-Unterrichtsstunden wurde ein Leitsatz gewählt, der aus dem Interview als ständig wiederholtes Element hervorstach. Einerseits widerspiegeln diese Leitsätze die Einstellung der Lehrpersonen zum HSK-Unterricht, andererseits prägen sie unmittelbar den Unterricht. Um die Anonymität der Lehrpersonen zu gewährleisten, werden sie als Lehrer A (HSK-Unterricht Albanisch 1) und Lehrerin B (HSK-Unterricht Albanisch 2) bezeichnet. In einem zweiten Schritt werden die Ergebnisse nach den Forschungsfragen der qualitativen Analyse (vgl. Kapitel 3.4) zusammengeführt und es wird in der Zusammenfassung eine Synthese der zentralen Erkenntnisse angestrebt (vgl. Kapitel 4.2.3).

4.2.1 *„Ich bin selber ein Kämpfer"* – HSK-Unterricht Albanisch 1

Die erste Videoaufnahme fand im Juli 2006 in einem Schulhaus im Kanton Zürich statt. Insgesamt nahmen 13 Schülerinnen und Schüler am Unterricht teil, davon 6 Schülerinnen und 7 Schüler aus der zweiten bis achten Klasse. Ausserhalb des Schulhauses, in einem hellen Pavillon, besuchen die Kinder am Samstagvormittag von 9.30 bis 11.00 Uhr den albanischen HSK-Unterricht. Das Schulzimmer war zum Zeitpunkt der Aufnahme mit Tischen, aufgestellt in U-Form, Stühlen sowie einer Wandtafel und einem Bücherregal ausgestattet. Computer und Hellraumprojektor standen nicht zur Verfügung. Vorne befand sich der Lehrertisch mit einem Stuhl. An der Wandtafel hing eine Landkarte aus dem regulären Schulunterricht. Bei dem Lehrer A handelt es sich um einen Lehrer aus Kosovo, der über eine universitäre Ausbildung in Chemie und Literatur sowie Erfahrung als Lehrperson in Sekundarstufe II (Gymnasium) verfügt. Aus politischen Gründen verliess er seine Heimat im Jahr 1994 und begann in der Schweiz Kurse in heimatlicher Sprache und Kultur zu geben. Seine Einstellung zum HSK-Unterricht zeichnet sich durch eine hohe Motivation aus: *„Ach, ich bin nicht motiviert, sondern ich bin wirklich sehr motiviert und das einzige, was mich motiviert, sind die Schüler, oder"*. Die mehrfach erwähnten finanziellen Nachteile des Berufs konnten seine Motivation und sein Interesse an der Arbeit nicht trüben: *„Von der finanziellen Seite profitieren wir überhaupt nicht, das ist mehr eine voluntäre Arbeit, aber es ist einfach so, es kommt von Herzen"* Sein Kampfgeist äusserst sich vor allem in seinen Bestrebungen, bessere Rahmenbedingungen für den Unterricht zu erreichen: *„(…)* **ich bin selber ein Kämpfer**, *aber wenn mir die Behörden sagen, ok, wir haben für dich einen Raum, wo du unterrichten kannst und wenn ich gehe, und sehe, das ist im Keller, wenn dann die Tische aus Beton sind, werde ich das sofort ablehnen, wie ich es schon früher gemacht habe. (…) Ok. Ich werde draussen unterrichten, aber nicht da. Wenn ich in der Schule bin, dann möchte ich einen Raum haben, ein Zimmer, wie die anderen Lehrer"* Sein Wille zum Kämpfen kommt auch darin zum Ausdruck, dass er betonte, immer wieder die Situation verbessern zu wollen: *„(…) ich akzeptiere sehr schwer etwas Negatives. Ich bin einfach so, als Kämpfer. Wenn es etwas Negatives gibt, dann möchte ich dagegen kämpfen, und das dann streichen"*.

Unterrichtsprozesse in den beobachteten Lektionen

In der ersten Lektion nach einer kurzen organisatorischen Einführung erläuterte Lehrer A das Lernziel, das Hörverstehen einer Geschichte. Die Schülerinnen und Schüler sollten dem Vortrag des Lehrers A aufmerksam zuhören, um später das Gehörte kommentieren zu können. Gleichzeitig wurde auf die Hausaufgabe hingewiesen, die im Aufschreiben der gehörten Geschichte bestand. Weiterhin erläuterte Lehrer A die historischen Hintergründe der Geschichte, die aus dem Volksmund stammt und von einem bekannten albanischen Schriftsteller aufgeschrieben wurde. Der Titel lautete: „Die Erzählung der drei Brüder". Lehrer A las die Geschichte Abschnitt für Abschnitt vor, dabei stellte er Verständnisfragen an die Schülerinnen und Schüler. Mit dieser fragend-entwickelnden Methode wurden unbekannte Wörter semantisiert und der Schlüsselsatz der Geschichte erläutert. Die erste Lektion schloss Lehrer A mit organisatorischen Aufgaben ab und wies auf den Inhalt der zweiten Lektion hin. Nach einer 15-minütigen Pause begann die zweite Lektion. Lehrer A erklärte die Aufgaben, die darin bestanden, dass eine Schülerin oder ein Schüler einen Satz aus dem Buch „Shkollë e jetë IV-IV." (Osmani, 1994) vorlas, während eine andere Schülerin oder ein anderer Schüler den Satz an die Wandtafel schrieb. Die Klasse hatte die Aufgabe, dabei die Fehler zu identifizieren, ohne das genannte Buch als Hilfe zu nehmen. Falls das an der Wandtafel stehende Kind die Fehler nicht korrigieren konnte, wurde Hilfe aus dem Plenum angeboten.

Die Fehler notierte Lehrer A in ein Heft. Dieses dient dazu, die Lernfortschritte der Schülerinnen und Schüler in den verschiedenen Lernbereichen festzuhalten: *„Die zweite Hälfte oder zweite Stunde, die wir gewählt haben, war eine Übung, weil ich eine Liste habe, die mache ich am Anfang des Schuljahrs. Und dann begleite ich jeden Schüler, um zu sehen, wie sie sich entwickeln oder ob sich jemand überhaupt nicht entwickelt. In dieser Liste steht etwas von verschiedenen Fächern, von Sprache, Geschichte, Geographie. Aber das war ein Schreibfehler".*

Während in der ersten Lektion das Hörverstehen das Lernziel war, konzentrierte sich die zweite Lektion auf die Förderung der Schreibkompetenzen, insbesondere der Rechtschreibung. Wegen der Heterogenität bezüglich des Alters (zweite bis achte Klasse) und des Sprachstands wäre eine Individualisierung des Unterrichts erforderlich. Obwohl individualisierende Massnahmen in diesen exemplarischen Lektionen nicht zu beobachten waren, betonte Lehrer A die Wichtigkeit der Differenzierung auch bei der Unterrichtsvorbereitung: *„Wie ich plane? Zum Beispiel mache ich eine separate Lektion für jede Klasse und wenn ich unterrichte, bedeutet das, dass ich nicht nur mit einer Lektion dorthin gehe". „Eine Lektion für die zweite Klasse, eine für die dritte, eine für die vierte, eine für die fünfte, weil, der Altersunterschied innerhalb der Klassen ist sehr gross. Es ist nicht einfach, in einer gemischten Klasse zu unterrichten".*

Verwendet wurde im beobachteten Unterricht das Lehrmittel aus Kosovo „Shkollë e jetë IV-VI" (Osmani, 1994), das für die vierte bis sechste Klasse entwickelt wurde. Ausser diesem Lehrbuch stehen Lehrer A andere Lehrmaterialien aus Albanien sowie Texte aus dem Internet zur Verfügung.

Ebene der Schülerinnen und Schüler

Da in den videografierten Lektionen die Förderung des Hörverstehens und der Schreibkompetenz (Rechtschreibung) im Zentrum stand, konnte man keine differenzierten Aussagen über die sprachlichen Leistungen der einzelnen Schülerinnen und Schüler machen. Bei der Kommunikation wurde ein dialektaler Sprachgebrauch beobachtet. Lehrer A sprach dagegen konsequent die albanische Standardsprache. Weiterhin berichtete Lehrer A über eine allgemein gute Sprachkompetenz der beobachteten Schulklasse: *„... sie sind wirklich so gut, dass ich nicht sagen kann, wo die Schwächen sind. Stärken haben sie viele, sie können gut schreiben, können auch gut selbst eine Geschichte schreiben, formulieren, verstehen sehr viel von unserer Geschichte".*

Aufgrund des Beobachtungsprotokolls konnte festgestellt werden, dass die Schülerinnen und Schüler in den videografierten Lektionen vorwiegend im Plenum arbeiteten. Andere Sozialformen, wie z.B. Gruppenarbeit, Partnerarbeit oder Werkstattunterricht kamen in der Lektion nicht vor. Die fehlenden Räumlichkeiten für die Gruppenarbeit erwähnte Lehrer A im Interview: *„... manchmal haben wir nicht genug Platz, so etwas wie Gruppenarbeit zu machen." So muss eine Gruppe im*

Zimmer bleiben, wo wir unterrichten, die zweite im Gang, wo sie irgendwo einen Platz zum Arbeiten finden, weil wir nicht drei, vier, fünf Zimmer dort nützen dürfen – das wäre sehr gut".

Am Anfang der ersten Lektion wirkten die Schülerinnen und Schüler motiviert und interessiert an der Geschichte. Die Aufmerksamkeit einiger Kinder liess aber nach ca. 20 Minuten Vorlesezeit nach. Während ein paar Schülerinnen und Schüler die Geschichte sehr konzentriert verfolgten und die Fragen des Lehrers korrekt beantworteten, konnten andere Schülerinnen und Schüler der Geschichte nicht mehr folgen und machten einen müden Eindruck. Mehr Aktivität zeigten die Schülerinnen und Schüler in der zweiten Lektion, in der sie Sätze an die Tafel schrieben bzw. die Fehler korrigieren mussten. In beiden Lektionen wurde ein sehr diszipliniertes Verhalten der Schülerinnen und Schüler beobachtet.

Rahmenbedingungen des HSK-Unterrichts

Der Einsatz des Rahmenlehrplans für den HSK-Unterricht und die Zusammenarbeit mit anderen HSK-Lehrpersonen wurden vom Lehrer A nicht als erforderlich empfunden. Dagegen äusserte Lehrer A sein Interesse an Weiterbildungsangeboten, die für ihn relevante Themen wie z.B. Unterrichtsqualität in Schweizer Schulen enthalten. Erschwert wird der Besuch der Weiterbildungskurse dadurch, dass die Kurse am Samstag gleichzeitig mit den HSK-Kursen stattfinden. Deshalb verzichtet Lehrer A auf die Teilnahme an diesen Kursen: *„Ich bekomme manchmal von der Pädagogischen Schule, vom Institut Post, dass sie verschiedene Weiterbildungen organisieren. Ich habe einfach nicht die Zeit gehabt, oft, weil das am Samstag organisiert wird. Am Samstag unterrichte ich. Ich bin nicht bereit, einen Samstag zu verlieren, für mich zwei Stunden zu verlieren, das sind sehr viele Stunden, viele verlorene Stunden. Wenn man das im Jahr anschaut, das sind nicht so viele Stunden. Ein Schweizer Lehrer kann einen Montag verpassen, einen Mittwoch, das spielt nicht so eine grosse Rolle. Aber für mich einen Samstag zu verlieren, für mich persönlich, ist schade".*

Als einen der motivierenden Aspekte nannte Lehrer A die gute Leistung seiner Schülerinnen und Schüler, das Interesse am Abschlussfest von ehemaligen HSK-Schülerinnen und -Schülern sowie die eigene Lehrtätigkeit, die ihm ermöglicht, das Gelernte zu wiederholen. Die meisten belastenden Aspekte traten im Zusammenhang mit den Rahmenbedingungen des HSK-Unterrichts auf. Dazu erwähnte Lehrer A die Schwierigkeiten bei der Finanzierung der HSK-Kurse, die einerseits auf die Organisation der Kurse zurückzuführen sind, andererseits darauf, dass die Eltern die Kurse nicht bezahlen können. Die nicht integrierten albanischen HSK-Kurse werden vom Elternverein organisiert und von den Eltern finanziert. Bei einem Kind zahlen die Eltern 40 Schweizer Franken, bei zwei Kindern 50 und bei drei oder mehreren Kindern 60 Schweizer Franken pro Monat für den HSK-Kurs. Dementsprechend werden die albanischen HSK-Lehrpersonen entlöhnt. Lehrer A unterrichtet auch solche Schülerinnen und Schüler, deren Eltern das Kursgeld nicht bezahlen können. Deshalb beschreibt Lehrer A seine Tätigkeit eher als eine „voluntäre Arbeit". Ungeeignete Räumlichkeiten und der Mangel an Schulmaterial, z.B. Kreide, erklärt Lehrer A mit der fehlenden Kommunikation zwischen der Lehrerschaft und der Behörde bzw. der Lehrerschaft und der Schule: *„Habe Kreide, so, dann ist es auch ok. Bitte, diesen Schwamm habe ich selber kauft, nicht berühren. Weil, das ist oft passiert. Ich kaufe und lasse es im Zimmer, gehe und wieder ist es verschwunden. Aber das war nur so, weil die Kommunikation fehlt. Zwischen den Behörden und mir als Lehrer. Oder Schulleiter oder mir als Lehrer. Oder einfach Schule und mir als Lehrer".*

Als belastend empfindet Lehrer A die unterschiedlichen Lernorte, zwischen denen er pendeln muss. Was die Schülerinnen und Schüler betrifft, deutete er auf die methodisch-didaktische Herausforderung der Heterogenität der Klassen hin. Oft lernen Kinder von der zweiten bis zur achten Klasse zusammen in einem HSK-Kurs. Wegen der unterschiedlichen Bedürfnisse der Altersgruppen beschreibt Lehrer A die Motivation der Schülerinnen und Schüler als erschwert, weshalb er die Integration der HSK-Kurse begrüssen würde, was auch eine Lösung für die Finanzierung der Kurse sein könnte. Ausserdem findet Lehrer A, dass sich die HSK-Kurse nicht nur auf zwei Unterrichtsstunden beschränken sollten.

Ebene der Eltern

Der Rolle der Eltern im Lernprozess schreibt Lehrer A eine grosse Bedeutung zu. Sprechen die Eltern die Erstsprache zu Hause, widerspiegelt sich das positiv in den Sprachkompetenzen der Kinder. Durch das Engagement der Eltern wird auch die Motivation der Schülerinnen und Schüler gefördert. Lehrer A erklärt die zuvor beschriebenen guten Sprachkenntnisse der beobachteten Klassen mit der Leistung der Eltern, die ihre Kinder beim Sprachenlernen unterstützen: *„Aber ich bin den Eltern dankbar. Ohne Eltern könnte ich nicht etwas, ... wie Sie jetzt im Moment denken, dass ich immer etwas Gutes mache mit meinen Schülern. Die Eltern wissen nicht, dass sie mehr ... wie kann man sagen ... Ihr Verdienst, dass die Kinder so gut sind, dann ist es auch ihr Verdienst".*

4.2.2 „Wir versuchen, das so gut wie möglich zu machen" – HSK-Unterricht Albanisch 2

Der zweite HSK-Unterricht wurde im September 2006 in einem Schulhaus in der Stadt Zürich videografiert. Im Gegensatz zum ersten HSK-Unterricht findet dieser Unterricht integriert im regulären Stundenplan an einem Dienstag von 14.40 bis 16.20 Uhr statt. Am Unterricht nahmen fünf Schülerinnen und sechs Schüler teil. Das Schulzimmer befand sich ausserhalb des Schulhauses in einem Gebäude, in dem auch andere HSK-Kurse gleichzeitig mit dem Albanischkurs stattfanden. Ausgestattet war das Schulzimmer mit Tischen und Stühlen, die in zwei Reihen angeordnet waren. Dekoration gab es keine. Ausser einem Hellraumprojektor und einer

Wandtafel fand man keine anderen Gegenstände im Schulzimmer. Lehrerin B stammt aus Kosovo. Neben einer universitären Ausbildung in albanischer Sprache und Literatur verfügt sie über Erfahrung als HSK-Lehrerin in der Schweiz. Seit 2001 unterrichtet sie albanische Sprache und Kultur in der Stadt und im Kanton Zürich. Während die von ihr geleiteten Kurse in einigen Schulhäusern der Stadt Zürich in den regulären Stundenplan integriert sind, findet der HSK-Unterricht im Kanton Zürich ausschliesslich am schulfreien Mittwochnachmittag oder am Samstagvormittag statt. Charakteristisch für die Einstellung von Lehrerin B sind die positive Wertschätzung ihrer Aufgabe als HSK-Lehrerin, die Bedeutung der Zusammenarbeit mit anderen HSK- und Schweizer Lehrpersonen sowie ihre Aufgabe, die Schülerinnen und Schüler beim Lernen zu unterstützen: *„Also, ich freue mich, dass ich hier Lehrerin bin, dass ich auch unsere Kinder unterstützen kann, und dass ich etwas von der Heimat bringen kann und sie lernen. Und unterrichten, um ihre Identität klar zu wissen, was für eine Identität sie haben, wie sie weitermachen. Also, ich versuche, das zu machen"*. Mehrfach betonte Lehrerin B die Bestrebung, ihren Lehrauftrag trotz schwieriger Rahmenbedingungen nach bestem Wissen zu erfüllen: *„... es ist schwierig in nur zwei Lektionen pro Woche das alles zu lernen. Und für uns auch, das beizubringen. **Wir versuchen, das so gut wie möglich zu machen**, aber manchmal es ist nicht genug. In zwei Stunden pro Woche, das ist zu wenig"*. Aus diesem Zitat wird ferner ersichtlich, dass sich Lehrerin B als integrierter Teil der HSK-Lehrerschaft fühlt, in dem – wie später deutlich hervorgehoben wird – die Kooperation mit anderen Lehrpersonen einen bedeutenden Platz in ihrer Arbeit einnimmt.

Unterrichtsprozesse in den beobachteten Lektionen

Den thematischen Rahmen der beobachteten Lektionen bildeten die Themen Jahreszeiten und Monate, was eine Wiederholung der vorherigen Lektion darstellte. Nachdem Lehrerin B das Thema des Unterrichts dargelegt hatte, verteilte sie Arbeitsblätter mit einem Text über die Jahreszeiten. Eine Schülerin oder ein Schüler las einen Absatz vor, während Lehrerin B Verständnisfragen dazu stellte. Die Schülerinnen und Schüler gaben Antworten und stellten selbst Fragen zum Text. Lehrerin B fügte immer wieder Erklärungen zum Text hinzu. Die nächste Aufgabe bestand darin, dass die Schülerinnen und Schüler die Substantive im Text unterstreichen sollten. Anhand von Beispielen erläuterte Lehrerin B die Definition des Substantivs. Weiterhin wies sie darauf hin, dass im Albanischen, im Gegensatz zum Deutschen, die Substantive ausser den Eigennamen klein geschrieben werden. Während der Einzelarbeit betreute Lehrerin B einzelne Schülerinnen und Schüler; diese kamen mit den Arbeitsblättern zu ihr und stellten Fragen. Die Arbeitsblätter wurden im Plenum korrigiert. Jedes Kind erhielt einen Farbstift für die Korrektur. Einzelne Schülerinnen und Schüler lasen die Sätze vor und zählten die Substantive im Satz auf. Ihre Antworten und Aussprache wurden von Lehrerin B korrigiert. Nach der Pause ging es wieder mit der ersten Aufgabe weiter. In Einzelarbeit suchten die Schülerinnen und Schüler nach weiteren Substantiven im Text. Dabei begleitete sie Lehrerin B einzeln und gab Rückmeldung oder individuelle Hilfestellung z.B. über den Unterschied zwischen Substantiven und Adjektiven. Im Plenum wurde auf diesen Unterschied nochmals eingegangen. Als Nächstes verteilte Lehrerin B weitere Arbeitsblätter und erklärte die nächsten Aufgaben. Die Kinder sollten die Bilder ausmalen und ausschneiden, dann die ausgeschnittenen Bilder in das Heft kleben und den dazugehörigen Text über die Jahreszeiten neben die Bilder schreiben. Farbstifte und Scheren wurden unter den Schülerinnen und Schülern verteilt. Während sie malten, las Lehrerin B ein Gedicht über die Jahreszeiten vor. Dann ging sie zu den einzelnen Schülerinnen und Schülern gab Hinweise zur Arbeit und lobte sie oder half ihnen beim Ausschneiden und Kleben. Zuletzt erteilte Lehrerin B die Hausaufgabe, die von ihr benotet wird.

Beide videografierten Lektionen wurden von Lehrerin B als typisch bezeichnet. Die Lernziele bezogen sich auf die Wortschatzarbeit über das Thema Jahreszeiten und die Definition des Substantivs sowie das Leseverstehen. Lehrerin B formulierte die Lernziele und ihre Schwerpunkte folgendermassen: *„Zuerst, das habe ich schon gesagt, ist es gut, die Jahreszeiten zu kennen. Und das … möglichst nicht zu vergessen. Und dann war das auch Leseförderung, auch Leseverstehen und dann … es war auch, ja, es war auch gezielt, Substantive zu kennen. Was die Substantive sind und dann den Unterschied, dann den Unterschied zu kennen, was ein Substantiv bedeutet und was es ist und dann auch dasselbe für die Verben"*.

Bei der Planung des Unterrichts berichtete Lehrerin B über die wichtige Rolle der Zusammenarbeit mit den HSK-Kolleginnen und -Kollegen, die sich regelmässig treffen. Das Ziel dieser Sitzung besteht darin, die Themen zu synchronisieren und die Unterrichtsplanung bestimmter Themen vorzubereiten: *„Also, seit einem Jahr machen wir das jetzt alle so, alle Kollegen und Kolleginnen machen einen Termin und dann bringen wir alle Materialien, die wir haben und dann machen wir ein bestimmtes Thema und dann arbeiten wir über dieses Thema. Ja, und das hilft uns sehr, also allen hilft das sehr, weil wir dann überall das gleiche Thema haben und dann das in gleicher Ausführung unterrichten. Je nachdem, wie man Erfahrung hat, dann wird das noch vorbereitet, erweitert und noch etwas Schöneres dazu genommen, aber also die Basis, das Thema, ist das Gleiche. Und wir haben erst gemerkt, dass das auch bei den Kindern sehr gut wirkt"*.

Die Früchte der Zusammenarbeit zeigen sich auch in der Materialverteilung, die ähnlich wie die gemeinsame Unterrichtsplanung laut der Beschreibung von Lehrerin B sehr erfolgreich abläuft. Für Lehrerin B bedeutet die Anschaffung der Unterrichtsmaterialien keine besondere Herausforderung: *„Also, überall kaufe ich Material. In Kosova, in Albanien, sogar in Skopje habe ich dieses Jahr etwas sehr Schönes gekauft und mitgebracht. Überall. Dann mischen wir das alle miteinander und das hilft uns sehr. Alle sind wir zufrieden jetzt. Dass wir das machen können und das bei den Kindern. Also, wenn ein Schüler von einer Schule zu mir kommt, dann ist es für ihn nicht etwas Neues, es ist für ihn das gleiche Thema, das er schon in einer anderen Schule gelernt hat"*.

Ebene der Schülerinnen und Schüler

Lehrerin B sah einen grossen Unterschied zwischen den sprachlichen Leistungen derjenigen Kinder, die den HSK-Unterricht besuchen, und der Kinder, die den HSK-Unterricht nicht besuchen. Obwohl sie mit den Leistungen ihrer Schülerinnen und Schülern nicht ganz zufrieden war, schätzte sie deren Sprachkompetenzen in den Bereichen Lesen, Schreiben und Hören relativ gut ein. Für die weniger gut entwickelten kommunikativen Fähigkeiten machte sie die fehlende albanische Sprachpraxis zu Hause verantwortlich. Bei den Kindern, die keinen HSK-Unterricht erhalten, befürchtet Lehrerin B einen Sprachverlust. Die Schwierigkeiten in den kommunikativen Fähigkeiten ihrer Schülerinnen und Schüler führte Lehrerin B nicht auf den Unterschied zwischen den dialektalen Varianten und dem Hochalbanischen zurück, sondern darauf, dass sogar der Dialekt nicht richtig beherrscht wird. Da oft beide Elternteile erwerbstätig sind, gibt es kaum Zeit für Familiengespräche, in denen verschiedene Themen auf Albanisch besprochen werden können. Beobachtet wurde in den videografierten Lektionen die von Lehrerin B aufgestellte Regel: *„Nur Albanisch reden untereinander im Unterricht!"* Lehrerin B sprach konsequent ein klares und deutliches Hochalbanisch. Auf die Frage, in welchen sprachlichen Bereichen Lehrerin B die Stärken der Schülerinnen und Schüler sehe, antwortete sie folgendermassen: *„Also Lesen kann ich sagen und Hören auch, Schreiben natürlich auch. Obwohl es auch viele Schwierigkeiten hat. Aber sie schaffen das, aber zum Reden, das ist eine grosse Schwierigkeit, weil, die meisten reden nur Deutsch, auch zu Hause mit den Geschwistern reden sie ziemlich Deutsch, nur, fast nur Deutsch miteinander und dann ist das ein grosses Hindernis für sie. Dass sie also, dass sie ihre sprachliche Kompetenz verbessern"*.

Schwierig fand Lehrerin B die Individualisierung und Differenzierung in denjenigen HSK-Kursen, in denen Schülerinnen und Schüler von der vierten bis zur sechsten Klasse lernen. Dagegen sah sie für die Differenzierung mehr Möglichkeiten in der Stadt Zürich, wo in bestimmten Schulhäusern der HSK-Unterricht integriert stattfindet und jeweils nur eine Altersklasse unterrichtet wird. In den beobachteten Lektionen wurden ausschliesslich Kinder aus der vierten Klasse videografiert.

Aufgrund des Beobachtungsprotokolls stellte man fest, dass in den aufgenommenen Lektionen hauptsächlich Arbeit im Plenum sowie Einzelarbeit als Sozialform verwendet wurde. Bei der Einzelarbeit wirkte Lehrerin B als Lernbegleiterin, die auf die individuellen Bedürfnisse und Fragen der Schülerinnen und Schüler einging. Während der beiden Lektionen konnte man die hohe Motivation der Kinder beobachten. Ihr Interesse am Unterrichtsthema zeigte sich anhand vieler Fragen und Bemühungen, die Aufgaben richtig zu lösen, sowie auch daran, dass Lehrerin B immer wieder um Hilfe gebeten wurde. Obwohl die Klasse einen sehr lebendigen Eindruck hinterliess, arbeiteten die Schülerinnen und Schüler konzentriert und diszipliniert an ihren Aufgaben. Ihre Leistungen wurden von Lehrerin B häufig gelobt. Im Gegensatz zur westlichen Unterrichtskultur mied Lehrerin B den Körperkontakt mit den Schülerinnen und Schülern nicht. Bei der Einzelbetreuung der Arbeiten legte sie oft eine Hand auf die Schulter eines Kindes. In Bezug auf die Sprachkompetenz der Schülerinnen und Schüler wurde der Gebrauch der dialektalen Varianten der Standardsprache beobachtet. Dagegen sprach Lehrerin B, wie schon erwähnt, die albanische Standardsprache. Beim Lesen hatten die Schülerinnen und Schüler Schwierigkeiten mit der Aussprache einzelner Wörter. Es konnte kein bedeutender Unterschied zwischen den kommunikativen Kompetenzen der einzelnen Kinder festgestellt werden.

Rahmenbedingungen des HSK-Unterrichts

Positiv wurde der neue Rahmenlehrplan von Lehrerin B eingeschätzt. Einerseits unterstützt der Rahmenlehrplan die HSK-Lehrpersonen bei der Unterrichtsplanung, andererseits macht er die HSK-Kurse in grösseren Kreisen bekannt. Mit Hilfe des Rahmenlehrplans für die Kurse in heimatlicher Sprache und Kultur erlangten diese HSK-Kurse eine gewisse Position im Bildungswesen: *„Also, wir wissen jetzt, dass das, was wir machen, in der Schweiz präsent ist und aktiv und das ist für uns eine Erleichterung, weil, früher haben wir vielleicht noch etwas anderes hierher gebracht und dann war es für die Kinder vielleicht etwas Unbekanntes, etwas Neues, aber jetzt denke ich, wir sind da, und wenn diese Kurse integriert sind, auch dieser Rahmenlehrplan integriert ist im Schulsystem und dann ist es nicht etwas sehr Neues und Unbekanntes für die Kinder"*.

Wie schon erwähnt wurde, findet ein reger Austausch zwischen Lehrerin B und anderen HSK-Lehrpersonen im Bereich Unterrichtsplanung und Auswahl der Lehrmaterialien statt. Im letzten Teil des Interviews, wo Lehrerin B noch die Möglichkeit zur Ergänzung des Gesagten bekam, berichtete sie über die Kooperationsstunden mit Schweizer Lehrpersonen, die im Rahmen des QUIMS-Projekts (Qualität in multikulturellen Schulen) stattfanden (siehe Kapitel 2.3.2). Das Ziel dieser Kooperationsstunden bestand in der Unterstützung von Albanisch sprechenden Kindern nicht nur im sprachlichen, sondern auch im fachlichen Bereich. Durch die aktive Teilnahme am Unterrichtsgeschehen erlebte Lehrerin B, dass ihre Kompetenz auch in anderen Bereichen, z.B. Mathematik, gebraucht werden kann und ihre Integration in das Schweizer Lehrerkollegium erleichtert wurde: *„Ja, ich möchte noch etwas Wichtiges sagen. Im Schulkreis Limmattal haben wir die Gelegenheit, mit den Schweizer Lehrkräften zusammen zu arbeiten. Vom QUIMS (Qualität in Multikulturellen Schulen) Projekt haben wir viele Kooperationsstunden zur Verfügung gestellt bekommen und ich unterstütze die Kinder, die Schwierigkeiten im Unterricht haben, vor allem Albanisch sprechende Kinder, aber andere auch, und nicht nur in Deutsch, sondern auch in Mathematik. Die Kinder profitieren sehr davon, aber das ist auch für Schweizer Lehrkräfte eine Erleichterung, und für mich ist es eine neue Erfahrung einerseits, und andererseits fühle ich mich mehr integriert und dann habe ich eine bessere Beziehung mit Schweizer Kollegen und Kolleginnen"*.

Motiviert fühlt sich Lehrerin B bei ihrer unterstützenden Lehrtätigkeit als HSK-Lehrperson. Ungenügend fand sie die zur Verfügung stehenden zwei Unterrichtsstunden pro Woche. Unter den belastenden Aspekten beschrieb Lehrerin B vor allem die Schwierigkeiten bei der Finanzierung der albanischen HSK-Kurse, die ausserhalb der regulären Schulzeit stattfinden. Auch in ihren Klassen befinden sich Kinder, deren Eltern das Kursgeld nicht bezahlen können. Trotz dieses Umstandes ermöglichte Lehrerin B die Teilnahme dieser Kinder am HSK-Unterricht: *„Mit diesen HSK-Kursen aber, dort läuft alles privat, also die Eltern bezahlen, ich habe sogar drei Familien, die vom Sozialamt unterstützt werden und sie können nicht bezahlen. Zwei Familien haben vier Kinder und eine Familie hat zwei Kinder bei mir. Und dann, diese Kinder unterrichte ich also, ich möchte nicht, dass die Eltern bezahlen, weil sie das nicht können. Und die vom Sozialamt haben gesagt, nein, sie bezahlen nicht für solche Kurse, obwohl sie das Recht haben, also Anspruch haben auf diesen Bereich. Aber sie machen das nicht. Und dann haben die Eltern gesagt, nein, vom Sozialamt bekommen wir nichts und dann habe ich gesagt, nein, sie müssen nicht bezahlen. Und es ist sehr, sehr schwierig. Dort habe ich achtzehn Kinder, aber das ist alles privat. Manchmal bezahlen die Eltern, aber manchmal können sie nicht. Und dann, an wen soll ich mich wenden, wenn sie nicht bezahlen“.*

Ebene der Eltern

Lehrerin B betonte die Wichtigkeit der elterlichen Einstellung zu den HSK-Kursen und bekräftigte die Bedeutung des Sprachgebrauchs in der Familie bei der Förderung der albanischen Sprache. Da oft beide Elternteile berufstätig sind, bestehen kaum Möglichkeiten für intensive Familiengespräche. Vor allem werden bestimmte Themenbereiche nicht angesprochen, was sich auch auf die Entwicklung des Wortschatzes auswirkt. *„Und dann haben die Eltern keine Möglichkeit, für diese Kurse zu bezahlen, und einige wissen nicht, dass das wichtig für die Kinder ist und schicken die Kinder nicht in diese Kurse und dann ist das schwierig. Zu Hause können sie nicht gut lernen, also gut Albanisch lernen. Weil zu Hause die Eltern arbeiten, meistens arbeiten beide Eltern, damit sie gut leben können, weil sie haben meistens zwei und mehr Kinder und dann ist es schwierig, hier zu leben. Wenn die Eltern arbeiten, ist es schwierig. Und sie müssen, sie sind gezwungen, beide zu arbeiten und dann haben sie keine Zeit für die Kinder. Und die Kinder? Wo können sie diese Sprache lernen, dann, wenn sie zu Hause immer miteinander Deutsch reden, und dann, mit den Eltern haben nicht, … sozusagen haben sie keine Zeit, so über verschiedene Sachen zu reden. Und auf Albanisch können sie das nicht und das ist schwierig“.*

4.2.3 Zusammenfassung der qualitativen Ergebnisse

Im Weiteren erfolgt eine Zusammenfassung der zuvor getrennt dargestellten qualitativen Ergebnisse, indem die Erkenntnisse aus den videografierten Unterrichtsbeobachtungen zweier albanischer HSK-Unterrichtseinheiten sowie aus den Interviews, die mit den betreffenden Lehrpersonen geführt wurden, verglichen und zusammengefasst werden. Die Unterkapitel führen je einen Themenschwerpunkt ein, der sich auf die zentralen Fragestellung der qualitativen Analyse im Kapitel 3.4.1 bezieht.

Rahmenbedingungen des HSK-Unterrichts

Bei der Forschungsfrage 10 „*Welche Merkmale zeigt der exemplarisch untersuchte HSK-Unterricht auf der inhaltlichen, sprachlichen und methodisch-didaktischen Ebene? Inwieweit beeinflussen die Lehrermerkmale und die Rahmenbedingungen die unterrichtlichen Prozesse?*" richtete sich das Interesse auf die äusseren Rahmenbedingungen des HSK-Unterrichts und den Einfluss der Heterogenität und Klassengrösse auf die sprachliche Leistung der Kinder sowie auf die Herausforderungen und Potenziale des HSK-Unterrichts (vgl. Kapitel 3.2 sowie Kapitel 3.4.1).

Der albanische HSK-Unterricht findet entweder integriert im regulären Stundenplan von einzelnen Schulhäusern der Stadt Zürich oder, in den meisten Schulhäusern des Kantons Zürich, am Mittwochnachmittag oder Samstagvormittag statt. Pro Woche werden zwei HSK-Unterrichtsstunden angeboten, die in diesen beiden Fällen in einem separaten Gebäude neben dem Schulhaus durchgeführt werden. Die beobachteten Klassen unterschieden sich im Hinblick auf das Alter der Schülerinnen und Schüler. Während im integrierten HSK-Kurs eine altershomogene Gruppe unterrichtet wurde, besuchten die Kinder von der zweiten bis zur achten Klasse den nicht integrierten HSK-Kurs. Die Heterogenität des Alters sowie der sprachlichen Leistungen wurden von beiden Lehrpersonen als Herausforderung wahrgenommen. Ein weiteres Hindernis stellte der häufige Wechsel des Unterrichtsortes dar. Diejenigen Lehrpersonen, die nicht integriert unterrichten, geben an einem Tag sogar in mehreren Schulhäusern HSK-Unterricht. Dies erfordert von den HSK-Lehrpersonen eine hohe Mobilität und Belastbarkeit. Ebenfalls fanden die Lehrpersonen die Anzahl der wöchentlichen HSK-Stunden zu gering, um die Sprachkompetenzen tiefgreifend zu fördern. In beiden Interviews berichteten die Lehrpersonen über die Schwierigkeiten bezüglich der Finanzierung von albanischen HSK-Kursen durch die Eltern. Auch wenn die Eltern die Kurse nicht bezahlen können, sehen sich beide Lehrpersonen ethisch dazu verpflichtet, die betroffenen Kinder unentgeltlich zu unterrichten. Allerdings könnte man eine Veränderung durch die neuesten politischen Entwicklungen erwarten. Die Anerkennung von Kosovo als ein unabhängiger Staat am 27. Februar 2008 sollte Auswirkungen auf bildungspolitische Entscheide, wie z.B. die Finanzierung der HSK-Kurse in der Schweiz, haben.

Inhaltliche und sprachliche Ziele

Im Zentrum der beobachteten Lektionen standen eher sprachliche Ziele, wie Förderung des Hörverstehens und der Schreibkompetenz (HSK-Unterricht Albanisch 1) oder die Erweiterung des Wortschatzes zum Thema Jahreszeiten, die Einführung des Begriffes Substantiv sowie Förderung der Lesekompetenz (HSK-Unterricht Albanisch 2). Kulturspezifische Inhalte zeigten sich in der Auswahl der Geschichte durch Lehrer A, die Elemente aus dem albanischen Volksmund enthielt. Ebenso bezog sich das Gedicht, das Lehrerin B vorlas, auf die albanische Kultur. Insgesamt gab es wenig Hinweise auf Sprachvergleiche zwischen dem Albanischen und Deutschen. Vorwiegend wurden die rezeptiven Sprachfähigkeiten wie Hören und Lesen geübt. Im Gegensatz zu den Lehrpersonen, die auf den konsequenten Gebrauch des Hochalbanischen achteten, verwendeten die videografierten Schülerinnen und Schüler die dialektalen Varianten der Standardsprache. Es wurden keine individualisierenden Unterrichtsformen bezüglich der heterogenen sprachlichen Leistungen festgestellt. Allerdings bemühten sich beide Lehrpersonen auf die mündlichen und schriftlichen Fehler der Schülerinnen und Schüler umgehend einzugehen. Bei Lehrerin B konnte eine Art *scaffolding* festgestellt werden, indem sie den Kindern bei der Einzelarbeit individuell half. Die Sprachkompetenz der beobachteten Schülerinnen und Schüler wurde von den Lehrpersonen unterschiedlich eingeschätzt. Während Lehrer A mit der sprachlichen Leistung der Klasse zufrieden war, erwartete Lehrerin B einen grösseren Lernzuwachs von ihren Schülerinnen und Schülern, insbesondere in den kommunikativen Fähigkeiten. Einig waren sich die Lehrpersonen in der bedeutenden Rolle der Eltern beim Sprachenlernen. Einerseits wurde der konsequente Gebrauch des Albanischen als Familiensprache hervorgehoben, andererseits betonte Lehrer A den Einfluss der Eltern auf die Motivation der Kinder. Wichtig fand Lehrerin B nicht nur die häufige Anwendung der Erstsprache, unabhängig davon, ob Dialekt oder Hochsprache gesprochen wird, sondern auch die Behandlung verschiedener Themen in Familiengesprächen. Ohne die elterliche Unterstützung beim Sprachenlernen, wie z.B. der Gebrauch der Erstsprache zu Hause und die institutionelle Förderung des Albanischen im HSK-Unterricht, befürchtet sie einen Sprachverlust.

Erfahrung und Ausbildung der HSK-Lehrpersonen

Beide Lehrpersonen verfügen über eine universitäre Ausbildung in albanischer Sprach- und Literaturwissenschaft. Ihre mehrjährige Lehrerfahrung sammelten sie teilweise im Heimatland oder in der Schweiz als HSK-Lehrperson. Lehrer A gibt seit elf Jahren und Lehrerin B seit sechs Jahren HSK-Unterricht. Während Lehrer A sich als Einzelkämpfer sieht, kommt in den Äusserungen von Lehrerin B der Teamgeist zum Ausdruck. Die Arbeitseinstellung beider Lehrpersonen zeichnet sich durch hohe Motivation und grosses Engagement aus. Unter anderem wurde dies an ihren Bemühungen ersichtlich, geeignete Unterrichtsmaterialien zu sammeln, die einerseits von der Bildungsdirektion in Albanien angefordert, andererseits mit anderen Kolleginnen und Kollegen im Austausch erstellt werden. An der Weiterbildung der Pädagogischen Hochschule Zürich bzw. früher des Pestalozzianums nahmen beide Lehrpersonen teil. Eine regelmässige Teilnahme an Weiterbildungsangeboten wird durch die Arbeitszeit der HSK-Lehrpersonen erschwert. Ausserdem müssen sie die Teilnahme selbst finanzieren. Im Gegensatz zum Lehrer A plant Lehrerin B ihren Unterricht zusammen mit anderen albanischen HSK-Lehrpersonen. Im Rahmen dieser Zusammenarbeit werden die Themen der HSK-Kurse synchronisiert sowie das Unterrichtsmaterial verwaltet. Findet der HSK-Unterricht nicht integriert statt, das heisst an einem schulfreien Mittwochnachmittag oder Samstagvormittag, besteht keine Möglichkeit für die HSK-Lehrpersonen, Kontakte mit den Schweizer Kolleginnen und Kollegen zu knüpfen.

Die Analyse der Videoaufnahmen zeigte insgesamt eine hohe Motivation der Kinder im HSK-Unterricht. Insbesondere bei den Kindern, die ihre Erstsprache in der Freizeit lernen, kann man davon ausgehen, dass sie den Unterricht gern besuchen. Die von der Autorin geführten persönlichen Gespräche mit den Schülerinnen und Schülern bestätigten diese Annahme voll.

Unterrichtspraxis

Am häufigsten setzten die Lehrpersonen in den untersuchten Unterrichtseinheiten die Arbeitsform im Plenum sowie die Einzelarbeit ein. Andere Sozialformen wie zum Beispiel Gruppenarbeit, Partnerarbeit und Werkstattunterricht konnten nicht beobachtet werden. Die Analyse der Videoaufnahmen liess auf einen lehrerzentrierten, fragend-entwickelnden Unterricht schliessen, in dem vor allem die Förderung der rezeptiven Sprachfähigkeiten (Hören und Lesen) im Vordergrund stand. Dabei erfüllten die Lehrpersonen jeweils die Rolle des Wissensvermittlers. Bei bestimmten Aufgaben trat die Lehrperson als Lernbegleiterin auf. Die Interaktion erfolgte hauptsächlich zwischen den Lehrpersonen und den Schülerinnen und Schülern, wobei die Lehrpersonen mit einem hohen Gesprächsanteil teilnahmen. Im Unterricht wurden ein albanisches Lehrbuch „Shkollë e jetë" (Osmani, 1994) und verschiedene Arbeitsblätter verwendet.

5. Diskussion

5.1 Methodische Reflexion. Diskussion der zentralen Ergebnisse der Studie

Das *quasi-experimentelle Längsschnittdesign* der vorliegenden Studie eignete sich besonders gut, um die Entwicklung der Sprachkompetenzen in der Erst- und Zweitsprache zu untersuchen. Die Erhebung der Sprachkompetenzen erfolgte zu zwei Erhebungszeitpunkten in einem Intervall von einem Jahr. Die Hauptanalysen wurden mit der albanischen Gruppe unter Einbezug von Kontrollvariablen wie Motivation, sozioökonomischem Status der Eltern und elterlicher Einstellung und Unterstützung durchgeführt. Da die Gruppenzugehörigkeit nicht zufällig erfolgte (keine Randomisierung), war mit Ausgangsunterschieden zwischen der Treatment- und der Vergleichsgruppe zu rechnen, welche den Treatment-Effekt überlagern konnten und deshalb in der Hauptanalyse kontrolliert wurden.

Zur Stichprobenbeschreibung: Nach einem Jahr stellten wir eine hohe *Stichprobenmortalität* insbesondere bei der Treatmentgruppe fest. Diese Tatsache widerspiegelt die Rahmenbedingungen des HSK-Unterrichts. Da die Besuch des HSK-Unterrichts freiwillig ist und meist ausserhalb des regulären Stundenplans stattfindet, entscheiden sich die Kinder oft für andere Freizeitaktivitäten am Mittwochnachmittag oder am Samstagvormittag. Auch die Finanzierung der Kurse spielt eine bedeutende Rolle. Insbesondere der Besuch des albanischen HSK-Unterrichts, der mehrheitlich von den Eltern selbst bezahlt wird, stellt eine erhebliche finanzielle Belastung für die Familien dar. Diese Tatsache tritt sowohl in den Interviews als auch in der schriftlichen Befragung aller HSK-Lehrpersonen klar zu Tage. Beide Interviewpartner berichteten von albanischen Eltern, die sich aus finanziellen Gründen gegen den muttersprachlichen Unterricht entschieden hatten. In bestimmten Fällen verzichteten die interviewten Lehrpersonen sogar auf die Bezahlung durch die Eltern, damit ihre Kinder den HSK-Unterricht weiter besuchen durften. Mit der Freiwilligkeit des HSK-Unterrichts kann auch der grosse Unterschied in der Fallzahl der Elternfragebogen bei der Treatment- und der Vergleichsgruppe erklärt werden. Die Elternfragebogen wurden bei der Treatmentgruppe von den HSK-Lehrpersonen und bei der Vergleichsgruppe von den Schweizer Lehrpersonen eingesammelt. Die höhere Rücklaufquote bei der Vergleichsgruppe lässt sich vermutlich damit erklären, dass sich die Eltern durch den Einbezug der Schweizer Lehrpersonen stärker verpflichtet fühlten an der Studie teilzunehmen.

Aufgrund der *Dezentralisierung des HSK-Unterrichts* stellte die Zusammenstellung der Stichprobe eine grosse organisatorische Herausforderung dar. Während die Auswahl der Treatmentgruppe relativ einfach durch die HSK-Lehrpersonen bzw. HSK-Koordinatorinnen und -Koordinatoren erfolgte, mussten bei der Vergleichsgruppe mehrere Schulhäuser und Schulgemeinden kontaktiert werden, bis die gewünschte Stichprobengrösse erreicht war. Vergleichsgruppen im selben Schulhaus zu finden, war nur in wenigen Fällen möglich, da es dort, wo der HSK-Unterricht integriert ist (z.B. Schulkreis Zürich Limmattal), kaum Kinder gibt, die den albanischen HSK-Unterricht nicht besuchen. Deshalb zeigte sich bei der Stichprobe eine breite Palette von Schulkreisen und Bezirken (vgl. Tabelle 6). Das Auswahlkriterium für die Einteilung in die Vergleichsgruppe bestand darin, dass die Schülerinnen und Schüler den HSK-Unterricht zum Zeitpunkt der Erhebung nicht besuchten und auch früher nicht besucht hatten. So gab es etliche Schülerinnen und Schüler, die wir in der Stichprobe nicht berücksichtigen konnten, weil sie den HSK-Unterricht in der Vergangenheit zwar besucht, ihn in der Zwischenzeit aber wieder abgebrochen hatten. Die in einem Längsschnittdesign normalerweise auftretende *Stichprobenmortalität* war auch in der vorliegenden Studie zu beobachten.

So kam es, dass sich die ursprüngliche Stichprobe von 181 Kindern (Treatmentgruppe Albanisch: n = 81, Treatmentgruppe Türkisch: n = 45, Vergleichsgruppe Albanisch: n = 45, Vergleichsgruppe Türkisch: n = 10) zum zweiten Zeitpunkt auf 126 reduzierte (Treatmentgruppe Albanisch: n = 51, Treatmentgruppe Türkisch: n = 29, Vergleichsgruppe Albanisch: n = 41, Vergleichsgruppe Türkisch: n = 5). Ferner musste in der Hauptanalyse auf die türkische Gruppe verzichtet werden, da die Stichprobe der Vergleichsgruppe zum zweiten Zeitpunkt lediglich 5 Kinder umfasste. So bildete sich eine stabile albanische Hauptgruppe von 51 Schülerinnen und Schülern in der Treatmentgruppe und von 41 Schülerinnen und Schülern in der Vergleichsgruppe.

Das im Rahmen dieser Arbeit entwickelte Untersuchungsmodell des HSK-Unterrichts (vgl. Kapitel 2.4) erlaubte die theoriegeleitete Analyse eines komplexen Phänomens, nämlich der Entwicklung der Erst- und Zweitsprache bzw. der Förderung der Erstsprache durch den HSK-Unterricht. Dennoch sollte hier auf die Grenzen der empirischen Überprüfbarkeit des Modells hingewiesen werden. Sowohl die Untersuchung individueller Lernvoraussetzungen und Sprachkompetenzen als auch die Erforschung schulischer, familiärer und gesellschaftlicher Kontextmerkmale stellen ein äusserst komplexes Unterfangen dar, das ein mehrperspektivisches Vorgehen erfordert. Aus diesem Grund wurde für die vorliegende Studie eine *mixed methodology* (Flick, 2004) gewählt, in der die Ergebnisse der quantitativen Analyse mit denjenigen der qualitativen Untersuchung plausibel gemacht und durch die teilweise aufgetretenen Widersprüchlichkeiten akzentuiert wurden. In den folgenden Kapiteln werden die zentralen Befunde im Zusammenhang mit den theoretischen und empirischen Erkenntnissen auf der Ebene des Individuums, des Elternhauses und der Schule ausführlich diskutiert.

5.1.1 Ebene des Individuums

Obwohl die Entwicklung der diagnostischen Instrumente zur Erfassung der Sprachkompetenzen in der Erst- und Zweitsprache als sekundäres Ziel der Studie festgelegt wurde, stellen die albanischen, türkischen und deutschen C-Tests einen wichtigen Beitrag zur Sprachdiagnostik bei Kindern und Jugendlichen mit Migrationshintergrund dar. Die Entwicklung der C-Tests ist nicht nur inhaltlich valide, sondern genügt auch den üblichen testtheoretischen Anforderungen. Die Reliabilitäten sind gut (vgl. Kapitel 3.3.1) und es kann insbesondere hervorgehoben werden, dass die Kriteriumsvalidität vollkommen gegeben ist: Nicht nur konnten Unterschiede nachgewiesen werden zwischen denjenigen Kindern, welche den HSK-Unterricht besucht hatten und denjenigen, die ihn nicht besucht hatten, sondern es zeigte sich auch, dass insbesondere der albanische C-Test ausreichend valide ist, um den differentiellen Lerneffekt nach nur einem Jahr HSK-Unterricht (unter Berücksichtigung von Reifungs- und entwicklungsbedingten Effekten) nachzuweisen. Obwohl sich der türkische C-Test ebenfalls als valide erwies, konnte dessen Kriteriumsvalidität in Folge der über das Jahr sehr klein gewordenen Vergleichsgruppe nicht abschliessend geklärt werden.

Generell mangelt es an Sprachdiagnostikinstrumenten, welche die Sprachkenntnisse in unterschiedlichen Sprachen erfassen können. Dieser Umstand könnte umso wichtiger sein, als die Mehrsprachigkeit im Sinne Cooks (1995) *Multi-Kompetenzen* beinhaltet und sich *auf das ganzheitliche sprachliche Kapital des Individuums* bezieht. Dementsprechend fordert Krumm „Verfahren zu entwickeln, die die mitgebrachten Sprachen von Kindern mit Migrationshintergrund einbeziehen" (Krumm, 2005, S. 101). Allerdings sollte die Erfassung der Sprachkompetenzen in der Erstsprache nicht aus defizitorientierter Sicht erfolgen. Hier möchte ich deutlich für den Verzicht des unreflektierten Gebrauchs des Begriffs *Semilingualismus* plädieren. Wie im theoretischen Teil ausgeführt, wird dieser ausschliesslich im Diskurs über die Sprachkenntnisse von Kindern und Jugendlichen mit Migrationshintergrund verwendet. Deshalb bezeichnet Romaine (1993) den Begriff als politisch belastet und weist auf die Problematik der Definition von „allgemeiner Sprachkompetenz" bzw. deren Messung hin (vgl. Kapitel 2.2.7). Beim Einsatz eines Diagnostikinstruments sollte die Begrenztheit des Instruments kritisch reflektiert werden. Empfehlenswert ist es, ein *kombiniertes Diagnostikverfahren* einzusetzen, das sowohl standardisierte Tests als auch nicht standardisierte Beobachtungsbogen umfasst (vgl. Bertschi-Kaufmann & Lötscher, 2006).

Neben dem Mangel an Diagnostikinstrumenten zur Erfassung der Sprachkompetenzen in der Erstsprache besteht ferner das Problem, dass bei zwei- und mehrsprachigen Kindern Sprachdiagnostikinstrumente eingesetzt werden, die ursprünglich für monolinguale Kinder entwickelt und an solchen getestet wurden. „Es ist einfach nicht sinnvoll, solche für einsprachig aufwachsende Kinder zur Abklärung von drohenden Sprachentwicklungsstörungen gedachten Instrumente bei mehrsprachig aufwachsenden Kindern mit Migrationshintergrund zu benutzen. (...) Man verfehlt auf diese Weise sowohl das *Potenzial* wie auch die unter ungünstigen Gegebenheiten wirksamen *Schwierigkeiten* mehrsprachiger Biographien" (List, 2006, S. 53). Unter Berücksichtigung dieser Aspekte wurden die in dieser Studie eingesetzten C-Tests entwickelt und mit mehrsprachigen Kindern in Pretests getestet. Bei der Entwicklung der C-Tests stiessen wir auf den spezifischen Sprachgebrauch der albanischen Sprache (mehrere dialektale Varietäten) und die spezielle linguistische Struktur der türkischen Sprache (vgl. Kapitel 3.3.1 sowie

Caprez-Krompàk & Gönç, 2006). Im Fall der albanischen Sprache erwies sich der Einbezug der dialektalen Lösungen als unabdingbar. Für den türkischen C-Test entwickelte und erprobte die Autorin in Zusammenarbeit mit M. Gönç ein neues Löschungsprinzip, das nach den Ergebnissen der Pretests der agglutinierenden Struktur der türkischen Sprache eher entspricht als die bereits vorhandenen türkischen C-Tests nach dem kanonischen Prinzip (vgl. Caprez-Krompàk & Gönç, 2006).

Die zentrale Erkenntnis auf der Ebene des Individuums lautet, dass unter Berücksichtigung des individuellen und familiären Hintergrunds *der Besuch des muttersprachlichen Unterrichts einen positiven Einfluss auf die Entwicklung der Erstsprache ausübt.* Albanisch und vermutlich auch Türkisch sprechende Kinder, die den HSK-Unterricht besuchten, erreichten signifikant bessere Ergebnisse im C-Test in der Erstsprache im Vergleich zu denjenigen Kindern, die den HSK-Unterricht nicht besuchten. Die Querschnittuntersuchung von Caprez-Krompàk und Selimi (2006) mit der gleichen Stichprobe kommt zur Erkenntnis, dass bereits ein Jahr HSK-Unterricht wesentlich zur Verbesserung der Sprachkompetenzen im Albanischen beiträgt. Die Analyse der Fehler im albanischen C-Test zeigte auf, dass die Kinder, die den HSK-Unterricht besuchten, die Standardsprache (Albanisch) nicht nur generell beherrschten, sondern bedeutend weniger Fehler in den Bereichen Semantik und Grammatik machten (Caprez-Krompàk & Selimi, 2006, S. 269). Die Ergebnisse der quantitativen Analyse wurden durch diejenigen der qualitativen Untersuchung untermauert. Beide interviewten Albanischlehrpersonen berichteten von grossen Unterschieden in den sprachlichen Leistungen der Kinder mit oder ohne HSK-Unterricht. Ferner äusserte eine der interviewten Lehrpersonen die Befürchtung, dass der Verzicht auf die Erstsprache zu Hause und der gleichzeitige Verzicht auf die institutionelle Förderung des Albanischen zum Sprachverlust führen könnten. Ein interessanter Befund ergibt sich aus der Analyse des familiären Sprachgebrauchs bei der albanischen Treatment- und der Vergleichsgruppe. Im Vergleich zur Gesamtstichprobe und zur albanischen Vergleichsgruppe, in der die Kinder die deutsche Sprache als Kommunikationsmittel in Abwesenheit der Eltern bevorzugten, wurde in der albanischen Treatmentgruppe im familiären Kontext bedeutend häufiger Albanisch gebraucht. Ferner zeigte sich, dass in dieser Gruppe das so genannte *code switching* zwischen der albanischen und deutschen Sprache am häufigsten vorkam. Daraus kann gefolgert werden, dass diejenigen Kinder, die ihre Erstsprache sowohl zu Hause als auch im HSK-Unterricht pflegen, ausgeprägte Merkmale wie das *code switching* eines zwei- oder mehrsprachigen Individuums zeigen.

Dieser Befund widerspricht der Behauptung, dass Familien, in denen nur die Herkunftssprache benutzt wird, keinen förderlichen Rahmen für das Erlernen des Deutschen bereitstellen (vgl. Hopf, 2005, S. 244). In der vorliegenden Stichprobe erreichten die Albanisch sprechenden Kinder in der Treatmentgruppe signifikant bessere Resultate auch im Deutschen zu beiden Erhebungszeitpunkten, obwohl sie zu Hause die Erstsprache und den Sprachenwechsel (Albanisch und Deutsch) bevorzugten. Obwohl die intrinsische Motivation für Albanisch als Kontrollvariable in der sequenziellen Regressionsanalyse keinen signifikanten Einfluss auf die albanischen Testleistungen zum zweiten Zeitpunkt ausgeübt hat, scheint die intrinsische Motivation eine bedeutsame Rolle in der Entscheidung für den HSK-Unterricht zu spielen. Demzufolge ist die Motivation eine Voraussetzung für den Besuch des HSK-Unterrichts. Diese Vermutung wird durch die Ergebnisse der einfaktoriellen Varianzanalyse unterstützt, nach der die Treatmentgruppe signifikant höhere intrinsische Werte im Erlernen des Albanischen als die Vergleichsgruppe aufzeigte. Die Motivation der untersuchten Kinder wurde in den beobachteten Unterrichtsstunden deutlich sichtbar, obwohl sich die interviewten Albanischlehrpersonen in Einklang mit der Mehrheit der befragten HSK-Lehrpersonen über Motivationsschwierigkeiten äusserten. Einen Grund dafür sahen sie darin, dass der HSK-Unterricht in jenen Randstunden (Mittwochnachmittag oder Samstagvormittag) stattfindet, in denen die Kinder oft müde sind.

Ein weiteres wichtiges Ergebnis besteht darin, dass diejenigen Kinder, die den muttersprachlichen Unterricht besuchen, signifikant bessere Resultate im deutschen Sprachtest erreichen als solche, die am muttersprachlichen Unterricht nicht teilnehmen. Wie auch die früheren empirischen Befunde von Baur und Meder (1992) aufzeigten, verdeutlicht sich, dass die institutionalisierte Förderung der Erstsprache die Entwicklung der Zweitsprache (Deutsch) **nicht** beeinträchtigt. *Der Lernzuwachs im Deutschen unterscheidet sich allerdings nicht statistisch signifikant vom Lernzuwachs derjenigen Kinder, die den muttersprachlichen Unterricht nicht besuchen.* Zur Vorhersage der Deutschleistungen wurden die Drittvariablen wie sozioökonomischer Status der Eltern, elterliche Einstellung, Unterstützung und Motivation in die Analyse einbezogen. Die sprachlichen Leistungen im Deutschen zum zweiten Erhebungszeitpunkt wurden ausschliesslich durch die sprachlichen Leistungen im Deutschen zum ersten Erhebungszeitpunkt erklärt. Die berücksichtigten Kontrollvariablen übten keinen signifikanten Einfluss auf die deutsche Testleistung zum Zeitpunkt 2 aus und auch der Besuch des HSK-Unterrichts hatte keine Auswirkungen auf die Entwicklung der Testleistungen im Deutschen.

Ähnliche Ergebnisse zeigt die Längsschnittstudie von Moser, Bayer, Tunger & Berweger (2008) aus der Schweiz, in der eine Intervention mit 65 Kindern (Experimentalgruppe) in beiden Kindergartenjahren durchgeführt wurde. Im Gegensatz zur Kontrollgruppe (n = 118), die ausschliesslich in der deutschen Sprache gefördert wurde, erhielten die Kinder in der Experimentalgruppe gezielten Sprachunterricht in der Erst- und Zweitsprache. Einen positiven Effekt hatte die Intervention auf die Entwicklung der Erstsprache und auf die allgemeinen kognitiven Grundfähigkeiten sowie auf das Fähigkeitsselbstkonzept. Es konnten aber keine Effekte auf die Entwicklung der Sprachkompetenzen im Deutschen nachgewiesen werden.

Die Ergebnisse der vorliegenden Studie sind auch *aus linguistischer Perspektive* bedeutsam, weil die Kinder, welche zusätzlichen Unterricht in ihrer Erstsprache hatten, sehr gute Leistungen, auch in der Zweitsprache und sogar bessere Leistungen als die Vergleichsgruppe aufwiesen. Der ähnliche Lernzuwachs in der deutschen Sprache zwischen der Treatment- und der Vergleichsgruppe erfolgte auf einem hohen Niveau der Beherrschung der deutschen Sprache und bei gleichzeitigem deutlichem Lernzuwachs in der Erstsprache. Aufgrund dieser Befunde kann der These Hopfs (2005), wonach die Förderung der Erstsprache ausschliesslich bei begabten mehrsprachigen Kindern erfolgen sollte, entgegengehalten werden, dass es primär motivationale Faktoren sind, die darüber entscheiden, ob die Förderung der Erstsprache zweckmässig ist. So bieten diese Ergebnisse die Grundlage dafür, den muttersprachlichen Unterricht zu fördern: Wenn die Kinder intrinsisch motiviert sind, ihre Erstsprache zu lernen, sollten andere Faktoren wie allgemeine kognitive Voraussetzungen sowie namentlich die Noten im Fach Deutsch nicht gegen den Besuch des HSK-Unterrichts sprechen.

Im Hintergrund dieser Studien steht die Interdependenz-Hypothese von Cummins (1979a, 2000a), wonach ein positiver Zusammenhang zwischen der Entwicklung der Erst- und der Zweitsprache besteht (vgl. Kapitel 2.2.7). Hier muss nochmals auf die Bedingungen der Interdependenz-Hypothese hingewiesen werden (Cummins, 1979a, 2000a), nämlich die gleichzeitige institutionelle und familiäre Förderung beider Sprachen und die ausreichende Motivation für das Erlernen beider Sprachen. Ohne die Erfüllung dieser Bedingungen kann von einer positiven Interdependenz zwischen den Sprachen keine Rede sein. Ferner muss darauf hingewiesen werden, dass keine hohe Wirkung von der institutionellen Förderung der Erstsprache zu erwarten ist, wenn diese Förderung im Rahmen des HSK-Unterrichts lediglich zweimal pro Woche unter nicht optimalen Rahmenbedingungen stattfindet.

Wichtig erscheint noch in diesem Zusammenhang, sich die spezifische Spracherwerbssituation von Kindern mit Migrationshintergrund vor Augen zu führen. Wie die Untersuchungen von Cenoz (2003a) aufzeigten, hängt der erfolgreiche Spracherwerb bei Kindern mit Migrationshintergrund stark vom soziolinguistischen Kontext, vom Niveau der Sprachbeherrschung und von der Akzeptanz der Minoritätensprachen ab. Dass die intrinsische Motivation in der Entscheidung für den HSK-Unterricht eine bedeutende Rolle spielt, wurde mit der vorliegenden Untersuchung bestätigt. Eine Erklärung für den fehlenden Effekt der intrinsischen Motivation für Deutsch kann Folgendes sein: Deutsch als „Landessprache hat eine Art Werkzeugfunktion" (Oksaar, 2003, S. 157). Die deutsche Sprache ist immer gegenwärtig, man braucht sie in der Schule, in der alltäglichen Kommunikation und sie bildet dabei einen festen Bestandteil des sprachlichen und kulturellen Kontexts des Individuums. Vermutlich spielen hier weniger selbstbestimmte Motivationsarten wie z.B. Typen der extrinsischen Motivation eine Rolle.

5.1.2 Ebene des Elternhauses

In der vorliegenden Studie wird durch die Resultate der *qualitativen Analysen die Bedeutung der elterlichen Einstellung für die Sprachförderung* hervorgehoben (vgl. De Houwer, 1999; Aarts & Verhoeven, 1999; Brizić, 2007). Diejenigen Eltern, die die Bedeutung des HSK-Unterrichts für die Förderung der Erstsprache und für die

Zweisprachigkeit, für die Integration in die Schweiz sowie die Wissensvermittlung über das Herkunftsland erkennen, investieren mehr sowohl in die institutionalisierten (wie HSK-Unterricht) als auch in die familiären Formen der Sprachförderung. Sind die Eltern von der Bedeutung des HSK-Unterrichts nicht überzeugt, wird der fehlende Besuch des HSK-Unterrichts mit Faktoren von aussen begründet, z.B. keine Information über den HSK-Kurs oder Unwille der Kinder, am HSK-Unterricht teilzunehmen. Dieser Befund wurde durch die Erkenntnisse aus den Interviews bestätigt und akzentuiert. Die interviewten albanischen Lehrpersonen betonten die entscheidende Rolle der Eltern bei der Sprachförderung der Kinder. Dies realisiert sich in der tatsächlichen Beschäftigung mit der Erstsprache und in der Motivation der Kinder. Bei der Motivation stellt die eigene Überzeugung von der Bedeutung der Erstsprache eine Voraussetzung dar. Sind die Eltern vom Nutzen der Förderung der Erstsprache nicht überzeugt, geben sie den Kindern ihre subjektive Überzeugung weiter. Dies hat zur Folge, dass die Übertragung des sprachlichen und des Humankapitals erschwert wird (vgl. Diefenbach, 2007, S. 102-103). Brizić (2007) hebt in diesem Zusammenhang die Aussagen des Sprachenkapitalmodells hervor, nach dem die gelungene intergenerationale Transmission zwischen Eltern und Kindern eine positive Auswirkung auf die Entwicklung der deutschen Sprache hat. Die Erkenntnisse der Untersuchung von Aarts und Verhoeven (1999) deuten auch in diese Richtung: Neben dem Selbstwertgefühl der Kinder sind die elterliche Unterstützung und die Motivation der Eltern für die Schule die einflussreichsten Faktoren für die Entwicklung der literalen Fähigkeiten in der Erst- und Zweitsprache.

Im quantitativen Teil weisen die Ergebnisse auf die bedeutende Rolle der elterlichen Unterstützung in der Förderung der albanischen Sprache hin. Es konnte weiterhin eine deutliche und zu erwartende Rollenaufteilung zwischen Vätern und Müttern insbesondere in Bezug auf die Förderung der Erstsprache festgestellt werden. Während die Väter ihre Aufgabe in der Unterstützung bei den Hausaufgaben sehen, konzentrieren sich die Mütter auf die Förderung der Erstsprache insbesondere im kommunikativen Bereich. Im familiären Sprachgebrauch fällt es auf, dass Mütter mit ihren Kindern deutlich häufiger in der Erstsprache kommunizieren als Väter. Bei den Vätern kann jedoch ein vermehrter Sprachwechsel (*code switching*) festgestellt werden. Auf die Bedeutung der Erstsprache bei der Identitätsentwicklung der Kinder wird hier lediglich hingewiesen. Die Erstsprache (die Muttersprache) tritt nicht nur als ein Element der Identität auf (vgl. Oksaar, 2003) sondern fungiert als die „Sprache der Gefühle und des Erziehens" (Gogolin & Krüger-Potratz, 2006, S. 176). Auch die Befunde der vorliegenden Studie weisen darauf hin, dass die Erstsprache insbesondere in der Interaktion mit der Mutter eine grosse Rolle spielt und dabei den Informationsaspekt der deutschen Sprache nicht behindert (besonders im Austausch mit dem Vater).

5.1.3 Ebene der Schule

Auf der schulischen Ebene ragen drei Punkte heraus, die zugleich die Herausforderungen und Potenziale des HSK-Unterrichts beinhalten und Konsequenzen für den Unterricht nach sich ziehen (vgl. Kapitel 4.1.3). In diesem Sinne werden die *Integration des HSK-Unterrichts*, die *Ausbildung der HSK-Lehrpersonen* sowie die *Förderung der Zweisprachigkeit* im folgenden Abschnitt diskutiert.

Der HSK-Unterricht wird in der Schweiz mit Ausnahme einiger Schulhäuser (vgl. Häusler, 1999; Luginbühl, 2002) in separierenden Modellen angeboten. Diese Separation bzw. *die fehlende Integration des HSK-Unterrichts* in den regulären Unterricht ziehen viele Konsequenzen nach sich.

Erstens geraten auf diese Weise nicht nur die HSK-Kurse, sondern auch die HSK-Lehrpersonen in eine Randposition. Sowohl die Ergebnisse der quantitativen Befragung als auch die der qualitativen Untersuchungen weisen in diesem Bereich auf eine hohe Unzufriedenheit hin. Dennoch muss in diesem Zusammenhang nochmals klar hervorgehoben werden, dass der HSK-Unterricht auch in der bestehenden Form wirksam ist. Erwünscht werden seitens der HSK-Lehrpersonen eine regelmässige Zusammenarbeit und ein reger Austausch mit den Schweizer Lehrpersonen sowie eine Integration in das Lehrerkollegium. Vereinzelte Beispiele über Kooperationen in Form von Team-Teaching, über die Lehrperson B im Interview berichtete, zeigen erstens, dass die Zusammenarbeit für alle Beteiligten fruchtbar sein kann (vgl. Sträuli, 2000, 2003).

Zweitens berichten die befragten HSK-Lehrpersonen über die negativen Auswirkungen der am Mittwochnachmittag und Samstagvormittag angebotenen HSK-Kurse auf die Motivation und Disziplin der Schülerinnen und Schüler. Die ungünstigen Zeiten für den HSK-Unterricht hängen einerseits mit der hohen Fluktuation in den HSK-Kursen, andererseits mit den Motivationsschwierigkeiten der Schülerinnen und Schüler zusammen. Dagegen konnte dieser Befund in der Untersuchung mit der albanischen Hauptgruppe nicht bestätigt werden. Es zeigte sich, dass die Albanisch sprechenden Kinder intrinsisch motiviert waren, den HSK-Kurs zu besuchen, unabhängig vom zeitlichen Rahmen.

Drittens hängt die Finanzierung der HSK-Kurse mit deren Integration in den Stundenplan zusammen. Entscheidet sich ein Schulhaus bzw. ein Schulkreis für die Integration des HSK-Unterrichts, übernimmt die Stadt bzw. der Kanton automatisch die Finanzierung der Kurse. Demzufolge werden die HSK-Lehrpersonen gemäss den üblichen Lohnklassen wie ihre Schweizer Kolleginnen und Kollegen bezahlt. Besonders schwierig ist die Finanzierung der albanischen HSK-Kurse, da diese Kurse von den meist wenig finanzkräftigen Eltern bezahlt werden müssen (vgl. Schader, 2006). Nicht selten fühlen sich die albanischen Lehrpersonen verpflichtet, Kinder aus solchen Familien unentgeltlich zu unterrichten. Die Ergebnisse des vorliegenden Forschungsprojektes zeigen eindeutig, dass sich die HSK-Lehrpersonen die Integration der HSK-Kurse wünschen. Dieser Befund stimmt mit

dem Teilresultat einer Befragung von muttersprachlichen Lehrpersonen in Österreich überein, in der die klare Mehrheit der Befragten für den verpflichtenden
muttersprachlichen Unterricht plädierte (Waldrauch, 1998).

Auch zeigen sich bestimmte Defizite in der *Aus- und Weiterbildung von HSK-
Lehrpersonen*. Obwohl die Mehrheit der befragten HSK-Lehrpersonen eine Ausbildung auf der tertiären Stufe im Heimatland absolviert hatte, verfügen nur knapp
50 % über eine Ausbildung zur Sprachlehrerin bzw. zum Sprachlehrer. Die Teilnahme an Weiterbildungsangeboten wird auf der einen Seite durch die Arbeitszeit
der HSK-Lehrpersonen erschwert, wie es Lehrer A im Interview beschrieb. Auf der
anderen Seite variiert das Weiterbildungsangebot, das auf freiwilliger Basis besucht
werden kann, von Kanton zu Kanton. Da die Kosten der Weiterbildung in vielen
Fällen nicht vom Konsulat bzw. von der Elternschaft übernommen werden,
belasten diese Ausgaben die HSK-Lehrpersonen sowohl finanziell als auch zeitlich.

In Bezug auf die *Förderung der Zweisprachigkeit* zeigt sich ein einseitiges Bild.
Während sich die Schule auf die Förderung der Verkehrssprache Deutsch konzent-
riert, sehen die befragten HSK-Lehrpersonen ihr Hauptziel in der Förderung der
Erstsprache und in der Vermittlung von Kenntnissen über das jeweilige Herkunftsland. Überschneidungen treten in vereinzelten Fällen auf wie z.B. in den QUIMS-
Schulen, in denen beide Sprachen gleichzeitig institutionell gefördert werden (vgl.
Sträuli, 2003). Die Entscheidung der „Förderung entweder der Erst- oder der
Zweitsprache" kann mit der mangelhaften Umsetzung von bildungspolitischen Entscheidungen (vgl. Allemann-Ghionda, 2002, S. 424) sowie mit dem nur sporadisch
auftretenden Thema der Zwei- und Mehrsprachigkeit in der Lehrerausbildung erklärt werden (vgl. Edelmann, 2007, S. 218-219).

5.2 Synthese der theoretischen und empirischen Erkenntnisse in vier Thesen

Im Kontext der in diesem Kapitel bisher vertieft besprochenen Befunde lassen sich
vier Thesen extrahieren, welche die gewonnenen Erkenntnisse mit Bezug auf die
folgenden Themenfelder akzentuieren:

- Förderung der Erstsprache (These 1)
- die pädagogische Professionalität von Lehrpersonen in sprachlich und kulturell
  heterogenen Klassen (These 2)
- die Erfassung und Bewertung der Sprachkompetenzen von zwei- und mehrsprachigen Kindern (These 3) sowie
- die Erklärung von schulischen Disparitäten im Bildungssystem (These 4).

Ziel dieser Thesen ist es, wichtige Hinweise für die wissenschaftliche und bildungspolitische Debatte zu liefern und dadurch Impulse im Hinblick auf bildungs-

politische Entscheidungen sowie die weiterführende Forschung zu geben (vgl. auch Kapitel 5.3).

These 1

Die Förderung der Erstsprache sollte aus linguistischen, erziehungswissenschaftlichen, ökonomischen und rechtlichen Gründen von der Aufnahmegesellschaft unterstützt werden.

Aus *linguistischer Perspektive* spricht kein Befund gegen die Förderung der Erstsprache. Die Ergebnisse des vorliegenden Forschungsprojektes zeigen deutlich auf, dass der Besuch des muttersprachlichen Unterrichts (HSK) eine positive Wirkung auf die Entwicklung der Erstsprache ausübt. Darüber hinaus weisen die Befunde darauf hin, dass die zusätzliche Förderung der Erstsprache mit einer Förderung der allgemeinen Sprachkompetenz, darunter auch des Deutschen, einhergehen könnte. Eine gezielte Intervention in der Förderung der Erstsprache erzielt nicht nur positive Effekte in der Sprachentwicklung sondern auch in den allgemeinen kognitiven Grundfähigkeiten und im Fähigkeitsselbstkonzept (vgl. Moser et al., 2008). Die Kenntnisse in der Erstsprache bilden dabei einen integrativen Bestandteil der individuellen und gesellschaftlichen *Mehrsprachigkeit*, die in der Sprachenpolitik und in der Unterrichtspraxis zunehmend an Bedeutung gewinnt (Sauer & Saudan, 2008, Hutterli et al., 2009). Dementsprechend sollte der Schwerpunkt der linguistischen Diskussionen von der empirischen Beweisbarkeit der Interdependenzhypothese auf die Mehrsprachigkeitsforschung gelegt werden. *Die erziehungswissenschaftliche Perspektive* fokussiert auf die Rolle der Erstsprache in der Identitätsbildung. Insbesondere die Adoleszenz stellt eine wichtige Phase der Identitätsarbeit dar, in der die Jugendlichen sich mit gesellschaftlichen Erwartungen, sprachlichen und kulturellen Traditionen reflektierend auseinandersetzen (Fend, 2000). Es besteht ein Forschungsbedarf an der Erforschung der Begrifflichkeiten von mehrsprachigen oder „*polyphonen" Identitäten* (Allemann-Ghionda, 2004, S. 83), und an ihrer Bedeutung im individuellen Entwicklungsprozess und in der Integration (vgl. King & Koller, 2005; Makarova, 2008; Phinney et al., 2006). Des Weiteren gibt es wenige Studien über den *ökonomischen Wert* der Erstsprachen. Eine Übersicht der empirischen Befunde zum Zusammenhang zwischen Sprache und Arbeitsmarkt findet sich bei Esser (2006, S. 399-486). Dass ein durchaus positiver Zusammenhang zwischen dem Einkommen und dem Gebrauch der Erstsprache (Türkisch und Italienisch) am Arbeitsplatz bestehen kann, zeigte die Studie von Grin et al. (2003) auf. Allerdings verschwand dieser Zusammenhang bei der Berücksichtigung von Drittvariablen. Die Autoren empfehlen die Bewahrung der Erstsprache im Berufsleben, damit sich die Migrantinnen und Migranten auf dem Arbeitsmarkt besser präsentieren können und ein angemessenes Gefühl für den eigenen Wert und die sprachliche Identität entwickeln (Grin et al., 2003, S. 449). Meines Erachtens sollte der Aspekt des ökonomischen Wertes der Erstsprachen in Abhängigkeit vom Sprachprestige bzw. vom kommunikativen Wert differenziert betrachtet werden. Weitere *rechtliche Argumente* für die Förderung der Erstsprache findet man in Dokumenten, wie z.B. in der von der Schweiz ratifizierten Kinderrechtskonvention „Übereinkommen über die Rechte des Kindes" (1997, Artikel 29, Abs. 1, c). Die Kinderrechtskonvention sieht die Förderung der kulturellen Identität und der Erstsprache als zentraler Bestandteil der Bildung[76]. Im Weiteren wird die institutionelle Förderung der Erstsprache durch den muttersprachlichen Unterricht (HSK-Kurse) in den Empfehlungen der Schweizerischen Konferenz der kantonalen Erziehungsdirektoren EDK (1991)[77] sowie im Volksschulgesetz (2005) empfohlen bzw. anerkannt. In der Datenbank der EDK können u.a. Informationen über die Unterrichtsangebote in der Schweiz sowie im Fürstentum Liechtenstein bezogen werden[78]. Während die Befürworter des HSK-Unterrichts nach wissenschaftlichen Argumenten für die Legitimierung der institutionellen Förderung der Erstsprache suchen, sollte die Frage in Richtung der optimalen Förderung gehen. Welche Rahmenbedingungen braucht der HSK-Unterricht, um die Kinder optimal zu fördern? Gibt es alternative Möglichkeiten für die integrative Förderung der Erstsprache? Kann der HSK-Unterricht in der jetzigen Form diesen Anforderungen genügen?

These 2

Die pädagogische Professionalität der Lehrpersonen beinhaltet auch den Umgang mit der sprachlichen und kulturellen Heterogenität, der einen integrativen Bestandteil der Fach- und methodisch-didaktischen Kompetenzen der Lehrpersonenen darstellt.

Durch die Migration und neuere Migrationsentwicklungen wie Transmigration (Gogolin & Pries, 2004) sind die sprachlich und kulturell heterogenen Klassen keine Seltenheit mehr. Neben der Wissensvermittlung, Persönlichkeitsbildung und dem Erwerb von überfachlichen Kompetenzen (Reusser, 1995), tritt der Umgang mit der sprachlichen und kulturellen Heterogenität in den Vordergrund. Den Ausgangpunkt dieser These bilden die Ergebnisse der schriftlichen Befragung der HSK-Lehrpersonen sowie die Interviews mit den HSK-Lehrpersonen, die einige Aspekte der sprachlichen und kulturellen Heterogenität klar aufzeigen. Einerseits wurde die *institutionelle und familiäre Förderung der Erstsprache und die Wertschätzung der Erstsprache* deutlich hervorgehoben. Andererseits bestand ein grosser Bedarf an *Informationsaustausch*. Erwünscht wäre von der Seite der HSK-Lehrpersonen eine *Zusammenarbeit* mit den Schweizer Lehrpersonen, die oft durch

---

76 „Die Vertragsstaaten stimmen darin überein, dass die Bildung des Kindes darauf gerichtet sein muss, (...) dem Kind Achtung vor seinen Eltern, seiner kulturellen Identität, seiner Sprache und seinen kulturellen Werten, den nationalen Werten des Landes, in dem es lebt, und gegebenenfalls des Landes, aus dem es stammt, sowie vor anderen Kulturen als der eigenen zu vermitteln" (Kinderrechtskonvention, 1997, Artikel 29, Abs. 1, c).

77 „Die EDK bekräftigt den Grundsatz, alle in der Schweiz lebenden fremdsprachigen Kinder in die öffentlichen Schulen zu integrieren. Jede Diskriminierung ist zu vermeiden. Die Integration respektiert das Recht des Kindes, Sprache und Kultur des Herkunftslandes zu pflegen." (Empfehlungen der EDK, 1991).

78 Siehe unter: http://www.edk.ch/dyn/19191.php (Zugriff am 21.03.2010).

die Rahmenbedingungen des HSK-Unterrichts erschwert ist. Dadurch, dass die HSK-Lehrpersonen ausserhalb des regulären Schulplanes unterrichten, können Sie sich mit den Schweizer Lehrpersonen nicht austauschen. Es fehlt dann der Austausch über die einzelnen Schülerinnen und Schüler sowie die fachliche Diskussion über die Zwei- und Mehrsprachigkeit und deren Vorteile. Darüber hinaus können die HSK-Lehrpersonen ihr Potenzial im Lehrerkollegium nicht einbringen. Die Ergebnisse der quantitativen Befragung und der qualitativen Interviews heben die Bedeutung der theoretischen Kenntnisse über Zwei- und Mehrsprachigkeit und über Zweitspracherwerb, der Zusammenarbeit (Team-teaching, Einbezug von Kulturvermittlerinnen und Kulturvermittlern) und des Informationsaustausches (unter den Lehrpersonen, unter den Lehrpersonen und Eltern sowie Lehrpersonen und Bildungsbeauftragten) im Umgang mit der sprachlichen und kulturellen Heterogenität hervor. Insbesondere für die Lehrerbildung ist es von grosser Bedeutung, dass Inhalte, wie Erst- und Zweitspracherwerb, Förderung der Erst- und Zweitsprache, Bildungserfolg und Beurteilung von Kindern und Jugendlichen mit Migrationshintergrund, in der Ausbildung ihren Platz finden. Zu diskutieren wären die Fragen nach den didaktischen Möglichkeiten im Umgang mit der Heterogenität sowie die Kompetenzen der Lehrpersonen in sprachlich und kulturell heterogenen Klassen (vgl. Allemann-Ghionda, 2006).

These 3

Um die Sprachkompetenzen von zwei- und mehrsprachigen Kindern und Jugendlichen zu untersuchen, braucht es für diese Zielgruppe entwickelte testdiagnostische Instrumente, die sowohl die Kompetenzen in der Zweitsprache als auch die Kompetenzen in der Erstsprache erfassen.

Die Mehrsprachigkeit der Kinder und Jugendlichen mit Migrationshintergrund stellt für die Sprachdiagnostik eine Herausforderung dar. Die meisten testdiagnostischen *Instrumente wurden für einsprachige Kinder* und Jugendliche entwickelt, deshalb eignen sie sich nicht für die Erfassung der Sprachkompetenzen von mehrsprachigen Individuen (Krumm, 2005). Darüber hinaus sollte die Frage geklärt werden, wie die *sprachlichen Fähigkeiten in der Erstsprache* berücksichtigt werden können. Wichtig ist dabei ein *integriertes Verständnis von Mehrsprachigkeit* (Multi-Komptenz, Cook, 1995), die auch die mitgebrachten Sprachen der Kinder mit Migrationshintergrund einbezieht. Im Rahmen der Dissertation wurden testdiagnostische Instrumente für zwei- und mehrsprachige Schülerinnen und Schüler entwickelt, die sowohl die sprachliche als auch die kulturelle Besonderheit (dialektale Mehrsprachigkeit durch das Schweizerdeutsche) dieser Gruppe berücksichtigen. Die erprobten C-Tests in der deutschen, albanischen und türkischen Sprache entsprechen den Testgütekriterien und können bei der Messung der Sprachkompetenzen reliabel und zuverlässig eingesetzt werden. In der pädagogischen Praxis, insbesondere in der Sprachförderung stellt sich die Frage, inwieweit der Testdiagnostik bei Sprachförderungsentscheidungen eine Rolle spielt. Von Bedeutung ist insbesondere der kombinierte Einsatz der Testdiagnostik, des

Beobachtungsverfahrens und der Selbsteinschätzung bei der Beurteilung der Sprachkompetenzen.

These 4

Bei der Erklärung von Disparitäten im schulischen Erfolg sollte einerseits die defizitorientierte Perspektive verabschiedet, andererseits mehr Wert auf die gleichzeitige Wirkung von mehreren Determinanten gelegt werden.

Die *defizitorientierte Perspektive* tritt vor allem auf der Ebene des Individuums auf und erklärt die Disparitäten im schulischen Erfolg mit dem unzureichenden Humankapital sowie dem ungedüngenden kulturellen, sozialen und sprachlichen Kapital der Migrantenfamilien. Diese defizitäre Betrachtung des sprachlichen Kapitals kann zu falschen Folgerungen über das Potential oder die Motivation der Schülerinnen und Schüler mit Migrationshintergrund führen. Im Mittelpunkt der Diskussion fehlen die erfolgreich umgesetzte Multi-Kompetenz (Cook, 1992, 1995) der mehrsprachigen Individuen (Fürstenau, 2004) und der ökonomische Wert der Migrantensprachen (Grin et al., 2003). Darüber hinaus wird aufgrund der speziellen Bedingungen der Migration die Transfermöglichkeit von im Herkunftsland akkumuliertem sozialem und kulturellem Kapital und Humankapital in die Aufnahmegesellschaft erschwert. Dementsprechend ist es weniger möglich, die Kapitalien auf die nächste Generation zu transferieren. Wichtig erscheint es, die Determinanten nicht einzeln als Ursache zur Erklärung von Disparitäten zu diskutieren, sondern die *gleichzeitige Wirkung von verschiedenen Determinanten* zu untersuchen. Dieses Zusammenspiel von Determinanten kann auf der Ebene des Individuums und auf der gesellschaftlichen Ebene stark variieren.

Ein Beispiel dafür wäre die institutionelle Diskriminierung die den Schulerfolg nicht nur mit den eigenen Leistungen der Schülerinnen und Schüler, sondern auch mit den institutionellen und organisatorischen Strukturen des jeweiligen Bildungssystems erklärt (Gomolla & Radke, 2002). So wird der Schulerfolg in der Schweiz von Kanton zu Kanton bzw. von Schulhaus zu Schulhaus anders definiert (Kronig, 2007). Diese institutionellen und organisatorischen Strukturen beeinflussen wiederum die Art und die Weise der Förderung von Erst- und Zweitsprache. Oft wird der Förderung der Erstsprache wenig Aufmerksamkeit geschenkt. Die Bestrebung, die Sprache des Aufnahmelandes zu fördern sollte im Einklang mit der *Förderung der Erstsprache* stehen. Obwohl verschiedene Erklärungsmodelle zur Chancenungleichheit existieren (vgl. Fend, 2008; Diefenbach, 2007; Stanat, 2006), bleibt immer noch im Dunkeln, auf welchen Ebenen (Bildungspolitik, Praxis etc.), welche Entscheidungen nötig sind, die differenziellen Beteiligungen im Bildungserfolg zu mindern.

5.3 Folgerungen für die Bildungspolitik und die pädagogische Praxis: Kontextmerkmale des muttersprachlichen Unterrichts

Den Ausgangspunkt der Diskussion bildet der Befund der vorliegenden Studie, der *die Wirksamkeit des HSK-Unterrichts in Bezug auf die Erstsprache belegt*. Auf der Basis der vorliegenden Ergebnisse kann die folgende Entwicklungsperspektive für den HSK-Unterricht formuliert werden:

A.   Integration

Obwohl die Integration des HSK-Unterrichts in den regulären Stundenplan die Mehrheit der aufgeführten Probleme lösen würde, muss betont werden, dass die Kurse nicht überall flächendeckend angeboten werden können (vgl. Stanat, 2006, S. 115). Trotzdem können wertvolle Formen der *Zusammenarbeit* entstehen, indem die HSK-Lehrperson als Coach, Lernbegleiterin bzw. Lernbegleiter oder Kultur-vermittlerin bzw. -vermittler einen Aufgabenbereich im Schulhaus übernimmt. Auf diesem Wege würden der Informationsfluss und die Kooperation zwischen den HSK- und Schweizer Lehrpersonen gesichert, die eine Voraussetzung für die päda-gogische Professionalität im Bereich der individuellen Förderung darstellen. Im Rahmen von gemeinsamen Projekten, Team-Teaching sowie Organisation und Durchführung von Elternanlässen könnten die bis jetzt wenig bis gar nicht genutzten *Potenziale der HSK-Lehrpersonen* in mehrsprachigen Klassen fruchtbar eingesetzt werden.

B.   Transparenz

Um den HSK-Unterricht aus seinem Schattendasein zu befreien, braucht es nicht nur konkrete bildungspolitische Entscheidungen, sondern auch *Transparenz auf beiden Seiten*. Es sollte den HSK-Lehrpersonen ermöglicht werden, sich mit dem Schweizer Schulsystem und der Unterrichtspraxis vertieft auseinanderzusetzen. Da die Ergebnisse der qualitativen Analyse (Unterrichtsbeobachtung) auf einen traditi-onellen Unterrichtsstil hinweisen, ist es erforderlich, die HSK-Lehrpersonen mit den neuen Anforderungen einer konstruktivistischen Unterrichtskultur zu kon-frontieren (Reusser, 2000, 2006). Dies setzt wiederum eine ausreichende Sprach-kompetenz der HSK-Lehrpersonen im Deutschen voraus, ohne die nicht nur die Kooperation mit den Schweizer Lehrpersonen, sondern auch die Integration in die Schweiz stark beeinträchtigt ist. Eine *Öffnung des HSK-Unterrichts* in die andere Richtung beinhaltet sowohl einen Einblick in die Unterrichtsinhalte wie auch in die Beurteilungs- und Bewertungsverfahren. Vor allem scheint es wichtig zu sein, die Entstehung und die Kriterien einer *HSK-Note* offenzulegen und diese in der Schweizer Schule aufzuwerten. Um eine Schülerin oder einen Schüler differenziert beurteilen und bewerten zu können, sollten auch die Kompetenzen in der Erst-sprache berücksichtigt werden. Voraussetzungen sind hierfür, Transparenz und

Information im Hinblick auf die Notengebung sowohl im HSK- als auch im regulären Unterricht.

C.   Pädagogische Professionalität

Die Schweizer und die HSK-Lehrpersonen sollten gegenüber den Eltern ein *einheitliches Bild über die Zweisprachigkeit sowie die Förderung der Erst- und Zweitsprache* vermitteln, um Unsicherheiten der Eltern bezüglich der Pflege der Erstsprache zu beseitigen. Die Eltern dürfen und und sollen auch die Erstsprache bzw. die Muttersprache zu Hause mit dem Kind pflegen: Dies bedeutet, die Muttersprache zu Hause in vielen Kontexten zu sprechen (falls in der Familie mehrere Sprachen gesprochen werden, dann gilt die Regel „eine Person – eine Sprache"), die präliterale Sprache durch Reime, Lieder und Gedichte sowie die Lesekompetenz in der Erstsprache durch Vorlesen und Lesen mit dem Kind (*family literacy*) zu fördern. Die Lehrpersonen sollten den Eltern klar machen, dass die (familiäre und institutionelle) Förderung der Erstsprache die Entwicklung der Zweitsprache nicht beeinträchtigt. Im Gegensatz wirkt sich die Zwei- und Mehrsprachigkeit positiv auf die kognitive Entwicklung (darunter gemeint auch die Entwicklung der Zweitsprache) des Kindes aus (vgl. Studie von Moser et al., 2008).

Ferner sollten den Lehrpersonen die *Wertschätzung der Zweisprachigkeit*, die *Förderung der bikulturellen und der polyphonen Identität* (vgl. Allemann-Ghionda, 2004, S. 83) sowie neben der Wichtigkeit der Zweitsprache die Hervorhebung des *emotionalen* (vgl. Oksaar, 2003, S. 164-165) und *ökonomischen Wertes der Erstsprache* (vgl. Grin et al., 2003) bewusst werden. In der Lehrerinnen- und Lehrerausbildung sowie in der Weiterbildung sind Bestrebungen nötig, die Thematik des Erst- und Zweitspracherwerbs bzw. die Zwei- und Mehrsprachigkeit in die Ausbildung zu integrieren. Neben der individuellen sprachlichen Förderung sollte auf die *differenzierte Beurteilung* von zwei- und mehrsprachigen Kindern und Jugendlichen mehr Gewicht gelegt werden.

Im Folgenden wird der HSK-Unterricht aus systemischer Perspektive graphisch dargestellt (vgl. Abbildung 28). Dieses Modell vermittelt anschaulich die Erkenntnisse aus der vorliegenden empirischen Untersuchung einerseits und die theoretische Einbettung des Themas „Förderung der Erstsprache" andererseits. Den Zusammenhang zwischen den wichtigen Akteuren erläutern Pfeile und Stichworte, die auf die aktuellen Herausforderungen und Entwicklungspotenziale des HSK-Unterrichts hindeuten. Die Basis für den HSK-Unterricht bildet immer die Gesellschaft, genauer gesagt, die Migrations- und Bildungspolitik des jeweiligen Landes (vgl. Auernheimer, 2003, S. 25-33; Driessen, 2005). Eine allgemeine Voraussetzung für die Existenz der HSK-Kurse bildet die *Einstellung der Gesellschaft gegenüber der Zweisprachigkeit*. Die positive Einstellung gegenüber der Zweisprachigkeit zeigt sich sowohl in der Förderung der Zweit- als auch in der Förderung der Erstsprache. Demzufolge beinhaltet sie einerseits die *Wertschätzung der Erstsprachen* und die Ermöglichung ihrer Förderung, andererseits die Gewährleistung von *optimalen*

Arbeitsbedingungen, die zur Qualität des Unterrichts beitragen. In der *Aus- und Weiterbildung von Lehrpersonen* sollte die Thematik der Zweisprachigkeit bzw. die Förderung der Erst- und Zweitsprachen ein fester Bestandteil sein. Die Ergebnisse der vorliegenden Studie zeigen die Bedeutung von *Weiterbildungsangeboten für HSK-Lehrpersonen*, deren Tiefe und Breite sich bisher kantonal und lokal unterscheiden.

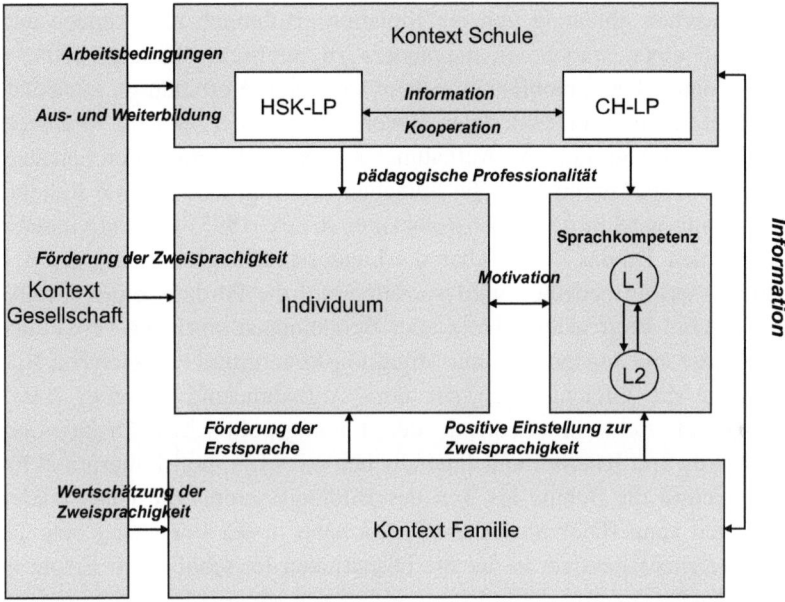

Abbildung 28: Systemisches Rahmenmodell des muttersprachlichen Unterrichts: Kontextmerkmale und Akteure

Im Zentrum des Modells steht das Individuum, das in einem Geflecht aus Gesellschaft, Schule und Familie sein sprachliches Potenzial entfaltet. Die für das Sprachenlernen unabdingbare *Motivation* entsteht durch eine Wechselwirkung zwischen den Persönlichkeitsmerkmalen des Individuums und der wahrgenommenen Akzeptanz seiner Zweisprachigkeit im Kontext Schule und Familie. Im Idealfall wird die Zweisprachigkeit des Individuums wertgeschätzt und gefördert sowohl auf der Ebene der Schule als auch auf der Ebene der Familie. Eine Voraussetzung für die *familiäre Förderung der Erstsprachen* und die *positive Einstellung gegenüber Zweisprachigkeit* bildet auf der einen Seite die zuvor erwähnte gesellschaftliche Wertschätzung. Auf der anderen Seite sollte die *pädagogische Professionalität* der Lehrpersonen, neben den Fach- sowie den methodisch-didaktischen Kompetenzen einen informativen Charakter haben. Dies beinhaltet die Vermittlung von *Informationen* über die Hintergründe und Vorteile der Zweisprachigkeit sowie Vorschläge für die familiäre Unterstützung beim Sprachenlernen zu unterbreiten. Eine herausragende Rolle spielt die *Information* auch im Kontext Schule, insbesondere im Hinblick auf die *Kooperation von Schweizer und HSK-Lehrpersonen*. Im Falle eines fehlenden gegenseitigen Informationsflusses vergrössert sich das

Gefälle zwischen dem alltäglichen Schulbetrieb und dem HSK-Unterricht, konkreter formuliert zwischen der Förderung der Zweit- und der Erstsprache.

5.4 Zusammenfassung

Die individuelle Mehrsprachigkeit umfasst die Fähigkeit einer Person, zwei oder mehrere Sprachen abhängig von der Situation erfolgreich anzuwenden und ohne weiteres von einer Sprache in die andere zu wechseln (Oksaar, 2003, S. 31). Migration und Mehrsprachigkeit stehen in enger Verbindung zueinander, da Migration in den meisten Fällen den Erwerb einer neuen Sprache voraussetzt. Für eine geglückte Integration ins Aufnahmeland ist das Erlernen der Landessprache unabdingbar. Dabei geraten oft die Sprachen der Migration in eine Randposition, ihre Bedeutung wird in der *Multi-Kompetenz* (Cook, 1995) des Individuums nicht wahrgenommen. Da das Beherrschen der Landessprache gleichzeitig den Schlüssel zum Bildungserfolg bedeutet, wird vor allem auf die Förderung der Zweitsprache (Landessprache) Wert gelegt. Trotz aller Bemühungen erreichen verhältnismässig wenige Kinder und Jugendliche mit Migrationshintergrund den gleichen Bildungsstandard wie die Gleichaltrigen aus dem Aufnahmeland (Kronig, 2007). Aus diesem Grund steht im Zentrum der bildungspolitischen Diskussionen der Bildungserfolg von Kindern und Jugendlichen mit Migrationshintergrund bzw. die Frage, inwiefern die Schule als Teil des Bildungssystems die Chancengleichheit gewährleisten kann (Diefenbach, 2007). Es kann in der Forschung eine Tendenz von der Defizitperspektive, in der die Disparitäten im schulischen Erfolg mit den Defiziten der Kinder und deren Eltern erklärt werden, zur Ressourcenorientierung und der systemischen Sichtweise festgestellt werden (Allemann-Ghionda, 2006). Dabei gewinnt die Fokussierung der Forschung auf die Ressourcen der Kinder und Jugendlichen mit Migrationshintergrund an Bedeutung, die weitere Ergebnisse für die Erklärung der Disparitäten des Schulerfolgs liefern kann. Das sprachliche Kapital stellt eine wichtige Ressource dar, welche sowohl das Beherrschen der Erst- wie auch der Zweitsprache beinhaltet. Darüber hinaus nimmt die Erstsprache für die Entwicklung der Identität eine prägende Rolle ein. Eine Möglichkeit der Förderung der Erstsprache stellen in der Schweiz die Kurse in der heimatlichen Sprache und Kultur (HSK) dar.

Das vorliegende Forschungsprojekt entstand mit dem Ziel, empirisch gestützte Erkenntnisse über die Sprachentwicklung von Kindern mit Migrationshintergrund zu gewinnen sowie die Rahmenbedingungen der schweizerischen muttersprachlichen Kurse zu erforschen. Ein sekundäres Ziel war dabei, testdiagnostische Instrumente zu entwickeln, mit denen der Sprachstand von Kindern mit Migrationshintergrund sowohl in der Erst- als auch in der Zweitsprache erhoben und analysiert werden kann. Aus diesem Grund wurden Sprachtests (C-Test) zur Erfassung der globalen Sprachkompetenz in der albanischen, türkischen und deutschen Sprache entwickelt. Ein erstes wichtiges Ergebnis dieser Studie ist die Tatsache, dass die Sprachleistung reliabel und zuverlässig gemessen werden konnte.

Um die Entwicklung der Sprachkompetenzen zu untersuchen, wurde ein Design gewählt, welches das Phänomen aus systemischer Perspektive in der Tradition von Bronfenbrenner (1981) betrachtet. Dabei wurden in der Analyse Einflussfaktoren wie „individuelle Lernvoraussetzungen", „Lernumwelt Familie" und „Lernumwelt Schule" berücksichtigt. Die Untersuchung erfolgte im Rahmen eines quasi-experimentellen Längsschnittdesigns, in dem die Schülerinnen und Schüler nach bestimmten Kriterien einer Treatment- und Vergleichsgruppe zugeordnet wurden. Das Kriterium für die Einteilung in die Treatmentgruppe war der Besuch des HSK-Unterrichts, der sich mindestens über ein Jahr erstreckte. Für die Erforschung des komplexen Forschungsfeldes wurde eine *mixed methodology* gewählt, welche die quantitativen mit den qualitativen Methoden verbindet. Der quantitative Teil der Untersuchung bestand aus der Erhebung der sprachlichen Kompetenzen in der Erst- und Zweitsprache bei 126 Albanisch bzw. Türkisch sprechenden Schülerinnen und Schülern und aus deren Befragung zur Motivation, Selbsteinschätzung und persönlichen Hintergrundmerkmalen. Darüber hinaus wurden die Eltern der untersuchten Kinder sowie 338 HSK-Lehrpersonen in der Deutschschweiz schriftlich befragt. Der qualitative Teil umfasste die Unterrichtsbeobachtung (Videoanalyse) von zwei exemplarischen Unterrichtseinheiten und die daran anschliessenden Interviews mit den HSK-Lehrpersonen.

Die Untersuchung der Sprachkompetenzen führt zu den zentralen Ergebnissen dieser Studie: Albanisch und Türkisch sprechende Kinder, die den HSK-Unterricht besuchen, erreichen signifikant bessere Leistungen im C-Test in der Erstsprache im Vergleich zu denjenigen, die den HSK-Unterricht nicht besuchen. Werden die Ergebnisse im Längsschnitt analysiert, zeigt sich, dass die Albanisch sprechenden Kinder mit HSK-Unterricht einen signifikant grösseren Lernzuwachs zu beiden Erhebungszeitpunkten aufweisen als die Kinder ohne HSK-Unterricht. Bei der Erklärung der sprachlichen Leistungen im Albanischen zum zweiten Zeitpunkt haben die sprachlichen Leistungen im Albanischen zum ersten Zeitpunkt erwartungsgemäss einen bedeutenden Effekt. Der Besuch des HSK-Unterrichts tritt als zweitwichtigster und die elterliche Unterstützung als drittwichtigster Prädiktor für die Vorhersage der sprachlichen Leistungen im Albanischen auf. Der sozioökonomische Status der Eltern und die intrinsische Motivation haben zum zweiten Erhebungszeitpunkt keinen Einfluss auf die sprachlichen Leistungen im Albanischen.

Die Entwicklung der deutschen Sprache zeigt einen parallelen Verlauf. Der Lernzuwachs der Treatmentgruppe unterscheidet sich nicht von demjenigen der Vergleichsgruppe. Das heisst, dass der Lernzuwachs im Deutschen bei der Treatmentgruppe nicht auf die Wirkung des muttersprachlichen Unterrichts zurückgeführt werden konnte. Nicht weiter erstaunlich ist, dass die sprachlichen Leistungen im Deutschen zum zweiten Erhebungszeitpunkt zum grössten Teil durch die sprachlichen Leistungen im Deutschen zum ersten Erhebungszeitpunkt erklärt wurden. Die Motivation, die elterliche Einstellung und Unterstützung sowie der sozioökonomische Status der Eltern übten keinen Einfluss auf die deutsche Testleistung aus.

Es wird hier abschliessend ein theoretisch wichtiges Ergebnis hervorgehoben: Die allgemeine Sprachkompetenz der Treatmentgruppe, also die Beherrschung des Albanischen und des Deutschen weisen klare Interdependenzen auf. Interessanterweise ist dies in der Vergleichsgruppe nicht der Fall. Bekanntlich können solche Zusammenhänge (Korrelationen) nicht kausalanalytisch interpretiert werden. Diese Befunde weisen allerdings darauf hin, dass die zusätzliche Förderung der Erstsprache mit einer Förderung der allgemeinen Sprachkompetenz, darunter auch im Deutschen, einhergehen könnte. Dass der HSK-Unterricht auch die Kompetenz der Zweitsprache im Sinne eines Transfereffekts des Lernzuwachses fördert, wurde hier nicht nachgewiesen. Die vorliegenden Befunde lassen allerdings den Schluss zu, dass eine Prüfung auch dieses theoretisch wichtigen Effekts in zukünftigen Studien sinnvoll ist.

Literatur

Aarburg von, H.-P. (2003). Kosovaschweizerische Migrationsgeschichte(n). In H. Fäh, B. Glaus & P. Brunner (Hrsg.), *Die verbotene Liebe zum Balkan* (S. 109-115). Zürich: Verlag Rüegg.

Aarburg von, H.-P. & Gretler, S.B. (2008). *Kosova-Schweiz. Die albanische Arbeits- und Asylmigration zwischen Kosovo und der Schweiz (1964-2000)*. Zürich: Lit Verlag.

Aarts, R. & Verhoeven, L. (1999). Literacy attainment in a second language submersion context. *Applied Psycholinguistics, 20*, 377-393.

Alba, R.D., Handl, J. & Müller, W. (1994). Ethnische Ungleichheit im deutschen Bildungssystem. *Kölner Zeitschrift für Soziologie und Sozialpsychologie, 46* (2), 209-237.

Allemann-Ghionda, C. & Ogay, T. (1993). *Interkulturelle Sensibilisierung: ein Vademecum*. Bern: Bundesamt für Bildung und Wissenschaft.

Allemann-Ghionda, C. (Hrsg.). (1994). *Multikultur und Bildung in Europa*. Bern: Peter Lang.

Allemann-Ghionda, C. (1998). Vom Umgang mit dem kulturellen „Anderssein" zur Integration soziokultureller und sprachlicher Vielfalt. *Bildung und Erziehung, 51*, 161-173.

Allemann-Ghionda, C. (1999). *Curriculum der Lehrerinnen- und Lehrerbildung für die sprachlich-kulturelle Vielfalt*. Bern/Aarau: Programmleitung NFP 33 und Schweiz. Koordinationsstelle für Bildungsforschung.

Allemann-Ghionda, C. (2002). *Schule, Bildung und Pluralität. Sechs Fallstudien im europäischen Vergleich* (2. durchgesehene Aufl.). Bern: Lang.

Allemann-Ghionda, C. (2004). *Einführung in die Vergleichende Erziehungswissenschaft*. Weinheim: Beltz.

Allemann-Ghionda, C. (2006). Klasse, Gender oder Ethnie? Zum Bildungserfolg von Schüler/innen mit Migrationshintergrund. *Zeitschrift für Pädagogik, 52 (3)*, 350-362.

Allemann-Ghionda, C., Auernheimer, G., Grabbe, H. & Krämer, A. (2006). Beobachtung und Beurteilung in soziokulturell und sprachlich heterogenen Klassen: die Kompetenzen der Lehrpersonen. In C. Allemann-Ghionda & E. Terhart (Hrsg.), *Kompetenzen und Kompetenzentwicklung von Lehrerinnen und Lehrern: Ausbildung und Beruf. Zeitschrift für Pädagogik, Beiheft 51*, 250-266.

Allemann-Ghionda, C. (2008). Für die Welt Diversität feiern – im heimischen Garten Ungleichheit kultivieren? *Zeitschrift für Pädagogik, 54* (1), 18-33.

Aronin, L. (2005). Theoretical perspectives of trilingual education. *International Journal of the Sociology of Language, 171*, 7-22.

Aronson, J. & Steele, C.M. (2005). Stereotypes and the fragility of academic competence, motivation, and self-concept. In A.J. Elliot & C.S. Dweck (Eds.), *Handbook of competence and motivation* (pp. 436-460). New York: The Guilford Press.

Atteslander, P. (1995). *Methoden der empirischen Sozialforschung*. Berlin: Walter de Gruyter.

Auernheimer, G. (Hrsg.). (2002). *Interkulturelle Kompetenz und pädagogische Professionalität*. Opladen: Leske + Budrich.

Auernheimer, G. (Hrsg.). (2001). *Migration als Herausforderung für pädagogische Institutionen*. Opladen: Leske + Budrich.

Auernheimer, G. (2003). *Einführung in die interkulturelle Pädagogik* (3., neu bearbeitete u. erweiterte Aufl.). Darmstadt: Wissenschaftliche Buchgesellschaft.

Axelsson, M. (2005). Mother tongue teaching and programs for bilingual children in Sweden. In Arbeitsstelle Interkulturelle Konflikte und gesellschaftliche Integration (AKI) (Ed.), *The effectivenes of bilingual school programs for immigrant children* (pp. 108-122). Berlin: AKI.

Backhaus, K., Erichson, B., Plinke, W. & Weiber, R. (2006). *Multivariate Analysemethoden. Eine anwendungsorientierte Einführung* (11., überarbeitete Aufl.). Berlin: Springer.

Bade, K. J., Esser, H., Heitmeyer, W., Mummendey, A., Neidhardt, F., Schönwälder, K. & Söhn, J. (2006). *Sprache – Migration – Integration*. Memorandum zum politischen Handeln. Berlin: Arbeitsstelle Interkulturelle Konflikte und gesellschaftliche Integration (AKI) am Wissenschaftszentrum Berlin für Sozialforschung (WZB).

Baker, C. (1988). *Key Issues in Bilingualism and Bilingual Education*. Clevedon: Multilingual Matters.

Baker, C. (1993). *Foundations of Bilingual Education and Bilingualism*. Clevedon: Multilingual Matters.

Baker, C. & Prys Jones, S. (1998). *Encyclopedia of Bilingualism and Bilingual Education*. Clevedon: Multilingual Matters.

Baker, C. (2001). *Foundations of Bilingual Education and Bilingualism (3rd ed.)*. Clevedon: Multilingual Matters.

Bandura, A. (1991). Self-regulation of motivation through anticipatory and self-reactive mechanisms. In R. A. Dientstbier (Ed.), *Nebraska Symposium on Motivation, 1990* (Vol. 38, pp. 69-164). Lincoln, NE: University of Nebraska Press.

Baron, R.M., Tom, D.Y. & Cooper, H.M. (1985). Social class, race and teacher expectations. In J.B. Dusek, V.C. Hall & W.J. Meyer (eds.), *Teacher expectancies* (pp. 251-269). Hillsdale, NJ: Lawrence Erlbaum Associates.

Baumert, J. & Maaz, K. (2006). Das theoretische und methodische Konzept von PISA zur Erfassung sozialer und kultureller Ressourcen der Herkunftsfamilie: Internationale und nationale Rahmenkonzeption. In J. Baumert, P. Stanat & R. Watermann (Hrsg.), *Herkunftsbedingte Disparitäten im Bildungswesen. Vertiefende Analysen im Rahmen von PISA 2000* (S. 11-29). Wiesbaden: VS Verlag.

Baumert, J., Artelt, C., Klieme, E., Neubrand, M., Prenzel, M., Schiefele, U., Schneider, W., Tillmann, K.-J. & Weiss, M. (Hrsg.). (2002). *PISA 2000. Die Länder der Bundesrepublik Deutschland im Vergleich*. Opladen: Leske + Budrich.

Baumert, J. & Schümer, G. (2001). Familiäre Lebensverhältnisse, Bildungsbeteiligung und Kompetenzerwerb. In J. Baumert, E. Klieme, M. Neubrand, M. Prenzel, U. Schiefele, W. Schneider, P. Stanat, K.-J. Tillmann & M. Weiss (Hrsg.), *PISA 2000. Die Basiskompetenzen von Schülerinnen und Schülern im internationalen Vergleich* (S. 323-407). Opladen: Leske + Budrich.

Baumert, J., Watermann, R. & Schümer, G. (2003). Disparitäten der Bildungsbeteiligung und des Kompetenzerwerbs. Ein institutionelles und individuelles Meditationsmodell. *Zeitschrift für Erziehungswissenschaft, 6,* 46-72.

Baur, R. S., Meder, G. & Previšić, V. (Hrsg.). (1992). *Interkulturelle Erziehung in Praxis und Theorie. Bd. 15. Interkulturelle Erziehung und Zweisprachigkeit*. Baltmannsweiler: Schneider Verlag Hohengehren.

Baur, R. & Meder, G. (1992). Zur Interdependenz von Muttersprache und Zweitsprache bei jugoslawischen Migrantenkindern. In R.S. Baur, G. Meder & V. Previšić (Hrsg.), *Interkulturelle Erziehung in Praxis und Theorie. Bd. 15. Interkulturelle Erziehung und Zweisprachigkeit* (S. 109-149). Baltmannsweiler: Schneider Verlag Hohengehren.

Baur, R.S. & Meder, G. (1994). C-Tests zur Ermittlung der globalen Sprachfähigkeit im Deutschen und in der Muttersprache bei ausländischen Schülern in der Bundesrepublik Deutschland. In R. Grotjahn (Hrsg.), *Der C-Test. Theoretische Grundlagen und praktische Anwendungen, Bd. 2,* (S. 151-178). Bochum: Brockmeyer.

Becker, R. & Tremel, P. (2006). Auswirkungen vorschulischer Kinderbetreuung auf die Bildungschancen von Migrantenkindern. *Soziale Welt, 57*, 397-418.

Ben-Zeev, S. (1977). The Influence of bilingualism on cognitive strategy and cognitive development. *Child Development, 48*, 1009-1018.

Bernhardt, E.B. & Kamil, M.L. (1995). Interpreting relationships between L1 and L2 reading: consolidating the linguistic threshold and linguistic interdependence hypotheses. *Applied Linguistics, 16* (1), 15-34.

Bersinger, S., Jordi, U., Tschang, M. & Schweizerische Konferenz der kantonalen Erziehungsdirektoren (Hrsg.). (2005). *Europäisches Sprachenportfolio ESP II: Version für Kinder und Jugendliche von 11 bis 15 Jahren*. Bern: Schulverlag.

Bertschi-Kaufmann, A. & Lötscher, G. (2006). Sprachleistungen beobachten. Begabungsprofile erkennen. Ein Analyseraster zum Feststellen sprachlicher Begabungen einzelner Kinder. *Unterricht konkret*, (2). Beilage.

Besic, O. (2005). Imageverlust einer imaginären Nation. *terra cognita, Schweizer Zeitschrift zu Integration und Migration, 6*, 58-62.

Bialystok, E. (1987a). Influences of bilingualismus on metalinguistic development. *Second Language Research, 3* (2), 112-125.

Bialystok, E. (1987b). Words as things: Development of word concept by bilingual children. *Studies in Second Language Learning, 9*, 133-140.

Bialystok, E. (1988). Levels of bilingualism and levels of linguistic awareness. *Developmental Psychology, 24*, 560-567.

Bialystok, E. (1991). Metalinguistic dimensions of bilingual language proficiency. In E. Bialystok (Ed.), *Language Processing in Bilingual Children* (pp. 113-140). Cambridge: Cambridge University Press.

Bialystok, E. & Cummins, J. (1991). Language, cognition, and education of bilingual children. In E. Bialystok (Ed.), *Language Processing in Bilingual Children* (pp. 222-232). Cambridge: Cambridge University Press.

Bialystok, E. (2001). *Bilingualism in Development. Language, Literacy, and Cognition*. Cambridge: Cambridge University Press.

Bild, E.R. & Swain, M. (1989). Minority language students in a French immersion programme: Their French proficiency. *Journal of Multilingual and Multicultural Development, 10* (3), 255-274.

Bildungsdirektion Kanton Zürich (Hrsg.). (2003/2004). Kurse in heimatlicher Sprache und Kultur. Stundenpläne Schuljahr 2003/2004 und Verzeichnis der Lehrpersonen. Zürich: Bildungsdirektion des Kantons Zürich.

Bildungsdirektion Kanton Zürich (Hrsg.). (2004/2005). Kurse in heimatlicher Sprache und Kultur. Stundenpläne Schuljahr 2004/2005 und Verzeichnis der Lehrpersonen. Zürich: Bildungsdirektion des Kantons Zürich.

Bildungsdirektion Kanton Zürich (Hrsg.). (2006/2007). Stundenplanbroschüre. Kurse in heimatlicher Sprache und Kultur. Schuljahr 2006/2007. Zürich: Bildungsdirektion des Kantons Zürich.

Bildungsdirektion Kanton Zürich (Hrsg.). (2003). *Rahmenlehrplan. Kurse in heimatlicher Sprache und Kultur (HSK)*. Zürich: Lehrmittelverlag des Kantons Zürich.

Bildungsdirektion Kanton Zürich (Hrsg.). (2006). *Umsetzung Volksschulgesetz. Handreichung Qualität in multikulturellen Schulen (QUIMS)*. Zürich.

Binder, H.-M., Tuggener, D., Trachsler, E. & Schaller, R. (2002). *Qualität in multikulturellen Schulen (QUIMS). Externe Evaluation. Bericht über die zweite Erhebungsphase August 2001 bis Januar 2002 und zusammenfassende Beurteilung*. Luzern: Interface – Institut für Politikstudien.

BFS & EDK (Hrsg.). (2002). *Für das Leben gerüstet? Die Grundkompetenzen der Jugendlichen – Nationaler Bericht der Erhebung PISA 2000*. Neuchâtel: Bundesamt für Statistik (BFS).

Bloomfield, L. (1933). *Language*. New York: Henry Holt.

Bollhalder, S. (2004). Basel ist stolz auf seine Sprachenvielfalt. Integrierte Erstsprach-förderung im Projekt Sprach- und Kulturbrücke. *Babylonia*, *1*, 28-35.

Bortz, J. (2005). *Statistik für Human- und Sozialwissenschaftler* (6., vollständig über-arbeitete und aktualisierte Aufl.). Heidelberg: Springer.

Bourdieu, P. (1992). Die verborgenen Mechanismen der Macht. In M. Steinrücke (Hrsg.), *Schriften zu Politik & Kultur 1*, Hamburg: VSA-Verlag.

Böhm, D., Böhm. R. & Deiss-Niethammer B. (1999). *Handbuch interkulturelles Lernen. Theorie und Praxis für die Arbeit in Kindertageseinrichtungen*. Freiburg: Herder.

Brizić, K. (2006). The secret life of languages. Origin-specific differences in L1/L2 acqui-sition by immigrant children. *International Journal of Applied Linguistics*, *16* (3), 339-362.

Brizić, K. (2007). *Das geheime Leben der Sprachen. Gesprochene und verschwiegene Sprachen und ihr Einfluss auf den Spracherwerb in der Migration*. Münster: Wax-mann.

Bronfenbrenner, U. (1981). *Die Ökologie der menschlichen Entwicklung*. Stuttgart: Klett-Cotta.

Buchkremer, H., Bukow, W.-D. & Emmerich, M. (Hrsg.). (2000). *Die Familie im Span-nungsfeld globaler Mobilität*. Opladen: Leske + Budrich.

Buff, A. (1991). Schulische Selektion und Selbstkonzeptentwicklung. In R. Pekrun & H. Fend (Hrsg.), *Schule und Persönlichkeitsentwicklung* (S. 100-114). Stuttgart: Enke.

Buletti, P. (1994). *Le parole degli altri. Riflessioni sul plurilinguismo a scuola: i racconti degli insegnanti*. Claro: Associazione Ticinese per la Scuola Attiva.

Burkard, E. & Russo, G. (Hrsg.). (2004). *global_kids.ch. Die Kinder der Immigranten in der Schweiz*. Zürich: Limmat Verlag.

Büchel, F. & Wagner, G. G. (1996). Soziale Differenzen der Bildungschancen in West-deutschland: Unter besonderer Berücksichtigung von Zuwandererkindern. In W. Zapf, J. Schupp & R. Habich (Hrsg.), *Lebenslagen im Wandel: Sozialbericht-erstattung im Längsschnitt* (S. 80-96). Frankfurt am Main: Campus.

Caprez-Krompàk, E. & Gönç, M. (2006). Der C-Test im Albanischen und Türkischen: Theoretische Überlegungen und empirische Befunde. In R. Grotjahn (Hrsg.), *Der C-Test: Theorie, Empirie, Anwendungen* (S. 243-260). Frankfurt am Main: Lang.

Caprez-Krompàk, E. & Selimi, N. (2006). Zur Erstsprachkompetenz von albanisch-sprachigen Kindern in der Deutschschweiz. Eine vergleichende Fehleranalyse an-hand des C-Tests. In B. Schader (Hrsg.), *Albanischsprachige Kinder und Jugend-liche in der Schweiz. Hintergründe. Sprach- und schulbezogene Untersuchungen* (S. 247-269). Zürich: Pestalozzianum.

Caprez-Krompàk, E. (2007). Unterricht in heimatlicher Sprache und Kultur (HSK). Die Bedeutung der Erstsprache im Integrationsprozess. *terra cognita, Schweizer Zeit-schrift zu Integration und Migration*, *10*, 72-75.

Caroll, J. B. (1981). Twenty-five years of research in foreign language aptitude. In K.C. Diller (ed.), *Individual Differences and Universals in Language Learning Aptitude* (pp. 83-118). Rowley MA: Newbury House.

Cenoz, J. (1991). *Enseñanza-aprendizaje del inglés como L2 o L3*. Leioa: Universidad del País Vasco.

Cenoz, J. (2000). Research on multilingual acquisition. In J. Cenoz & U. Jessner (Eds.), *English in Europe: The Acquisition of a Third Language* (pp. 39-53). Clevedon: Multilingual Matters.

Cenoz, J. (2003a). The additive effect of bilingualism on third language acquisition: A review. *The International Journal of Bilingualism*, *7 (1)*, 71-87.

Cenoz, J. (2003b). The role of typology in the organization of the multilingual lexicon. In J. Cenoz, B. Hufeisen & U. Jessner (Eds.), *The Multilingual Lexicon* (pp. 103-116). Dordrecht: Kluwer Academic Publishers.

Cenoz, J., Hufeisen, B. & Jessner, U. (Eds.). (2001). Third language acquistion in the school Context (Special issue). *International Journal of Bilingualism and Bilingual Education, 4* (1).

Cenoz, J. & Jessner, U. (Eds.). (2000). *English in Europe: The Acquisition of a Third Language.* Clevedon: Multilingual Matters.

Chambers, I. (1996). *Migration, Kultur, Identität.* Tübingen: Stauffenburg Verlag.

Chomsky, N. (1981). *Regeln und Repräsentationen.* Frankfurt am Main: Suhrkamp.

de Cillia, R. (1998). Mehrsprachigkeit und Herkunftssprachenunterricht in europäischen Schulen. In D. Çınar (Hrsg.), *Gleichwertige Sprachen? Muttersprachlicher Unterricht für die Kinder von Einwanderern* (S. 229-287). Innsbruck: Studien Verlag.

de Cillia, R. & Wodak, R (2002). Zwischen Monolingualität und Mehrsprachigkeit. Zur Geschichte der österreichischen Sprachenpolitik. In H. Barkowski & R. Faistauer (Hrsg.), ... *in Sachen Deutsch als Fremdsprache* (S. 12-27). Hohengehren: Schneider.

Çınar, D. (Hrsg.).(1998). *Gleichwertige Sprachen? Muttersprachlicher Unterricht für die Kinder von Einwanderern.* Innsbruck: Studien Verlag.

Çınar, D. (1998). Muttersprachlicher Unterricht in Theorie und Praxis: Einleitende Bemerkungen. In D. Çınar (Hrsg.). *Gleichwertige Sprachen? Muttersprachlicher Unterricht für die Kinder von Einwanderern* (S. 17-21). Innsbruck: Studien Verlag.

Çınar, D, & U. Davy (1998). Von der Rückkehrförderung zum Interkulturellen Lernen: Rahmenbedingungen des muttersprachlichen Unterrichts. In D. Çınar (Hrsg.), *Gleichwertige Sprachen? Muttersprachlicher Unterricht für die Kinder von Einwanderern* (S. 23-80). Innsbruck: Studien Verlag.

Clarkson, P.C. (1992). Language and mathematics: A comparison of bilingual and monolingual students of mathematics. *Educational Studies of Mathematics, 23,* 417-429.

Clarkson, P.C. & Galbraith, P. (1992). Bilingualism and mathematics learning: Another perspective. *Journal for Research in Mathematics Education, 23* (1), 34-44.

Clausen, M., Reusser, K. & Klieme, E. (2003). Unterrichtsqualität auf der Basis hochinferenter Unterrichtsbeurteilungen. Ein Vergleich zwischen Deutschland und der deutschsprachigen Schweiz. *Unterrichtswissenschaft, 31* (2), 122-141.

Clément, R., Gardner, R.C. & Smythe, P.C. (1977). Motivational variables in second language acquisition: A study of francophones learning English. *Canadian Journal of Behavioural Sciences, 9 (4),* 123-133.

Çobani, Hysen (1997). *Arkipelagu i diasporave shqiptare i parë nga Zvicra.* Tiranë: Idromeno.

Cogan, L.S. & Schmidt, W.H. (1999). An examination of instructional practices in six countries. In G. Kaiser, E. Luna & I. Huntley (Eds.), *International comparisons in mathematics education* (pp.68-85). London: Falmer Press (Studies in Mathematics Education Series: 11).

Cohen, A.D. (1985). Bilingual education. In M. Celce-Murcia (Ed.), *Beyond basics: Issues and research in TESOL* (pp.167-192). Rowley, MA: Newbury House.

Coleman, J.A., Grotjahn, R. & Raatz, U. (Eds.). (2002). *University Language Testing and the C-Test.* Bochum: AKS-Verlag.

Coleman, J.S. (1987). Families and schools. *Educational Researcher, 16* (6), 32-38.

Coleman, J.S. & Hoffer, T. (1987). *Public and private high schools: The impact of communities.* New York: Basic Books.

Cook, V. (1977). Cognitive processes in second language learning. *International Review of Applied Linguistics in Language Teaching, 15,* 1-20.

Cook, V. (1992). Evidence for multicompetence. *Language Learning, 42* (4), 557-591.

Cook, V. (1995). Multi-Competence and he Learning of Many Languages. *Language, Culture and Curriculum, 8* (2), 93-98.

Coradi-Vellacott, M. & Wolter, S.C. (2002). Soziale Herkunft und Chancengleichheit. In BFS/EDK (Hrsg.), *Für das Leben gerüstet? Die Grundkompetenzen der Jugend-*

lichen – Nationaler Bericht der Erhebung PISA 2000 (S. 90-112). Neuchâtel: Bundesamt für Statistik (BFS).

Cummins, J. (1979a). Linguistic interdependence and the educational development of bilingual children. *Review of Educational Research, 49*, 221-251.

Cummins, J. (1979b). Cognitive/academic language proficiency, linguistic interdependence, the optimum age question and some other Matters. *Working Papers on Bilingualism, 19*, 121-129.

Cummins, J. (1981). The role of primary language development in promoting educational success for language minority students. In California State Department of Education (Ed.), *Schooling and Language Minority Students: A Theoretical Framework* (pp. 3-49). Los Angeles: Evaluation, Dissemination and Assessment Center, California State University.

Cummins, J. (1984). *Bilingualism and Special Education: Issues in Assessment and Pedagogy*. Clevedon: Multilingual Matters LTD.

Cummins, J. (1991a). Conversational and academic language proficiency in bilingual context. In J.H. Hulstijn & J.F. Matter (Eds.), *Reading in Two Languages* (pp. 75-89). Amsterdam: AILA.

Cummins, J. (1991b). Interdependence of first- and second-language proficiency in bilingual children. In E. Bialystok (Ed.), *Language Processing in Bilingual Children* (pp. 70-89). Cambridge: Cambridge University Press.

Cummins, J. & Swain, M. (1992). *Bilingualism in education. Aspects of theory, research and practice* (4th ed.). London: Longmann.

Cummins, J. (2000a). *Language, Power, and Pedagogy. Bilingual Children in the Crossfire*. Clevedon: Multilingual Matters LTD.

Cummins, J. (2000b). Putting Language Proficiency in its Place: Responding to critiques of the conversational/academic language distinction. In J. Cenoz & U. Jessner (Eds.), *English in Europe: The Acquisition of a Third Language* (pp. 54-83). Clevedon: Multilingual Matters.

Cummins, J. (2003). Bilingual education. In J. Bourne & E. Reid (Eds.), *Language education* (pp. 3-19). London: Kogan Page.

Cummins, J. & Nakijama, K. (1987). Age of arrival, length of residence, and interdependence of literacy skills among Japanese immigrant students. In B. Harley, P. Allen, J. Cummins & M. Swain (Eds.), *The development of bilingual proficiency. Vol. III: Social context and age*. Final report submitted to the Social Sciences and Humanities Research Council. Toronto: Ontario Institute for Studies in Education.

Dahinden, J. (2005). Prishtina – Schlieren: albanische Migrationsnetzwerke im transnationalen Raum. Zürich: Seismo.

Daller, H. (1995). The academic language proficiency of Turkish returnees from Germany. *Language Culture and Curriculum, 8* (2), 163-173.

Daller, H. (1996). *Migration und Mehrsprachigkeit. Der Sprachstand türkischer Rückkehrer aus Deutschland*. Frankfurt am Main: Peter Lang.

Daller, H. & Grotjahn, R. (1999). The language proficiency of Turkish returnees from Germany: An empirical investigation of academic and everyday language proficiency. *Language, Culture and Curriculum, 12* (2), 156-172.

Daller, H., Treffers-Daller, J., Ünaldı-Ceylan, A. & Yıldız, C. (2002). The development of a Turkish C-Test. In J. A. Coleman, R. Grotjahn & U. Raatz (Eds.), *University Language Testing and the C-Test* (pp. 187-199). Bochum: AKS-Verlag.

Daniels, J. (2000). Fossilisation. In M. Byram (Ed.), *The Routledge Encyclopedia of Language Teaching and Learning* (pp. 218-220). London: Routledge.

Dähler, T., Garzotto, M., Loppacher, U., Oertel, L., Reinhardt, W., Truniger, M. (1991). *Der Oberstufenversuch im Stadtkreis Zürich 5*. Zürich: Komitee für das Oberstufenprojekt im Schulkreis Zürich-Limmattal.

Dawe, L. (1983). Bilingualismus and mathematical reasoning in English as a second language. *Educational Studies in Mathematics, 14*, 325-353.

Deci, E.L. & Ryan, R.M. (1985). Intrinsic motivation and self-determination in human behavior. New York: Plenum Press.

Deci, E.L. & Ryan, R.M. (1993). Die Selbstbestimmungstheorie der Motivation und ihre Bedeutung für die Pädagogik. *Zeitschrift für Pädagogik, 39*, 223-238.

Deci, E.L. & Ryan, R.M. (Eds.). (2002). *Handbook of Self-Determination Research*. Rochester: The University of Rochester Press.

De Houwer, A. (1999). Environmental factors in early bilingual development: the role of parental beliefs and attitudes. In G. Extra & L. Verhoeven (Eds.), *Bilingualism and Migration* (pp. 75-95). New York: Mouton de Gruyter.

Denzin, N.K. (1970). *The research act*. Chicago: Aldine.

Desch, A. (2001). *Pädagogik interkulturellen Lernens. Theorie und Praxis am Beispiel von internationalen Jugendbegegnungen*. Marburg: Tectum.

Dewaele, J.-M. (2004). Individual differences in the use of colloquial vocabulary: The effects of sociobiological and psychological factors. In P. Bogaards & B. Laufer (Eds.), *Vocabulary in a second language: Selection, acquisition, and testing* (pp. 127-153). Amsterdam: John Benjamins.

Diefenbach, H. (2002). Bildungsbenachteiligung und Berufseinmündung von Kindern und Jugendlichen aus Migrantenfamilien. Eine Fortschreibung der Daten des Sozio-Ökonomischen Panels (SOEP). In Sachverständigenkommission 11. Kinder- und Jugendbericht (Hrsg.), *Migration und die europäische Integration. Herausforderungen für die Kinder- und Jugendhilfe* (Bd. 5, S. 9-70). München: Verlag Deutsches Jugendinstitut.

Diefenbach, H. (2003). Schulerfolgsquoten ausländischer und deutscher Schüler an Integrierten Gesamtschulen und an Schulen des dreigliedrigen Schulsystems. Sind Integrierte Gesamtschulen die bessere Wahl für ausländische Schüler? In F. Swiaczny & S. Haug (Hrsg.), *Migration – Integration – Minderheiten. Neuere interdisziplinäre Forschungsergebnisse* (S. 77-95). Wiesbaden: Bundesinstitut für Bevölkerungsforschung (BiB).

Diefenbach, H. (2004). Bildungschancen und Bildungs(miss)erfolg von ausländischen Schülern oder Schülern aus Migrantenfamilien im System schulischer Bildung. In R. Becker & W. Lauterbach (Hrsg.), *Bildung als Privileg? Erklärungen und Befunde zu den Ursachen der Bildungsungleichheit* (S. 225-249). Wiesbaden: VS Verlag.

Diefenbach, H. (2007). *Kinder und Jugendliche aus Migrantenfamilien im deutschen Bildungssystem. Erklärungen und empirische Befunde*. Wiesbaden: VS Verlag.

Dixon, L. Q. (2005). Bilingual education policy in Singapore: An analysis of its sociohistorical roots and current academic outcomes. *International Journal of Bilingual Education and Bilingualism, 8* (1), 25-47.

Dörnyei, Z. (1998). Motivation in second and foreign language learning. *Language Teaching, 31* (3), 117-135.

Dörnyei, Z. (2000). Motivation in action: Towards a process-oriented conceptualisation of student motivation. *British Journal of Educational Psychology, 70*, 519-538.

Dörnyei, Z. (2001). *Teaching and researching motivation*. Harlow: Longmann.

Dörnyei, Z. (Eds.). (2003). *Attitudes, orientations, and motivations in language learning: Advances in theory, research, and applications*. Oxford: Blackwell.

Dörnyei, Z. (2003). *Questionnaires in second language research. Construction, administration, and processing*. London: Lawrence Erlbaum Associates.

Dörnyei, Z. (2005). *The psychology of the language learner: Individual differences in second language acquisition*. Mahwah NJ: Lawrence Erlbaum Associates.

Dörnyei, Z. (2006). Individual differences in second language acquisition. *AILA Review, 19*, 42-68.

Dubs, R. (1995). Konstruktivismus: Einige Überlegungen aus der Sicht der Unterrichtsgestaltung. *Zeitschrift für Pädagogik, 41* (6), 889-903.

Dufva, M. & Voeten, M.J.M. (1999). Native language literacy and phonological memory as prerequisites for learning English as a foreign language. *Applied Psycholinguistics, 20,* 329-348.

Durgundoğlu, A.Y. & Verhoeven, L. (Eds.). (1998). *Literacy development in a multilingual context. Cross-cultural perspectives.* London: Lawrence Erlbaum Associates.

Driessen, G. (1995). The educational progress of immigrant children in the Netherlands. *Language, Culture and Curriculum, 8* (3), 265-280.

Driessen, G. (2005). From cure to curse: The rise and fall of bilingual education programs in the Netherlands. In Arbeitsstelle Interkulturelle Konflikte und gesellschaftliche Integration (AKI) (Ed.), *The effectivenes of bilingual school programs for immigrant children* (pp. 77-107). Berlin: AKI.

Eckerth, J. & Wendt, M. (Hrsg.). (2003). *Interkulturelles und transkulturelles Lernen im Fremdsprachenunterricht.* Frankfurt am Main: Peter Lang.

Edelmann, D. (2006). Pädagogische Professionalität im transnationalen sozialen Raum. *Zeitschrift für Pädagogik, 51, Beiheft,* 235-250.

Edelmann, D. (2007). *Pädagogische Professionalität im transnationalen sozialen Raum. Eine qualitative Untersuchung über den Umgang von Lehrpersonen mit der migrationsbedingten Heterogenität ihrer Klassen.* Zürich/Wien: LIT.

Ehrenberg, R.G., Goldhaber, D.D. & Brewer, D.J. (1995). Do teachers' race, gender, and ethnicity matter? Evidence from the national educational longitudinal study of 1988. *Industrial and Labor Relations Review, 48 (4),* 547-561.

Elibal, N. (1991). *Heimat in der Fremde: türkische EmigrantInnen der Schweiz.* Diplomarbeit Basel: Höhere Fachschule im Sozialbereich.

Ellis, R. (1994). *The Study of Second Language Acquisition.* Oxford: Oxford University Press.

Ellis, R. (1997). *Second language acquisition.* Oxford: Oxford University Press.

Eser Davolio, M. (Hrsg.). (2001). *Viele Sprachen – eine Schule. Über Schulen mit Kindern aus mehreren Kulturen.* Bern: Haupt.

Esser, H. (2001). *Integration und ethnische Schichtung.* MZES-Arbeitspapiere, Nr. 40. Mannheim: Mannheimer Zentrum für Europäische Sozialforschung.

Esser, H. (2006). *Sprache und Integration. Die sozialen Bedingungen und Folgen des Spracherwerbs von Migranten.* Frankfurt am Main: Campus.

EKA, Eidgenössische Ausländerkommission. (1999). *Die Integration der Migrantinnen und Migranten in der Schweiz.* Bern: EKA.

Eldering, L. (1989). Ethnic Minority Children in Dutch Schools. Underachievement and its Explanations. In L. Eldering & J. Kloprogge (Eds.), *Different Cultures Same School: ethnic minority children in Europe.* Amsterdam: Swets & Zeitlinger

Endt, E. (1996a). Immersion – Fakten zu Kanadas 30jähriger Praxis. In A. Kubanek-German (Hrsg.), *Immersion – Fremdsprachenlernen – Primarbereich* (S. 29-36). München: Goethe Institut.

Endt, E. (1996b). Neuere Ergebnisse und Schwerpunkte der kanadischen Immersionsforschung. In A. Kubanek-German (Hrsg.), *Immersion – Fremdsprachenlernen – Primarbereich* (S. 71-80). München: Goethe Institut.

Eurydice European Unit (2004). Integrating immigrant children into schools in Europe. Zugriff am 09.06.2008 unter http://www.eurydice.org/ressources/eurydice/pdf/0_integral/045EN.pdf

Faist, T. (1994). Ein- und Ausgliederung von Immigranten. Türken in Deutschland und mexikanische Amerikaner in den USA in den achtziger Jahren. *Soziale Welt, 44 (2),* 275-299.

Fend, H. (1998). *Qualität im Bildungswesen. Schulforschung zu Systembedingungen, Schulprofilen und Lehrerleistung.* Weinheim: Juventa.

Fend, H. (2006). *Neue Theorie der Schule. Einführung in das Verstehen von Bildungssystemen.* Wiesbaden: VS Verlag.

Fibbi, R., Lerch, M. & Wanner, P. (2007). Naturalisation and Socio-Economic Characteristics of Youth of Immigrant Descent in Switzerland. *Journal of Ethnic and Migration Studies, 33 (7),* 1121-1144.

Fillitz, T. (Hrsg.). (2003). *Interkulturelles Lernen.* Innsbruck: Studien Verlag.

Flick, U. (2004). *Triangulation. Eine Einführung.* Wiesbaden: VS Verlag.

Foster, K.M. (2004). Coming to Terms: A Discussion of John Ogbu's Cultural-Ecological Theory of Minority Academic Achievement. *Intercultural Education, 15 (4),* 369-384.

Franceschini, R. (2002). Das Gehirn als Kulturinskription. In J. Müller-Lancé & C.M. Riehl (Eds.), *Ein Kopf – viele Sprachen: Koexistenz, Interaktion und Vermittlung. Une tête – plusieurs langues: coexistence, interaction et enseignement* (pp. 45-62). Aachen: Shaker.

Fthenakis, W.E. & Sonner, A. & Truhl, R. & Walbinger, W. (1985). *Bilingual-bikulturelle Entwicklung des Kindes – Ein Handbuch für Psychologen, Pädagogen und Linguisten.* München: Max Hueber.

Furrer, P. (1992). Türkische Immigranten in der Schweiz. In R. Müller & P. Furrer (Hrsg.), *Kinder aus der Türkei. Ein Handbuch für die Arbeit mit türkischen Kindern und Jugendlichen und deren Eltern* (S. 13-16). Bern: ILZ.

Furrer, P. & Müller, R. (1992). Türkische Flüchtlinge und Asylbewerber in der Schweiz. In R. Müller & P. Furrer (Hrsg.), *Kinder aus der Türkei. Ein Handbuch für die Arbeit mit türkischen Kindern und Jugendlichen und deren Eltern* (S. 37-44). Bern: ILZ.

Fürstenau, S. (2004). Transnationale (Aus-)Bildungs- und Zukunftsorientierungen. Ergebnisse einer Untersuchung unter zugewanderten Jugendlichen portugiesischer Herkunft. *Zeitschrift für Erziehungswissenschaft, 1,* 33-57.

Galambos, S.J. & Hakuta, K. (1988). Subject-specific and task-specific characteristics of metalinguistic awareness in bilingual children. *Applied Psycholinguistics, 9 (2),* 141-162.

Ganzeboom, H.B.G., de Graaf, P.M., Treiman, D.J. & de Leeuw, J. (1992). A standard international socio-economic index of occupational status. *Social Science Research, 21,* 1-56.

García, G.E., Jiménez, R.T. & Pearson P.D. (1998). Metacognition, Childhood Bilingualism, and Reading. In D.J. Hacker, J. Dunlosky & A.C. Graesser (Eds.), *Metacognition in Educational Theory and Practice* (pp. 193-219). London: Lawrence Erlbaum Associates.

Gardenghi, M. & O'Connell, M. (Hrsg.). (1997). *Prüfen, Testen, Bewerten im modernen Fremdsprachenunterricht.* Frankfurt am Main: Peter Lang.

Gardner, R.C. (1979). Social psychological aspects of second language acquisition. In H. Giles & R.St. Clair (Eds.), *Language and Social Psychology* (pp. 193-220). Oxford: Blackwell.

Gardner, R.C. & Lambert, W.E. (1972). *Attitudes and Motivation in Second Language Learning.* Rowling MA: Newbury House.

Gardner, R. C. (1985). *Social psychology and second language learning: The role of attitudes and motivation.* London: Edward Arnold.

Genesee, F., Tucker, R. & Lambert, W. (1975). Communication skills in bilingual children. *Child Development, 46,* 1010-1014.

Gjinari, J. & Shkurtaj, G. (2000). *Dialektologjia.* Tiranë: Shtëpia Botuese e Librit Universitar.

Gogolin, I. (1990). *Ansätze zum interkulturellen Lernen in Dänemark: Der Modellversuch in Odense.* Münster: Waxmann.

Gogolin, I. (1994). *Der monolinguale Habitus der multilingualen Schule.* Münster: Waxmann.

Gogolin, I. (1988). *Erziehungsziel Zweisprachigkeit. Konturen eines sprachpädagogischen Konzepts für die multikulturelle Schule.* Hamburg: Bergman + Heltig.

Gogolin, I., Graap, S. & List, G. (Hrsg.). (1998). *Über Mehrsprachigkeit.* Tübingen: Stauffenburg Verlag.

Gogolin, I. & Pries, L. (2004). Stichwort: Transmigration und Bildung. *Zeitschrift für Erziehungswissenschaft, 1,* 5-19.

Gogolin, I. (2004). Wer wird gewinnen? Argumente für und wider den Unterricht in Migrationssprachen. Beitrag zur Fachtagung „Sprachenvielfalt in den Schweizer Schulen – ein wichtiges Potential" am 24. Januar 2004 in Zürich. *Gemeinsames Sonderheft von vpod bildungspolitik, Interdialogos, Babylonia, 138,* 36-42.

Gogolin, I., Krüger-Potratz, M., Kuhs, K., Neumann, U. & Wittek, F. (2005). (Hrsg.), *Migration und sprachliche Bildung.* Münster: Waxmann.

Gogolin, I. & Krüger-Potratz, M. (2006). *Einführung in die Interkulturelle Pädagogik.* Opladen: Budrich.

Gomolla, M. & Radtke, F.-O. (2002). *Institutionelle Diskriminierung. Die Herstellung ethnischer Differenz in der Schule.* Opladen: Leske + Budrich.

Gomolla, M. (2005). *Schulentwicklung in der Einwanderungsgesellschaft. Strategien gegen institutionelle Diskriminierung in England, Deutschland und in der Schweiz.* Münster: Waxmann.

González, L.A. (1986). *The effects of first language education on the second language and academic achievement of Mexican immigrant elementary school children in the United States.* Unpublished doctoral dissertation. University of Illinois at Urbana-Champaign.

Göth, G. (1989). *Das individuelle Textverständnis griechischer Schüler mit Deutsch als Zweitsprache: Eine qualitative Analyse von Ergebnissen aus Cloze- und C-Test-Verfahren.* München: Firma Copy & Druck.

Goetz, P.J. (2003). The effects of bilingualism on theory of mind development. *Bilingualism: Language and Cognition 6 (1),* 1-15.

Graf, P. (1987). *Frühe Zweisprachigkeit und Schule: Empirische Grundlagen zur Erziehung von Minderheitenkindern.* München: Hueber.

Grimm, H. (1998). Sprachentwicklung – allgemeintheoretisch und differentiell betrachtet. In R. Oerter, & L. Montada (Hrsg.), *Entwicklungspsychologie. Ein Lehrbuch* (4. Aufl., S. 705-757). Weinheim: Beltz, Psychologie Verlags Union.

Grin, F., Rossiaud, J. & Kaya, B. (2003). Immigrationssprachen und berufliche Integration in der Schweiz. In H.-R. Wicker, R. Fibbi, & W. Haug (Hrsg.), *Migration und die Schweiz* (S. 421- 452). Zürich: Seismo.

Grosch, H., Gross, A. & Leenen, W. R. (2000). *Methoden interkulturellen Lehrens und Lernens.* Saarbrücken: ASKO-Stiftung.

Grotjahn, R. (1987). How to Construct and Evaluate a C-Test: A Discussion of Some Problems and Some Statistical Analyses. In R. Grotjahn, C. Klein-Braley, D.K. Stevenson (Eds.), *Taking Their Measure: The Validity and Validation of Language Tests* (pp. 219-253). Bochum: Brockmeyer.

Grotjahn, R. (1997). Der C-Test: Neuere Entwicklungen. In M. Gardenghi, & M. O'Connell, (Hrsg.), *Prüfen, Testen, Bewerten im modernen Fremdsprachenunterricht* (S. 117-127). Frankfurt am Main: Peter Lang.

Grotjahn, R. (2002). Konstruktion und Einsatz von C-Tests: Ein Leitfaden für die Praxis. In R. Grotjahn (Hrsg.), *Der C-Test. Theoretische Grundlagen und praktische Anwendungen,* Bd. 4, (S. 211-225). Bochum: AKS-Verlag.

Grotjahn, R., Klein-Braley, C. & Raatz, U. (2002). C-Tests: an overview. In J.A. Coleman, R. Grotjahn, U. Raatz (Eds.), *University Language Testing and the C-Test* (pp. 93-114). Bochum: AKS-Verlag.

Gubbins, P. & Holt, M. (Eds.). (2002). *Beyond Boundaries. Language and Identity in Contemporary Europe.* Clevedon: Multilingual Matters.

Haenni Hoti, A. & Schader, B. (2005/2006). The Ignored Potential of Albanian-Speaking Minority Children in Swiss Schools. *International Journal of Learning, 12, (7),* 287-293.

Haenni Hoti, A. (2006). Determinanten des Schulerfolgs von albanischsprachigen Schülerinnen und Schülern in der Deutschschweiz. In B. Schader (Hrsg.), *Albanischsprachige Kinder und Jugendliche in der Schweiz. Hintergründe. Sprach- und schulbezogene Untersuchungen* (S. 69-96). Zürich: Pestalozzianum

Hakuta, K. & Diaz, R. M. (1985). The relationship between degree of bilingualism and cognitive ability: A critical discussion and some new longitudinal data. In K.E. Nelson (Ed.), *Children's Language* (Vol. V). Hillsdale NJ: Lawrence Erlbaum Associates.

Häusler, M. (1999). *Innovation in multikulturellen Schulen. Fallstudie über fünf Schulen in der Deutschschweiz.* Zürich: Orell Füssli.

Hartel, B., Khan-Svik, G. & Janousek, D. (2005). Planung und Durchführung der Studie „Muttersprachliche Bildungseinrichtungen in Wien". *Erziehung und Unterricht, 1-2,* 118-125.

Hartel, B. & Szepannek, A (2005). Die Lebenswelt mehrsprachiger Kinder – Ihr Umgang mit Sprache(n) in Schule, Familie und Freizeit. *Erziehung und Unterricht, 1-2,* 153-161.

Herdina, P. & Jessner, U. (2000). The Dynamics of Third Language Acquisition. In J. Cenoz & U. Jessner (Eds.), *English in Europe. The Acquisition a Third Language* (pp. 84-98). Clevedon: Multilingual Matters.

Helmke, A. & Weinert, F.E. (1997). Bedingungsfaktoren schulischer Leistungen. In F.E. Weinert (Hrsg.), *Psychologie des Unterrichts und der Schule. Enzyklopädie der Psychologie* (S. 71-176): Hogrefe:Verlag für Psychologie.

Helmke, A. (2004). *Unterrichtsqualität: Erfassen, Bewerten, Verbessern* (3. Aufl.). Seelze: Kallmeyersche Verlagsbuchhandlung.

Helmke, A., Schrader, F.-W. & Hosenfeld, I. (2004). Elterliche Lernunterstützung und Schulleistungen ihrer Kinder. *Bildung und Erziehung, 3,* 251-277.

Herdina, P. & Jessner, U. (2000). The Dynamics of Third Language Acquisition. In J. Cenoz & U. Jessner (Eds.), *English in Europe. The Acquisition a Third Language* (pp. 84-98). Clevedon: Multilingual Matters.

Hettlage, R. & Kohler, S.(2000). *Welche Lebenswelten vermitteln Eltern ihren Kindern in der Migration? Drei Portraits einer gelungenen Integration.* Unveröffentliche Lizenziatsarbeit. Ethnologisches Seminar Universität Zürich.

Hetzer, A. (1995). *Nominalisierung und verbale Einbettung in Varietäten des Albanischen. Eine Untersuchung zur Geschichte der albanischen Schriftsprache am Beispiel erweiterter Verbalprädikate auf areallinguistischem Hintergrund.* Berlin/Wiesbaden: Harrasowitz Verlag.

Hinz-Rommel, W. (1994). *Interkulturelle Kompetenz. Ein neues Anforderungsprofil für die soziale Arbeit.* Münster: Waxmann.

Hoff-Ginsberg, E. (2000). Soziale Umwelt und Sprachlernen. In H. Grimm (Hrsg.), *Enzyklopädie der Psychologie,* Themenbereich C, Serie III, Bd. 3, (S. 463-494). Göttingen: Hogrefe.

Hohmann, M. & Reich, H.H. (Hrsg). (1989). *Ein Europa für Mehrheiten und Minderheiten. Diskussionen um interkulturelle Erziehung.* Münster: Waxmann.

Holtbrügge, H. (1975). *Türkische Familien in der Bundesrepublik.* Duisburg: Sozialwissenschaftliche Kooperative.

Holzbrecher, A. (1997). *Wahrnehmung des Anderen. Zur Didaktik interkulturellen Lernens.* Opladen: Leske + Budrich.

Hopf, D. (2005). Zweisprachigkeit und Schulleistung bei Migrantenkindern. *Zeitschrift für Pädagogik, 51,* 236-251.

Horn, D. (1990). *Aspekte bilingualer Erziehung in den USA und Kanada unter Berücksichtigung des Unterrichts für Minderheitenkinder in der Bundesrepublik.* Baltmannsweiler: Pädagogischer Verlag Burgbücherei Schneider.

Hölscher, P. (1994). *Interkulturelles Lernen.* Berlin: Cornelsen.

Hunfeld, H. (1998). *Die Normalität des Fremden. Vierundzwanzig Briefe an eine Sprachlehrerin.* Waldsteinberg: Popp.

Hutterli, S., Stotz, D. & Zappatore, D. (2009). *Do you parlez andere lingue?* Pestalozzianum: Zürich.

Hügi, E., Gaucher, C. & Allaf, S. (2006). Les écoles enfantines bilingues de Macolin et „Tutti Frutti" d'Evilard. *Babylonia, 2,* 60-62.

Ibrahimi, M. (1998a). *Konzeptionelle Grundlagen für eine bessere Verständigung der albanischen ImmigrantInnen in der Sozialarbeit. Ein Plädoyer.* Unpublizierte Diplomarbeit, Hochschule für Soziale Arbeit Zürich.

Ibrahimi, M. (1998b). Albanische Immigranten und deren Familien. In A. Lanfranchi & T. Hagmann (Hrsg.), *Migrantenkinder. Plädoyer für eine Pädagogik der Vielfalt* (S. 161-175). Luzern: Edition SZH/SPC.

Jacobs, U. (1983). *Die Sonnen-Uhr. Mit Pflanzen und Tieren durch das Sonnenjahr.* München: Heinrich Ellermann.

Jerusalem, M. & Schwarzer, R. (1991). Entwicklung des Selbstkonzepts in verschiedenen Lernumwelten. In R. Pekrun & H. Fend (Hrsg.), *Schule und Persönlichkeitsentwicklung. Ein Resümee der Längsschnittforschung* (S. 115-128). Stuttgart: Ferdinand Enke.

Johann, E., Michely, H. & Springer, M. (1998). *Interkulturelle Pädagogik. Methodenhandbuch für sozialpädagogische Berufe.* Berlin: Cornelsen.

Jungbluth, P. (1997). Lehrererwartungen und die Reproduktion schicht- und ethnispezifischer Chancenungleichheit. In A. Heintze, G. Helbig, P. Jungbluth, E. Kiensat, H. Marburger (Hrsg.), *Schule und multiethnische Schülerschaft. Sichtweisen, Orientierungen und Handlungsmuster von Lehrerinnen und Lehrern* (S. 125-153). Frankfurt am Main: IKO – Verlag für Interkulturelle Kommunikation.

Jungbluth, P. (1994). Lehrererwartungen und Ethnizität. Innerschulische Chancendeterminanten bei Migrantenschülern in den Niederlanden. *Zeitschrift für Pädagogik, 40,* 113-125.

Kao, G. & Tienda, M. (1995). Optimism and achievement: The educational performance of immigrant youth. *Social Science Quarterly, 76,* 1-19.

Keller, J. (2002). Blatant stereotype threat and women's math performance: Self-handicapping as a strategic means to cope with obtrusive negative performance expectations. *Sex Roles, 47 (3, 4),* 193-198.

Keller, J. & Dauenheimer, D. (2003). Stereotype threat in the classroom: Dejection mediates the disrupting threat effect on women's math performance. *Personality and Social Psychologie Bulletin, 29 (3),* 371-381.

King, V. & Koller, C. (2005). *Adoleszenz – Migration – Bildung. Bildungsprozesse Jugendlicher und junger Erwachsener mit Migrationshintergrund.* Wiesbaden: VS Verlag.

Klapper, J. (1996). *Foreign-language learning through immersion: Germany's bilingual-wing schools.* Lampeter (GB): The Edwin Mellen Press Ltd.

Klein, W. (1992). *Zweitspracherwerb. Eine Einführung* (3. Aufl.). Frankfurt am Main: Athenäum.

Klieme, E., Reusser, K. & Pauli, C. (2002). *Fragebogen für Schülerinnen und Schüler (Klasse 8). Unterricht und mathematisches Verständnis: Eine schweizerisch-deutsche Videostudie.* Unveröffentlichtes Manuskript, Universität Zürich.

Knapp, K. & Knapp-Potthoff, A. (1990). Interkulturelle Kommunikation. *Zeitschrift für Fremdsprachenforschung, 1,* 62-93.

Kniffka, G. & Siebert-Ott, G. (2007). *Deutsch als Zweitsprache. Lehren und Lernen.* Paderborn: Schöningh UTB.

Knöpfli, A. (2002). Kurse in heimatlicher Sprache und Kultur. Kurse mit Brückenfunktion. *ZLV – Magazin des Zürcher Lehrerinnen- und Lehrerverband,* 8 *(2),* 8-13.

Kolde, G. (1981). *Sprachkontakte in gemischtsprachigen Städten. Vergleichende Untersuchungen über Voraussetzungen und Formen sprachlicher Interaktion verschiedensprachiger Jugendlicher in den Schweizer Städten Biel/Bienne und Fribourg/ Freiburg i. Ue.* Wiesbaden: Franz Steiner Verlag.

Korte, E. (1990). Die Rückkehrorientierung im Eingliederungsprozess der Migrantenfamilien. In H. Esser & J. Friedrichs (Hrsg.), *Generation und Identität. Theoretische und empirische Beiträge zur Migrationssoziologie* (S. 207-259). Opladen: Westdeutscher Verlag.

Krashen, S.D. (1981). *Second language acquisition and second language learning.* Oxford: Pergamon Press.

Krashen, S.D. (1996). *Under attack: The case against bilingual education.* Culver City, CA: Language Education Associates.

Krashen, S.D. (1999). *Condemned without a trial: bogus arguments against bilingual education.* Portsmouth, NH: Heinemann.

Krasniqi, A. (2004). Im Niemandsland. In Migros Kulturprozent (Hrsg.), *Fremde Federn. Geschichten zur Migration in der Schweiz* (S. 51-59). Bern: Schulverlag.

Krause, W.-D. & Sändig, U. (2002). *Testen und Bewerten kommunikativer Leistungen im Unterricht Deutsch als Fremdsprache.* Frankfurt am Main: Peter Lang.

Krausneker, V. (2006). *Taubstumm bis gebärdensprachig. Die österreichische Gebärdensprachgemeinschaft aus soziolinguistischer Perspektive.* Meran, Lauben: Alpha & Beta.

Kristen, C. (2000). *Ethnic differences in educational placement: The transition from primary to secondary schooling.* MZES-Arbeitspapiere, Nr. 32. Mannheim: Mannheimer Zentrum für Europäische Sozialforschung.

Kristen, C. (2002). Hauptschule, Realschule oder Gymnasium? Ethnische Unterschiede am ersten Bildungsübergang. *Kölner Zeitschrift für Soziologie und Sozialpsychologie, 54,* 534-552.

Kronig, W. (2000). *Die Integration von Immigrantenkindern mit Schulleistungsschwächen. Eine vergleichende Längsschnittuntersuchung über die Wirkung integrierender und separierender Schulformen.*

Kronig, W., Haeberlin, U. & Eckhart, M. (2000). *Immigrantenkinder und schulische Selektion. Pädagogische Visionen, theoretische Erklärungen und empirische Untersuchungen zur Wirkung integrierender und separierender Schulformen in den Grundschuljahren.* Bern: Haupt.

Kronig, W. (2003). Das Konstrukt des leistungsschwachen Immigrantenkindes. *Zeitschrift für Erziehungswissenschaft,* 6 *(1),* 124-139.

Kronig, W. (2007). *Die systematische Zufälligkeit des Bildungserfolgs. Theoretische Erklärungen und empirische Untersuchungen zur Lernentwicklung und zur Leistungsbewertung in unterschiedlichen Schulklassen.* Bern: Haupt.

Kroon, S. & Vallen, T. (1997). Bilingual education for immigrant students in the Netherlands. In J. Cummins & D. Corson (Eds.), *Encyclopedia of Language and Education, Vol. 5, Bilingual Education* (pp. 199-208). Dordrecht: Kluwer.

Kroon, S. (2003). Mother tongue and mother tongue education. In J. Bourne & E. Reid (Eds.), *Language education* (pp. 35-47). London: Kogan Page.

Krumm, H.-J. (2007). Fünf Thesen zur sprachlichen Integration. *terra cognita, Schweizer Zeitschrift zu Integration und Migration, 10*, 62-65.

Krumm, H.-J. (2005). Was kann eine Sprachdiagnostik bei Kindern und Jugendlichen mit Migrationshintergrund leisten? In I. Gogolin, U. Neumann & H.-J. Roth (Hrsg.), *Sprachdiagnostik bei Kindern und Jugendlichen mit Migrationshinter*grund (S. 97-107). Münster: Waxmann.

Lado, R. (1957). *Linguistics across cultures. Applied linguistics for language teachers.* Ann Arbor: The University of Michigan Press.

Lambert, W.E. (1980). Cognitive, attitudinal and social consequences of bilingualism. In E.A. Afendras (ed.). *Patterns of bilingualism* (pp. 3-24). Singapore: Singapore University Press.

Landesinstitut für Schule und Weiterbildung (Hrsg). (2001). *Zweisprachigkeit und Schulerfolg. Beiträge zur Diskussion.* Bönen: Verlag für Schule und Weiterbildung.

Lanfranchi, A. (1995). *Immigranten und Schule. Transformationsprozesse in traditionalen Familienwelten als Voraussetzung für schulisches Überleben von Immigrantenkindern* (2. Aufl.). Opladen: Leske + Budrich.

Lanfranchi, A. & Hagmann, T. (Hrsg.). (1998). *Migrantenkinder. Plädoyer für eine Pädagogik der Vielfalt.* Luzern: Ed. SZH/SPC.

Lanfranchi, A. (1999). Interkulturelle Pädagogik in der Lehrerbildung des Kantons Zürich: Umsetzung, Wirksamkeit, Entwicklung eines Standardcurriculums. *Beiträge zur Lehrerbildung, 17(3),* 307-318.

Lanfranchi, A. (2002). *Schulerfolg von Migrationskindern. Die Bedeutung familienergänzender Betreuung im Vorschulalter.* Opladen: Leske + Budrich.

Lanfranchi, A., Perregaux, C. & Thommen, B. (2000). *Interkulturelle Pädagogik in der Lehrerinnen- und Lehrerbildung. Zentrale Lernbereiche, Vorschläge, Literaturhinweise.* Bern: Konferenz der kantonalen Erziehungsdirektoren (Dossier 60).

Lanfranchi, A., Gruber, J. & Gay, D. (2003). Schulerfolg bei Migrationskindern dank transitorischer Räume im Vorschulbereich. In H.-R. Wicker, R. Fibbi, & W. Haug (Hrsg.), *Migration und die Schweiz* (S. 481-506). Zürich: Seismo.

Lasagabaster, D. (1998). The threshold hypothesis applied to three languages in contact at school. *International Journal of Bilingual Education and Bilingualismus, 1 (2),* 119-133.

Leenen, W.R., Grosch, H. & Kreidt, U. (1990). Bildungsverständnis, Platzierungsverhalten und Generationenkonflikt in türkischen Migrantenfamilien. *Zeitschrift für Pädagogik, 36 (5),* 753-771.

Leiprecht, R. (2002). Interkulturelle Kompetenz als Schlüsselqualifikation aus der Sicht von Arbeitsansätzen in pädagogischen Handlungsfeldern. *IZA-Zeitschrift für Migration und Soziale Arbeit, 3/4,* 87-91.

Le Pape Racine, C. (2000). *Immersion – Starthilfe für mehrsprachige Projekte. Einführung in eine Didaktik des Zweitsprachunterrichts.* Zürich: Pestalozzianum.

Li, C., Nuttall, R.L. & Zhao, S. (1999). The effects of writing Chinese characters on success on the water-level task. *Journal of Cross-Cultural Psychology, 30 (1),* 91-105.

Lienert, G.A. & Raatz, U. (1994). *Testaufbau und Testanalyse* (5. Aufl.). Weinheim: Psychologie Verlags Union.

Limbird, C. & Stanat, P. (2006). Sprachförderung bei Schülerinnen und Schülern mit Migrationshintergrund: Ansätze und ihre Wirksamkeit. In J. Baumert, P. Stanat & R. Watermann (Hrsg.), *Herkunftsbedingte Disparitäten im Bildungswesen: Differenzielle Bildungsprozesse und Probleme der Verteilungsgerechtigkeit. Vertiefende Analysen im Rahmen von PISA 2000* (S. 257-307). Wiesbaden: VS Verlag.

Lindner, G. (1977). *Hören und Verstehen. Phonetische Grundlagen der auditiven Lautsprachenperzeption.* Berlin: Akademie-Verlag.

Lischer, R. (1997). *Integration – (k)eine Erfolgsgeschichte. Ausländische Kinder und Jugendliche im schweizerischen Bildungssystem*. Bern: Bundesamt für Statistik.

List, G. (2005). Was tun und was können Kinder sprachlich? Auf dem Weg vom linguistischen Testversuch zum entwicklungspsychologischen Sprachhandlungskonzept. In I. Gogolin, U. Neumann & H.-J. Roth (Hrsg.), *Sprachdiagnostik bei Kindern und Jugendlichen mit Migrationshinter*grund (S. 51-57). Münster: Waxmann.

Long, M.H. (2000). Stabilisation and Fossilisation in Interlanguage Development. In C.J. Doughty & M.H. Long (Eds.), *The Handbook of Second Language Acquisition*. (pp. 487-536). Oxford: Blackwell Publishing Ltd.

Loppacher, U. (Hrsg.). (1997). *Leben ist die Bewegung der Vogelflügel … Gedichte von Schülerinnen und Schülern in zehn Sprachen*. Zürich: Pestalozzianum.

Luchtenberg, S. (1994). Bilinguale und interkulturelle Erziehung in Schweden. In A. Paula (Hrsg.), *Mehrsprachigkeit in Europa* (S. 107-129). Klagenfurt: Drava.

Luchtenberg, S. (1995a). *Interkulturelle sprachliche Bildung. Zur Bedeutung von Zwei- und Mehrsprachigkeit für Schule und Unterricht*. Münster: Waxmann.

Luchtenberg, S. (1995b). Language Awareness. Oder: Über den bewussten Umgang mit der Fremdsprache im Unterricht. *Fremdsprache Deutsch*, Sondernummer, 36-41.

Luchtenberg, S. (1999). *Interkulturelle Kommunikative Kompetenz. Kommunikationsfelder in Schule und Gesellschaft*. Opladen: Westdeutscher Verlag.

Luginbühl, D. (2002). *Das Modell St. Johann. Untersuchung der Wirksamkeit*. Schlussbericht. Basel: Rektorat Primarschule Grossbasel-West. Unveröffentlichtes Manuskript.

Lüdi, G. & Werlen, I. (2005). *Sprachenlandschaft in der Schweiz*. Neuchâtel: Bundesamt für Statistik.

Maaz, K. & Watermann, R. (2004). Die Erfassung sozialer Hintergrundmerkmale bei Schülern und Hinweise zu ihrer Validität. In W. Bos, E.M. Lankes, N. Plassmeier, & K. Schwippert (Hrsg.), *Heterogenität. Eine Herausforderung an die empirische Bildungsforschung* (S. 209-229). Münster: Waxmann.

MacNamara, J. (1967). The bilingual's linguistic performance: A psychological overview. *Journal of Social Issues, 23*, 59-77.

Mächler, S. & Autorenteam (2000). *Schulerfolg: kein Zufall. Ein Ideenbuch zur Schulentwicklung im multikulturellen Umfeld*. Zürich: Lehrmittelverlag.

Magnani, F. (1990). *Eine italienische Familie*. Köln: Kiepenheuer & Witsch.

Makarova, E. (2008). *Akkulturation und kulturelle Identität*. Bern: Haupt.

Martin-Jones, M. & Romaine, S. (1985). Semilingualism: A half-baked theory of communicative competence. *Applied Linguistics, 6*, 105-117.

Masgoret, A.-M. & Gardner, R.C. (2003). Attitudes, Motivation, and Second Language Learning: A Meta-Analysis of Studies Conducted by Gardner and Associates. In: Z. Dörnyei (Ed.), *Attitudes, Orientations, and Motivations in Language Learning: Advances in Theory, Research, and Applications* (pp. 167-210). Oxford: Blackwell.

Mayring, P. (1999). *Einführung in die qualitative Sozialforschung* (4. Aufl.). Weinheim: Psychologie Verlags Union.

Mayring, P. (2003). *Qualitative Inhaltsanalyse. Grundlagen und Techniken* (8. Aufl.). Weinheim: Beltz.

Mayring, P. & Gläser-Zikuda, M. (Hrsg.). (2005). *Die Praxis der qualitativen Inhaltsanalyse*. Weinheim: Beltz.

Matthes, J. (1999). Interkulturelle Kompetenz. Ein Konzept, sein Kontext und sein Potential. *Deutsche Zeitschrift für Philosophie*, 47 (3), 411-426.

McLaughlin, B. (1984). *Second-language acquisition in childhood. Vol. 1, Preschool schildren*. Hillsdale, NJ: Erlbaum.

Mehrländer, U., Hofmann, R., König, P. & Krause, H.J. (1981). *Situation ausländischer Arbeitnehmer und ihrer Familienangehörigen in der Bundesrepublik Deutschland*. Bonn: Bundesminister für Arbeit und Sozialforschung.

Messner, H. & Reusser, K. (2000). Berufliches Lernen als lebenslanger Prozess. *Beiträge zur Lehrerbildung, 18 (3)*, 277-294.

Messner, H. & Reusser, K. (2000). Die berufliche Entwicklung von Lehrpersonen als lebenslanger Prozess. *Beiträge zur Lehrerbildung, 18 (2)*, 157-171.

Missler, B. (1999). *Fremdsprachenlernerfahrungen und Lernstrategien. Eine empirische Untersuchung.* Tübingen: Stauffenburg.

Mohanty, A.K. (1994). *Bilingualism in a Multilingual Society: Psychological and Pedagogical Implications.* Mysore: Central Institute of Indian Languages.

Moser, U. (2000). Evaluation in den „Fremdsprachen": Chancen und Grenzen. *Babylonia, 1,* 10-14.

Moser, U. (2001). Schulleistungen von fremdsprachigen Schülerinnen und Schülern. Eine Sekundäranalyse zweier Evaluationsstudien aus dem Kanton Zürich. In W. Kurmann u.a. (Hrsg.), *Italienische Schülerinnen und Schüler in der Schweiz. EDK Studien + Berichte, 13* (S. 105-130). Bern: EDK, Schweizerische Konferenz der Kantonalen Erziehungsdirektoren.

Moser, U. (2002). Kulturelle Vielfalt in der Schule: Herausforderung und Chance. In BFS/EDK (Hrsg.), *Für das Leben gerüstet? Die Grundkompetenzen der Jugendlichen – Nationaler Bericht der Erhebung PISA 2000* (S. 113-135). Neuchâtel: Bundesamt für Statistik (BFS).

Moser, U., Bayer, N., Tunger, V. & Berweger, S. (2008*). Entwicklung der Sprachkompetenzen in der Erst- und Zweitsprache von Migrantenkindern.* Schlussbericht. Zürich: Insitut für Bildungsevaluation, Assoziiertes Institut der Universität Zürich. Zugriff am 12.06.2009, http://www.nfp56.ch/d_projekt.cfm?Projects.Command= details&get=4&kati=1

Moser, U. & Rhyn, H. (2000). *Lernerfolg in der Primarschule. Eine Evaluation der Leistungen am Ende der Primarschule.* Aarau: Sauerländer.

Moser, U. & Keller, F. & Tresch, S. (2002). *Evaluation der 3. Primarschulklassen. Wichtige Ergebnisse und Folgerungen.* Zürich: Bildungsdirektion des Kantons Zürich.

Moser, U. & Tresch, S. (2003). *Best Practice in der Schule.* Bern: Haupt.

Mummendey, H. D. (2006). *Psychologie des ‚Selbst'. Theorien, Methoden und Ergebnisse der Selbstkonzeptforschung.* Göttingen: Hogrefe.

Müller, R. (1995). Die Berücksichtigung der Zweisprachigkeit in den Bildungssystemen der deutschschweizerischen Kantone und Vorschläge zur Verbesserung der heutigen Situation. In E. Poglia, A.-N. Perret-Clermont, A. Gretler & P. Dasen (Hrsg.), *Interkulturelle Bildung in der Schweiz – Fremde Heimat* (S. 177-186). Bern: Peter Lang Verlag.

Müller, R. (1996). Sozialpsychologische Grundlagen des schulischen Zweitspracherwerbs bei Migrantenkindern. In J. Hollenweger & H. Schneider (Hrsg.), *Mehrsprachigkeit und Fremdsprachigkeit in der Schweiz. Beiträge, Grundlagen, Unterricht und Therapie* (S. 33-89.). Luzern: SZH/SPC.

Müller, R. (1998a). Ist das Schulversagen von zweisprachigen Migrantenkindern selbstverständlich? Oder: Was hat die Schule damit zu tun? In A. Lanfranchi & T. Hagmann (Hrsg.), *Migrantenkinder. Plädoyer für eine Pädagogik der Vielfalt* (S. 47-61). Luzern: SZH/SPC

Müller, R. (1998b). Zehn Massnahmen zugunsten von zweisprachigen Schülerinnen und Schülern in der Schweizer Schule. In A. Lanfranchi & T. Hagmann (Hrsg.). *Migrantenkinder. Plädoyer für eine Pädagogik der Vielfalt* (S. 61-67). Luzern: SZH/SPC

Müller, R. (2001). Soziale und psychologische Aspekte des Zweitspracherwerbs von Migrantenschülerinnen und Migrantenschülern und bildungspolitische Konsequenzen. In Landesinstitut für Schule und Weiterbildung (Hrsg.). *Zweisprachigkeit und Schulerfolg. Beiträge zur Diskussion* (S. 69-108). Bönen: Verlag für Schule und Weiterbildung.

Müller, R. (1992a). Über die Zweisprachigkeit von Kindern. In R. Müller & P. Furrer (Hrsg.), *Kinder aus der Türkei. Ein Handbuch für die Arbeit mit türkischen Kindern und Jugendlichen und deren Eltern* (S. 47-70). Bern: ILZ.

Müller, R. (1992b). Kurse in heimatlicher Sprache und Kultur. Türkische Kulturkurse. In R. Müller & P. Furrer (Hrsg.), *Kinder aus der Türkei. Ein Handbuch für die Arbeit mit türkischen Kindern und Jugendlichen und deren Eltern* (S. 77-78). Bern: ILZ.

Müller, R. (1992c). Berufsbildung von türkischen Jugendlichen. In R. Müller & P. Furrer (Hrsg.), *Kinder aus der Türkei. Ein Handbuch für die Arbeit mit türkischen Kindern und Jugendlichen und deren Eltern* (S. 89-96). Bern: ILZ.

Müller, R. & Furrer, P. (1992). Türkische Flüchtlinge und Asylbewerber in der Schweiz. In R. Müller & P. Furrer (Hrsg.), *Kinder aus der Türkei. Ein Handbuch für die Arbeit mit türkischen Kindern und Jugendlichen und deren Eltern* (S. 37-44). Bern: ILZ.

Müller, R. (1996). Sozialpsychologische Variablen des schulischen Zweitspracherwerbs von Migrantenkindern. In H. Schneider & J. Hollenweger (Hrsg.), *Mehrsprachigkeit und Fremdsprachigkeit: Arbeit für die Sonderpädagogik* (S. 33-89). Luzern: SZH/SPC.

Müller, R. & Dittmann-Domenichini, N (2007). Die Entwicklung schulisch-standardsprachlicher Kompetenzen in der Volksschule. Eine Quasi-Längsschnittstudie. *Linguistik online, 32, (3)*. Zugriff am 16.06.2008. Verfügbar unter http://www.linguistik-online.de/32_07/muellerEtAl.html

Nieke, W. (2000). *Interkulturelle Erziehung und Bildung. Wertorientierungen im Alltag* (2. Aufl.). Opladen: Leske + Budrich.

Noels, K.A., Pelletier, L.G, Clément, R. & Vallerand, R.J. (2003). Why Are You Learning a Second Language? Motivational Orientations and Self-Determination Theory. In: Z. Dörnyei. (Ed.), *Attitudes, Orientations, and Motivations in Language Learning: Advances in Theory, Research, and Applications* (pp. 33-63). Oxford: Blackwell.

Noorderhaven, N.G. & Halman, L.C.J.M. (2003). Does Intercultural Education Lead to More Cultural Homogeneity and Tolerance? *Intercultural Education, 14 (1)*, 68-76.

Ochsner, P. (Hrg.). (2000). *Vom Störfall zum Normalfall. Kulturelle Vielfalt in der Schule*. Chur: Rüegger.

OECD – Organisation for the Economic Co-Operation and Development (1999). *Classifying educational programmes: Manual for ISCED-97 implementation in OECD countries*. Paris: OECD.

OECD – Organisation for the Economic Co-Operation and Development (2001). *Lernen für das Leben. Erste Ergebnisse von PISA 2000*. Paris: OECD.

Ogbu, J.U. (1992). Adaptation to Minority Status and Impact on School Success. *Theory Into Practice, 31 (4)*, 287-295.

Ogbu, J.U. (2003). *Black American Students in an Affluent Suburb: A Study of Academic Disengagement*. Mahwah NJ: Erlbaum.

Oksaar, E. (2003). *Zweitspracherwerb. Wege zur Mehrsprachigkeit und zur interkulturellen Verständigung*. Stuttgart: Kohlhammer.

Olechowski, R., Hanisch, G., Katsching, T., Khan-Shik, G. & Persy, E. (2002). Bilingualität und Schule – Eine empirische Erhebung an Wiener Volksschulen. In W. Weidinger (Hrsg.), *Bilingualität und Schule 2. Wissenschaftliche Befunde* (S. 8-63).Wien: öbv & hpt.

Oscarson, M. (2000). Selbstbeurteilung im Fremdsprachenunterricht – eine Utopie? *Babylonia, 1*, 19-22.

Osmani, S. (1994). Shkollë e jetë IV-VI. Prishtina: Ministria e arsimit.

Oxford, R.L. (1999). Learning strategies. In B. Spolsky (Ed), *Concise Encyclopedia of Educational Linguistics* (pp. 518-522). Oxford: Elsevier.

Oxford, R.L. & Shearin, J. (1994). Language learning motivation: Expanding the theoretical framework. *Modern Language Journal, 78*, 12-28.

Palentien, C. (2005). Aufwachsen in Armut – Aufwachsen in Bildungsarmut. *Zeitschrift für Pädagogik, 51 (2)*, 154-169.

Paradis, M. (2004). *A Neurolinguistic Theory of Bilingualism*. Amsterdam: Benjamins.

Perregaux, C. (1998). *Odyssea. Ansätze einer Interkulturellen Pädagogik*. Zürich: Lehrmittelverlag.

Petko, D. (2006). Kameraskript (Kapitel 1). In Hugener, I., Pauli, C. & Reusser, K., *Videoanalysen*. In E. Klime, C. Pauli & K. Reusser (Hrsg.), *Dokumentation der Erhebungs- und Auswertungsinstrumente zur schweizerisch-deutschen Videostudie „Unterrichtsqualität, Lernverhalten und mathematisches Verständnis"*. Materialien zur Bildungsforschung, Band 15. Frankfurt am Main: GFPF.

Piaget, J. (1929). *The child's conception of the world*. New York: Hartcourt, Brace, Jovanovich.

Phinney, J.S., Berry, J.W., Vedder, P. & Liebkind, K. (2006). The Acculturation Experience. Attitudes, Identities, and Behaviors of Immigrant Youth. In J.W. Berry, J.S. Phinney, D.L. Sam & P. Vedder (Eds.). *Immigrant Youth in Cultural Transition. Acculturation, Identity, and Adaptation Across National Contexts* (p. 71-116). London: Lawrence Erlbaum Asssociates.

Poglia, E., Perret-Clermont, A.-N., Gretler, A. & Dasen, P. (Hrsg.). (1995). *Interkulturelle Bildung in der Schweiz. Fremde Heimat*. Bern: Peter Lang AG.

Portera, A. (1996). Migration und Identitätsentwicklung von Jugendlichen italienischer Herkunft. *Deutsch Lernen, 1*, 18-44.

Preibusch, W. (1992). *Die deutsch-türkischen Sprachenbalancen bei türkischen Berliner Grundschülern: eine clusteranalytische Untersuchung*. Frankfurt am Main: Peter Lang.

Prengel, A. (1993). *Pädagogik der Vielfalt. Verschiedenheit und Gleichberechtigung in Interkultureller, Feministischer und Integrativer Pädagogik*. Opladen: Leske + Budrich.

Prenzel, M., Seidel, T., Lehrke, M., Rimmele, R., Duit, R., Euler, M., Geiser, H., Hoffmann, L., Müller, C. & Widodo, A. (2002). Lehr-Lernprozesse im Physikunterricht – eine Videostudie. *Zeitschrift für Pädagogik, 45. Beiheft*, 139-156.

Prodolliet, S. (Hrsg.). (1998). *Blickwechsel. Die multikulturelle Schweiz an der Schwelle zum 21. Jahrhundert*. Luzern: Caritas-Verlag.

Prüfer, P. & Rexroth, M. (1996). Verfahren zur Evaluation von Survey-Fragen: Ein Überblick. *ZUMA-Nachrichten, 39 (20)*, 95-115.

Qualität in multikulturellen Schulen (QUIMS) (1999). *Projektplan für die zweite Projektphase (1999-2001)*. Zürich: Bildungsdirektion Kanton Zürich.

Qualität in multikulturellen Schulen (QUIMS) (2001). *Projektplan für die dritte Phase (2002-2005)*. Zürich: Bildungsdirektion Kanton Zürich.

Raasch, A. (1997). Was leisten Selbsteinschätzungstests? In M. Gardenghi & M. Connell (Hrsg.), *Prüfen, Testen, Bewerten im modernen Fremdsprachenunterricht* (S. 37-48). Frankfurt am Main: Peter Lang.

Raatz, U., Grotjahn R. & Wockenfuss, V. (2006). Das TESTATT-Projekt: Entwicklung von C-Tests zur Evaluation des Fremdsprachenlernerfolgs. In R. Grotjahn (Ed.), *Der C-Test: Theorie, Empirie, Anwendungen/The C-Test: Theory, Empirical Research, Applications* (S. 85-99). Frankfurt am Main: Lang.

Raatz, U. & Klein-Braley, C. (2001). *CT-D4. Schulleistungstest Deutsch für 4. Klassen*. Weinheim: Beltz.

Raatz, U. & Klein-Braley, C. (2002). Introduction to Language Testing and to C-Tests. In J.A. Coleman, R. Grotjahn, U. Raatz (Eds.), *University Language Testing and the C-Test* (pp. 75-91). Bochum: AKS-Verlag.

Raatz, U. & Klein-Braley, C. (1985). How to Develop a C-Test. In C. Klein-Braley & U. Raatz (Hrsg.), *Fremdsprachen und Hochschule 13/14: Thematischer Teil: C-Tests in der Praxis* (S. 20-22). Bochum: AKS-Verlag.

Rakoczy, K., Buff, A. & Lipowsky, F. (2005). Befragungsinstrumente. In E. Klieme, C. Pauli & K. Reusser (Hrsg.), *Dokumentation der Erhebungs- und Auswertungsinstrumente zur schweizerisch-deutschen Videostudie „Unterrichtsqualität, Lernverhalten und mathematisches Verständnis".* Materialien für Bildungsforschung, Bd. 13. Frankfurt am Main: GFPF.

Ramírez, C.M. (1985). *Bilingual Education and Language Interdependence: Cummins and Beyond.* Unpublished doctoral dissertation, Yeshiva University.

Ramírez, J.D. (1992). Executive Summary. *Bilingual Research Journal, 16*, 1-62.

Ramseier, E., Moser, U., Reusser, K., Labudde, P. & Buff, A. (1994). Schule, Leistung und Persönlichkeit (TIMSS+). Ein international vergleichendes Projekt im Rahmen des nationalen Forschungsprogramms „Die Wirksamkeit unserer Bildungssysteme". *Beiträge zur Lehrerbildung, 12 (11)*, 67-72.

Ramseier, E. & Brühwiler, C. (2003). Herkunft, Leistung und Bildungschancen im gegliederten Bildungssystem: Vertiefte PISA-Analyse unter Einbezug der kognitiven Grundfähigkeiten. *Schweizerische Zeitschrift für Bildungswissenschaften, 25 (1)*, 1-34.

Rehbein, J. & Griesshaber, W. (1996). L2-Erwerb versus L1-Erwerb: Methodologische Aspekte ihrer Erforschung. In K. Ehlich (Hrsg.), *Kindliche Sprachentwicklung: Konzepte und Empirie* (S. 67-119). Opladen: Westdeutscher Verlag.

Reich, H.H. (1992). Grundsatzüberlegungen zum Muttersprachlichen Unterricht. *Deutsch Lernen, 1*, 77-84.

Reich, H.H. (1994). Herkunftssprachen „anstelle einer Fremdsprache". In S. Luchtenberg & W. Nieke (Hrsg.), *Interkulturelle Pädagogik und europäische Dimension: Herausforderungen für Bildungssystem und Erziehungswissenschaft: Festschrift zum 60. Geburtstag von Manfred Hohmann* (S. 25-37). Münster: Waxmann.

Reich, H.H. (1995). *Community Languages Teaching. Herkunftssprachenunterricht in England.* Münster: Waxmann.

Reich, H.H. (1995). *Langues et cultures d'origine. Herkunftssprachenunterricht in Frankreich.* Münster: Waxmann.

Reich, H.H. (1996). *Hemspråksundervisning. Herkunftssprachenunterricht in Schweden.* Münster: Waxmann.

Reich, H.H. (2000). Die Gegner des Herkunftssprachen-Unterrichts und ihre Argumente. *Deutsch Lernen, 2,* 112-126.

Reich, H.H. (2002a). Wie viel Zweisprachigkeit erlaubt die Schule? Modelle im europäischen Vergleich. In W. Weidinger (Hrsg.), *Bilingualität und Schule 2. Wissenschaftliche Befunde* (S. 108-119). Wien: öbv & hpt.

Reich, H.H. (2002b). Sprachen am Zollstock. Zur Vergleichbarkeit von Erst- und Zweitsprache bei zweisprachigen Kindern. In H. Barkowski & R. Faistauer (Hrsg). *... in Sachen Deutsch als Fremdsprache* (S. 145-152). Baltmannsweiler: Schneider-Verlag Hohengehren.

Reich, H.H. (2006). Tests und Sprachstandsmessungen bei Schülern und Schülerinnen, die Deutsch nicht als Muttersprache haben. In U. Bredel, H. Günther, P. Klotz, J. Ossner & G. Siebert-Ott (Hrsg.), *Didaktik der deutschen Sprache. Ein Handbuch* (2., durchgesehene Aufl.), Bd. 1-2, (S. 914-923). Padernborn: Schöningh UTB.

Reich, H.H. & Roth, H.-J. (2002). *Spracherwerb zweisprachig aufwachsender Kinder und Jugendlicher. Ein Überblick über den Stand der nationalen und internationalen Forschung.* Hamburg: Grafische Medien GmbH. Zugriff am 12.06.2009 unter http://www.erzwiss.uni-hamburg.de/Personal/Gogolin/files/Gutachten.pdf.

Reid, J.M. (1995). Preface. In J.M. Reid (Ed.), *Learning styles in the ESL/EFL classroom*, (viii-xvii). Boston MA: Heinle and Heinle.

Reusser, K. (1994). Die Rolle von Lehrerinnen und Lehrern neu denken. Kognitionspädagogische Anmerkungen zur „neuen Lernkultur". *Beiträge zur Lehrerbildung, 12 (1)*, 19-37.

Reusser, K. (1995). Lehr-Lernkultur im Wandel: Zur Neuorientierung in der kognitiven Lernforschung. In R. Dubs & R. Dörig (Hrsg.), *Dialog Wissenschaft und Praxis. Berufsbildungstage St. Gallen* (S. 164-190). St. Gallen: Institut für Wirtschaftspädagogik IWP.

Reusser, K. & Stebler, R. (1999). Authentizität bei der Beurteilung von Fachleistungen und Lernkompetenzen. *Beiträge zur Lehrerbildung, 17 (1), 10-23*.

Reusser, K. (2000). Weiterentwicklung der fachpädagogischen Rolle von Lehrpersonen. *Beiträge zur Lehrerbildung, 18 (1)*, 85-86.

Reusser, K. & Pauli, C. (1999). *Unterrichtsqualität: Multideterminiertheit und multikriterial*. Manuskript. Pädagogisches Institut der Universität Zürich.

Reusser, K. & Pauli, C. (Hrsg.). (2003). *Mathematikunterricht in der Schweiz und in weiteren sechs Ländern. Bericht über die Ergebnisse einer internationalen und schweizerischen Video-Unterrichtsstudie. Doppel-CD-ROM*. Zürich: Universität Zürich.

Reusser, K. (2006). Konstruktivismus – vom epistemologischen Leitbegriff zur Erneuerung der didaktischen Kultur. In M. Baer, M. Fuchs, P. Füglister, K. Reusser & H. Wyss (Hrsg.), *Didaktik auf psychologischer Grundlage: Von Hans Aeblis kognitionspsychologischer Didaktik zur modernen Lehr- und Lernforschung* (S. 151-168). Bern: h.e.p.

Ricciardelli, L.A. (1992). Bilingualism and cognitive development in relation to threshold theory. *Journal of Psycholinguistic Research, 21*, 301-316.

Ricciardelli, L.A. (1993). An investigation of the cognitive development of Italian-English bilinguals and Italian monolinguals from Rome. *Journal of Multilingual and Multicultural Development 14 (4)*, 345-346.

Robbins, D. (2005). Generalized holographic visions of language in Vygotsky, Luria, Pribram, Eisenstein, and Vološinov. *Intercultural Pragmatics, 2 (1)*, 25-39.

Roche, J. (2001). *Interkulturelle Sprachdidaktik. Eine Einführung*. Tübingen: Gunter Narr.

Romaine, S. (1999). Early bilingual development: from elite to folk. In G. Extra & L. Verhoeven (Eds.), *Bilingualism and Migration* (pp. 61-73). Berlin/New York: Mouton de Gruyter.

Roos, M. & Bossard, L. (2008). *Zwischenevaluation der Einführung von QUIMS in der Stadt Zürich. Schlussbericht*. Zürich: spectrum.

Rosenthal, R. & Fode, K.L. (1963). The effect of experimenter bias on the performance of the albino rat. *Behavioral Science, 8*, 183-189.

Rüesch, P. (1998). *Spielt die Schule eine Rolle? Schulische Bedingungen ungleicher Bildungschancen von Immigrantenkindern – eine Mehrebenenanalyse*. Bern: Lang.

Rüesch, P. (1999). *Gute Schulen im multikulturellen Umfeld. Ergebnisse aus der Forschung zur Qualitätssicherung*. Zürich: Orell Füssli.

Ryan, R.M. & Deci, E.L. (2000). Self-Determination Theory and the Facilitation of Intrinsic Motivation, Social Development, and Well-Being. *American Psychologist, 55 (1)*, 68-78.

Ryan, R.M. & Deci, E.L. (2002). Overview of Self-Determination Theory: An Organismic Dialectical Perspective. In E.L. Deci & R.M. Ryan (Eds.), *Handbook of Self-Determination Research* (pp. 3-33). Rochester: The University of Rochester Press.

Sagasta Errasti, M.P. (2003). Acquiring writing skills in a third language: The positive effects of bilingualism. *The International Journal of Bilingualism, 7 (1)*, 27-42.

Salm, E. & Künzi, A. (2001). *Der HSK-Unterricht im Kanton Bern. Rechtliche Grundlagen, Bestandesaufnahme und Konzeptvorschläge für die Integration des Unterrichts in heimatlicher Sprache und Kultur (HSK)*. Amt für Bildungsforschung. Bern: Erziehungsdirektion Bern.

Sarter, H. (1991). *Sprache, Spracherwerb, Kultur: das Beispiel der Migrantenkinder in Frankreich*. Tübingen: Gunter Narr.

Sauer, E. & Saudan, V. (2008). Aspekte einer Didaktik der Mehrsprachigkeit. Vorschläge zur Begrifflichkeit. Zugriff am 21.03.2010 unter http://www.passepartout-sprachen.ch/dms/passerpartout/pdf/AspekteDidPP20090119.pdf.

Saville-Troike, M. (2006). *Introducing Second Language Acquisition*. Cambridge: University Press.

Schader, B. & Braha, F. (1996). *Shqip! Unterrichtsmaterialien für Albanisch sprechende Schülerinnen und Schüler und für den interkulturellen Unterricht in der Regel- und Kleinklasse*. Stäfa: Verlag Lehrerinnen und Lehrer Schweiz LCH.

Schader, B. (2003). *Zur sprachlichen Orientierung von VolksschülerInnen zwischen Mundart und Standardsprache. Evaluation zweier Erhebungen im Kontext des Projekts „Förderung der Standardsprache" und des Forschungsprojekts „Sprachkompetenzen, sprachliche Orientierung und Schulerfolg albanischsprachiger SchülerInnen" der Pädagogischen Hochschule Zürich*. Unveröffentliches Manuskript, Pädagogische Hochschule Zürich.

Schader, B. (2000). *Sprachenvielfalt als Chance. Ein Handbuch für den Unterricht in mehrsprachigen Klassen*. Zürich: Orell Füssli.

Schader, B. & Haenni Hoti, A. (2004). Potenziale mit Entwicklungsbedarf. Zu den verborgenen Früchten des albanisch-deutschen Sprachkontakts und zu Determinanten des Schulerfolgs albanischsprachiger Schülerinnen und Schüler. *Babylonia. vpod bildungspolitik. Dialogos. Sonderheft, 138*, 20-27.

Schader, B. (2004). Albanische SchülerInnen zwischen Dialekt und Standardsprache. *Babylonia, 1*, 57-60.

Schader, B. (2005). *Shqyrtime gjuhësore rreth kontaktit mes shqipes dhe gjermanishtes në Zvicër* [Linguistische Untersuchungen zum albanisch-deutschen Sprachkontakt in der Schweiz]. Tiranë: Kristalina-KH.

Schader, B. (Hrsg.). (2006). *Albanischsprachige Kinder und Jugendliche in der Schweiz. Hintergründe, sprach- und schulbezogene Untersuchungen*. Zürich: Pestalozzianum.

Schiefele, U. & Pekrun, R. (1996). Psychologische Modelle des fremdgesteuerten und selbstgesteuerten Lernens. In E. Weinert (Hrsg.), *Psychologie des Lernens und der Instruktion. Enzyklopädie der Psychologie*, Bd. 2, (S. 249-278). Göttingen: Hogrefe.

Schiffauer, W. (1991). *Die Migranten aus Subay. Türken in Deutschland: Eine Ethnographie*. Stuttgart: Klett-Cotta.

Schmidt, W.H., Jorde, D., Cogan L.S., Barrier, E., Gonzalo, I., Moser, U., Shimizu, K., Sawada, T., Valverde, G.A., McKnigt, C., Prawat, R.S., Wiley, D.E., Raizen, S.A., Britton, E.D. & Wolfe, R.G. (1996). *Characterizing pedagogical flow. An investigation of mathematics and science teaching in six countries*. Dordrecht: Kluwer.

Schneider, H. & Hollenweger, J. (1996). *Mehrsprachigkeit und Fremdsprachigkeit*. Luzern: Edition SZH.

Schofield, J.W. (2006). *Migrationshintergrund, Minderheitenzugehörigkeit und Bildungserfolg. Forschungsergebnisse der pädagogischen, Entwicklung- und Sozialpsychologie*. AKI-Forschungsbilanz 5. Zugriff am 04.12.2007 unter www.wzb.eu/zkd/aki/files/aki_forschungsbilanz_5.pdf.

Schönpflug, U. (1997). *Psychologie des Erst- und Zweispracherwerbs*. Stuttgart: Verlag W. Kohlhammer.

Schuler, P. (2002). *Integrierter Fachbereich – „Kurse in heimatlicher Sprache und Kultur im Oberstufenschulhaus Limmat A" in der Stadt Zürich*. Zürich: FS&S.

Schweizerische Konferenz der kantonalen Erziehungsdirektoren (EDK) (1991). Empfehlungen zur Schulung der fremdsprachigen Kinder. Zugriff am 04.12.2007 unter http://edudoc.ch/record/24416/files/D36A.pdf?ln=deversion=1.

Schweizerische Konferenz der kantonalen Erziehungsdirektoren (EDK) (Hrsg.). (2001). *Europäisches Sprachenportfolio. Version für Jugendliche und Erwachsene*. Bern: Berner Lehrmittel- und Medienverlag.

Schweizerische Koordinationsstelle für Bildungsforschung (SKBF) (Hrsg.). (2006). *Bildungsbericht Schweiz 2006*. Aarau: SKBF.

Seipel, C. & Rieker, P. (2003). *Integrative Sozialforschung. Konzepte und Methoden der qualitativen und quantitativen empirischen Forschung*. Weinheim: Juventa.

Selinker, L. (1972). Interlanguage. *International Review of Applied Linguistics in Language Teaching, 10*, 209-231.

Sempert, W. & Maag Merki, K. (2005). *Externe Evaluation „QUIMS-Bausteine". Ein Arbeitsinstrument für Schulen im Rahmen des Projektes „Qualität in multikulturellen Schulen"*. Schlussbericht. Zürich: FS&S.

Serra, A. (1991). *Kurse in Heimatlicher Sprache und Kultur (HSK). Schlussbericht über die Versuchsphase gemäss Erziehungsratsbeschluss vom 8. November 1983*. Zürich: Erziehungsdirektion des Kantons Zürich.

Siebert-Ott, G. (2001). *Zweisprachigkeit und Schulerfolg: Die Wirksamkeit von schulischen Modellen zur Förderung von Kindern aus zugewanderten Sprachminderheiten. Ergebnisse der (Schul-)forschung*. Bönen: Druck Verlag Kettler GmbH.

Siebert-Ott, G. (2001). *Frühe Mehrsprachigkeit. Probleme des Grammatikerwerbs in multilingualen und multikulturellen Kontexten*. Tübingen: Max Niemeyer.

Siebert-Ott, G. (2006a). Muttersprachendidaktik – Zweitsprachendidaktik – Fremdsprachendidaktik – Multilingualität. In U. Bredel, H. Günther, P. Klotz, J. Ossner & G. Siebert-Ott (Hrsg.), *Didaktik der deutschen Sprache. Ein Handbuch* (2., durchgesehene Aufl.), Bd. 1-2, (S. 30-41). Paderborn: Schöningh UTB.

Siebert-Ott, G. (2006b). Entwicklung der Lesefähigkeiten im mehrsprachigen Kontext. In U. Bredel, H. Günther, P. Klotz, J. Ossner & G. Siebert-Ott (Hrsg.), *Didaktik der deutschen Sprache. Ein Handbuch* (2., durchgesehene Aufl.), Bd. 1-2, (S. 536-547). Padernborn: Schöningh UTB.

Skehan, P. (1989). *Individual Differences in Second Language Learning*. London: Edward Arnold.

Skutnabb-Kangas, T. & Toukomaa, P. (1976). *Teaching Migrant Children's Mother Tongue and Learning the Language of the Host Country in the Context of the Sociocultural Situation of the Migrant Family*. Helsinki: The Finnish National Commission for UNESCO.

Skutnabb-Kangas, T. (1981). *Bilingualism or Not: The Education of Minorities*. Clevedon: Multilingual Matters.

Skutnabb-Kangas, T. (1997). Bilingual Education for Finnish Minority Students in Sweden. In J. Cummins & D. Corson (Eds.), *Encyclopedia of Language and Education, Vol. 5, Bilingual Education* (pp. 217-227). Dordrecht: Kluwer.

Skutnabb-Kangas, T. (2000). *Linguistic Genocide in Education – or Worldwide Diversity and Human Rights?* London: Lawrende Erlbaum Associates.

Snow, C.E., Barnes, W., Chandler, J., Goodman, I. & Hemphill, L. (1991). *Unfulfilled Expectations: Home and School Influences on Literacy*. Cambridge MA: Harvard University Press.

Söhn, J. (2005). *Zweisprachiger Schulunterricht für Migrantenkinder. Ergebnisse der Evaluationsforschung zu seinen Auswirkungen auf Zweitspracherwerb und Schulerfolg*. Berlin: Wissenschaftszentrum für Sozialforschung (AKI-Forschungsbilanz 2).

Spolsky, B. (1981). Some Ethical Questions about Language Testing. In C. Klein-Braley & D.K. Stevenson (Eds.), *Practice and Problems in Language Testing* (pp. 5-30). Frankfurt am Main: Lang.

Stanat, P. (2003). Schulleistungen von Jugendlichen mit Migrationshintergrund: Differenzierung deskriptiver Befunde aus PISA und PISA-E. In J. Baumert, C. Artelt, E. Klieme, M. Neubrand, M. Prenzel, U. Schiefele, W. Schneider, K.-J. Tillmann & M. Weiss (Hrsg.), *PISA 2000 – Ein differenzierter Blick auf die Länder der Bundesrepublik Deutschland* (S. 243-260). Opladen: Leske + Budrich.

Stanat, P. & Christensen, G. (2006). *Where Immigrant Students Succeed. A Comparative Review of Performance and Engagement in PISA*. Paris: OECD.

Stanat, P. (2006). Disparitäten im schulischen Erfolg: Forschungsstand zur Rolle des Migrationshintergrunds. *Unterrichtswissenschaft, 36* (2), 98-124.

Statistisches Jahrbuch der Stadt Zürich (2007). Bildung. Zugriff am 16.06.2008 unter http://www.stadtzuerich.ch/internet/stat/home/publikationen/jahrbuch/Jahrbuch_200 7.ParagraphContainerList.ParagraphContainer0.ParagraphList.0103.File.pdf/JB_200 7_kapitel_15.pdf.

Stebler, R. & Stotz, D. (2004). *Themenorientierter Sachunterricht in Englisch. Eine Untersuchung zur Unterrichtsgestaltung und Sprachkomptenz auf der Mittelstufe der Primarschule im Kanton Zürich*. Im Auftrag der Bildungsdirektion des Kantons Zürich, Volkschulamt. Zugriff am 05.02.2008 unter http://www.sprachenunter richt.ch/docs/2076_0_Bericht_E3MS_280504.pdf.

Steel, C. M. & Aronson, J. (1995). Stereotype Threat and the Intellectual Test Perform-ance of African Americans. *Journal of Personality and Social Psychologie, 69* (5), 797-811.

Steele, C. M. (1997). A Threat in the Air. How Stereotypes Shape Intellectual Identity and Performance. *American Psychologist, 52* (6), 613-629.

Steffens, U. & Bargel, T. (1993). *Erkundungen zur Qualität von Schule*. Neuwied: Luch-terhand.

Steinbach, A. & Nauck, B. (2004). Intergenerationale Transmission von kulturellem Kapital in Migrantenfamilien. Zur Erklärung von ethnischen Unterschieden im deut-schen Bildungssystem. *Zeitschrift für Erziehungswissenschaft, 7* (1) 20-32.

Stevenson, D. L. & Baker, D. P. (1987). Family-School Relation and the Child's School Performance. *Child Development, 58* (5),1348-1357.

Stigler, J.W., Gallimore, R. & Hiebert, J. (2000). Using Video Surveys to Compare Class-rooms and Teaching across Cultures: Examples and Lessons from the TIMSS Video Studies. *Educational Psychologist, 35 (2)*, 87-100.

Stöckli, G. (2004). *Motivation im Fremdsprachenunterricht. Eine theoriegeleitete empiri-sche Untersuchung in 5. und 6. Primarklassen mit Unterricht in Englisch und Französisch*. Aarau: Sauerländer.

Sträuli, B. (2003). „Man muss das System etwas umbauen". Deutsch mit Blick auf andere Muttersprachen. In G. Schneider & M. Clalüna (Hrsg.), *Mehr Sprache – mehr-sprachig –mit Deutsch. Didaktische und politische Perspektiven*. München: DV.

Sträuli, B. (2003). Zwei Sprachen in Schulzimmer und Kindergarten: das Modell HSK-Plus. *InterDialogos, 2*, 32-33.

Sue, S. & Okazaki, S. (1990). Asian-American Educational Achievement: A Phenomenon in Search of an Explanation. *American Psychologist, 45*, (8), 913-920.

Sunderland, J. (2000). Issues of Language and Gender in Second and Foreign Language Education. *Language Teaching, 33 (3)*, 203-223.

Swain, M. & Lapkin, S. (1991). Heritage Language Children in an English-French Bilingual Program. *The Canadian Modern Language Review, 47* (4), 635-641.

Swain, M., Lapkin, S., Rowen, N. & Hart, D. (1991). The Role of Mother Tongue Literacy in Third Language Learning. In S.P. Norris & L.M. Phillips (Eds.), *Foundations of Literacy Policy in Canada* (pp. 185-206). Calgary: Detselig Enterprises.

Subklew, E. (2001). Muttersprachlicher Unterricht und Integration: Von der Türkenschule zum Fach Türkisch. Dissertation. Johann Wolfgang Goethe-Universität Frankfurt am Main: Zugriff am 03.09.2008 unter http://deposit.d-nb.de/cgi-bin/dokserv? idn=96347412X.

Supper, S. (1999). *Minderheiten und Identität in einer multikulturellen Gesellschaft*. Wiesbaden: Deutscher Universitäts-Verlag.

Szagun, G. (1996). *Sprachentwicklung beim Kind* (6. überarbeitete Aufl.). Weinheim: Beltz Taschenbuch 62.

Teunissen, Frans (1996). *Herkunftssprache und Herkunftskultur an Sekundarschulen. Erfahrungen in Flandern.* Münster: Waxmann.

Tiedemann, J. & Billmann-Mahecha, E. (2004). Migration, Familiensprache und Schulerfolg. Ergebnisse aus der Hannoverschen Grundschulstudie. In W. Bos, E.M. Lankes, N. Plassmeier, & K. Schwippert (Hrsg.), *Heterogenität. Eine Herausforderung an die empirische Bildungsforschung* (S. 269-279). Münster: Waxmann.

Thomas, J. (1992). Metalinguistic Awareness in Second- and Third-Language Learning. In R.J. Harris (Ed.), *Cognitive Processing in Bilinguals* (pp. 531-545). Amsterdam: North Holland.

Thürmann, E. (2003). Herkunftssprachenunterricht. In K.-R. Bausch, C. Herbert & H.-J. Krumm (Hrsg.), *Handbuch Fremdsprachenunterricht* (4., vollständig neu bearbeitete Auflage), (S. 163-168). Tübingen: A. Francke.

Tokuhama-Espinosa, T. (Hrsg.). (2003). *The Multilingual Mind.* Westport: Praeger.

Tracy, R. & Gawlitzek-Maiwald, I. (2000). Bilingualismus in der frühen Kindheit. In H. Grimm (Hrsg.), *Enzyklopädie der Psychologie,* Themenbereich C, Serie III, Bd. 3. Göttingen: Hogrefe. S. 495-535.

Tremblay, P.F. & Gardner, R.C. (1995). Expanding the Motivation Construct in Language Learning. *Modern Language Journal, 79,* 505-518.

Trim, J., North, B., Coste, D. & Sheils, J. (2001). Gemeinsamer europäischer Referenzrahmen für Sprachen: lernen, lehren, beurteilen. Berlin: Langenscheidt.

Troike, R. (1984). SCALP: Social and Cultural Aspects of Language Proficiency. In C. Rivera (ed.*), Language Proficiency and Academic Achievement* (pp. 44-54). Clevedon: Multilingual Matters.

Truniger, M., Reinhardt, W. (1993). *Integrierter Fachbereich „Kurse in heimatlicher Sprache und Kultur".* Bericht über die erste Versuchsphase 1989-1993. Zürich: Pädagogische Abteilung/Ausländerpädagogik, Erziehungsdirektion.

Thomas, A. (1996). *Psychologie interkulturellen Handelns.* Göttingen:

Vallerand, R.J., Blais, M.R., Brière, N.M. & Pelletier, L.G. (1989). Construction et validation de l'échelle de motivation en éducation (EME) [Construction and Validation of the Academic Motivation Scale]. *Canadian Journal of Behavioural Science, 21* (3), 323-349.

Verhoeven, L. (1994). Transfer in Bilingual Development: The Linguistic Interdependence Hypothesis Revisited. *Language Learning, 44 (3),* 381-415.

Verhoeven, L. (1995). Multilingualism in Europe: Focus on the Netherlands. *Babylonia, 1,* 16-26.

Visser, A. (2004). Hygiene, HSK und Herbart. Eine freche Fremdwahrnehmung von PISA und dem „Ausländerproblem" in der Schweiz. *Babylonia, 2,* 42-46.

Vygotskij, L S. (2002). Denken und Sprechen. Weinheim: Beltz.

Wald, B. (1984). A Sociolinguistic Perspective on Cummins' Current Framework for Relating Language Proficiency to Academic Achievement. In C. Rivera (Ed.), *Language Proficiency and Academic Achievement* (pp. 55-70). Clevedon: Multilingual Matters.

Waldrauch, H. (1998). Die berufliche Situation muttersprachlicher LehrerInnen in Österreich. In D. Çınar (Hrsg.). *Gleichwertige Sprachen? Muttersprachlicher Unterricht für die Kinder von Einwanderern* (S. 81-204). Innsbruck: Studien Verlag.

Walter, C. (2001). *Schule in kultureller Vielfalt. Beobachtungen und Wahrnehmungen interkulturellen Unterrichts.* Opladen: Leske + Budrich.

Wanner, P. & Fibbi, R. (2002). Familien und Migration, Familien in der Migration. In Eidgenössischen Koordinationskommission für Familienfragen EKFF (Hrsg.), *Familien und Migration. Beiträge zur Lage der Migrationsfamilien und Empfeh-*

lungen der Eidgenössischen Koordinationskommission für Familienfragen (S. 9-47). Bern: BBL, Vetrieb Publikationen.

Weidinger, W. (Hrsg.). (2001). *Bilingualität und Schule 1. Ausbildung, wissenschaftliche Perspektiven und empirische Befunde*. Wien: öbv &hpt.

Weidinger, W. (Hrsg.). (2002). *Bilingualität und Schule 2. Wissenschaftliche Befunde*. Wien: öbv &hpt.

Weiner, B. (1994). *Motivationspsychologie* (3. Auflage). Weinheim: Beltz.

Weinert, F. E. & Helmke, A. (Hrsg.). (1997). *Entwicklung im Grundschulalter*. Weinheim: Beltz.

Werlen, I. (2006). Mehrsprachige Schulmodelle in der Schweiz. In W. Wiater & G. Videsott (Hrsg.), *Schule in mehrsprachigen Regionen Europas* (291-307). Frankfurt am Main: Peter Lang.

Wild, E., Hofer, M. & Pekrun, R. (2001). Psychologie des Lerners. In A. Krapp & B. Weidenmann (Hrsg.), *Pädagogische Psychologie. Ein Lehrbuch* (4. vollständig überarbeitete Auflage) (S. 207-270). Weinheim: Beltz.

Wilpert, C. (1980). *Die Zukunft der zweiten Generation*. Königstein: Anton Hain.

Wicker, H.-R., Fibbi, R. & Haug, W. (Hrsg.). (2003). *Migration und die Schweiz*. Zürich: Seismo.

Wicker, H.-R. (2002). Migration, Kultur und nationale Bindungen. *Terra cognita. Schweizer Zeitschrift zu Integration und Migration, 1,* 29-33.

Wittenberg, R. (1998). *Computerunterstützte Datenanalyse* (2. Aufl.). Stuttgart: Lucius & Lucius.

Wittmann, G.W. (1991). *Soziale Kompetenz im Kindergarten. Eine Explorationsstudie mit türkischen und deutschen Kindern*. München: Profil Verlag GmbH.

Witzel, A. (1982). *Verfahren der qualitativen Sozialforschung. Überblick und Alternativen*. Frankfurt: Campus.

Witzel, A. (1985). Das problemzentrierte Interview. In G. Jüttemann (Hrsg.), *Qualitative Forschung in der Psychologie* (S. 227-256). Weinheim: Beltz.

Witzel, A. (2000). Das problemzentrierte Interview [26 Absätze]. *Forum Qualitative Sozialforschung / Qualitative Social Research, Online Journal, 1 (1).* 1-9. Zugriff am 05.02.2008 unter: http://www.qualitative-research.net/fqs-texte/1-00/1-00witzel-d.htm.

Wode, H. (1993). *Psycholinguistik. Eine Einführung in die Lehr- und Lernbarkeit von Sprachen*. Ismaning: Hueber.

Wode, H. (1995). *Lernen in der Fremdsprache. Grundzüge von Immersion und bilingualem Unterricht*. Ismaning: Hueber.

Wottawa, H. & Thierau, H. (2003). *Lehrbuch Evaluation* (3. Aufl.). Bern: Hans Huber.

Abbildungsverzeichnis

Tabellenverzeichnis

Anhang

Anhang 1 – C-Test Deutsch

Beispiel

Ein Frosch war nicht immer ein Frosch

Im Frühjahr legen die Frösche ihre Eier ab. Dazu such*en* (1) sie si*ch* (2) einen Te*ich* (3). Manchmal müs*sen* (4) sie da*zu* (5) eine Stra*sse* (6) überqueren. Da*nn* (7) sind s*ie* (8) in gro*sser* (9) Gefahr. A*us* (10) den Ei*ern* (11) schlüpfen Kaulqu*appen* (12). Sie schwimmen im Teich und fressen Algen und kleinste Wasserpflanzen.

Text 1

Unsichtbare Tinte

Um eine unsichtbare Nachricht zu schreiben, braucht man nur eine Zitrone! Man gi*bt/giesst* (1) etwas Zitronensaft/Zitr*one* (2) auf e*in* (3) Wattestäbchen u*nd* (4) schreibt da*mit/dann* (5) auf ein wei*sses* (6) Blatt. Die Schr*ift* (7) bleibt unsich*tbar* (8). Wird d*as* (9) Blatt gefu*nden* (10), weiss niem*and* (11), dass e*ine* (12) geheime Botsch*aft* (13) darauf ste*ht* (14). Ma*n* (15) nimmt da*nn* (16) ein war*mes* (17) Bügeleisen und büg*elt* (18) das B*latt* (19) wie e*in* (20) Taschentuch. Die Nachricht erscheint wie durch Zauberei!

Text 2

Die Farben der Natur

Die Farbenvielfalt in der Natur ist nicht nur dazu da, um uns zu erfreuen. Farben ha*ben* (1) eine wich*tige* (2) Aufgabe für (3) Pflanzen u*nd* (4) Tiere. D*ie* (5) leuchtenden Bee*ren* (6) zwischen d*en* (7) Blättern z*um* (8) Beispiel wer*den* (9) von d*en* (10) Vögeln schn*ell* (11) gefunden. D*er* (12) gelbe Löwenz*ahn* (13), das violette (14) Veilchen u*nd* (15) viele and*ere* (16) Blüten lock*en* (17) mit ihr*en* (18) Farben Inse*kten* (19) an. Der grü*ne* (20) Laubfrosch möchte auf dem grünen Blatt möglichst wenig auffallen, damit ihn seine Feinde nicht entdecken.

Text 3

Ein Brief eines Schriftstellers

Ich habe die Geschichte zuerst mit Bleistift notiert, dann in den Computer getippt. Ich ha*be* (1) in Tierbü*chern* (2) über Schild*kröte* (3) und Eintagsfliege nachge*lesen/schaut* (4), und da*bei/dadurch* (5) zum Bei*spiel* (6) erfahren, d*ass* (7) Eintagsfliegen tatsäch*lich* (8) ganz ku*rz* (9) leben u*nd* (10) dass s*ie* (11) in die*ser* (12) Zeit ni*cht* (13) einmal fres*sen* (14). Bei d*en* (15) Schildkröten ha*be* (16) ich beoba*chtet* (17), dass s*ie* (18) das Fut*ter* (19) ohne zu kau*en* (20) hinunterschlucken. Die Geschichte hat sich mehrmals verändert, bis sie so war, wie sie jetzt in eurem Lesebuch steht.

Text 4

So leben die Elefanten

Elefanten leben meist in grossen Herden. Jede Elefantenherde (1) ist eine (2) Familie, alle (3) Tiere sind (4) miteinander verwandt (5). Die klügste/klügere (6) und älteste/ältere (7) Elefantenkuh führt (8) die Herde (9) an. Besonders (10) gut haben (11) es die (12) Elefantenbabys. Sie (13) werden von (14) den Müttern (15) liebevoll umsorgt (16). Wenn (17) es gefährlich (18) wird, schützen sich (19) die Elefanten (20) gegenseitig. Sie stellen sich im Kreis auf, in der Mitte stehen die jüngsten und schwächsten Elefanten.

Anhang 2 – C-Test Albanisch

Beispiel

Shkolla jonë është e re dhe e bukur. Ajo ka shu*më (1)* klasa dhe një korri*dor (2)*. Klasat ka*në (3)* dritare të më*dha (4)*. Dritaret ja*në (5)* nga e ma*jta (6)* kurse de*ra (7)* është nga e dja*thta (8)*. Dërrasa e ze*zë (9)* është në mu*rin (10)* përballë.

Übersetzung

Unsere Schule ist neu und schön. Sie hat viele Klassenzimmer und einen Korridor. Die Klassenzimmer haben grosse Fenster. Die Fenster sind links, während die Tür rechts ist. Die Wandtafel hängt an der Wand gegenüber.

Text 1

Stinët e vitit

Pranvera u sjell njerëzve gëzim dhe kohë të mirë. Qielli ësh*të (ështe, ësht)*[79] *(1)* i kal*tërt (kaltërtë, kaltër, kaltert, kalter, kalterë) (2)*. Dielli ndriçon *(ndriçonë, ndriçontë, ndriqon, ndrishon, ndrishonë, ndrishoj, ndriset, ndrishet, ndriti, ndrit, ndriten, ndrite, ndritë, ndriton, ndritën, ndrin, ndriën, ndritë) (3)*. Pamja e naty*rës (natyres, natyës) (4)* është e bu*kur (bukurë, buker) (5)*.

Në ve*rë (verrë, vere, ver, vend) (6)* bën va*pë (vape, vap, vapi, vapa, vabë) (7)*. Rallë fryn *(frym, fryen, frynë, fryne, früne, früma, fryni, fryehn, freskon, fra) (8)* një erë e leh*të (lehte, leht, lehter, lehët, lehmë, lehntë, lehn) (9)*. Ditët ja*në (jane, jan, jann) (10)* të gja*ta (gjatë, gjatha) (11)* e të bu*kura (bukra) (12)*, netët janë të shk*urtra (shkurta, shkurt, shkurtë, shkurte, shkurtura, shkurtera) (13)*. Pushimet ver*ore (verorë, veror) (14)* fillojnë. Njerë*zit (njerëzitë, njerësitë, njerësit, njerës, njerëne, njerënë vit) (15)* shkojnë në det, ku push*ojnë (pushojne, pushojn, pushojm) (16)* e këna*qen (kënaqën, kënaçen, kënaçen, kënatqen) (17)*.

Në vje*shtë (vjeshte, vjesht) (18)* pemët janë plot me fru*ta (frutta, frute, frukta, frutat, fruchta, fryta, fryte) (19)*: mollë, dar*dha (dardhatë, dardhë, dardh, dardhma) (20)*, ftonj dhe kumbulla.

Dimrit bie borë. Fëmijët rrëshqasin me saja, veçanërisht gjatë pushimeve.

Übersetzung von Text 1

Die Jahreszeiten

Der Frühling bringt den Menschen Freude und gutes Wetter. Der Himmel ist blau. Die Sonne scheint. Die Natur ist schön.

Im Sommer ist es heiss. Selten weht ein leichter Wind. Die Tage sind lang und schön, die Nächte sind kurz. Die Sommerferien beginnen. Die Menschen gehen ans Meer, wo sie Urlaub machen und sich vergnügen. Im Herbst sind die Bäume voller Obst: Äpfel, Birnen, Quitten und Pflaumen. Im Winter fällt Schnee. Die Kinder fahren Schlitten, besonders in den Ferien.

---

79 In den Klammern sind die Dialektformen aufgeführt.

Text 2
Besmiri dhe goma e harruar

Besmiri shkon në klasën e katërt. Një di*të* (di*te*, di*t*) *(1)*, pasi i mo*ri* (mo*rri*, mo*r*, mo*rë*) *(2)* librat dhe u përshë*ndet* (përshë*ndot*) *(3)* me ma*min* (ma*mën*, ma*man*, ma*men*, ma*cen*, ma*cja* o*.*) *(4)*, doli nga shtë*pia* (shtë*pija*, shtë*pia*) *(5)*. Pas ca mi*nutash* (minut*ame*, minut*are*,min*utav*, min*utesh*) *(6)* Besmiri u kthye (kthy*ë*, kthy*hë*, kth*üe*, kthy*r*, kthy, kth*i*, kthy*a*, kth*e*) *(7)*, sepse e ki*shte* (ki*shtë*, ki*sht*, ki*sh*, ki*shë*) *(8)* harruar go*mën* (go*men*, go*man*, go*mmen*, go*mmën*, go*ten*) *(9)*. Ai shk*oi* (shk*oj*, shk*ojë*, shk*oji*, shk*on*, shk*onë*, shk*anë*, shk*onte*) *(10)* drejt në dho*mën* (dho*men*, dho*më*, dho*me*, dho*m*, dho*jme,*) *(11)* ku i mba*nte* (mba*n*, mba*ne*, mba*në*, mba*ntë*, mba*nnë*, mba*jti*, mba*jt*, mba*rë*) *(12)* librat dhe fle*toret* (fle*toren*, fle*torën*, fle*tat*, fle*tët*, fle*trat*, fle*torat*, fle*ten*, fle*tën*, fle*nte*) *(13)*. Pasi gomën nuk e gje*ti* (gje*të*, gje*jti*, gj*et*, gje*lt*,gj*ente*) *(14)* në kuti*në* (kut*ine*, kut*ime*, kut*in*, kut*i*, kut*ij*, kut*ien*, kut*yhë*) *(15)* ku i mbante li*brat* (li*bratë*, li*brin*) *(16)* dhe fletoret, hyr*i* (hyn*i*, hyn*ë*, hy*jti*, hy*pi*, hy*bi*) *(17)* në dhomën e ndej*es* (ndej*ës*, ndej*s*, nde*ies* o*.*, nde*njes*, nde*mjes*, nde*mes*) *(18)* ku gje*ndej* (gje*ndet*, gje*nte*,gje*të*,gje*në*, gj*en*, gje*jti*, gje*ti* – ma*min*, gje*ti* – ma*cen*) *(19)* edhe ma*mi* (ma*ma*, ma*cja*, ma*cën*, ma*cen*) *(20)*.

Papritmas dëgjoi njëfarë zhurme. Por çfarë i panë sytë: macja luante me gomën.

Übersetzung von Text 2
Besmir und der vergessene Radiergummi

Besmir geht in die vierte Klasse. Eines Tages, nachdem er seine Bücher genommen und sich von der Mutter verabschiedet hatte, ging er aus dem Haus. Nach ein paar Minuten kehrte Besmir zurück, weil er den Radiergummi vergessen hatte. Er ging direkt ins Zimmer, wo er seine Bücher und Hefte hat. Nachdem er den Radiergummi nicht im Kästchen gefunden hatte, wo er Bücher und Hefte aufbewahrte, ging er ins Wohnzimmer, wo auch die Mutter war.

Plötzlich hörte er ein Geräusch. Und was sah er: Die Katze spielte mit dem Radiergummi.

Text 3
Shokët e mirë

Arbani edhe pse kishte thënë se do të mësonte, sot përsëri mori notë të dobët. Shokët e klas*ës* (kla*ses*, kla*sses*)*(1)* u mblo*dhën* (mblo*dhen*)*(2)* rreth tij. Ata fill*uan* (fill*uanë*, fill*uen*, fill*un*, fill*ojnë*, fill*ojne*, fill*ojn*, fill*oin*, fill*oim*, fill*onjin*, fill*onin*, fill*ojshin*)*(3)* të bised*onin* (bised*ojnë*, bised*ojmë*, bised*ojn*, bised*eujn*, bised*onjin*) *(4)* si ta ndihm*onin*, (ndihm*ojnë*, ndihm*onjë*, ndihm*ojmë*, ndihm*ojmi*, ndihm*ohin*, ndihm*ohmin*, ndihm*ohnin*, ndihm*ojn*, ndihm*ohnë*, ndihm*on*) *(5)* atë. Disa (Di*jemet*, Di*emt*, Di*jemt*, Di*kur* s*.*) *(6)* thanë se ësh*të* (ësh*te*, ësh*t*) *(7)* mirë t'i treg*ojnë* (treg*ojn*, treg*oj*, treg*ojë*, treg*ojmë*, treg*ojm*, treg*ojsh*, treg*onin*, treg*oni*, treg*on*, treg*onë*) *(8)* nënës dhe baba*it* (baba*ës*, baba*es*, baba*itë*, baba*it*, baba*yshit*) *(9)* të tij që Arbani nuk po mës*on* (mës*onte*) *(10)* mirë.

Vlora e pye*ti* (pye*t*, pye*ty*, pye*tën*, pye*n*, pye*të*) *(11)* Arbanin se çka mend*onte* (mend*ontë*, mend*on*, mend*oj*, mend*oi*, mend*uar*) *(12)* ai për këtë (kë*t*, kë*te*, kë*d*, kë*to*, kë*nkesem*) *(13)*, por Arbani nuk fol*i* (fol*ë*, fol*ën*, fol*e*, fol*l*, fol*te*, fol*të*) *(14)* fare. Në fu*nd* (fu*ndë*, fu*nte*) *(15)* Zana e vog*ël* (vog*el*, vog*jel*) *(16)* foli me zë të ëmb*ël* (ëmb*el*, ëmb*ul*, ëmb*ëlt*) *(17)* duke thë*në* (thë*ne*, thë*n*, thë*r*) *(18)* se ajo don*te* *(19)* ta ndih*mojë* (ndih*mojnë*, ndih*mojmë*, ndih*moje*, ndih*moj*, ndih*mojte*, ndih*monte*, ndih*mon*, ndih*mothë*) *(20)* Arbanin, ashtu që të mësojnë bashkë. Arbani u gëzua dhe pranoi menjëherë. Shokët e klasës buzëqeshën. Zana e vogël e kishte gjetur mënyrën si ta ndihmonte më mirë shokun e klasës.

Übersetzung von Text 3

Gute Freunde

Obwohl Arban gesagt hatte, dass er lernen werde, bekam er heute wieder eine ungenügende Note. Die Klassenkameraden umkreisten ihn. Sie begannen darüber zu sprechen, wie sie ihm helfen können. Einige sagten, dass es gut sei, seiner Mutter und seinem Vater zu erzählen, dass Arban nicht gut lernt. Vlora fragte Arban, was er dazu meinte, doch Arban schwieg.

Letztlich sagte die kleine Zana mit sanfter Stimme, dass sie Arban helfen möchte, indem sie zusammen lernen. Arban freute sich und nahm das Angebot sofort an. Unter den Klassenkameraden brach Gelächter aus. Die kleine Zana hat einen Weg gefunden, wie sie ihrem Klassenkameraden am besten helfen kann.

Text 4

Ditëlindja e Lindës

Në shtëpinë e Lindës zilja e derës cingëron vazhdimisht. Shokët dhe sho*qet* (sho*qët*, sho*ket*, sho*qjet*) *(1)* e ftu*ar* (ftu*an*, ftu*arë*, ftu*are*, ftu*ara*, ftu*anë*) *(2)* vijnë t'ia uro*jnë* (uro*jne*, uro*jn*, uro*jm*, uro*jmë* uro*im*, uro*ar* *(?))* *(3)* Lindës ditë*lindjen* (ditë*linjën*, ditë*linden*, ditë*lindën*, ditë*lindjer*, ditë*lindjën*) *(4)*.

Gjys*ma* (Gjy*sa*, Gjy*shsa*, Gjy*za*, Gjy*shja* Gjy*shi*, Gjy*shet*, Gjy*shes*, Gjy*th*)*(5)* e të ftu*arve* (ftu*erve*, ftu*arëve*, ftu*arit*, ftu*te*) *(6)* janë mble*dhur* (mble*dh*, mble*th*, mble*dhe*, mble*dhen*, mble*dhem* mble*dhë*, mble*dhën*, mble*dhëm*) *(7)*, kurse Linda en*de* *(8)* po bëhet ga*ti* *(9)*. Pas disa min*utash* (min*utësh*, min*utesh*, min*utave*, min*uteve* min*utav*) *(10)* Linda i përshë*ndet* (përshë*ndetë*, përshë*ndeti*) *(11)* të ftu*arit* (ftu*anit*, ftu*erit*, ftu*emit*, ftu*te*) *(12)*. Ka ve*shur* (ve*shurë*, ve*shë*, ve*sh*, ve*tëm*) *(13)* një fu*stan* (fu*stanë*, fu*ston*, fu*nd*, fu*në*, fu*tboll s.*) *(14)* të bu*kur* (bu*kurë*) *(15)*, ka rregulluar flo*kët* (flo*ket*, flo*kt*, flo*ktë*) *(16)*, është bë*rë* (bë*re*, bë*r*, bë*hnë*, bë*në*, bë*hër*, bë*her*) (17) për të mos e njo*hur* (njo*hurë*, njo*hun*, njo*hum*, njo*hin*, njo*hë*, njo*he*, njo*h*, njo*hin*, njo*m*, njo*sh*, njo*t*) *(18)*. Të gji*thë* (gji*the*, gji*th*, gji*dh*, gji*tha* gji*thi*) *(19)* ia uro*jnë* (uro*jne*, uro*jmë*, uro*jn*, ur*uan*) *(20)* ditëlindjen me këngën e zakonshme dhe i dëshirojnë jetë të lumtur dhe shëndet të mirë.

Übersetzung von Text 4

Lindas Geburtstag

In Lindas Haus klingelt die Türglocke ständig. Die eingeladenen Freunde und Freundinnen kommen, um Linda zu ihrem Geburtstag zu gratulieren.

Die Hälfte der Eingeladenen hat sich versammelt, während Linda sich noch bereitmacht. Nach einigen Minuten begrüsst Linda die Eingeladenen. Sie hat ein hübsches Kleid angezogen, hat die Haare in Ordnung gebracht, sie ist nicht wiederzuerkennen.

Alle gratulieren ihr zum Geburtstag mit dem gewohnten Lied und wünschen ihr ein glückliches Leben und gute Gesundheit.

Anhang 3 – C-Test Türkisch

Beispiel

İşte bir öğretim yılı daha başladı. Hepimiz sev*inç* içindeyiz. Bu yıl dörd*üncü* sınıfta oku*yaca*ğız. Okulumuzun bahçe*si* cıvıl cıvıl. Ni*hay*et öğretmenlerimize, okul*um*uza ve arka*daş*larımıza kavuştuk.

Übersetzung

Nun hat ein neues Schuljahr begonnen. Wir freuen uns darauf. Dieses Jahr werden wir die vierte Klasse besuchen. Unser Schulhof ist lebhaft. Endlich sind wir wieder in der Schule und haben unsere Lehrer/innen und unsere Mitschüler/innen wieder getroffen.

Text 1

Balcı Dede

Bal satan ihtiyar bir adam vardı. Herkes o*na (1)* Balcı Dede der*di (2)*. Tatlı dil*li (3)*, güler yüz*lü*ydü *(4)*. Sesini duy*an*/duy*sa*/duy*unca (5)* çocuklar, yan*ı*na *(6)* gider, o*nu (7)* seyrederdi. O da çocuk*ları (8)* çok sev*erdi (9)*.
Balı ç*ok (10)* uzaklardan, arıların *(11)* ülkesinden getir*ir*di *(12)*. Sattığı b*al(13)* çok iyi bal*dı (14)*. Balcı Dede bal g*ibi (15)* tatlı sev*imli (16)* mi sev*im*liydi *(17)* doğrusu. O bal değ*il (18)* zehir bi*le (19)* satsa, alıp yer*ler*di *(20)*. Balcı Dede bal satarak geçinirdi. Herkes tarafından çok sevildiği için çok bal satardı.

Übersetzung von Text 1

Der „honigverkaufende" Grossvater

Es war einmal ein alter Mann, der Honig verkaufte. Alle nannten ihn „honig-verkaufender" Grossvater. Er war unterhaltsam und liebenswürdig. Die Kinder, die seine Stimme hörten, gingen zu ihm und schauten ihm zu. Er mochte die Kinder auch sehr. Den Honig brachte er von weit her, aus dem Bienenland. Sein Honig war sehr gut. Der „honigverkaufende" Grossvater war honigsüss und wirklich sehr lieb. Auch wenn er statt Honig Gift verkauft hätte, hätten sie es gekauft und gegessen. Mit dem Honigverkauf verdiente er sein Brot. Da er bei allen beliebt war, verkaufte er sehr viel Honig.

Text 2

Toros

Babam bana bir köpek getirmişti. Bu or*ta (1)* boyda kap*kara (2)* bir köpek*ti (3)*. Uzun tüy*leri (4)* vardı. Çok hareket*li*ydi *(5)*. Bana o ka*dar(6)* alışmıştı ki, her gün hem*en (7)* her yer*de*/yeri *(8)* birlikte dolaşırdık *(9)*. Çok anlayışlıydı *(10)*. Ne söyle*sem*/söyle*sen (11)* anlar, ne söylesem yap*ardı (12)*. Yatsa bi*le*/bi*raz (13)* yan göz*ü*yle *(14)* bana bak*ar (15),* benim ne yaptığımı *(16)* gözler dur*ur*du *(17)*. Adını Toros koy*duk (18)*. Her gün o*nunla (19)* gezerdim. Eğ*er (20)* gölde yüzüyorsam, bir süre o da yüzer, çıkar kıyıda/kıyıya beni beklerdi. Konuk olarak bir yere gitsek, kapıda dururdu.

Übersetzung von Text 2
Toros

Mein Vater hatte mir einen Hund gebracht. Er war mittelgross und rabenschwarz. Er hatte lange Haare. Er war sehr lebhaft. Er hatte sich so an mich gewöhnt, dass wir fast jeden Tag überall zusammen hingingen. Er war sehr intelligent. Er verstand und machte alles, was ich sagte. Auch wenn er sass, musterte er mich scheelen Blickes, beobachtete ständig meine Taten. Wir nannten ihn Toros. Ich ging mit ihm jeden Tag spazieren. Wenn ich im See schwamm, schwamm er auch eine Weile mit und ging dann aus dem Wasser und wartete am Strand auf mich.

Text 3
Ayçiçeği

Çiftçi Baba tarlasını sürdü. Oraya çekirdekler ekti. Bunlar önce ot gibi çıktılar. Onları suladı, çapaladı. Bir çocuğ*un (1)* boyuna ulaş*tı*lar *(2)*. Kenar*lar*ından *(3)* sarı sarı yap*rak*lar *(4)* çıkardılar. Koca*man (5)* tarla çiç*ek (6)* bahçesine dön*üş*tü/dön*müş*tü *(7)*. Güneş ne*re*deyse *(8)*, onlar da oray dön*üyor*lardı *(9)*. Kuşlar, arı*lar (10)* için bayr*am (11)* yeriydi bur*ası (12)*. Çiftçi Baba iç*ine (13)* girince gör*ün*müyordu/gör*ül*müyordu *(14)*. Olgunlaşınca hep*sini (15)* bıçakla kes*ti (16)*. Çekirdekleri çıkar*dı (17)*, kuruttu. En iyi*leri*ni *(18)* seneye ek*mek*/ek*in (19)* için ayırdı *(20)*. Kalanları sattı. Çok çalışmıştı.

Übersetzung von Text 3
Die Sonnenblume

Onkel Bauer pflügte sein Feld. Er streute dort Samen. Zuerst schlüpfte das Grüne aus den Samen wie das Gras aus der Erde. Er goss die Pflanzen und hackte die Erde um. Die Pflanzen erreichten die Grösse eines Kindes. Aus den Stengel sprossen sonnengelbe Blüten. Das riesige Feld verwandelte sich in einen Blumengarten. Wo die Sonne auch immer war, wendeten sie sich ihr zu.

Das Feld war ein Festplatz für Bienen und Vögel. Wenn Onkel Bauer es betrat, konnte man ihn nicht sehen. Nachdem die Sonnenblumen reif geworden waren, erntete er sie mit einem Messer. Die Kerne nahm er heraus und trocknete sie. Die Besten legte er für das nächste Jahr als Saat zurück. Den Rest verkaufte er. Er hatte viel gearbeitet.

Text 4
Şehir gezis

Güneş, Anadolu köylerinden birinde yaşıyordu.Yazları; bağ, bahç*e (1)* işlerine bak*ıyor*du *(2)*. Öğretmenleri, çocuk*ları (3)* bu yıl/yaz *(4)* şehre götür*eceği*ni *(5)* ve on*lar*ın *(6)* orada çok şey*ler (7)* göreceklerini ve öğren*ecek*lerini *(8)* söylemişti. Son*un*da *(9)* gidecekleri gün/gezi *(10)* geldi çat*tı (11)*. Otobüse bin*di*ler *(12)*. Şehre var*dı*lar *(13)*. Ne ka*dar (14)* değişikti bur*ası (15)*! Bir ke*re*/kez *(16)* köylerden çok kal*a*balık *(17)* ve büyük*tü (18)*. Kocaman bina*lar*/bina*ları (19)* vardı. Hele şu oto*mobil*ler/oto*büs*ler *(20)*. Bu kadar otomobili hiç birarada görmemişlerdi.

Übersetzung von Text 4

Reise in der Stadt

Güneş lebte in einem Dorf Anatoliens. Im Sommer machte sie Garten- und Weinfeldarbeiten. Ihre Lehrerin hatte den Schülern und Schülerinnen gesagt, dass sie dieses Jahr die Kinder in die Stadt bringen wollte und dass sie dort viel sehen und erleben würden. Schliesslich kam der Abfahrtstag. Sie stiegen in den Bus ein. Sie kamen in der Stadt an. Wie anders war es hier! Einmal war da eine Menschenmenge und alles war grösser. Es gab riesige Bauten. Und besonders diese Autos! So viele Autos auf einmal hatten sie noch nie gesehen.

Anhang 4 – Interviewleitfaden

1. Einführung/Zur Person

Ich bedanke mich ganz herzlich bei Ihnen, dass Sie zu diesem Interview gekommen sind. Ich möchte Sie zuerst einmal bitten, dass Sie kurz über sich erzählen.

1.1 Motivation für die Migration und das Unterrichten
- Seit wann sind Sie in der Schweiz?
- Seit wann geben Sie HSK-Unterricht?
- Warum geben Sie HSK-Unterricht?
- Wie viele Stunden pro Woche unterrichten Sie?

1.2 Ausbildung und Erfahrung als HSK-Lehrperson
- Was haben Sie in Ihrem Heimatland studiert?
- Was haben Sie in Ihrem Heimatland unterrichtet?
- Haben Sie Deutsch in der Schweiz gelernt?

2. Überführung zu den videografierten Unterrichtseinheiten

Wir durften bei Ihnen zwei Lektionen aufnehmen. Jetzt möchte ich Ihnen einen Ausschnitt aus dieser Lektion zeigen und dann stelle ich Fragen dazu.

3. Unterrichtsprozesse in den beobachteten Lektionen

3.1 Lerninhalte
Wir haben zwei Lektionen gesehen, in denen Sie heimatliche Sprache und Kultur unterrichtet haben.
- Könnten Sie bitte kurz zusammenfassen, worum es in dieser Lektion geht?
- Handelt es sich um eine typische Lektion?
- Falls nein, wo liegen die Unterschiede zu anderen, typischen Lektionen?

3.2 Lernziele
- Was waren die Lernziele in dieser beobachteten Lektion?
- Welche inhaltlichen und sprachlichen Ziele standen in den beobachteten Lektionen im Vordergrund?

3.3 Planung/Unterrichtsvorbereitung
- Wie gehen Sie vor, wenn Sie Ihren Unterricht planen und vorbereiten?

3.4 Unterrichtsmaterial
- Welche Unterrichtsmaterialien verwenden Sie in Ihrem Unterricht?
- Gibt es geeignete Lehrmittel für den HSK-Unterricht?

4. Ebene der Schülerinnen und Schüler

4.1 Schülerleistung
- Wie beurteilen Sie die sprachlichen Leistungen Ihrer Schülerinnen und Schüler?
- Wenn Sie die folgenden Sprachkompetenzen vergleichen: Lesen, Schreiben, Hören und Sprechen – Wo sehen Sie die Stärken, wo die Schwächen bei den Schülerinnen und Schülern?
- Wie äussert sich der Unterschied zwischen der albanischen Standardsprache und dem Dialekt in den Sprachkompetenzen der Kinder?

4.2 Individualisieren/Differenzieren
- Die Schülerinnen und Schüler haben unterschiedliche Kompetenzen im Albanischen. Inwiefern berücksichtigen Sie die unterschiedlichen Kompetenzen der Kinder?
- Arbeiten Sie mit verschiedenen Sozialformen wie Gruppenarbeit, Partnerarbeit oder Projektarbeit?

5. Rahmenbedingungen des HSK-Unterrichts

5.1 Rahmenlehrplan
- Sie haben einen Rahmenlehrplan für den HSK-Unterricht. Welche Hilfe leistet Ihnen der neue Rahmenlehrplan?

5.2 Zusammenarbeit mit anderen Lehrpersonen
- Gibt es Möglichkeiten für eine Zusammenarbeit mit anderen HSK-Lehrpersonen?

5.3 Motivierendes und Belastendes in den HSK-Kursen
- Welche Aspekte sind für Sie motivierend im Bereich HSK-Unterricht?
- Wo sehen Sie die Probleme im HSK-Unterricht?

6. Abschluss
- Möchten Sie noch etwas Wichtiges hinfügen?
- Wie haben Sie dieses Interview erlebt?

Ich bedanke mich ganz herzlich für das Interview.

Anhang 5 – Ergänzende statistische Auswertungen

Tabelle 56: Mittelwertvergleich der Treatment- und Vergleichsgruppe bezüglich
Motivation für L2 (Gesamtstichprobe)

Item	Motivations skala	Wortlaut im Fragebogen	Itemkennwerte Treatmentgruppe			Itemkennwerte Treatmentgruppe		
			n	M	SD	n	M	SD
1	Introjizierte Regulation	Ich lebe in der Schweiz, deshalb muss ich Deutsch können.	113	1.6	.987	53	1.7	.976
4	Introjizierte Regulation	Ich habe ein schlechtes Gewissen, wenn ich nicht richtig Deutsch kann.	112	2.3	1.24	52	2.5	1.16
7	Introjizierte Regulation	Ich schäme mich, wenn ich mit meinen Schweizer Freundinnen und Freunden nicht deutsch sprechen kann.	113	2.8	1.27	53	2.7	1.23
2	Amotivation	Es macht keinen Sinn, Deutsch zu lernen.	113	3.7	.761	53	3.6	.927
5	Amotivation	Mit Deutschlernen verschwende ich nur meine Zeit.	113	3.9	.479	53	3.7	.738
15	Amotivation	Deutsch zu lernen, interessiert mich nicht.	112	3.93	.291	52	3.7	.812
3	Externale Regulation	Ich lerne Deutsch, weil man das von mir erwartet.	113	2.4	1.18	51	2.2	1.16
9	Externale Regulation	Ich lerne Deutsch, damit ich gut bin in der Schule.	113	1.4	.832	53	1.3	.723
11	Externale Regulation	Ich lerne Deutsch, damit ich später viel Geld verdiene.	112	2.3	1.23	53	2.0	1.19
14	Externale Regulation	Ich lerne Deutsch, damit ich später einen guten Job bekomme.	112	1.5	.890	52	1.2	.498
6	Identifizierte Regulation	Ich lerne Deutsch, weil ich viele Sprachen sprechen möchte.	113	1.8	1.12	53	2.0	1.22
10	Identifizierte Regulation	Ich möchte einfach Deutsch können.	113	1.3	.718	53	1.2	.585
12	Identifizierte Regulation	Deutsch zu lernen, ist wichtig für meine Persönlichkeit.	113	1.3	.619	53	1.2	.409
8	Intrinsische Motivation	Für mich ist Deutsch wichtig, weil mir diese Sprache einfach Freude macht.	113	1.6	.942	53	1.5	.775
13	Intrinsische Motivation	Ich bin immer froh, wenn ich eine schwierige Aufgabe im Deutschen lösen kann.	111	1.6	.870	53	1.4	.817
16	Intrinsische Motivation	Ich bin immer zufrieden, wenn ich etwas Neues im Deutschen lerne.	112	1.1	.462	52	1.2	.630
17	Intrinsische Motivation	Ich fühle mich wohl, wenn ich Deutsch spreche.	111	1.2	.559	51	1.2	.595

Antwortformat: 1 = „stimmt genau", 2 = „stimmt eher", 3 = „stimmt eher nicht", 4 = „stimmt nicht"

Tabelle 57: Itemkennwerte von elterlichen Einstellung zum HSK-Unterricht bei der albanischen Hauptgruppe (Treatment- und Vergleichsgruppe)

Item	Wortlaut im Fragebogen	Itemkennwerte (Treatmentgruppe)			Itemkennwerte (Vergleichsgruppe)		
		n	M	s	n	M	s
23/1	Die Kinder lernen ihre Muttersprache.	37	1.0	0.2	38	1.3	0.7
23/2	Die Kinder sollten mehrere Sprachen sprechen können.	36	1.1	0.3	33	1.4	0.5
23/3	Die Kinder lernen etwas über ihre Herkunftsländer.	36	1.0	0.2	31	1.3	0.5
23/4	Die Kinder finden ihren Platz besser in der Schweizer Gesellschaft.	33	1.4	0.7	32	1.9	0.8
23/5	Die Kinder sollten nicht vergessen, dass sie eine albanische Abstammung haben.	38	1.0	0.1	42	1.1	0.5
23/6	Der Unterricht bereitet die Kinder auf eine Rückkehr ins Herkunftsland vor.	32	1.3	0.5	30	1.5	0.8
23/7	Die Kinder lernen, andere Kulturen zu respektieren.	32	1.1	0.4	29	1.4	0.7
23/8	Der Unterricht hilft den Kindern, ihre eigene Identität zu finden.	29	1.0	0.1	31	1.3	0.6

Tabelle 58: Elterliche Einstellung zum HSK-Unterricht (türkische Treatmentgruppe)

Item	Wortlaut im Fragebogen	Identität	sprachliche und kulturelle Orientierung
23/1	Die Kinder lernen ihre Muttersprache.		.90
23/2	Die Kinder sollten mehrere Sprachen sprechen können.		.60
23/3	Die Kinder lernen etwas über ihre Herkunftsländer.		.85
23/4	Die Kinder finden ihren Platz besser in der Schweizer Gesellschaft.	.71	
23/5	Die Kinder sollten nicht vergessen, dass sie eine albanische Abstammung haben.	.81	
23/6	Der Unterricht bereitet die Kinder auf eine Rückkehr ins Herkunftsland vor.	.66	
23/7	Die Kinder lernen, andere Kulturen zu respektieren.	.77	
23/8	Der Unterricht hilft den Kindern, ihre eigene Identität zu finden.	.79	
	Aufgeklärte Varianz (kumulativ)	**39.5 %**	**66.3 %**
	Eigenwert	**3.1**	**2.1**
	Interne Konsistenz (Cronbachs Alpha)	**.75**	**.74**

Tabelle 59:   Elterliche Einstellung zum HSK-Unterricht (albanische Vergleichsgruppe)

Item	Wortlaut im Fragebogen	Identität	sprachliche und kulturelle Orientierung
23/1	Die Kinder lernen ihre Muttersprache.		.83
23/2	Die Kinder sollten mehrere Sprachen sprechen können.		.82
23/3	Die Kinder lernen etwas über ihre Herkunftsländer.		.86
23/4	Die Kinder finden ihren Platz besser in der Schweizer Gesellschaft.	.50	
23/5	Die Kinder sollten nicht vergessen, dass sie eine albanische Abstammung haben.	.69	
23/6	Der Unterricht bereitet die Kinder auf eine Rückkehr ins Herkunftsland vor.	.77	
23/7	Die Kinder lernen, andere Kulturen zu respektieren.	.77	
23/8	Der Unterricht hilft den Kindern, ihre eigene Identität zu finden.	.78	
	Aufgeklärte Varianz (kumulativ)	**36.8 %**	**67.0 %**
	Eigenwert	**2.9**	**2.4**
	Interne Konsistenz (Cronbachs Alpha)	**.77**	**.78**